Xiaolu Ma

·

# Transpatial Modernity

Chinese Cultural Encounters
with Russia via Japan
(1880–1930)

Harvard University Press

Cambridge / London

2024

Сяолу Ма

•

# Транспространственная модерность

Культурные контакты Китая
и России при участии Японии
(1880–1930)

Academic Studies Press

Библиороссика

Бостон / Санкт-Петербург

2025

УДК 008
ББК 60.524.224.022
М12

Перевод с английского Виктории Ворошиловой

Серийное оформление и оформление обложки Ивана Граве

**Ма, Сяолу.**
М12    Транспространственная модерность. Культурные контакты Китая и России при участии Японии (1880–1930) / Сяолу Ма; [пер. с англ. В. Ворошиловой]. — СПб.: Academic Studies Press / Библиороссика, 2025. — 412 с. — (Серия «Современное востоковедение» = «Contemporary Eastern Studies»).

ISBN 979-8-887199-18-4 (Academic Studies Press)
ISBN 978-5-907918-10-8 (Библиороссика)

В своей книге Сяолу Ма предлагает читателю первое подробное исследование трехсторонних отношений между китайской, японской и русской литературами. Автор показывает, как китайские писатели в конце XIX и начале XX веков переводили и присваивали русские культурные тропы через посредничество японской письменности. Ма отслеживает путешествие этих идей на примерах Льва Толстого, Фтабатэя Симэя, Лу Синя и других авторов.

УДК 008
ББК 60.524.224.022

ISBN 979-8-887199-18-4
ISBN 978-5-907918-10-8

*Яньцин Чень,*
*Кецзянь Ма,*
*Павлу Ивановичу Желязкову*
*за их неизменную любовь и терпение*

# Благодарности

Я принадлежу к тому поколению китайцев, которое с детства приучили с уважением относиться к русской литературе — уникальному наследию, более значимому, чем западноевропейская литература. Если не считать иллюстрированного издания басен Крылова, мое первое знакомство с такими шедеврами русской литературы, как «Война и мир» Толстого и «Записки охотника» Тургенева, состоялось в начальной школе, тогда я была просто очарована природными пейзажами России и рассказами о ее жителях. Позже, постоянно оказываясь перед выбором из множества изданий и адаптаций, я научилась находить конкретных китайских переводчиков и издательства. Хотя я понимала, какое влияние может оказать переводчик, различия в стиле между разными переводами были не настолько значительными, чтобы хоть как-то отразиться на моем восприятии характера и особенностей русской литературы. Я поступила на специальность «Русский язык и литература» в Пекинский университет, где научилась ценить русскую литературу на языке оригинала. При выборе произведений, обсуждаемых на занятиях, предпочтение отдавалось русскому литературному канону XIX века, что, конечно, только усиливало мои детские впечатления.

В США я поняла, что русскую литературу можно изучать и интерпретировать совершенно по-разному — настолько по-разному, что это заставило меня задаться вопросом, какая версия русской литературы является более аутентичной. Именно тогда я осознала, что интерпретация русской литературы в Китае была сформирована китайскими интеллектуалами, которые упорно перенимали советский дискурс на протяжении всего XX века. Все, с чем я сталкивалась, проходило через «сито» китайских культурных или политических авторитетов. Это внезапное осознание побудило меня приступить к работе над этой книгой. В качестве одного из основополагающих вопросов в ней выступает следующий: что определяло то, как читали русскую литературу в Китае XX века?

В какой-то степени то, что английский стал моим рабочим языком, позволило мне дистанцироваться от устоявшегося современного китайского дискурса на тему русской литературы. Действительно, этот проект дал мне возможность задуматься о том, каким читателем мировой литературы я, как китаянка, являюсь. Хотя проект начался с русско-китайских культурных взаимодействий, в итоге он привел меня к знакомству с большим количеством других культур. Очень быстро стало понятно, что культура одной страны была особенно необходима для построения Китаем [образа] культуры России: этой страной оказалась Япония. Работа над этим проектом позволила мне посетить множество городов в Китае, Японии, России и Северной Америке в рамках проведения архивных исследований и познакомиться с целым рядом замечательных ученых по всему миру.

Невозможно уместить в двух словах признательность всем тем, кто внес свой вклад в создание этой книги. Я безмерно благодарна всем, кто также внес вклад в мое становление как ученого. Я начала работу над этим проектом на факультете сравнительного литературоведения Гарвардского университета, где встретила замечательных преподавателей, вдохновляющих друзей и оказывающих всестороннюю помощь коллег, а также получила доступ к библиотечным ресурсам мирового класса — все это дало мне уверенность в том, что я смогу продолжить работу над этим проектом, охватывающим множество культур и языков Евразии. В первую очередь я благодарю членов моего диссертационного комитета — Карен Торнбер, Дэвида Дервэя Вана, Уильяма Миллса Тодда III и Стивена Оуэна, которые не только продемонстрировали выдающиеся способности к преподаванию и научной работе, но и на протяжении многих лет оказывали мне щедрую помощь и поддержку. Я также глубоко признательна профессорам, коллегам и друзьям в Гарвардском, Пекинском университетах, Гонконгском университете науки и технологии и по всему миру за их советы и поддержку. Я хотела бы поблагодарить моего наставника по бакалаврской работе Гуйлянь Чжао и моего советника по магистерской работе Байшэн Чжао, оба из Пекинского университета, за то, что они показали мне, насколько прекрасна русская литература и увлекательно сравнительное литературоведение. Я также хочу выразить глубокую благодарность моим коллегам и друзьям Цзяньмэй Лю, Шэнцин Ву, Хан Ту, Мариссе Грюнес и Сюнъитиро Акикусе, чьи подробные комментарии к моим черновикам очень помогли мне при их редактировании.

Хочется выразить признательность многим ученым и исследователям за их советы и вдохновение, это: Эндрю Вэй Леон, Баухиния Хилл Тон Хо, Билли Со, Бо Ли, Карлос Рохас, Чэнь Лю, Крис Сон, Кристиан А. Дэниелс, Кристофер К. Тон, Донму Ли, Чунлин Пэн, Дейзи Ян Ду, Дэниел М. Дуган, Дэвид Чен Чан, Дэвид Дамрош, Дечао Ли, Донбо Бьян, Эдвард Тайерман, Эйлин Дж. Чен, Элизабет Макгуайр, Эмили Мэй Граф, Фандай Чен, Флора Ли-Цуй Фу, Гал Гвили, Джеральдин Фисс, Гуанчень Чень, Хань Хань, Хаоминь Гон, Хикьюн Чо, Говард Юэнь Фун Чой, Сиан-Ин Саша Чень, Хуан Цзинь, Хуйджунь Май, Джеймс Сент-Андре, Дженнифер Ли-Чиа Лю, Дженни Л. Смит, Джессика Ли Вэнь Тань, Джессика Чан, Цзяньхоу Лин, Цзе Ли, Цзинь Цзи, Цзинхуа Линь, Цзинлин Чэнь, Цзиньтао Сунь, Цзиньтао Ли, Цзиньи Чу, Джон Мальмстад, Джон Юджин фон Коваллис, Джошуа А. Фогель, Цзюэ Чэнь, Катерина Кларк, Керен Хэ, Керу Цай, Кристин Стэплтон, Кунь Цянь, Лэо Оу-фань Ли, Ли Го, Лян Луо, Лянке Ян, Ли-Кван Чун, Марк Гамса, Майкл С. Флир, Майкл Гиббс Хилл, Минь Цяо, Минвэй Сон, Мицуёси Нумано, Мия Цион Се, Николай Волланд, Норико Сугимори, Ольга Анатольевна Волкова, Ольга Соловьева, Паола Иовене, Патриция Зибер, Пол Пикович, Петер Корницки, Питер Зарроу, По-си Чень, Пу Ван, Цяомэй Тан, Риккардо Моратто, Роузли Банди, Рой Чан, Сандип Банерджи, Сатору Хасимото, Шо Кониши, Шозо Фудзии, Шу Чень, Сирон Цзоу, Сия Ли, Сон Хань, Стивен Родди, Стивен Смит, Стивен Б. Майлз, Сюзанна Суджун Лим, Светлана Бойм, Таррин Чунь,

Тим Шао-Хун Тен, Тинцзян Ли, Томико Ёда, Тун Цзян, Верена Конли, Владимир Гитин, Владимир Тихонов, Ван Чи Вон, Уэйн Йеун, Вэйцзе Сон, Вэньдон Цуй, Вэньфэй Лю, Вэньцзинь Цуй, Уэсли Якобсен, Сяоцзюэ Ван, Сяоюй Ся, Сюйдун Ху, Я-пэй Ко, Ицзяо Го, Ифэн Сунь, Юй Сакаи, Ю Чжан, Юэ Хун, Юэлин Цзи, Ютин Дун, Цайфу Лю, Чжао Лян, Чжэнь Чжан и Цзун-ци Цай. Я хотела бы поблагодарить каждого из них за их вклад в мой интеллектуальный рост за годы учебы и научной работы в Соединенных Штатах, Японии, России и Китае.

Кроме того, я выражаю особую благодарность всем сотрудникам Института Гарвард-Йенчинга, Института японских исследований Э. Рейшауэра, Центра российских и евразийских исследований (Центр Дэвиса), Центра китайских исследований Фэрбэнка и Азиатского центра Гарвардского университета за предоставление финансирования и исследовательских ресурсов для моей работы. Эта публикация также была частично спонсирована Гарвардским центром сравнительного литературоведения. Отдельно я хотела бы поблагодарить Комитет по грантам Гонконгского университета за их Программу ранней карьеры (Early Career Scheme)[1], которая помогла мне подготовить рукопись.

Я хочу выразить признательность анонимным рецензентам рукописи, чья содержательная критика подтолкнула меня к совершенствованию теоретической базы и усилению аргументации. Я также обязана редакторам и сотрудникам Азиатского центра Гарвардского университета, особенно Роберту М. Грэму, Цинь Хигли и Кристен Ваннер, чье тщательное редактирование сделало книгу лучше. Части Введения и Главы 1 этой книги ранее были представлены в статье под названием «Культурное посредничество: Япония как посредник в путешествии русской литературы в Китай», которая вышла в июле 2024 года в журнале PMLA, издаваемом Ассоциацией современного языка и Издательством Кембриджского университета. Я ценю гибкость Ассоциации

---

[1]   «Программа ранней карьеры» (ECS), была введена в 2020/2023 учебном году, направлена на поддержку молодых ученых и подготовку их к карьере в сфере образования и научных исследований. — *Примеч. пер.*

современного языка и Издательства Кембриджского университета, позволивших опубликовать это эссе в данной книге.

И последнее, но не менее важное: я хочу поблагодарить свою семью за любовь и понимание. Моя глубочайшая благодарность моим родителям — Яньцин Чень и Кецзянь Ма — за то, что они поддерживали меня с самого первого дня моей жизни и привили мне любовь к знаниям, которая движет мной до сих пор. Я также хотела бы поблагодарить своих свекров — Ивана Желязкова и Надежду Желязкову — за поддержку в изучении славянских литератур и культур. Мне посчастливилось иметь двух прекрасных дочерей, Николь Ма-Желязкову и Викторию Ма-Желязкову, которые являются радостью и гордостью нашей семьи. Наконец, я сердечно благодарю своего мужа, Павла Желязкова, без которого этой книги просто не было бы.

# Условные обозначения

Китайские слова транскрибируются в пиньинь, японские — согласно транскрипционной системе Поливанова.

Если термины и тексты приводятся на языке оригинала, то китайские тексты написаны традиционными иероглифами, а японские тексты включают смесь упрощенных и традиционных кандзи, транскрибированных так, как они встречаются в цитируемых книгах.

Восточноазиатские имена приводятся в обычном восточноазиатском порядке, когда фамилия предшествует личному имени, за исключением цитат из западноязычных публикаций, в которых порядок имен обратный. Все переводы мои, если не указано иное.

# Введение

Есть много вариантов того, с чего можно было бы начать рассказ о русско-японско-китайских культурных контактах. Однако мы хотели бы его начать с выдержки из публикации 1903 года:

> 1845 г. Гоголь начал писать поэму «Мертвые души», в которой он описывает тяжелое положение крепостных крестьян.
> 1847 г. Тургенев пишет сборник рассказов под названием «Записки охотника», в котором он знакомит читателей с жизнью крестьян в Центральной России.
> 1848 г. Герцен закончил работу над своим романом «Кто виноват?», в котором он транслирует идеи социализма.

Это выдержка из эссе «О русской партии нигилистов» (Lun Eluosi xuwudang, 論俄羅斯虛無黨, *Лунь Элосы сюйудан*) выдающегося китайского реформатора и интеллектуального лидера Лян Цичао (梁啓超, 1873–1929). Это эссе предоставило китайским читателям одну из самых ранних возможностей познакомиться с русской литературой и тремя ее известными писателями[1]. Тех, кто знаком с русской литературой, могут разочаровать ошибки в записи: указанные даты далеки от точности, и краткое изложение сюжетов Ляном также искажено[2]. Хотя крепостное право

---

[1] Китайские ученые утверждают, что эссе Ляна было первым на китайском языке, в котором упоминаются Гоголь и Тургенев [Chen Jianhua 2007, 3: 39, 103]. Имя Герцена появилось годом ранее в книге «Героини Восточной Европы» (Dong Ou nü haojie, 東歐女豪傑, *Дон Оу нюй хаоцзе*) [Lingnan yuyi nüshi 1902a: 20].

[2] «Мертвые души» Гоголя были впервые опубликованы в 1842 году; тургеневские «Записки охотника» — сборник рассказов, был издан в 1852 году, в него вошли рассказы, впервые опубликованные в журнале «Современник» в 1847–1851 годах; Герцен писал «Кто виноват?» в течение пяти лет, с 1841 по 1846 год.

и социализм являются актуальными темами в этих трех произведениях, двух вышеуказанных терминов недостаточно, чтобы
передать суть этих явлений со всеми нюансами и точностью.

Эссе Ляна было опубликовано в журнале «Новые люди» (Xinmin
congbao, 新民叢報, *Синьминь цунбао*), признанном первым китае-
язычным изданием, в котором были подробно описаны русские
радикальные движения XIX века. Основываясь на книге «Современный анархизм» (Kinsei musei-fushugi, 近世無政府主義, *Кинсэй
мусэй-фусуги,* 1902) японского ученого Кэмуямы Сэнтаро (煙山
専太郎, 1877–1954), Лян представил эту запись в качестве отправной точки в хронологии русского нигилистического движения.
Работа Кэмуямы, которая в течение многих лет оставалась наиболее содержательной книгой о русском нигилизме на японском
языке, стала для китайских интеллектуалов, таких как Лян, ключевым источником информации о России. Однако ограниченное
знание японского языка и незнание русской культуры привели
Ляна к ошибкам в передаче, которые омрачили знакомство с русской литературой в Китае. Например, Кэмуяма упоминает эти
имена в описании истории русского революционного движения,
не связывает указанные им годы с публикациями произведений
и не акцентирует, что эти события положили начало русскому
революционному движению [Kemuyama 1965: 81–82].

Помимо случайно допущенных ошибок, Лян намеренно пере-
работал историческое повествование и скорректировал хронологию в интересах китайской аудитории. Свое повествование
о русской революционной истории Кэмуяма начинает с периода
царствования Александра I (1777–1825), а рассказ Ляна начинается с 1845 года. 1840-е — важные годы в истории Китая: они
знаменуют собой переломный момент сразу после первой Опи-
умной войны (1839–1842), которая заставила Китай признать
свою неполноценность и подписать ряд невыгодных для него
договоров с другими странами, включая Россию. Поэтому китайские историки вполне обоснованно считают 1840-е годы началом
современной истории Китая. Помещая точку отсчета российского революционного движения непосредственно в это же десяти-
летие, Лян связывает российскую и китайскую историю таким

образом, чтобы это подразумевало и другие параллели, в частности связанные с социальными преобразованиями.

Несмотря на правки, которые Лян вносит в историческое повествование в рамках своей работы, их мнения с Кэмуямой сходятся в том, что литература имеет решающее значение для политических движений. Кэмуяма называет первый этап русского нигилистического движения «периодом революционной литературы» (革命文學の時期, *какумэй бунгаку но дзики*), и Лян перенимает эту периодизацию. Более того, хотя Лян выделяет лишь несколько ключевых исторических моментов из повествования Кэмуямы, представленная им хронология явно возвышает таких литераторов, как Александр Герцен (1812–1870) и Николай Чернышевский (1828–1889), как великих интеллектуальных лидеров нигилистического движения. Примечательно, что и сам Лян претендовал на эту роль в реформаторском движении конца династии Цин (1644–1912) в Китае.

Лян был широко известен как инициатор китайской литературной революции (wenxue geming, 文學革命, *вэньсюэ гэмин*), основанной на идее, что художественная литература обладает «невероятной силой управлять умами людей» [Liang Qichao 1999: 884. Он пропагандировал идею непосредственной связи литературы и политики. По мнению Ляна, литература (особенно художественная) должна рассматриваться не просто как средство отображения и фиксации истории, а как эффективный инструмент преобразования общества. Акцент Ляна на использовании литературы в качестве инструмента для оказания влияния на национальный характер и политическое состояние общества перекликается с аргументами русской интеллигенции, которая подобным образом утверждала, что искусство и литература должны не просто отображать социальную реальность, но и непосредственно влиять на нее.

Эссе Ляна о русских нигилистах, написанное в 1903 году, может послужить отражением русско-китайских культурных контактов начала XX века. Его обращение к российским социальным проблемам и целенаправленное переплетение китайских и российских исторических линий демонстрируют вынужденное столкновение

Китая с проблемой модерности и пересмотр своего международного положения по мере вхождения в современную эпоху. Россия, как имперская держава, запоздало присоединившаяся к процессу западной модернизации, занимала уникальное положение для китайских наблюдателей на протяжении всего XX века. Поэтому знакомство с русской литературой и искусством в Китае редко происходило в духе «искусство ради искусства». Напротив, оно неизменно было связано с преобразованиями и революциями, будь то политические или социальные. Влияние России редко было прямым. Радикальные идеи и новаторские стили проникали в Китай через третью культуру, например через Японию.

В настоящей книге мы рассмотрим вопросы, обсуждаемые или оспариваемые в существующих исследованиях: трансформации в языке и литературных стилях; распространение и циркуляцию идей и тропов; личные и проходившие в рамках текстов встречи на территории Китая, Японии и России начала XX века в результате взаимодействия между изобретательными писателями и литературами этих стран. Мы подчеркиваем особую роль Японии, современной азиатской имперской державы, в качестве посредника в трехсторонних отношениях с Россией и Китаем. В результате исследование дает новое понимание о формировании китайской современности через ее транскультурную триангуляцию с русским и японским литературными мирами. Это исследование предлагает новый подход к динамике трансграничной модерности.

Модерность, или современность, определяется преимущественно во времени, однако перемещение современных идей и концепций из России в Японию и в конечном счете в Китай обращает наше внимание на взаимозависимость времени и пространства при толковании современности. Оба явления важны для хронотопического анализа глобальной модерности. Обсуждая специфические измерения китайской модерности как продукта кросс-культурных обменов, Дэвид Дервэй Ван задается вопросом: «В какой степени китайский опыт способствовал глобальному распространению модерности?»[3] Этот вопрос имеет решающее

---

[3] См. [Wang D. D. 2018: 3].

значение для настоящей книги, в которой рассматривается мобильность и многогранность модерна как глобального явления начала XX века. Вместо того чтобы предполагать четкую иерархию культур, в этой книге мы рассмотрим сложную динамику культурных взаимоотношений между несколькими акторами: Россией, растущей державой на периферии Запада; Китаем, угасающей империей на Востоке, и Японией, восходящим азиатским лидером, вклинивающимся в мир западных держав. Потери, понесенные Россией и Китаем в сражениях с Японией в эпоху Мэйдзи (1868–1912), придают этому триангуляционному процессу дополнительный драматизм. Подчеркивая роль России и Японии, чья неоднозначная культурная идентичность бросает вызов любому чрезмерно упрощенному разделению на Восток и Запад (традиционному или современному, слабому или сильному), в этой книге мы прольем новый свет на китайскую концептуализацию модерности.

В течение многих лет ученые пытались развенчать мифы, касающиеся китайской модерности[4]. В целом научные исследования китайской современности были сосредоточены вокруг дихотомии Восток — Запад[5]. Аналогичным образом, большинство исследований кросс-культурных взаимодействий представляют связи как процесс передачи чего-либо от некой культуры-источника

---

[4]  См. [Liu L. H. 1995; Lee L. O. 1999; Wang D. D. 1997; Chang 2009; Zhang X. 1997; Chow R. 1991; Shih 2001; Tang 2000; Lu S. 2007; Fung 2010; Laughlin 2005; Rojas 2008; Wang D. D. 2015; Ng J. 2010; Wang X. 2019; Hockx 2003; Zhong Y. 2019; Wang B. 2022; Huters 2022]. Также готовятся к выходу такие сборники, как: Wen-Hsin Yeh. Becoming Chinese («Становление китайцев»); Laughlin. Contested Modernities in Chinese Literature («Оспариваемая модерность в китайской литературе»); Kai-Wing Chow. Tze-ki Hon, and Hung-yok Ip, Beyond the May Fourth Paradigm («За пределами парадигмы Четвертого мая»); Zarrow. Creating Chinese Modernity («Создание китайской современности»); Chunjie Zhang. Composing Modernist Connections in China and Europe («Составляющие модернистских контактов в Китае и Европе»); Kumar et al. China, India and Alternative Asian Modernities («Китай, Индия и альтернативные азиатские модерности»).

[5]  Например, Теодор Хутерс в своем недавнем исследовании выделяет четыре проблемы, относящиеся к китайской современности, каждая из которых вращается вокруг Китая и Запада [Huters 2022].

к некой культуре-реципиенту. В случае с обсуждаемой здесь сферой контактов эта опора на бинарность приводит к тому, что в исследованиях преуменьшается посредническая роль Японии в привнесении русской культуры в Китай, что, в свою очередь, приводит к чрезмерно упрощенному пониманию процесса транскультурного взаимодействия[6].

В качестве примера можно привести один из определяющих моментов для китайской современности. Большинство исследователей утверждают, что «Записки сумасшедшего» (Kuangren riji, 狂人日記, *Куан жэнь жи цзи*) — первый известный рассказ автора Лу Синя (также Лу Сюнь, 魯迅, 1881–1936) и якобы первый рассказ, написанный в просторечном стиле в современном Китае, появился под влиянием одноименной повести русского писателя Николая Гоголя (1809–1852)[7]. Однако в рассказе Лу Синя игнорируется роль Японии как посредника в процессе транскультурации безумия[8]. Начнем с того, что первоначальное знакомство

---

[6] Ученые признают посредническую роль Японии в восприятии китайцами западных знаний, но мало кто рассматривает роль Японии в восприятии китайцами русской культуры в частности.

[7] «Записки сумасшедшего» Лу Синя известны своим авангардизмом, что побудило китайских исследователей с годами приписывать им множество «первенств», которые оказались не совсем точными. Первый опубликованный рассказ Лу Синя — «Возвращение в прошлое» ("Huaijiu", 懷舊, *Хуайцзю*), написанный на классическом китайском языке и опубликованный в журнале «Ежемесячник коротких рассказов» (Xiaoshuo yuebao, 小說月報, *Сяошо юэбао*), привлек мало внимания. Кроме того, за год до публикации Лу Синем «Записок сумасшедшего» Чэнь Хэнчжэ 陳衡哲, студентка по обмену в США, опубликовала свой рассказ «Один день» (Yiri, 一日, *Ижи*), написанный в просторечном стиле в «Ежеквартальном отчете китайских студентов в США» (Liu Mei xuesheng jibao, 留美學生季報, *Лю Мэй сюэшэн цзибао*). Это более раннее сочинение в просторечном стиле было замечено некоторыми крупными китайскими литераторами того времени, включая Ху Ши 胡適 (1891–1962), но ни эта, ни одна другая работа так и не смогли превзойти работу Лу Синя в ее огромном влиянии в Китае.

[8] Термин «транскультурация» был создан в 1940 году кубинским антропологом Фернандо Ортисом, который хотел объединить в нем значения терминов аккультурации, дискультурации и неокультурации. См. [Ортис 2015]. Этот термин вдохновил ученых на изучение одной или нескольких культур в контексте взаимодействия с другими культурами.

Лу Синя с гоголевскими «Записками сумасшедшего» произошло через японский перевод Фтабатэя Симэй (二葉亭四迷, 1864–1909), который был опубликован в журнале «Интерес» (興味, *кё: ми*). Кроме того, рамочное повествование и контрастный стиль в рассказе Лу Синя, не характерные для Гоголя, вероятно, были вдохновлены движением за модернизацию языка в Японии в период Мэйдзи *Гэмбун-итти* (言文一致). Что особенно важно, обращение Лу Синя к каннибализму как к основной теме в «Записках сумасшедшего», возможно, было сформировано под влиянием бурных дискуссий того времени в Японии о национальном характере и каннибализме[9]. Таким образом, невозможно полностью понять этот критический момент китайской модерности без знаний о китайско-японских, русско-японских и русско-китайских литературных обменах[10].

Учитывая эти сложности, мы утверждаем, что модерность не обязательно должна подразумевать столкновение двух различных сторон — тот тип борьбы за власть, который постоянно находился в центре внимания исследователей транскультурных контактов. Вместо того чтобы замыкать культуры в оппозиционных бинарных системах, таких как центр — периферия Паскаль Казановы, мажор — минор Жиля Делёза и Феликса Гваттари или хозяин — гость Лидии Хэ Лю, мы можем допустить динамичное взаимодействие и подчеркнуть активность всех участников. Таким образом, в этой книге мы не задаем вопрос о том, какое значение для китайской модерности играют Россия или Япония как отдельные культурные образования. Вместо этого мы стремимся исследовать китайскую современность как транслингвистический и транспространственный феномен, который включает в себя перемещение настроений, тропов и идей между различными культурами. Рассматривая современность как многогранное явление и изучая

---

[9] См. [Ma 2014].

[10] Япония также стала важным посредником для других стран Восточной Азии, таких как Корея, в изучении русской культуры; там эти знания послужили вдохновением для создания современной корейской литературы. См. [Cho H. 2016].

вопрос, как русская культура и литература проникали через Японию в Китай, в этой книге мы постараемся преодолеть бинарные системы Запад — Восток и старое — новое, распространенные в дискурсе о китайской современности.

## Возможность альтернативной современности

Современность описывается как «недостижимая цель», всегда «мимолетная и туманная» [Goody 2004: 6]. Согласившись с ее сложностью и плюрализмом, ученые дали различные интерпретации китайской современности, значительно расширив временные рамки и увеличив область охвата этого культурного понятия. Однако Россия редко занимала центральное место в этой дискуссии. Марк Гамса утверждает, что на рубеже XX века, когда китайские наблюдатели рассматривали Запад как «метонимию "современности"», России в этой концепции «отводилось мало места»; только в 1920-е годы интерес к России стал стремительно расти, когда ее начали рассматривать как альтернативную модель современности, предлагаемой Западом и представленной англосаксонской культурой [Gamsa 2010: 3–4]. Стала ли Россия, таким образом, запоздавшим участником китайского дискурса о построении современности? И можем ли мы утверждать, что Россия действительно предоставила Китаю возможность альтернативной современности?

В 1918 году Чжоу Цзожэнь (周作人, 1885–1967) опубликовал перевод статьи У. Б. Трайтса, посвященной художественной литературе Федора Достоевского (1821–1881). Эта статья, появившаяся в журнале «Новая молодежь» (Xin qingnian, 新青年, *Синь циннянь*, также известном как La Jeunesse), содержит, как считается, самое раннее упоминание термина «современность» (xiandaixing, 现代性, *сяньдайсин*) в китайском периодическом издании [Gao 2009: 77]. Как объясняется в статье Трайтса, возрожденный интерес к творчеству Достоевского обусловлен его поразительной современностью: «Современность — это высший критерий искусства, поскольку только правда остается всегда актуальной» [Trites 1915: 264; Trites 1918: 45]. Если говорить более конкретно, то так называемая современность Достоевского проявляется в том, что его произведения освещают души как смиренных и униженных, так и величественных и колоритных грешников. Называя популярность Достоевского в западном мире «возрождением» и сравнивая его с Сэмюэлом Джонсоном (1709–1784) и Чарльзом Диккенсом (1812–1870), Трайтс подразумевает временную дистанцию между обществом Достоевского и собственным преходящей. Таким образом, он подчеркивает высокую художественную ценность работ Достоевского. Однако для китайских читателей начала XX века, мало знакомых с Достоевским и литераторами, с которыми его сравнивает Трайтс, хронология была не столь очевидна[11]. Вместо этого китайские мыслители более или менее принимали Достоевского как представителя «современности» — понятия, которое само по себе было новым для китайского литературного мира.

Появление термина «современность» в вышеописанной статье указывает на то, что роль России в китайском построении дискурса современности до 1920-х годов может быть не столь незначительной, как предполагает Гамса. Кроме того, перевод Чжоу статьи, изначально написанной на английском языке, делает очевидным опосредованный характер участия России в этом дискурсе. Как и Чжоу, многие китайские интеллектуалы, не знавшие русского языка, узнавали о русской культуре из источников на других языках. Многие опирались на западноевропейские источники, но, как следует из эссе Лян Цичао, японцы выступали конкурентами в этой сфере и предлагали свои альтернативные источники информации. Наличие множества посредников делает нецелесообразным понимание глобальной современности просто как «евромодерности» и ее вариантов. Запутанные траектории, по которым различные культуры попадали в Китай, требуют более сложного подхода к определению современности.

---

[11] Перевод Чжоу Цзожэня, по-видимому, является одной из первых публикаций, познакомивших китайских читателей с Достоевским. Произведение Достоевского было переведено на китайский язык только в 1920 году. Более систематическое знакомство с русским писателем началось в 1921 году с празднования в Китае столетия со дня его рождения.

Эта запутанность распространяется на множество направлений. В конце концов, стоит отметить, что слово «современность» не принадлежит ни одной из трех культур, о которых пойдет речь в этой книге. Латинский корень слова modernity — modernus — означает настоящее время, или современность. Более того, рождение современного мира обычно связывают с появлением национального государства и масштабным расширением глобальных промышленных, торговых и интеллектуальных сетей — явлениями, соответствующими истории западноевропейской модернизации. Кроме того, «евромодерность» действительно вошла в сознание людей по всему миру, включая китайцев, в процессе их поисков собственного модернизационного пути. Возможно, китайцы не стремились модернизироваться точно в таком же стиле, как Западная Европа, но тем не менее они присвоили дискурс и исторический нарратив современности в том виде, в котором он там возник.

В свое время С. А. Бейли убедительно доказал: все, что нужно, «для того чтобы быть современным, — нужно думать, что ты современный». В этом смысле современность предполагает «стремление идти "в ногу со временем"» [Bayly 2004: 10]. «В Китае подобное отношение к современности можно четко обнаружить среди интеллектуалов Движения Четвертого мая 1919 года, которые сознательно выступали за полный разрыв с прошлым, чтобы подчеркнуть значимость своей эпохи»[12]. Правда, последние исследования поставили под сомнение дискурс Четвертого мая, в котором проводилось строгое разграничение между отвергну-

---

[12] Согласно распространенной точке зрения, Движение Четвертого мая — антиимпериалистическое социально-политическое движение, которое совпало с поиском Китаем своей современной идентичности, — является поворотным моментом в истории китайской литературы. Однако в последнее время ученые указывают на важность литературы позднего Цин в концепции современной китайской литературы. См. [Wang D. D. 2010: 413–414]. В настоящей книге начало XX века рассматривается как период, когда китайские литераторы пытались найти собственный современный дискурс. Соответственно, китайская современность рассматривается как полиморфный дискурс, созданный китайскими литераторами.

тым прошлым и новым, прогрессивным настоящим. Но даже если мы понимаем видение Четвертого мая как всего лишь влиятельный нарратив в определении китайской современности, их мощная пропаганда тем не менее запечатлела определенные черты, без которых не обойтись при рассмотрении китайской современности. В частности, борясь с тревогой по поводу национального спасения, китайцы пытались построить новую национальную идентичность, которая бы включала в себя не только инкорпорацию иностранной/западной культуры, но и омоложение китайской культуры.

В целом наука вышла за рамки упрощенной формулировки китайской современности как яростного неприятия собственных традиций и горячего восхищения западной культурой (под которой понимаются индустриализация и капитализм, демократия и наука, индивидуализм и национализм и так далее). Тем не менее остается очевидным, что толчком к перестройке китайского общества послужил резкий контраст между старым и новым, Востоком и Западом. Устойчивое увлечение Китая этими бинарностями проявлялось даже в 1980–1990-е годы, когда западные теории разжигали жаркие споры о современности[13]. Бинарная оппозиция между старым и новым, Востоком и Западом утверждалась всё более изощренными способами начиная с использования концепции Ли Цзэхоу (李澤厚, 1930–2021) о «двойственности вариантов просвещения и национализма» (qimeng yu jiuwang de shuangchong bianzou, 啟蒙與救亡的雙重變奏, *цимэнь юй*

---

[13] Основным вдохновителем повышенного интереса к современности в Китае в 1980-х и 1990-х годах стал Фредрик Джеймсон (р. 1934), прочитавший лекции о постмодернизме в Пекинском и Шэньчжэньском университетах в 1985 году. Его лекции вызвали интерес не только к постмодернизму, но и к модернизму и современности. До 1980-х годов, когда западная теория приобрела значительную популярность в Китае, китайские интеллектуалы использовали термин «современный период» (xiandai, 现代, *сяньдай*) просто для обозначения исторического периода примерно первой половины XX века. Фредрик Джеймсон и другие западные критики дали толчок к пересмотру этого термина, и последующие дискуссии привнесли более сложное понимание современности. В то же время центральной темой этих дебатов оставался контраст между старым и новым, Востоком и Западом.

*цзюван дэ шуанчон бяньцзоу)*[14], в которой подчеркивается незавершенность китайской современности, и закачивая «антимодернистской» концепцией Ван Хуэя (汪暉, р. 1959) об «антисовременности» (fan xiandaixing de xiandaihua lilun, 反現代性的現代化理論, *фань сяньдайхуа лилунь*)[15], подчеркивающей уникальную критику китайской современности по отношению к западной. Даже с учетом того, что обсуждения стали более углубленными, дихотомия остается центральным вопросом.

Стоит отметить, что в определенной степени Россия также заимствовала свою модель современности у Западной Европы. И Россия, и Китай столкнулись с одной и той же проблемой: как в отсутствие экономической модернизации нация может достичь литературной и культурной современности? Как отмечает Леонид Ливак, в России существует «оксюморонная традиция разрыва», основанная на циклическом возвращении к моментам западноевропейской истории, таким как разрыв с языческим прошлым, самопровозглашенная «современность» Ренессанса, Реформация и так далее [Livak 2018]. В каком-то смысле русская культура переживала разрыв между Востоком и Западом задолго до китайцев. В «Истории Русской революции» Лев Троцкий (1879–1940) пишет:

> Россия стояла не только географически между Европой и Азией, но также социально и исторически. Она отличалась от европейского Запада, но разнилась и от азиатского Востока, приближаясь в разные периоды разными чертами то к одному, то к другому [Троцкий 2018].

После того как Петр Великий (1672–1725) провел масштабные реформы, модернизировавшие Россию XVIII века по западноевропейским образцам и утвердившие страну на европейской культурной и политической сцене, присутствие Запада в русской

---

[14] См. [Li Zehou 1998].

[15] См. [Wang Hui 1998]. Вероятно, Ван был вдохновлен Арифом Дирликом, чья статья «Модернизм и антимодернизм в марксизме Мао Цзэдуна» была переведена на китайский язык в 1993 году, см. подробнее [Dirlik 2005].

культуре стало более заметным. Наблюдая за проникновением западной культуры и стремительной вестернизацией своего общества, некоторые русские опасались, что они слишком быстро отказываются от традиционных славянских ценностей и что распространение западной культуры в конечном итоге приведет к потере их национальной идентичности. Пробуждение русского национального самосознания нашло свое выражение в XVIII и XIX веках в обращении к собственному культурному наследию, включающему язык, фольклор, а также традиции и обычаи, которые отличали Россию от Западной Европы.

Подобные опасения привели к разделению на славянофилов и западников в России XIX века[16]. Славянофилы отстаивали ценность уникальных славянских традиций и культуры, особенно сильной духовности, заложенной в православной традиции, в противовес западному материализму. Западники, напротив, отвергали феодализм и крепостное право и приветствовали воссоединение России с Западной Европой посредством социально-экономических реформ западного образца и обучения западным языкам, культурам, искусствам и ремеслам. В этих спорах участвовали многие русские писатели, включая Николая Гоголя, Ивана Тургенева, Федора Тютчева, Льва Толстого и Федора Достоевского, которые затронули эти вопросы в своих произведениях. Спор между славянофилами и западниками в России продолжался и в XX веке, когда модернисты отстаивали свою культурную независимость и художественную уникальность[17]. Эта «серединность» или «промежуточность» составляет главную особенность русской культуры.

---

[16] Подробнее о расколе между западниками и славянофилами в России см. в [Walicki 1975; Riasanovsky 1952; Kingston-Mann 1998].

[17] Например, Велимир Хлебников (1885–1922), одна из центральных фигур русского футуризма, в своих высказываниях об итальянском поэте Филиппо Томмазо Эмилио Маринетти (1876–1944), которого принято считать основателем футуризма, решительно призывал к независимости движения. Хлебников, в частности, призвал русских поэтов не становиться в один ряд с Маринетти и не предавать благородный восточный путь к свободе и чести. См. [Хлебников 1928–1933].

Таким образом, русские на протяжении более двух веков[18] не могли определиться в отношении своего национального характера, что послужило примером для китайских интеллектуалов, таких как Лу Синь, исследовавших сущность китайского национального характера (guomin xing, 國民性, *гоминь син*)[19]. Дебаты между славянофилами и западниками в России так и не смогли полностью избавиться от эпистемологических иерархий, заложенных в западной современности, но неоднозначность русской культурной идентичности дала китайцам ответ на вопрос о современности, — ответ, который ставит под сомнение уравнение вестернизации с модернизацией. Развитие русской культуры показало китайцам, что восточную традицию не нужно полностью принимать или отрицать. Напротив, ее можно использовать в построении современности по-своему усмотрению. Более того, китайская версия современности не обязательно должна быть ориентированной на Запад конструкцией или даже сбалансированным слиянием восточной и западной культур; напротив, определенную ценность могут иметь раздробленные и изолированные продукты транскультурных контактов.

Как и в случае с российской интеллигенцией, для китайских интеллектуалов было обычным явлением принятие европоцентристской историографии. Китайские интеллектуалы Четвертого мая, например, склонны были ссылаться на модель культурной эволюции, в которой вестернизация рассматривалась в качестве основного способа достижения цели. Одним из постоянных элементов этого дискурса было представление о том, что императорская Россия и императорский Китай связаны общей отсталостью, в отличие от «передовой» Западной Европы. Географическая близость и огромные территориальные просторы этих двух стран, а также их «поздняя и частичная модернизация» порождали схожие социальные проблемы. В обоих случаях ре-

---

[18] [Bassin, Glebov, Laruelle 2015].

[19] Лу Синь увлекся идеей необходимости китайского национального характера после того, как прочитал японскую дискуссию о каннибализме и его связи с национальной идентичностью. См. [Li Dongmu 2012].

волюция также выступала в качестве средства борьбы с отсталостью [Bianco 2018].

Эти качества заставили китайских наблюдателей рассматривать Россию в качестве культурного союзника «слабых и малых народов» (ruoxiao minzu, 弱小民族, *жосяо миньцзу*)[20]. Лу Синь утверждал, что гуманистическая природа русской литературы позволяет ей считаться литературой угнетенных народов, несмотря на российский империализм [Lu Xun 2005j: 443]. Как он пишет: «Мы знаем, что русская литература — наш наставник и друг, потому что через нее мы видим нежные души угнетенных, вместе с их горечью и борьбой» [Lu Xun 1959f: 473]. Лу Синь утверждает, что Россия впервые заставила китайцев обратить внимание на другие угнетенные народы, слабые и малые[21]. Китайские писатели стали рассматривать это сочувствие к угнетенным как фундаментальную черту, отличающую русскую литературу от западной: китайские читатели восхищались ее «сильной нравственной направленностью и глубоким чувством сострадания», которое проявлялось в особой заботе об обездоленных, угнетенных и тех, кого считали лишними [Ng M. 1988: 37]. Китайцы также разделяли сильный интерес русской интеллигенции к политике и русские призывы к гуманизму и утопизму в отношениях человека и общества.

---

[20] В китайской периодике начала XX века появилась национальная категоризация, в которую вошли такие прилагательные, как «маленький», «слабый», «униженный», «угнетенный» и «оскорбленный». Такая категоризация опиралась на широкий спектр идеологических вдохновителей, включая паназиатизм, анархизм, вильсонианство и марксизм-ленинизм. Восточноевропейские страны обычно считались представителями слабых и малых государств; и китайцы отождествляли себя с этими странами, а не с угрожающими западными державами, см. [Song Binghui 2017; Song Binghui 2002]. Россия не всегда причисляется к «слабым и малым государствам», однако параллель с аналогичными проблемами существует, см. [Yin 2019].

[21] Лу Синь был не одинок в том, что связывал русскую литературу с литературой слабых и малых народов. В 1921 году «Ежемесячник коротких рассказов», один из самых влиятельных журналов в Китае того времени, опубликовал два номера, один из которых был посвящен исключительно русской литературе, а другой — малым, угнетенным европейским народам.

Разграничение между русской культурой и другими западноевропейскими культурами, проведенное интеллектуалами Четвертого мая, позволяет сделать заманчивый вывод о том, что Россия предоставила китайцам особое и отличающееся видение современности. Однако подобно тому, как условная гегемония «евромодерности» требует приведения других культур в соответствие с западноевропейскими образцами, можно чрезмерно упростить роль, которую Россия сыграла для Китая, заменив новый центризм старым. Транскультурное переплетение России и Западной Европы делает невозможным выделение российской современности как строго отдельной. Как отмечает Ариф Дирлик, если мы считаем, что современность порождается различными силами, движущимися по разным траекториям во времени и пространстве, мы получаем больше свободы для обсуждения несинхронизированной современности в разных регионах. Он пишет: «нет четкого способа определить ее [современности] характеристики, поскольку фундаментальной характеристикой является фетишизация перемен и стремление к новизне» [Dirlik 2013: 34].

Разнообразные траектории современности, слишком запутанные, чтобы отделить один подход от других, делают непрактичным утверждение единого определения любой формы современности, включая «евромодерность, основанную на культурной гегемонии евро-американо-центрированной телеологии»[22]. По этой причине предложение о множественности современностей также проблематично. Мы не должны просто разделять национальные современности: культурные траектории современности слишком сложно переплетены в пространстве и времени. Кроме того, мы рискуем навязать дихотомию, которая противопоставит «евромодерность» явлениям в других частях света. Пропаганда множественных модерностей также может привести нас к затруднению, когда мы будем искать четкую характеристику русскости или китайскости, пытаясь определить отдельную российскую или китайскую модерность. В результате зацикленность на разграничении заслонит сложные связи между культу-

---

[22] Примеры можно найти у [Gaonkar 2001; Eisenstadt 2000].

рами, которые формируют современность как межрегиональный и межкультурный феномен.

Как отдельное, ризоматическое явление, современность обладает бесконечной универсальностью[23]. В этом исследовании мы не будем проводить границы, вместо этого мы подчеркнем трансформируемость и гибридизацию. Они важны в контексте транскультурации, поскольку позволяют нам осознать, что современность может принимать разные формы при переходе из одной культуры в другую. Таким образом, вместо того чтобы утверждать, что существовала особая «русская современность», которая предлагала Китаю альтернативу «европейской современности» — идея, которая усиливает дихотомию Россия — Запад, — мы должны подумать об одной-единственной, но универсальной современности. Эта современность, как корневая система, путешествует между разными местами и временами и соединяет их, иногда выглядя знакомой, а иногда поразительно отличной, когда растение, которое она поддерживает, прорастает сквозь почву различных культур.

Если рассматривать российскую современность как абстрактную альтернативу, то также можно упустить из виду различные исторические временные рамки, которые управляют развитием современности в Китае и России. Хотя может возникнуть соблазн считать российскую и китайскую современность синхронными — как предположил Лян Цичао в 1903 году, — их исторические временные рамки значительно расходятся. В качестве примера можно взять понятие «просвещения». Не только в Западной Европе, но и в России и Китае идея просвещения ассоциировалась с историческим поворотным моментом в становлении современного мира, характеризующимся скачком к более свободному, более рациональному обществу, движимому прогрессивной по-

---

[23] Согласно Делёзу и Гваттари: «Ризома непрестанно соединяет семиотические звенья, организации власти и обстоятельства, отсылающие к искусству, наукам или социальной борьбе. Семиотическое звено подобно клубню, спрессовывающему крайне разные акты — лингвистические, а также перцептивные, мимические, жестикуляционные, когнитивные». См. [Делёз, Гваттари 2010: 13].

литикой[24]. В Китае начала XX века интеллектуалы строили свое видение современности на основе западных идей, связанных с европейским Просвещением, включая свободу, равенство, индивидуализм и науку. Некоторые наблюдатели утверждают, что китайское Просвещение так и осталось незавершенным проектом, поскольку на политической сцене стали доминировать идеи национального спасения и социализма [Chow K.-W. et al. 2008b]. Россия, напротив, более близка к европейскому вектору развития: российское Просвещение обычно воспринимается как историческое движение, связанное с правлением Екатерины Великой (1762–1796) во второй половине XVIII века[25]. Просвещение действительно принесло России новые научные и светские подходы к культуре; однако свобода и равенство никогда не были главными составляющими российского движения. Хотя Екатерина Великая поддерживала художественные, правовые и образовательные реформы, она была нетерпима к реформам, которые могли бы ослабить ее власть. Просвещенный деспотизм был далеко не тем, к чему стремились китайцы, адаптируя модель Просвещения. На самом деле, китайские революционеры упорно боролись против установления абсолютного правления и правительственной тирании. Таким образом, хотя и Китай, и Россия опирались на западноевропейские идеи и практику и отождествляли просвещение с социальным прогрессом современной эпохи, их интерпретация и реализация существенно различались.

Помимо расхождений в политических подходах, Россия и Китай имели разные, входящие в их концепции о просвещении, культурные программы. Хотя китайцы, возможно, восхищались политическими и социальными преобразованиями русского Про-

---

[24] Эта традиционная интерпретация просвещения была поставлена под сомнение тенденцией постмодернизма и постколониализма [Israel 2006: 523]. Однако она остается широко распространенной не только в странах Западной Европы, но и в России и Китае. По словам Веры Шварц, китайское Просвещение «представляет собой критическую разработку своего европейского прецедента», см. [Schwarcz 1986: 3].

[25] Зарождение русской просветительской мысли происходило в период реформ Петра I, но «в действительности Просвещение началось лишь во второй половине XVIII века», см. [Walicki 1979: 1].

свещения и были склонны учиться у русской вестернизации, долгое время они мало что знали о важнейших культурных фигурах этой эпохи, таких как эрудит Михаил Ломоносов (1711–1765) или драматург Денис Фонвизин (1745–1792). В соответствии с решением Лян Цичао начать историю современного российского революционного движения в 1840-х годах, культурные деятели, которые привлекли внимание китайских наблюдателей XX века, были русскими XIX века и более позднего периода. Однако этос русского Просвещения был слишком далек от китайского духа времени, чтобы его можно было рассматривать всерьез.

Как и в Китае, «новое» вошло в обиход в русском литературном мире на рубеже XX века, когда эпитет «новый» появился в названиях журналов и книг, таких как «Новый путь» и «Новые люди» [Livak 2018: 44]. Однако коннотации новизны, подразумеваемые под такими названиями, различались в китайской и русской культурах, имеющих разные литературные традиции. Китайцы столкнулись с собственным тяжелым прошлым, состоящим из двух тысяч лет литературных условностей, в древнем стиле письма, который не мог легко приспособиться к современным идеям и явлениям. Как заметил Линь Юшэн, в Китае XX века радикальное неприятие прошлого — или, по его собственным словам, «тоталистичный антитрадиционализм» — стало доминирующей и устойчивой идеологией[26]. Однако китайцы только начали знакомиться с классическими русскими писателями XIX века, которых в то же время русский литературный мир считал уже «старыми» и, следовательно, воспринимал в качестве объектов, против которых необходимо выступить. Таким образом, эти авторы казались китайским читателям «новыми». Очевидно, что китайское иконоборчество было направлено на собственную культуру и не охватывало зарубежную классику.

Такое положение дел приводит к различным интерпретациям того, что относится к «современному» в области китайской ли-

---

[26] Хотя в последние годы аргументы Линя оспаривались многими учеными, его книга продолжает оставаться доминирующим дискурсом в изучении современной китайской интеллектуальной истории, см. [Lin Y. 1979].

тературы, где термин модернизм может быть использован для обозначения эстетического развития более широкого интеллектуального и социального явления, известного как «модерность/современность»[27]. Описывая развитие русской литературы, Чжоу Цзожэнь относит этап, который сегодня принято называть русским модернизмом, с работами таких писателей, как Александр Куприн (1870–1938) и Борис Савинков (псевдоним В. Ропшин, 1879–1925), к четвертому этапу современной русской литературы. По мнению Чжоу, современная русская литература началась в XIX веке с Александра Пушкина (1799–1837) и других писателей, которых русские считают классиками[28]. Такая историческая пе-

---

[27] Теодор Хутерс утверждает, что при изучении современной китайской литературы мы должны допускать определенную двусмысленность и даже смешение модерна (современности) и модернизма [Huters 2022: 15–17]. В этой книге мы используем термин «модернизм» для обозначения литературного и художественного движения конца XIX — начала XX века. Поскольку в Восточной Азии социальная, идеологическая и эстетическая вестернизация/модернизация происходила в строго определенные сроки: начиная с XIX века исследователи интеллектуальной истории Восточной Азии могут смешивать понятия «современность» и «модернизм». Мы согласны с Хутерсом в том, что обсуждение того, что мы можем назвать современностью в Восточной Азии, не может быть ограничено эстетическими вопросами. В то же время эстетическая история важна в этом контексте: сознание интеллектуалов, отраженное в литературе, служит важнейшим индикатором современности, а «литературная современность» может быть определена как нечто большее, чем «китайская литература, отходящая от традиционных моделей и жанров», как предполагает Хутерс, см. [Ibid.: 33].

[28] В своем описании Чжоу Цзожэнь использует термин «современная русская литература» (eguo jindai de wenxue, 俄國近代的文學, эго цзиньдай дэ вэнсюэ), см. [Zhou Zuoren 2009m: 260]. В китайском языке коннотации сяньдай (xiandai) — более распространенного термина «современный» — отличаются от цзиньдай (近代, jindai), который является прямым переводом «современного» с японского (киндай). Однако во времена Чжоу временное различие между сяньдай (современность) и цзиньдай (недавний период) еще не было четким, и китайские авторы, переводящие с японских текстов, постоянно использовали цзиньдай для обозначения «современности». Учитывая знакомство Чжоу с японской наукой, можно предположить, что он стремится описать русскую литературу XIX века как современное явление. Периодизация Чжоу не обязательно является ошибочной. Правда, некоторые современные ученые также предлагают первую половину девятнадцатого века в качестве отправной

риодизация преуменьшает радикальные изменения, произошедшие в русской литературе XIX и XX века, и умаляет значение очевидной связи между русским реализмом и русским модернизмом. Чжоу рассматривает русскую литературу XIX–XX веков как континуум, пренебрегая «новизной» и разрывом с современной эпохой, за которую ратовали его российские коллеги.

Даже беглый взгляд на богатство и плюрализм русской литературы делает очевидными искажения в историко-литературном изложении Чжоу[29]. Русская литература конца века сегодня часто характеризуется в терминах символизма, декаданса и модернизма, а также работами таких выдающихся писателей, как Александр Блок (1880–1921) и Андрей Белый (1880–1934) — ни один из них не вызывал особого внимания в Китае в то время. Акмеистский и футуристический дискурсы также вошли в лексикон русской современности. Однако, хотя поэт-футурист Владимир Маяковский (1893–1930) и акмеистка Анна Ахматова (1889–1966) были переведены на китайский язык в конце 1920-х годов, их популярность в Китае так и не сравнялась с популярностью русских писателей XIX века [Chen Jianhua 2007, 3: 256–257, 324]. Марк Гамса пишет, что наибольшим вниманием китайских переводчиков и читателей начала XX века пользовались три русских писателя-модерниста: Борис Савинков (1879–1925), Михаил Арцыбашев (1878–1927) и Леонид Андреев (1871–1919), см. [Gamsa 2008]. Однако Гамса также отмечает, насколько необычна их непреходящая китайская популярность, учитывая, что они не пользовались таким успехом ни в других странах мира, ни даже на родине. Среди их современников только Максим Горький (1868–1936) мог соперничать с ними

---

точки для изучения русской современности [Kotsonis 2000: 6]. Однако большинство ученых по-прежнему признают значительный разрыв между классической русской литературой XIX века и русским модернизмом.

[29] Подробнее о русском модернизме см. [Erlich 1994; Белая 2004; Gasparov et al. 1992; Paperno, Grossman 1994; Bowlt 1996; Livak 2018; Shevelenko 2018; Stone 2017; David-Fox 2015; Ioffe, White 2012; Hutchings 1997]. Это лишь некоторые из книг, исследующих модернизм с точки зрения конкретной культуры или посвященных символизму, декадансу, акмеизму, футуризму, авангардизму и эмигрантской литературе.

по известности в Китае[30]. Таким образом, мы видим, что русские образцы для подражания, на которые китайские читатели ориентировались в собственном построении современности, не ограничивались признанными русскими модернистами; безусловно, русские классические авторы XIX века имели еще больший вес. Разграничение между классической русской литературой XIX века и русским модернизмом не внесло большого вклада в китайское стремление к «новому», поскольку китайские и русские интеллектуалы работали в разных временных промежутках. Их разное понимание прошлого диктовало несовпадающие определения «нового» и, следовательно, уникальный опыт современности.

Эта история делает очевидной необходимость принятия децентрализованной и универсальной стратегии при изучении китайской современности [Chow K.-W. et al. 2008b]. Следовательно, мы не рассматриваем современность, возникшую на территориях, попавших под влияние России, как строго или прямо противоположную той, что возникла под влиянием Запада. Не только невозможно определить какое-либо качество как культурно уникальное, но и важно допустить диалектическую взаимосвязь и даже взаимозависимость между различными культурными элементами, по мере того как они перемещались по земному шару в Китай. Поэтому совокупность культурных явлений, описанных в этой книге, можно назвать «транс-современностью» или «глобальной современностью» с акцентом на «детерриториализации и деукоренении» [Dagnino 2013: 145]. На протяжении всей книги мы будем стремиться к тому, что Арианна Даньино называет «мультимодальным и транскультурным взглядом на современность», который отражает «изменения в обществе, критических взглядах, художественном или литературном творчестве» [Dagnino 2015: 101]. Такая открытость помогает нам лучше понять взаимозависимость и взаимосвязанность Китая и России в современную эпоху.

---

[30] Горький был одним из самых переводимых русских писателей и самым популярным современным русским писателем в Китае. Краткое описание рецепции Горького читайте в [Chen Jianhua 2007, 3: 217–241].

## Несинхронная транспространственность

В России заимствованное слово modern и его варианты сохраняют качество чужеродного слова, что объясняется их латинским происхождением от modernus. Русский эквивалент понятия «модерность» — «современность», состоит из двух частей: «со» и «временность». Приставка «со» происходит от праславянского «с», что означает «вместе с». «Временность» происходит от существительного «время» и прилагательного «временный». Таким образом, современность обозначает характерные черты или понятия, которые сопутствуют текущему моменту. Проще говоря, речь идет о действительности настоящего, о том, что происходит или существует в данный момент. Таким образом, современность подразумевает некую одновременность, реализуемую в общности или пространственном содружестве.

Это временное взаимодействие в современном мире было подчеркнуто в западном контексте Мишелем Фуко, который утверждал, что XX век — это

> …прежде всего эпоха пространства. Мы живем в эпоху одновременности: мы живем в эпоху сопоставления, в эпоху близкого и далекого, бок о бок и рассредоточенно. Я полагаю, что мы находимся в том моменте, когда наш опыт мира — это не столько жизнь, развивающаяся во времени, сколько нить, соединяющая точки и переплетающаяся с собственным клубком [Foucault, Miskowiec 1986: 22].

Согласно Фуко, время сплетается с пространством как действующий элемент современности [Ibid.: 23]. Его рассуждения привлекают наше внимание к культурному пространству, которое является предметом постоянного расширения, взаимодействия и трансгрессии. В этом процессе фиксированные точки отсчета исчезают, уступая место дислокации и детерриториализации, пермутации и объединению, что, в свою очередь, позволяет взаимно обогащать культуру.

Исследуя расхождения между русским и китайским пониманием современности, мы становимся свидетелями того, что Эрнст

Блох называет «неодновременностью одновременного». Как отмечалось в предыдущем разделе, хотя русская культура и послужила основой для китайской современности, коллективный культурный опыт и исторические рамки в двух странах существенно различаются. Наблюдая за несовпадающими отношениями различных социальных классов к настоящему, Блох выдвигает идею «несинхронности» (Ungleichzeitigkeit) в рамках культурной и капиталистической модернизации. Блох подчеркивает, что традиции прошлого продолжают действовать в настоящем и приводят к «неодновременному» сосуществованию культурного опыта. Как пишет Блох, «не все люди существуют в одном и том же времени. Они делают это только внешне, это происходит благодаря тому, что их можно увидеть сегодня. Но тем самым они еще не живут в одно время с другими. Скорее, они несут в себе более ранний (старый) элемент» [Bloch 1991: 97]. Такая несинхронность, несущая в себе определенную преданность прошлому, приводит к многообразию подходов к современности, которую он отождествляет с полиритмом мультипространственной и мультивременной диалектики.

Эта неодновременность одновременного может ощущаться только пространственно. Как утверждает Хоми К. Бхабха (Хоми Баба), «несинхронная темпоральность глобальных и национальных культур открывает культурное пространство — третье пространство, — где обсуждение несоизмеримых различий создает напряжение, свойственное пограничным существованиям» [Bhabha 1994: 218]. Обращаясь к современности, Паскаль Казанова отмечает, что «специфически литературная форма времени воспринимается только теми писателями на периферии мира литературы, которые в своей открытости к международному опыту стремятся покончить с тем, что они считают своим изгнанием из литературы»[31]. Далее Казанова отмечает, что разрыв между столицей и провинцией, прошлым и настоящим, древним

---

[31] Паскаль Казанова использует «литературную форму времени» для обозначения центрального времени, определяемого западной/французской литературой, предполагая, что эта литература определяет литературную хронологию [Casanova 2007: 94].

и современным — это тот аспект мира литературы, который
воспринимается только теми, кто не совсем принадлежит своему
времени [Casanova 2007: 95]. Иными словами, различие между
центром и периферией имеет решающее значение для нашего
ощущения времени и пространства: нам нужно быть смещенными в пространстве, чтобы ясно видеть время, и наоборот, нам
нужно быть смещенными во времени, чтобы ясно видеть пространство.

Чтобы лучше понять неодновременность современности, мы
обратимся к феномену транспространства, который расширяет
понятие третьего пространства Бхабхи и определяется Арианной
Даньино как «транскультурное измерение, лежащее за пределами
разделения культур, часто коммерчески или идеологически
подчеркнутого» [Dagnino 2015: 202]. Таким образом, изучение
китайской современности не должно ограничиваться китайскими территориями; скорее, она включает в себя бесчисленные
инциденты, которые трансформируют время в пространстве.
На самом деле, транспространственная природа современности
означает, что ее никогда нельзя изучать как единое, целостное
и статичное явление. Развитие современности в любом месте
подвержено постоянному вмешательству и прерыванию со стороны других пространств и времен.

В частности, мы утверждаем, что несинхронная транспространственность современности в Китае тесно связана с участи-
ем другой культуры: Японии. Возвращаясь к импликации про-
странственно-временного сотрудничества, предложенной русской *современностью*, мы могли бы рассматривать Японию
и Китай как союзников в их открытии современности, которое
произошло для обеих стран в конце XIX века благодаря иностранному вмешательству. Однако есть и существенные расхождения.
Чтобы понять, как соотносятся современности в этих двух
культурах, мы должны сначала разобраться в китайской и японской лексике, связанной с современностью. Слово *«современный»*
обычно переводится на китайский как *сяньдай* (現代, xiandai),
а эквивалентный перевод на японский — *киндай* (近代). Общий
второй иероглиф этих двух терминов, 代 (*дай*), обозначает эпоху,

поколение или династию. Разница в первом иероглифе между тем предполагает разные подходы к историчности: в китайском языке иероглиф 现 (*сянь*) обозначает настоящее, а японский иероглиф 近 (*кин*) указывает на недавнее прошлое. Таким образом, японский вариант «современного» проводит различие между современным временем (недавним прошлым) и текущим моментом; в отличие от этого, китайский вариант предполагает, что современное неотделимо от настоящего. Несмотря на множество связующих звеньев между Китаем и Японией, также важно признать различия в их конфигурациях современности. Неодновременность одновременного наглядно проявляется в случае Китая и Японии.

Исторически так сложилось, что китайская культура была воротами, через которые взаимодействовали западная и восточноазиатская культуры; на рубеже XX века эту роль взяла на себя Япония. Столетия восточноазиатского китаецентризма привели Японию к глубокому взаимодействию с китайской культурой; однако в период Мэйдзи, когда западный мир постепенно заменил Китай в качестве основного источника для культурного заимствования Японией, последняя стала одним из самых способных учеников Запада в восточноазиатском регионе. Современная Япония, после Реставрации Мэйдзи, стала главным азиатским примером успешной вестернизации и основной моделью для Китая [Shih 2001]. Эта история смещающейся динамики власти затрудняет строгое определение самобытной японской культуры из-за долгосрочных последствий японских культурных заимствований — из Китая в прошлом и с Запада в настоящем. Например, в области литературы, как замечает Карен Торнбер, «колониальные и полуколониальные литературные критики эксплуатировали предполагаемую ахиллесову пяту Японии: ее обстоятельную интеграцию классических китайских и более поздних западных культурных форм» [Thornber 2009: 99]. В определенной степени, хотя Япония и Россия могут определять «Восток» по-разному (в рамках культурной дихотомии Восток — Запад), современная российская и японская культуры тем не менее разделяют особое качество серединности (или промежуточности).

Японская современность никогда не требовала полного отказа от своей исторической связи с китайской культурой, и новаторские попытки Японии провести модернизацию не были простыми или легкими. Как утверждают Айелет Зоар (Ayelet Zohar) и Элисон Дж. Миллер, современность в Японии представляет собой «процесс посредничества, ассимиляции и гибридности» [Zohar, Miller 2022: 8]. Даже когда модернизация привнесла в Японию череду изменений, включавших индустриализацию и капитализм, государственное строительство и демократизацию, она также принесла с собой разочарования, разделяемые западными людьми на рубеже веков, относительно того, что модернизация может потерпеть неудачу.

Более того, японцы первыми в Восточной Азии испытали интеллектуальные и социальные потрясения, вызванные их следованием примеру западного общества эпохи Постпросвещения. Японцы эпохи Мэйдзи боролись с теми же эпистемологическими различиями — такими, как Восток — Запад, современное — традиционное, познанное — непознанное и так далее, — которые двадцать лет спустя будут беспокоить китайских интеллектуалов. Интересно, что всякий раз, когда японцы испытывали глубокую тревогу из-за отдельных аспектов западной современности, они были склонны обращаться к культуре Восточной Азии, чтобы разрешить эту дилемму. Таким образом, японцы обычно идеализировали Восток в попытке противостоять негативным аспектам западной современности. В их реконфигурации Востока — или по-японски 東洋 (*то: ё:*), Китай стал важной составляющей, противостоящей Западу — или по-японски 西洋 (*сэйё:*)[32]. Философия и повседневная практика конфуцианства и даосизма, в частности, имели значительный вес, когда японцы представляли восточную культуру как духовную, в отличие от материальной западной.

Более того, не только традиционная китайская культура, но и китайская современность давали Японии представление о воз-

---

[32] Несколько англоязычных книг посвящены тому, как японцы пытались прийти к соглашению в своих отношениях с Китаем [Tanaka 1993; Pollack 1986; Sakaki 2005].

можных отступлениях от западной модели современности с ее многочисленными неудачами. В противовес дискурсу «цивилизации и просвещения» (文明開化, *буммэй кайка*), который предполагал массовую инкорпорацию и институционализацию западной современности, японские ученые выдвинули идею «преодоления современности» (近代の超克, *киндай но тё: коку*). В 1942 году в Токио состоялся симпозиум «Преодоление современности», ставший ответом на резкие потрясения, вызванные Второй мировой войной, в японском политическом и интеллектуальном мире. В центре обсуждения симпозиума была возможность или невозможность совмещения модели западной модернизации с японским национализмом, милитаризмом и империализмом[33]. В 1959 году, когда Такэути Ёсими (竹内好, 1910–1977) в качестве ответа на симпозиум и поражение Японии в 1945 году предложил собственную концепцию «преодоления современности», он опирался на китайскую современность, особенно на идеи Лу Синя[34]. Такэути считал японский национализм антитезой западной современности и заимствовал аллегорические формулировки Лу Синя в своих аргументах в пользу идеи японской современности, которая освободит Японию от рабства западной современности. Коясу Нобукуни (子安宣邦) подчеркивает антифразис в аргументации Такэути: «Модернизация/вестернизация Японии сделала Японию — изначально азиатскую нацию — антиазиатской» [Koyasu 2008].

Поскольку японские события послужили важным стимулом для китайской современности, их запутанность еще больше усложнила формирование современности в Китае. Роль Японии заставила Китай задуматься о своем культурном наследии, осо-

---

[33] Оригиналы докладов конференции можно найти в книге [Kawakami 1943]. Подробное описание и перевод симпозиума 1942 года «Преодоление современности» содержатся в книге [Calichman 2008].

[34] Самый очевидный пример см. у [Takeuchi 1980]. Будучи синологом, он постоянно брал за основу Китай в своих рассуждениях о японской современности. Такэути также напоминает японским читателям о симпозиуме 1942 года, размышляя о японском дискурсе преодоления современности в военное время см. [Takeuchi 1959].

бенно о той его части, которая была общей для всей Восточной Азии. По мере того как китайские традиции, разделяемые и другими народами, возвращались в Китай в виде необходимого компонента японской модернизации, те китайские культурные реформаторы, которые поддерживали полное разрушение китайских традиций, были вынуждены признать высокую ценность культурных остатков в построении нового и зарождающегося. Благодаря участию Японии несинхронность китайской современности предполагает не только неодновременное заимствование иностранной современности, но и обновление собственного прошлого, когда оно завершает пространственное путешествие и возвращается в новом виде.

Таким образом, китайская современность не просто вовлечена в транспространственные отношения, но и сконституирована ими. Такая несинхронная транспространственная современность подразумевает непрерывный процесс культурного обмена, который постоянно бросает вызов представлению о современности как об однозначном, имеющем какие-либо пределы явлении. Транспространственная современность не только требует от нас обновить наше понимание динамики современных культурных обменов между различными регионами, но и переосмысления самой современности. Современность может быть реляционной и диалогической; она также может быть кратковременной и фрагментарной. Только внимательно изучив непрерывный процесс транспространственного культурного погружения и трансформации, мы сможем в полной мере понять процесс построения и значение китайской современности.

## Эстафетная транскультурация и культурное посредничество

Подобно тому, как китайская современность обычно рассматривается учеными в связи с западноевропейским влиянием и без особого внимания к роли в ее формировании России, так и русская культура относится к числу наименее упоминаемых факторов иностранного влияния в формировании японской современности. Однако японская современность в том виде, в котором мы ее знаем, была бы невозможна без участия России. Более того, изучение исторических взаимоотношений между Россией и Японией позволяет отойти от традиционного дискурса «Рецепции Запада» в японской культурологии. Некоторые черты русской культуры, привлекавшие китайцев, включая гуманистический космополитизм и сопереживание обиженным и угнетенным в противостоянии с российским империализмом, также пришлись по душе японской общественности периода Мэйдзи [Solovieva, Konishi 2020]. Сё Кониси замечает:

> ...в макроисторической перспективе русское культурное присутствие в Японии с середины XIX до начала XX века в целях интерпретации можно легко сравнить с китайским культурным присутствием в интеллектуальной жизни Японии эпохи Токугавы до 1860 года и американским культурным присутствием в интеллектуальной жизни Японии после Тихоокеанской войны [Konishi 2013: 5].

Рассмотрение русских событий поможет нам лучше понять богатство японской современности; в свою очередь, мы сможем лучше оценить богатство современности в Восточной Азии в целом, поскольку трансрегиональные литературные связи между Россией и регионами Восточной Азии раскрывают «сложную структуру этих сетей, которая постоянно генерирует новые смыслы и значения через эти запутанные литературные и культурные отношения и процессы [Cho H. 2018].

Осознание места России в современной Восточной Азии приводит к рассмотрению русско-японско-китайской транскультурации как наиболее значимого явления транспространственной современности. Транскультурация как «множество различных процессов ассимиляции, адаптации, непринятия, подражания, сопротивления, утраты и в конечном счете трансформации» побуждает нас обратить внимание на культурные трансформации — идеологические, теологические, исторические, географические, экономические, лингвистические или эстетические — и делает акцент на пересечении границ, будь то по мотивам колониализма, империализма или туризма [Thornber 2009: 1]. Процессы транскультурации могут включать в себя впитывание или наложение чужих культур на собственную, утрату или вытеснение предшествующих культур и формирование новых [Ortiz 1995: 102–103]. Транскультурация также требует от нас изучения постоянных и иногда цикличных культурных заимствований во времени и пространстве, потому что она «относится не только к более сложному смешению культур, чем предыдущие категории», включая культурный обмен, культурное доминирование и культурную эксплуатацию (например, в рамках апроприации), но и к «условиям, в которых происходят такие действия», таким как глобализация, неоколониализм и транснациональный капитализм [Rogers 2006].

Хотя традиционные транскультурные исследования, как правило, фокусируются на прямой транскультурации между культурой А и культурой Б, большинство случаев транскультурации на самом деле более сложны и включают в себя несколько участников, некоторые из которых могут быть легко упущены из виду. Поэтому цель настоящей книги — склонить дискуссию в сторону той формы транскультурации, которая заслуживает более глубокого изучения, и которую мы обозначили как «эстафетная транскультурация». Эстафетная транскультурация предполагает культурный обмен между как минимум тремя культурами, одна из которых выступает в основном в качестве посредника или культурного агента: например, транскультурация текста или идеи из культуры А в культуру С через посредничество культуры В (культура А > культура В > культура С). В данной книге особая траектория — Россия > Япония > Китай. Игра «китайский шепот», или телефон в США[35], в которой «сообщение повторяется от одного человека к другому, пока в конце концов оно не становится совершенно неузнаваемым», является подходящей метафорой для такого явления [St. André, Peng 2012: 12]. Например, когда культура Восточной Азии впервые была представлена западному миру, многие итальянские, немецкие и голландские читатели

---

[35] «Испорченный телефон» в России. — *Примеч. пер.*

полагались на французских и английских посредников из-за отсутствия собственных специалистов по восточным языкам. Так и в период колонизации Азии колонизаторы также выступали в роли посредников, знакомя колонизируемые регионы с некоторыми западными культурами (испанцы > Филиппины; голландцы > Индонезия; португальцы > Малайзия). Во время культурной самоизоляции Китая западная культура передавалась в Китай через немецких и итальянских миссионеров; в то же время в Японию западные знания импортировали голландцы.

Предположение об эстафетной транскультурации опирается на парадигму Лидии Хэ Лю «хозяин — гость» и усложняет ее, в результате чего «новые слова, значения, дискурсы и способы репрезентации возникают, циркулируют и приобретают легитимность» [Liu L. H. 1995: 26]. Если Лю фокусируется на структуре власти принимающего языка, то мы исследуем контакты, посредством которых культурные передача, управление, внедрение и доминирование происходят до того, как культура-гость достигает культуры-хозяина — в данном случае Китая. Каким образом элементы культуры-гостя трансформируются в процессе достижения культуры-хозяина? На примере распространения автохтонных неологизмов по кругу[36] Лю предупреждает нас о сложности точного определения транскультурной траектории [Ibid.: 34]. Для решения этой проблемы в своем исследовании Лю в основном фокусируется на самом «хозяине». Действительно, чаще всего трудно четко определить маршрут транскультурации, особенно если речь идет о трех или более культурах. Однако только когда мы проследим путь европейско-японско-китайской транскультурации, мы сможем в полной мере осознать поливокальность этих культур и разнообразие интерпретаций, которые они привносят в современность.

Как в этих условиях можно эффективно определить путь эстафетной транскультурации, учитывая, что первоисточники становятся неразличимыми, когда информация проходит через различные каналы? Одним из наиболее важных видов транскуль-

---

[36] От одной культуры к другой и обратно. — *Примеч. пер.*

турной деятельности является эстафетный перевод — «цепочка из (как минимум) трех текстов, заканчивающаяся переводом, выполненным с другого перевода»[37]. Мы рассматриваем эту деятельность как видимое свидетельство эстафетной транскультурации. В отличие от «непрямого перевода» (косвенного), который фокусируется только на конечном продукте и предполагает промежуточный перевод, не предназначенный для потребления другими читателями, эстафетный перевод обращает наше внимание на весь процесс перевода, включая промежуточный, который сам предназначен для чтения [Dollerup 2000].

На протяжении многих лет ученые придумывали этому скрытому акту перевода негативные ассоциации, называя эстафетный перевод «замаскированным прямым переводом», «межъязыковым плагиатом» или «пиратским переводом» [Washbourne 2013]. Хотя верно, что некоторые переводчики, совершавшие эстафетные переводы, намеренно скрывают истинное происхождение своих переводов, однако в основном замалчивание происходит из литературной традиции безразличия к точным переводам, устанавливая опосредованный процесс, который допускает отклонения и новаторство. Эстафетный перевод может стать увлекательным предметом для изучения, поскольку «переводы одного и того же текста могут продолжаться бесконечно, не только в пределах одной и той же бинарной языковой пары, но и между языками и культурами» [Dollerup 2000: 23]. Потенциальное разнообразие аудиторий, участвующих в эстафетном переводе, означает, что отклонения от оригинала могут восприниматься как законные литературные открытия, предназначенные для длительного пользования потребителями на заданных языках [Ibid.: 23–24]. «Границы, течение, следы и направления — это лишь некоторые из аспектов

---

[37] Существуют различные определения эстафетного перевода. Джеймс Сент-Андре, например, описывает эстафетный перевод как заключительный этап этого процесса, так что его можно определить как «перевод переведенного текста (устного или письменного) на третий язык (например, с китайского на английский, а затем с английского на французский)», см. подробнее [St. André 2009: 230]. Определение, которое мы используем в этой книге, напротив, придает значение всему процессу перевода [Ringmar 2010: 141].

косвенного перевода, которые еще предстоит изучить», — напоминает нам Келли Уошборн [Washbourne 2013].

В Азии эстафетный перевод играл значительную роль в культурном обмене на протяжении всей истории. В раннем Средневековье арабский язык использовался в качестве lingua franca по всей исламской Центральной Азии, в то время как классический китайский язык выступал языком дипломатии в странах Дальнего Востока. В Юго-Восточной Азии общим языком общения во времена Малаккского султаната был малайский язык. В Индии, где долгое время сосуществовали несколько языков, часто практиковался внутринациональный эстафетный перевод. Хинди и урду во многих случаях были основными языками для общения среди других разнородных языков. Позднее, в период западной колонизации, такие европейские языки, как испанский, голландский, португальский, английский и французский, стали языками-посредниками в различных регионах Азии. На пороге современной эпохи, периода, на котором мы здесь сосредоточимся, японский язык присоединился к западноевропейским языкам в качестве промежуточного языка в Китае и Корее, особенно в процессе адаптации европейских заимствований. Все эти процессы перевода включают в себя возможность эстафетной транскультурации.

Эстафетный перевод был обычной практикой в период погони Китая за современностью в конце XIX и начале XX века. Неизбежное вторжение европейской культуры пробудило в китайцах интерес к западным знаниям, и переводы стали одним из основных каналов, по которым европейская культура проникала в Китай. Однако, несмотря на то что первая школа европейских языков в Китае, Школа комбинированного обучения (Tongwen guan, 同文館, *Тунвэнь гуань*), была основана еще в 1862 году, а арсенал Цзяннань в Шанхае (Jiangnan zhizao ju, 江南製造局, *Цзяннань чжицзао цзюй*) также служил важной движущей силой в области изучения и практики европейских языков, остро ощущалась нехватка специалистов по многим языкам. Более того, на рубеже XX века в Китае отсутствовал доступ ко многим книгам на иностранных языках. По итогу китайцам приходилось полагаться на эстафетный перевод для большого количества иностранных материалов. Так, Линь Шу (林紓, 1852–1924), самый известный переводчик иностранной литературы в Китае на рубеже веков, полагался на других переводчиков, владеющих иностранными языками, чтобы они пересказывали ему истории, но многие из этих переводчиков даже ни разу не читали тексты этих историй на языке оригинала. Следовательно, в его практике перевода было задействовано множество промежуточных звеньев, что усложняло процесс эстафетного перевода и что, таким образом, напоминает нам о принципах транспространственной современности[38].

Линь Шу и его коллеги были не единственными, кто активно занимался эстафетным переводом в то время. Многие китайские переводчики полагались на английские и японские переводы литературы, первоначально написанной на других языках. И это был не первый случай, когда Китай прибегал к эстафетному переводу для приобретения иностранных знаний. Эта традиция восходит по крайней мере к первому веку нашей эры, когда многие буддийские тексты путешествовали по нескольким промежуточным культурам Центральной Азии вдоль Великого Шелкового пути, прежде чем попасть в Китай. Однако эта гораздо более ранняя волна переводов не идет ни в какое сравнение с переводами периода поздней династии Цин. Разнообразие иностранной литературы, переведенной на китайский язык с помощью третьих языков в конце XIX и начале XX века, было настолько велико, что не имело аналогов в китайской истории.

Если мы понимаем перевод как «коммуникативную деятельность, которая включает в себя передачу информации через языковые границы», то мы можем рассматривать переводчиков как «межкультурных посредников» — посредников между культурами, чья деятельность предполагает достижение взаимопонимания между глобальными и локальными системами [Bassnett 2011: 107]. Из этой предпосылки следует, что более пристальное внимание следует уделить «проблеме обозначения промежуточных фрагментов и процессов культурных изменений, которые

---

[38] Подробнее о переводческой практике Линь Шу читайте в книге [Hill 2013].

вписаны в "промежуточность/серединность", во временной разрыв, который пронизывает "глобальный" текст» [Bhabha 1994: 217]. Эстафетный перевод — ключевой аспект транскультурных исследований; в то же время наше исследование взаимодействия русской, японской и китайской культур не ограничивается текстовыми переводами. В этой книге мы также исследуем передачу идей, литературных школ и стилей.

Мы еще многое узнаем, тщательно исследуя значение культурного посредничества и его функции в процессе транскультурации[39]. В большинстве случаев культурными посредниками выступают как отдельные лица, так и организации, которые «действуют как мосты между культурами, способствуя межкультурному взаимодействию и разрешению конфликтов» [Martin, Nakayama 2010: 204]. Роль культурного посредника могут выполнять люди, группы или организации, до тех пор, пока их объединяют многоуровневые сети[40]. Ученые начали замечать в литера-

---

[39] Концепция культурного посредничества берет свое начало в антропологических исследованиях 1920-х годов; в тех ранних исследованиях она использовалась для обозначения деятельности, направленной на культурные изменения [Michie 2014: 40]. В 1950–1960-х годах такие культурные антропологи, как Роберт Редфилд, Эрик Вульф и Клиффорд Гирц, внесли свой вклад в дискуссии, в результате которых возникла идея культурного посредника между местным сообществом и более крупными национальными институтами, а также между низшими и высшими слоями общества. От этой концепции культурного агента как посредника между двумя слоями общества Роберт Пейн в 1971 году перешел к рассмотрению проблемы межкультурных коммуникаций в своей книге «Покровители и посредники в Восточной Арктике» (Patrons and Brokers in the East Arctic). В настоящее время концепция культурного посредничества широко применяется в различных областях, включая этнографию, здравоохранение, образование, социологию, политологию, городское планирование, культурологию и переводоведение, каждый раз, когда в мультикультурной среде возникают посреднические роли.

[40] Как резюмирует Маргарет Коннел Сас, «они могут быть переводчиками, или лингвистическими посредниками; они могут быть торговцами, или экономическими посредниками. Одни посредники в духовной сфере, другие — в образовательной. Одни были посредниками между правительствами; другие — между музыкой, гуманитарными науками и искусством; третьи же перемещались между западной наукой и медициной и народным врачеванием и пониманием земли» [Szasz 1994: 19].

туре феномен таких посредников, или, иначе, агентов. Хотя о письменных и устных переводчиках во многих случаях говорили как о культурных посредниках, сегодня в подобном качестве мы также начинаем рассматривать мультикультурных писателей, когда «они исследуют свое культурное наследие, с одной стороны, и контакт(ы) с культурой принимающей страны — с другой» [Birkle 2009: 59]. В то же время изучение культурных посредников по-прежнему сосредоточено в первую очередь на диалоге между двумя культурами — высокой и низкой, колонизатором — колонизируемым и так далее, — при этом посредник глубоко вовлечен в процесс межкультурной коммуникации между ними. В отличие от этого, в случае эстафетного перевода, который мы исследуем, культурный посредник является отдельной третьей стороной. Это похоже на то, как работают сети в деловом мире: например, посредником может быть сторонняя культура, которая не обязательно разделяет интересы двух других культур. В конкретных случаях в литературе таким сторонним культурным посредником может выступить автор, критик, читатель, журналист, переводчик, интерпретатор или текст, эссе, книга — но всегда на третьем языке.

Дискурс культурного посредника широко используется при изучении колониальных и постколониальных отношений. Как отмечает Э. Натали Ротман, «историческое изучение культурного посредничества наиболее заметно в историографии империй Нового Света, где оно, как принято считать, осуществлялось между представителями кардинально разных обществ и в условиях резкого дисбаланса сил» [Rothman 2012: 5]. Теория контактных зон в некотором смысле предполагает место для этой третьей стороны. Мэри Луиза Пратт определяет «зоны контакта» как «социальные пространства, где встречаются, сталкиваются и борются друг с другом различные культуры, часто в крайне несбалансированных отношениях господства и подчинения — таких, как колониализм, рабство или их последствия, переживаемые сегодня по всему миру» [Pratt 2008: 7]. Зона контакта — это то место, где происходит культурное посредничество. В таких контактных зонах часто возникает «пограничное пространство», которое находится «между культурами, народами, между империями и негосударственным миром стран» [White 2011: xxvi]. Что произойдет, если третья культура обеспечит пространство для «золотой середины»? Изменит ли это динамику отношений между двумя другими культурами? Какую роль должна играть третья сторона в такой эстафетной транскультурации? Введение третьей стороны усложняет дихотомию между сильными и слабыми, позволяя провести более тонкий анализ. Рассматривая роль Японии в этом триангулярном культурном взаимодействии между Россией, Японией и Китаем, мы размышляем о функции культурного посредника, которая обогащает концепции гибридности, индигенности и синкретизма, обычно ограничивающиеся только двумя культурами.

## Русско-японско-китайская эстафета: транскультурация в современной эпохе

Критики из Китая, России, Японии и англоязычного мира рассматривали китайско-японское[41], русско-китайское[42] и русско-японское[43] взаимодействие с разных сторон, однако до сих пор

---

[41] Из книг о китайско-японском культурном взаимодействии можно почитать [Keaveney 2009; Sanetō 1973; Tan 1988; Pollack 1986; Thornber 2009; King et al. 2012]; на японском языке [Kawamoto, Kamigaito 2010; Kawamoto, Kamigaito 2011; Sugino 2000; Higashiyama 2009; Gen 1991]; на китайском языке [Jin 1993; Jin Mingquan 2004; He 1995; Wang Hong 2008; Wang Xiangyuan 1998; Wang Xiangyuan 2007; Dong 2006; Zhang Fugui, Jin 1999; Zheng Kuangmin 2008; Li Yi 2009; Lü Yuanming 1992; Li Yanli 2014].

[42] Книги, посвященные русско-китайскому взаимодействию [Ng M. 1988; Fokkema 1965; Gamsa 2008; Gamsa 2010; Громковская и др. 1989; Шнейдер 1977; Tyerman 2022; Clark 2021]; на китайском языке [Chen Jianhua 2007; Chen Jianhua 1998; Chen Nanxian 2011; Chen Guoʼen et al. 2009; Wang Jianzhao 1999; Wang Jiezhi 2005; Wang Jiezhi, Chen 2002; Wang Jiezhi 2012; Huang Dingtian 2011; Ge 1992; Chen Jianhua 2011; Tian 2009; Zhi 1991; Zeng 2011; Li Wei 2016; Li Jin 2006; Lin Jinghua 2005].

[43] Среди книг о русско-японском культурном взаимодействии можно отметить [Rimer 1995; Рехо 1987; Молодяков 2005; Nobori et al. 1981; Solovieva, Sho 2020; Konishi 2013]; на японском языке [Fukuda et al. 1976; Nakamura, Rimer 1995; Okumura, Sakon 1998; Yanagi 2001; Haishima 2012b; Kobayashi 2010; Nozaki, Serikawa 1982].

не было опубликовано ни одной книги, посвященной динамичному взаимодействию между всеми тремя культурами[44]. Более того, исследования бинарной транскультурации, как правило, упускают из виду наличие нескольких векторов литературного обмена. Что касается исследований русско-китайской транскультурации, то большинство из них почти не затрагивает роль Японии как посредника. С другой стороны, исследования китайско-японской транскультурации могут упоминать Россию, но не в полной мере исследуют ее роль как важнейшего фактора, стимулирующего развитие современности. Еще одна проблема, на которую стоит обратить внимание, заключается в том, что в исследованиях китайско-японской транскультурации Запад рассматривается как единое целое, включающее в себя и Россию, а Восток — как его антитеза. Эдвард Саид отмечал, что востоковедческие исследования могут привести к тонкому и устойчивому европоцентристскому предубеждению относительно Востока; точно так же обобщенное отношение к Западу может породить созвездие ложных предположений, которые лягут в основу отношения Востока к Западу[45].

Еще одной тенденцией исследований китайско-русского культурного взаимодействия является акцент на период после Русской революции 1917 года. Эдвард Тайерман, например, описывает, как интернационалистский социализм одержал победу «над соперничающими формами современности в битве за Китай» и как русские авангардисты стремились вписать «Китай в ту же рево-

---

[44] Существуют сборники российских статей, посвященные литературным взаимодействиям между Россией и другими азиатскими странами, но они, как правило, посвящены только какой-то одной азиатской стране и почти не затрагивают вопросы эстафетной транскультурации (см. [Литература... 1977]). В книгах о русско-китайском культурном и литературном взаимодействии иногда затрагивается вопрос о посредничестве третьих сторон, но нет ни одной книги, которая была бы полностью посвящена этому вопросу. Единственная работа на английском языке, в которой рассматриваются все три страны, — это [Lim 2013]; однако она посвящена российскому восприятию Восточной Азии.

[45] См. [Said 2003] и [Chen X. 1995].

люционную современность» [Tyerman 2022: 19, 27]. Эта тенденция соответствует китайскому ощущению современности, которое «включало в себя четкое осознание потери суверенитета от рук глобального капитализма в империалистической форме» [Ibid.: 35]. Однако этот «поиск соизмеримости в рамках общей революционной современности»[46] в России и Китае можно отнести к периоду поздней Цин, т.е. задолго до того, как Коминтерн начал стремиться к созданию стратегических союзов между колониальными и полуколониальными странами против глобального капитализма и империализма[47]. Интеллектуалы Движения Четвертого мая были канонизированы как самопровозглашенные архитекторы китайской современности; однако предшествующее им поколение также должно получить благодарность за свой вклад в строительство современности в Китае. Именно поэтому в данной книге мы начинаем свое историческое повествование с эпохи поздней династии Цин, чтобы проследить давно забытую историю ранней русско-японско-китайской транскультурации. Хотя российское/советское социальное влияние в Китае достигло своего пика в 1920-х годах, культурные тенденции поздней Цин в 1900–1910-х годах предвосхитили энтузиазм китайцев по отношению к русской культуре.

Мы утверждаем, что восприятие русской культуры в Китае начала XX века во многом определялось посреднической ролью Японии, чьи литераторы были не просто «каналами» пассивной передачи русской культуры в Китай в ее чистом, оригинальном виде, а скорее «призмами», «преломляющими» тексты посредством собственных интерпретаций и предубеждений[48]. Как будет показано в следующих главах, в некоторых случаях Япония была

---

[46] См. [Tyerman 2022: 10].

[47] Катерина Кларк рассказывает о том, как китайцы участвовали в транснациональном строительстве левого дискурса под влиянием Коминтерна. См. [Clark 2021].

[48] Метафоры «канал» и «призма» основаны на классическом разграничении в социологии, согласно которому сети выполняют две роли: передают информацию, но также формируют восприятие и интерпретацию этой информации, подробнее см. у [Podolny 2001: 33–60].

единственным каналом передачи информации, и искажения, возникавшие в японских интерпретациях, переносились в работы на китайском языке. В других случаях существовали конкурирующие каналы, и интерпретации русской культуры в Китае различались в зависимости от того, были ли текст или идея адаптированы непосредственно русскоязычными китайскими литераторами или опосредованно китайскими литераторами, которые работали с японскими интерпретациями. И наконец, в третьем случае китайские литераторы осознавали, насколько японский текст совпадает или расходится с русским оригиналом, даже если японцы настаивали на отсутствии связи с русскими источниками. Выводы, к которым мы пришли, свидетельствуют о том, что взаимодействие между этими тремя культурами, как и влияние одной культуры на другую, невозможно понять без анализа пути, пройденного соответствующими культурными феноменами. Литературные тексты или философские идеи обретают новые слои интерпретаций и преобразований тогда, когда они проходят через «руки» культурных посредников. Более того, степень вариативности восприятия той или иной культуры и содержание этих вариаций зависят не только от различий в творческих интерпретациях переводчиков, но и от различий в маршрутах, которыми прошли та или иная идея или текст.

Хотя Россия, Япония и Китай находятся в центре внимания этой книги, наше исследование транспространственной современности не ограничивается этими тремя странами. Как отмечает Тогава Цуго, японский взгляд на Россию сам по себе подвергался постоянному влиянию третьей культуры. Вначале этой третьей стороной была Голландия, затем, с середины XIX до начала XX века, — Англия, которую в 1930-е годы сменила Германия. Наконец, после окончания Второй мировой войны это место заняли Соединенные Штаты [Tsuguo 1995: 210]. Влияние этих довольно активных посредников, старающихся помочь Японии лучше понять русскую культуру, еще больше усложняет руссско-японско-китайскую транскультурную траекторию; их участие также делает очевидным тот факт, что развитие транспространственной современности действительно является «глобальным» явлением, если воспользоваться терминологией Арифа Дирлика [Dirlik 2016]. По этой же причине Япония была не единственным каналом, через который китайцы узнавали о России. Значение японского культурного посредничества менялось с течением времени, иногда его и вовсе затмевали западноевропейские источники. Что заставляло китайцев отдавать предпочтение тому или иному культурному посреднику? Чем отличались эти посредники? Какова конкуренция между различными посредниками и их разнообразное влияние — один из главных вопросов, который мы себе задаем.

Эта книга состоит из пяти глав. В Главе 1 представлен общий обзор, в котором мы рассказываем о транскультурных контактах между Россией, Японией и Китаем в конце XIX — начале XX века. Этот обзор обеспечивает критический контекст, необходимый нам по причине того, что ни одна научная работа до сих пор не была посвящена тщательному изучению роли Японии как культурного посредника между русской и китайской культурами в этот период. Мы проследим, как Япония стала основным и, в некоторых случаях, единственным культурным посредником в восприятии китайцами русской литературы в период поздней Цин; как ее влияние было сведено к минимуму, когда китайцы начали готовить собственных специалистов по западной литературе; и как Япония вновь стала одним из самых влиятельных культурных посредников, когда в моду вошла пролетарская литература. Смены роли Японии в этой русско-китайско-японской транскультурации помогают нам задуматься о различных факторах, определяющих функции посредников в транскультурных контактах, которые формировали китайскую современность. Остальные четыре главы представляют собой тематические исследования, каждое из которых открывает новый путь для обсуждения определенного культурного феномена в этой русско-японско-китайской эстафетной транскультурации. Главы представлены в хронологическом порядке.

В Главе 2 рассматриваются ранние переводы русской литературы в Восточной Азии, при этом особое внимание уделяется китайским переводам «Капитанской дочки» Александра Пушкина и «Героя нашего времени» Михаила Лермонтова (1814–1841), которые, в свою очередь, были основаны на японских переводах. В период поздней Цин некоторые жанровые разновидности художественной литературы, такие как детектив, любовный роман и научная фантастика, пользовались большой популярностью как в Японии, так и в Китае. Выбор иностранной литературы для перевода в этот период определялся в основном такими тенденциями рыночного спроса. Многие жанровые произведения в этих категориях имели прецеденты в классической китайской литературе, уходящей корнями в глубь веков. Одним из ключевых примеров, который мы здесь рассмотрим, является традиционный китайский роман об «ученом и красавице», который повлиял на перевод иностранных любовных историй. Сопоставляя русскую художественную литературу, японские переводы и китайские эстафетные переводы, мы исследуем возможности, открывавшиеся перед китайскими переводчиками, трудности, возникавшие на их пути, а также различные направления, которым они в итоге следовали. И «Капитанская дочка», и «Герой нашего времени» несут в себе множество культурных особенностей, специфических настроений и чувств в оригинале, не все из которых были переданы в переводе. Отбирая культурные особенности и перестраивая заложенные эмоции в форматы, созвучные собственным потребностям переводчиков, последние таким образом оказывали на перевод свое личное и культурное влияние.

В Главе 3 исследуются метаморфозы, которые претерпели русские нигилистические истории, будучи перенесенными в Китай посредством японских источников. Опираясь на историю транскультурации русского нигилизма в Восточной Азии, в этой главе мы покажем, как изображение русских нигилистов в китайской литературе подверглось сильному влиянию японского посредничества, что привело к отклонению от их изображения в русской литературе. В то время как художественная литература о русских нигилистах на западноевропейском книжном рынке относилась к категории популярной литературы, сродни рассказам о приключениях и шпионаже, в Восточной Азии подобные тексты рассматривались как серьезные политические романы с серьезными социальными последствиями. Китайские интеллектуалы не только напрямую переняли японский перевод слова «нигилизм», но и приняли японскую интерпретацию исторических событий, связанных с русским нигилизмом. В результате мотив нигилизма в Китае был превращен в мотив терроризма и убийств. Исследуя посредническую роль Японии в транскультурации русского нигилизма в Китае, в этой главе мы попытаемся найти причины той страсти, с которой китайские интеллектуалы перенимали русские революционные настроения в период поздней династии Цин.

В Главе 4 рассматривается процесс заимствования религиозного гуманизма Толстого в Восточной Азии. В центре внимания — интерпретация Чжоу Цзожэнем толстовства через японскую науку, в частности японскую литературную школу Белой березы (白樺派, *сиракаба-ха*) и последние японские переводы произведений Толстого. В этой главе мы изучим скрытую мотивацию предложения Чжоу Цзожэня о «человечной литературе» (ren de wenxue, 人的文學, *жэнь дэ вэньсюэ*), важнейшего манифеста в становлении китайского модернизма. Чжоу Цзожэнь считал, что современная китайская литература должна быть посвящена прославлению человечества, а современные китайские писатели должны посвятить себя гуманистическим целям. Исследуя, как культурные факторы, например русская православная религия, глубоко укоренившаяся в русской литературе, были размыты и отсеяны в восточноазиатском культурном контексте и как они в конечном итоге были заменены индивидуализмом, мы проанализируем то, как Чжоу Цзожэнь использовал японскую науку в адаптации и интертекстуализации русской культуры, а также то, в каких формах русская идеология проявилась в китайской революционной поэтике.

Глава 5 посвящена «трудному переводу» Лу Синя (yingyi, 硬譯, *ини*), противоречивой практике, которая получила больше критики, чем похвалы. Во второй половине своей жизни Лу Синь уделял много времени переводам русской литературы, но многие люди, включая его близких друзей, находили его переводы эксцентричными или непонятными. Несмотря на утверждения многих критиков о том, что переводы Лу Синя были неудачными, мы утверждаем, что его попытки переводить так, чтобы озадачить читателя, подкрепляли его стремление к реформе китайского языка. Одним из тех, кто вдохновлял Лу Синя, был японский писатель Фтабатэй Симэй, один из переводов которого подтолкнул первого к написанию знаменитого рассказа «Записки сумасшедшего». Как специалист по русскому языку и выдающийся переводчик, Фтабатэй был одним из пионеров движения за модернизацию японского языка и основоположником современного японского романа. Однако подражание Лу Синя было не столь успешным, поскольку в своих эстафетных переводах русской литературы он оказался между японским и немецким языками. Не зная русского, Лу Синь вынужден был полагаться на вторичные источники, и хотя это многообразие культурных посредников давало достаточно материала для работы, оно также создавало неожиданные преграды.

В каждом из этих четырех исследований представлена своя парадигма эстафетной транскультурации. В Главе 2 показано, что в процессе транскультурации России через Японию традиционная китайская культура также проделала сложный путь, в конце которого она вернулась в Китай через Японию. В Главе 3 показано, как русско-японско-китайская транскультурная траектория иногда еще более усложнялась, когда в нее вовлекался западноевропейский мир, поскольку японцы перенимали русскую культуру не напрямую из России, а через посредничество Западной Европы. В Главе 4 показано, как эти транскультурные процессы привели к трансформации и искажению таких идеологий, как гуманизм и индивидуализм, что в конечном итоге привело к фракционности среди китайских интеллектуалов. В Главе 5 рассматривается ситуация, в которой транскультурный посредник не ограничивался одной культурой — в данном случае японской, — а также исследуется то, как немецкие источники дополняли и конкурировали с японскими в распространении русской литературы.

В этих четырех случаях также рассматриваются различные аспекты китайской современности. В первом случае рассматривается развитие современных чувств в рамках эстафетного перевода романтических историй. Во втором случае рассматривается политическое значение романа в Восточной Азии, проявившееся в моменте превращения популярного жанра в серьезное политическое заявление. В третьем случае прослеживается распространение гуманизма, одной из центральных идей Движения Четвертого мая, и его тесная связь с китайской интерпретацией индивидуализма. В четвертом — рассматриваются возможности языковой реформы и вернакуляризации, реализуемые путем заимствования лексики и синтаксиса иностранных языков при переводе.

Эти разнообразные случаи свидетельствуют о многообразии и сложности транспространственной современности. Транскультурные связи, установленные в книге, несут в себе ризоматические черты, особенно в условиях их гетерогенности и многообразия. Каждый случай, рассматриваемый в этой книге, подобен одному из «плато» Делёза и Гваттари, представляющему лишь небольшую часть всей микрополитики мира литературы[49]. Цель этих тематических исследований — не просто очертить, а в конечном итоге составить подробную карту определенных сегментов глобальной транспространственной современности. Если составление наброска — это деятельность по организации и упрочнению, то картографирование «полностью развернуто в сторону эксперимента, связанного с реальным» [Делёз, Гваттари 2010: 21]. Таким образом, последнее допускает множество входов и выходов, открывающих многообразные формы интерпретации. В итоге характеристика по каждому случаю может быть нанесена на «карту» для более полного понимания транспространственной современности как нецентрированной и неиерар-

---

[49] Делёз и Гваттари заимствуют у Грегори Бейтсона термин «плато», обозначающий «непрерывный, сам по себе вибрирующий регион интенсивностей, который развивается, избегая любой ориентации на точку кульминации или на внешнюю конечную цель». Представление книги как корневища делает ее главы плато, поскольку «Каждое плато может быть прочитано с любого места и находиться в соединении с каким угодно другим местом» [Делёз, Гваттари 2010: 38–39].

хической системы, «уникально определяемой лишь циркуляцией состояний» [Там же: 38]. В этом смысле транспространственная современность может быть обозначена как манера становления: «У нее нет ни начала, ни конца, но всегда — середина (milieu), из которой она растет и переливается через край» [Там же: 37]. В процессе составления наброска метаморфоз русской современности в Восточной Азии, мы в этой книге попытаемся отказаться от традиционных нарративов восточноазиатского интеллектуального развития и раскрыть различные аспекты русской культуры, как она передавались от одной культуры к другой и в итоге превратились в незаменимые компоненты китайской современности.

# Глава 1
# Мобильность
# и медиальность
*Русско-японско-китайская эстафетная
транскультурация*

Транскультурные модели существенно менялись на протяжении всей истории. В конце XIX — начале XX века военные и геополитические конфликты ускорили темпы взаимодействия между Китаем и Россией, в том числе и в литературной сфере. Китайские писатели вплетали русскую литературу в собственную культурную ткань, опосредованную японскими и европейскими переводами, адаптациями и критическими исследованиями. Эта модель передачи изменила текстуальный поток, благодаря которому Китай на протяжении веков был главными культурными воротами для культур, прибывающих в Восточную Азию. Японцы проявили огромный интерес к русской литературе и культуре на двадцать лет раньше, чем китайцы, по этой причине Япония была удобным для китайцев каналом получения информации о России. Однако, когда другие западноевропейские тексты начали предлагать конкурентный и во многих отношениях, казалось бы, более надежный источник информации, возможность существования нескольких посредников приводила к тому, что роль Японии как посредника то возрастала, то падала. Это соперничество в мире культурного посредничества может быть полностью понято только при тщательном изучении периода, когда эпизодические контакты и культурный обмен объединяли Россию, Китай и Японию. Почему возникла необходимость в посредниках? По каким критериям выбирались культурные посредники? Предоставив возможность понаблюдать за процессом русско-японско-китайской культурной трансформации и заимствования, эта глава позволяет также рассмотреть поближе транскультурные и транслингвистические сплетения в современную эпоху, наглядно демонстрируя, как становится возможной эстафетная транскультурация.

## Русско-китайская транскультурация до XX века

Первые взаимодействия Китая и Японии с Россией в современную эпоху выглядели совершенно по-разному. Эти два азиатских народа прошли абсолютно разные пути социальной и языковой подготовки перед встречей с русской культурой. В частности, в Китае было гораздо меньше специалистов по русскому языку, из-за чего китайские писатели оказывались зависимыми от японских источников, посредством которых они могли ознакомиться с русской литературой. Беглый взгляд на литературную историю Китая показывает, что отсутствие русской литературы в Китае до XX века было связано не с дефицитом культурного взаимодействия, а скорее с отсутствием у китайской аудитории интереса к серьезному культурному обмену с Россией.

Первые русские посланники появились в Пекине в 1618 году. Однако их визит ни к чему не привел. Иван Петлин, руководитель группы, официально не был послом и не имел рекомендательного письма, чтобы представить его императору династии Мин Ваньли (1563–1620)[1]. После этой безрезультатной попытки наладить отношения русские сибирские завоевания в районе реки Амур и прилегающей к ней Маньчжурии в конце 1600-х годов заставили вновь созданную империю Цин, которая придерживалась традиционной мировоззренческой системы — китаецентризма, — пойти на конфликт из-за растущих российских амбиций. После

---

[1] Иван Петлин утверждал, что принял верительные грамоты от императора династии Мин, но не оставил никаких сохранившихся документов, поэтому его визит в Китай окутан тайной. См. [Huang Dingtian 2013: 4–5].

начала боевых действий представители Московской Руси и Цинского Китая встретились в 1689 году в Нерчинске для переговоров, которые должны были привести к заключению первого официального договора между двумя державами. Этот мирный договор положил начало более чем полуторавековому мирному экономическому и культурному обмену. Дипломатические переговоры также выявили взаимное невежество стран, поскольку на момент подписания договора ни одна из сторон не имела должным образом подготовленных переводчиков и поэтому вынуждена была полагаться в общении друг с другом на латынь[2].

Культурный обмен на высшем уровне между Россией и Китаем продолжался на протяжении двух последующих столетий. Волна русских православных миссий в Пекин началась в 1715 году. С 1727 по 1956 год в Пекин прибыло в общей сложности двадцать русских миссий. Некоторые миссионеры впоследствии стали известными синологами в России, в числе них следует отметить Иллариона Россохина (1707?–1761?), Алексея Леонтьева (1716–1786), Никиту Бичурина (1777–1853), Василия Васильева (1818–1900), Петра Кафарова (1817–1878) и Ивана Захарова (1816–1885)[3]. Эти синологи изучали китайский, маньчжурский, монгольский и тибетский языки, редактировали словари и учебники для русских студентов, интересующихся Китаем, привозили ценные книги и записи по истории, религии, географии и литературе Восточной Азии, многие из которых они перевели на русский язык. Они также участвовали в многочисленных исследованиях, посвященных Восточной Азии, и способствовали созданию

---

[2] Переводчиками на пограничных переговорах 1689 года с российской стороны были специалисты по китайскому и маньчжурскому языкам, а с китайской стороны — миссионеры-иезуиты Жан Франсуа Жербийон (1654–1707) и Томас Перейра (1654–1708). Иезуит Антониус Губиль (1689–1759) служил китайцам переводчиком на протяжении всей переписки с Россией в течение более чем трех десятилетий в конце XVII века. См. [Hung 2005: 76].

[3] Подробнее об этих миссионерах см. [Тихвинский 1997; Головин 2013; Дацышен 2010; Le 2005]. Среди книг, посвященных деятельности русских православных миссионеров в Восточной Азии в целом, см. [Православие на Дальнем Востоке 1993].

в России институтов востоковедения, в которых занимались бы в том числе и научно-исследовательской деятельностью. На протяжении XVIII и XIX веков русские православные миссионеры неустанно собирали и привозили на родину множество китайских книг. В этой работе их поддерживали российские императоры и Святейший правительствующий синод.

Китайцы, напротив, не проявляли большого интереса к русской литературе и культуре вплоть до конца XIX века. Влияние Православной церкви на китайских граждан было весьма ограниченным. В 1708 году император Канси (1654–1722) приказал создать Институт русских языков под названием «Русская школа» (Eluosi xue, 俄羅斯學, *Элосы сюэ*), или «Школа русского языка» (Eluosi wen guan, 俄羅斯文館, *Элосы вэнь гуань*)[4]. Однако «Школа русского языка» никогда не вносила существенного вклада в изучение или популяризацию русской литературы.

Один пример может продемонстрировать общее отношение к этому вопросу в Китае. В 1844 году цинский император Даогуан (1782–1850) передал в дар России более восьмисот тибетских буддийских сутр. В ответ российский император Николай I (1796–1855) в 1845 году отправил в Китай более десяти ящиков с книгами, в том числе по литературе, истории, географии и праву, и даже книги о последних достижениях в области медицины, науки и техники. Однако, поскольку мало кто в цинском правительстве знал русский, книги их не заинтересовали. Некоторые чиновники даже предлагали вернуть их, но отказались от этой идеи только потому, что это было бы расценено как дипломатическое оскорбление [He 1998: 335]. Цинский ученый Вэнь Тинши (文廷式, 1856–1904) писал: «Мы считаем, что старые книги не столь полны и всеобъемлющи, как новые, и что русские книги уступают книгам Великобритании, Германии и Франции. Нет необходимости переводить их» [Wen Tingshi 1995: 45]. В конце концов с помощью русских миссионеров цинскому правительству удалось перевести только названия этих книг.

---

[4]   В 1863 году на базе школы было создано русское отделение (Ewen guan, 俄文館, *Эвэнь гуань*) Школы комбинированного обучения.

Отсутствие интереса у китайцев отражается и в том, как мало русских литературных произведений было переведено до XX века. Самый ранний перевод, который удалось обнаружить ученым, — это русская басня, переведенная на китайский язык американским пресвитерианским миссионером Уильямом Александром Парсонсом Мартином (также известным как Дин Вэйлян (丁韙良, 1827–1916)); она была опубликована в 1872 году в «Пекинском журнале» (Peking Magazine, или Zhongxi wenjian lu, 中西聞見錄, *Чжунси вэньцзянь лу*) [Chen Jianhua 1998: 9–18]. Вполне вероятно, что эта басня была вторичным переводом с английского. Сюжет басни повторяет сюжет басни Толстого «Два товарища». Хотя мотивы этой басни встречаются также в баснях Эзопа и Лафонтена, пейзаж в начале китайского перевода предоставляет читателю возможность проникнуться атмосферой России, что выделяет ее среди басен на ту же тему. Еще одним ранним переводом является перевод Ху Цзюньмо (胡濬謨), сделанный в 1897 году, книги о Китайско-японской войне (1894–1895) — «Борьба между Китаем и Японией» (Zhong Ri gou bing ji, 中日構兵記, *Чжун Жи гоу бинь цзи*) — русского автора (Лайдимао (來迪懋)). Об этом переводе, однако, известно немного: основываясь на воспоминаниях ученого А Ина (阿英, 1900–1977), можно предположить, что русский автор заимствовал материалы из книги Хасимото Кайкан (橋本海關, 1852–1935) «Правдивая история Маньчжуро-японской войны» (*Син-нити сенсо: дзикки*, 清日戰争実記). Это может объяснить, почему в книге превозносится Япония и принижается Китай[5].

Еще три басни появились в книге «Общий обзор русской политики и культуры» (Eguo zhengsu tongkao, 俄國政俗通考, *Эго чжэнсу тункао*), которая публиковалась с декабря 1899 по май 1900 года в серии выпусков журнала «Взгляд на времена» (Wanguo gongbao, 萬國公報, *Ваньго гунбао*), периодического издания Общества христианской литературы Китая в Шанхае (Shanghai guang xue hui, 上海廣學會, *Шанхай гуан сюэ хуэй*). Эти басни принад-

---

5    А Ин — псевдоним Цянь Синцуня (錢杏邨), известного критика и историка современной китайской литературы. Он был активным членом Общества Солнца (Taiyang she, 太陽社, *Тайян шэ*), см. [А 1981b: 406].

лежат перу Ивана Андреевича Крылова (1769–1844): «Собачья дружба», «Щука» и «Лисица и Сурок». Они были переведены с английского языка Реном Тинсю (任廷旭) и американским методистским миссионером Янгом Джоном Алленом (также известным как Линь Лечжи (林樂知, 1836–1907)[6]. Хотя изначально эти басни были написаны в стихотворной форме, а переводы выполнены в классической китайской прозе с комментариями переводчиков, которые не преминули воспользоваться возможностью обратиться к китайским социальным проблемам. «Общий обзор русской политики и культуры» также познакомил китайских читателей с произведениями Пушкина и Толстого. Имена русских писателей встречаются и в некоторых других китайских публикациях этого периода. Например, в статье «Изучение характеров русских людей» (論俄人性質, *Лунь эжэнь синчжи*) в «Китайском прогрессе» (Shiwu bao, 時務報, *Шиву бао*) за 1897 год упоминаются Пушкин и Иван Гончаров (1812–1891)[7].

Таким образом, несмотря на то что китайское правительство создало свой первый Институт русского языка и культуры на столетие раньше, чем японское, отсутствие энтузиазма в отношении России препятствовало дальнейшему развитию языковой подготовки по русскому языку в Китае. Помимо перевода дипломатических документов, китайцы, судя по всему, не переводили русскую литературу до 1872 года, да и в целом до 1900 года переводов было очень мало. Первый всплеск интереса Восточной Азии к русской культуре произошел в Японии.

---

6  В 1903 году Джон Аллен вместе с Фань И (范禕, 1866–1939) опубликовал книгу о русской истории под названием «Краткая история российских императоров» (Eguo li huang jilüe, 俄國歷皇紀略, *Эго ли хуан цзилюэ*).

7  С 1852 по 1855 год Гончаров совершил путешествие на фрегате «Паллада» в Восточную Азию и написал путевой очерк по мотивам этого кругосветного плавания [Bojanowska 2018]. Цитата из Гончарова, приведенная в «Изучении характеров русских людей», посвящена русской культуре пития и имеет мало общего с его рассказом о Восточной Азии. Ранняя китайская рецепция творчества Гончарова была в основном сосредоточена на его художественном изображении Обломова — характерного русского литературного персонажа, известного как «лишний человек», — и пренебрегала путешествием Гончарова.

## Русско-японская транскультурация до XX века

Первые знания японцев о России были добыты извилистым путем. В отличие от Китая, ранний интерес к изучению русского языка не имел почти никакого отношения к правительству. На самом деле, первые встречи больше похожи на сказку, особенно если учесть, какую важную роль в них сыграли потерпевшие кораблекрушение японцы. До XIX века Россия и Япония почти ничего не знали друг о друге, в основном из-за законов о самоизоляции Японии, введенных правительством Токугава[8]. Первым японцем, посетившим Россию и распространившим знания о японской культуре, предположительно был потерпевший кораблекрушение [рыбак] Дэнбэй (伝兵衛), которого в 1701 году Владимир Атласов (1661–1711) привез в Москву, а затем в Санкт-Петербург[9]. Приказом российского императора Петра I ему было велено основать языковую школу и начать обучать русских студентов. Его присутствие стимулировало интерес русских исследователей к Японии, но на протяжении XVIII века деятельность русских в японском регионе была сосредоточена на Курильских островах и Хоккайдо. Хотя Дэнбэй выучил русский язык и смог работать переводчиком в России, этот язык оставался чуждым для большинства японцев вплоть до XIX века[10].

В конце XVIII века в Японии была создана система обучения русскому языку. Опыт Дайкокуя Кодаю (大黒屋 光太夫, 1751–1828), еще одного японца, оказавшегося в России, положил нача-

---

[8] Долгое время историки считали, что законы о самоизоляции полностью изолировали Японию. Однако более поздние исследования указывают на то, что начиная с 1630 года правительство Токугава поддерживало дипломатические отношения с Кореей и Рюкю, а также деловые отношения с Китаем и Голландией. Законы о самоизоляции укрепили режим Токугава и систему *бакухан* (幕藩体制, *бакухан тайсэй*), но не обязательно привели к полной изоляции Японии от внешнего мира [Arano 2003].

[9] До Дэнбэя, в годы царствования Бориса Годунова (1552–1605), Россию посетил еще один японский христианин, но русские, которые в то время не имели представления о Японии, приняли его за индийца.

[10] Более подробно о приключениях Дэнбэя читайте в [Lensen 1971].

ло длительному знакомству Японии с русской культурой. Среди книг, которые Кодаю привез в Японию в 1792 году, была «Пропись, показывающая красоту русского письма», которая познакомила японских читателей со славянским алфавитом [Iwai 2000: 4]. Опыт, полученный Кодаю в России, особенно его путевой очерк «Краткое изложение того, что я видел на плоту на Севере» (Hokusa bunryaku, 北槎聞略, *Хокуса бунряку*), содержащий тщательные описания русской культуры, вдохновил японцев на составление русских толковых словарей[11]. Публикация серии русскоязычных книг только подтвердила решительное намерение японцев изучать русский язык[12]. Расширяя свой словарный запас, японцы также добились значительного прогресса в изучении русской грамматики. Баба Садзюро (馬場佐十郎, 1787–1822), изучавший русский язык под руководством Кодаю, вместе с японскими коллегами перевел на японский язык «Краткую грамматику русского языка для господ японских переводчиков», написанную Василием Головниным (1776–1831) в 1813 году в Мацумаэ[13]. Будучи специалистом по рангаку[14] (蘭学), Баба использовал свои познания в голландском для объяснения русской грамматики. Этот перевод заложил основу для изучения русской грамматики в Японии.

---

[11]  См. [Katsuragawa 1943].

[12]  В 1794 году Морисима Тюрё (森島中良, 1756–1810) опубликовал свой словарь «Русские слова» (魯西亜寄語, *Росиа киго*). В 1796 году был опубликован «Сборник русского языка» (魯西亜文字集, *Росиа модзисю*) с транскрипцией русской лексики, предоставленной Кодаю. В 1807 году Таками Сэнсэки (鷹見泉石, 1785–1858) опубликовал словарь «Русского языка» (魯西亜言語集, *Росия гэнгосю:*), основанный на раннем издании «Русская речь» (魯西亜語類, *Росиа горуи*) Танабэ Ясудзо (田辺安蔵), словарь содержал более 1100 русских слов с транслитерацией на катакане и пояснениями на японском языке [Iwai 2009].

[13]  Василий Головнин был русским мореплавателем. Он был захвачен во время исследования острова Кунасири (国後島) и заключен в японскую тюрьму на два года. Баба Садзюро воспользовался этой возможностью, чтобы выучиться у него русскому языку. Для удобства изучения русского языка Головнин написал этот учебник грамматики.

[14]  Система европейских наук о мире и человеке. — *Примеч. пер.*

Во второй половине XIX века преподавание русского языка в Японии стало более систематизированным. Значительную роль в распространении русского языка и культуры сыграли два учебных заведения: Токийская школа иностранных языков[15] (東京外国語学校, *То: кио: гайкокуго гакко:*) и Свято-Никольская духовная школа (Nikorai shingakkō, ニコライ神学校, *Никорай сингакко:*).

Токийская школа иностранных языков, основанная в 1873 году, была одним из самых первых учебных заведений эпохи Мэйдзи, посвященных изучению иностранных языков. Программа обучения не ограничивалась только языком, а включала также географию, историю и даже математику, которые преподавали на разных языках, в зависимости от специализации студентов. Среди преподавателей русского языка были как носители языка, так и японцы, приезжавшие в Россию по обмену, например Итикава Бункити (市川文吉, 1847–1927). Библиотека школы могла похвастаться значительной коллекцией иностранных книг. Таким образом, японские студенты, изучавшие русский язык, знакомились с различными аспектами русской культуры, в том числе и с литературой. Самыми известными выпускниками русского отделения Токийской школы иностранных языков были Фтабатэй Симэй и Курахара Корэхито (蔵原惟人, 1902–1991)[16]. Фтабатэй стал одним из самых влиятельных японских переводчиков русской литературы своего времени, ему приписывают первое успешное использование разговорного литературного

---

[15] С 1949 года — Токийский университет иностранных языков (東京外国語大学). Направление русистики открыто в 1899 году.

[16] Среди выпускников школы также были Куроно Ёсибуми (黒野義文,?–1917), который стал преподавателем японского языка в Санкт-Петербургском государственном университете; Накасэ Нобору (中瀬泝, 1896–1983), командующий японским флотом и также специалист по России; Дзинзай Киёси (神西清, 1903–1957), романист и переводчик русской литературы; Ёнэкава Масао (米川正夫, 1891–1965), исследователь и переводчик русской литературы; Вада Тосио (和田敏雄, 1906–1996), экономист, чьи исследования были посвящены советской экономической системе, и многие другие. Более подробную информацию о подготовке специалистов по России в Токийской школе иностранных языков можно найти в [Araya 1976: 9–10; Watanabe 2000].

языка в качестве замены классического стиля[17]. Курахара был ведущим марксистским теоретиком в период расцвета японского пролетарского творческого движения в конце 1920-х — начале 1930-х годов.

Помимо Токийской школы иностранных языков, вторым важным источником образования в области русского языка и культуры в Японии стал Святитель Николай Японский (архиепископ Николай Японский, урожденный Иван Касаткин, 1836–1912), который принес в Японию православное христианство. Его вклад заслуживает особого внимания[18]. Он прибыл в Хакодате в 1860 году. Помимо проповеди Евангелия в Японии, он посвятил свое время преподаванию русского языка. Он составил хрестоматию «Японские переводы русских рассказов» (魯話和訳, *Рова ваяку*) и помогал японским авторам в завершении работы над «Русско-японским словарем» (魯字典, *Рова дзитэн*). Переехав в Токио в 1870-х годах, он купил участок в квартале Канда-Суругадай (*Тиёда*) для использования его в качестве штаб-квартиры и основал там русские школы для готовящихся к принятию крещения христиан. Святитель Николай также основал начальные школы и Богословскую семинарию для японских женщин. Сам он был страстным читателем русской литературы, особенно произведений Гоголя и Достоевского. В библиотеке при его церкви третий этаж был заполнен книгами с произведениями русской литературы. Многие известные японские переводчики русской литературы, в том числе Нобори Сёму (昇曙夢, 1878–1958) и Кониси Масутаро (小西増太郎, 1862–1940), достигли заметного успеха благодаря наставничеству Святителя Николая[19]. Русская

---

[17] См. [Cockerill 2006; Cockerill 2015].

[18] См. [Naganawa 2001; Naganawa 2007].

[19] Помимо чтения Библии и богословия, в школе преподавались такие предметы, как физика, психология и философия. Большинство студентов не собирались переходить в русское православие, но знание русского языка помогло им в будущей карьере на должностях чиновников, дипломатов и профессоров. Другие японские переводчики и богословы, такие как Ивасава Хэйкити (岩沢丙吉, 1863–1943), Сэнума Какусабуро (瀬沼恪三郎), Курода Отокити (黒田乙吉, 1888–1971), Сигэмори Тадаси (茂森唯士, 1895–1973), Дзюгэ Така-

православная церковь в Японии также имела собственные издания. Помимо официальной «Православной газеты» (正教新報, *Сэйкё: симпо:*), с русской литературой читателей знакомил другой журнал — «Оборотная сторона парчи» (裏錦, *Уранисики*) — издание, ориентированное на японских женщин. Кроме того, в журнале «Море души» (心海, *Синкай*), посвященном философскому богословию, печатались переводы многих статей из журнала «Вопросы философии и психологии», издаваемого Московским психологическим обществом (с 1994 года — Российское психологическое общество). Этим и другими способами он знакомил японских читателей с последними достижениями русского интеллектуального мира[20].

Благодаря коллективным усилиям Святителя Николая Японского, Токийской школы иностранных языков и других языковых институтов многие японцы получили возможность читать русскую литературу на русском языке[21]. В то же время переводы русской истории и литературы на другие языки Западной Европы

---

си (樹下節, 1911–1990) и Сэнума Каё (瀬沼夏葉, 1875–1915), — все они получили ту или иную пользу от обучения при его церкви. Более подробно о его вкладе см. [Araya 1976: 11–12; Naganawa 2000; Takahashi 2010]. Из российских исследований см. [Самойлов 1996].

[20] Японский журнал «Море души» был достаточно либерален в выборе статей и знакомил своих читателей с последними достижениями российской философии. Например, в декабре 1883 года в нем опубликовали две статьи «Сравнение идей двух европейских моралистов Фридриха Ницше и Льва Толстого» (欧州に於ける徳義者思想の二代表者、フリデリヒ・ニツシェ氏とレオ・トウストイ伯の意見比較) и «Комментарии к нравственным идеям Ницше и Толстого» (ニツシェ氏とトウストイ徳義思想を評する), на основе русской статьи «Нравственные идеалы нашего времени: Фридрих Ницше и Лев Толстой» Николая Грота (1852–1899). Оригинальная статья Грота была опубликована ранее в том же году в январском номере «Вопросов философии и психологии». Это были одни из первых статей в Японии, в которых сравнивались эти два великих западных мыслителя. Позже японские писатели стали рассматривать Ницше и Толстого как двух величайших представителей современного западного мира и постоянно упоминать их вместе.

[21] Подробнее об истории русскоязычного образования в Японии см. [Nihon Roshia bungakukai 2000].

позволили японским читателям впервые познакомиться с русской литературой еще до того, как ее перевели на японский язык[22]. Об истории России японцы впервые узнали от голландцев. Такие книги, как «Описание России» (Beschrijving von Russland, яп. 魯西亜国誌, *Росиа кокуси*/«История Российского государства») и голландский перевод «Всеобщей истории путешествий, или Нового собрания рассказов о путешествиях» (Histoire générale des voyages, oru nouvelle collection de toutes les relations de voyages, 旅行記集成, *Рёко: кисю: сэй*) Антуана-Франсуа Прево (известного как аббат Прево, 1697–1763), а также их японские переводы дали интеллектуалам Японии первые знания о России. По мере того как все больше японцев изучали английский, они также стали переводить книги и статьи о России с английского на японский. «Марудзэн» (丸善, Maruzen), книжный магазин, основанный в 1869 году Хаяси Ютэки (早矢仕有的, 1837–1901), сыграл важную роль в знакомстве японских читателей с иностранными культурами. Будучи учеником Фукудзавы Юкити (福澤諭吉, 1835–1901), одного из самых выдающихся интеллектуалов и педагогов своего времени, приобщавших Японию к западной культуре, Хаяси импортировал множество книг, в том числе западноевропейские переводы русской литературы.

Параллельно с изучением русского языка японцы приступили и к переводческой деятельности, они начали самостоятельно осуществлять переводы русской литературы. Первый перевод русского литературного произведения на японский язык появился в 1825 году, когда Баба Садзюро вместе со своими коллегами Сугитой Сэйкэй (杉田立卿, 1817–1859) и Аодзи Ринсо (青地林宗, 1775–1833) перевели мемуары Василия Головнина (1776–1831)[23]. За время пребывания в японском плену Головнин выучил

---

[22] По мнению Ёсико Фукуясу, из-за ограниченного числа специалистов по русскому языку в Японии ранние переводы русской литературы неизменно осуществлялись с другого языка, особенно с английского. См. [Fukuyasu 2014].

[23] См. [Hara, Nishinaga 2000: 134]. Русская книга (см. [Головнин 2004]) с приобщением замечаний его о Японском государстве и народе. Переводчики назвали книгу «Мемуары о невзгодах в Японии» (遭厄日本紀事, *Со: яку нихон кидзи*). Это одна из первых книг о Японии, написанная иностранцем и пе-

японский язык и познакомился с японской культурой и традициями. В своих мемуарах он рассказывает о географии, истории, религии, политической системе и промышленности Японии, а также о национальном характере ее жителей [Golovnin 1985]. Благодаря его литературному мастерству и особому вниманию к историческим деталям его мемуары были широко распространены в Европе. И хотя Баба Садзюро учился русскому языку у Головнина, перевел он эту книгу с голландского [Hara, Nishinaga 2000]. Неудивительно, что источники на голландском языке были гораздо доступнее для японцев, чем источники на других языках, учитывая, что раннее взаимодействие Японии с Западом происходило в основном через Голландию. В то же время стоит отметить, что голландская версия мемуаров Головнина, использованная японскими переводчиками, сама была переведена с немецкого. Таким образом, несмотря на то что географически Россия находится ближе всех к Японии, книга Головнина проделала путь через всю Европу, прежде чем попасть в Японию. В книге автор изображает японцев хитрыми, боязливыми, неблагодарными и мстительными, но в то же время умными, способными, целеустремленными и трудолюбивыми. Он выражает уважение к Японии как к нации, идущей по пути вестернизации [Головнин 2004]. Перевод мемуаров Головнина, таким образом, предоставил японским читателям редкую возможность увидеть себя глазами чужака-иностранца.

Между этой первой попыткой в 1825 году и последующими японскими переводами русских книг был долгий период бездействия. Первый бум переводов русской литературы пришелся на 1880-е годы. В 1878 году Хино Ицуо (日野厳夫) и Чиба Бундзи (千葉文爾) перевели «Рассказы о Петре Великом» Владимира Сорокина, японская версия, которую переводчики озаглавили как «Знаменитые достижения Петра Великого» (彼得大帝偉績,

реведенная на японский язык. Кроме этого текста японцы также перевели рассказы о Японии Йохана Нейхофа (1618–1672), Й. Ф. ван О. Фишера (1800–1848), Энгельберта Каемпфера (1651–1716) и Адама Иоганна фон Крузенштерна (иначе И. В. Крузенштерн, 1770–1846), см. [Orita 2008: 2].

*Пэ: тору тайтэй исэки*), положила начало всплеску японских переводов русской литературы[24]. Это была также первая книга, переведенная непосредственно с русского на японский. Петр Великий был фигурой, представлявшей особый интерес в период проведения реформ Мэйдзи. Будучи российским императором, он инициировал «культурную революцию», которая заменила средневековую российскую социальную и политическую систему на современную западноевропейскую модель. В свете реформ, происходящих в их собственной стране, японские переводчики познакомили аудиторию с реформами Петра Великого как с примером деятельности предшественника, успешно осуществившего модернизацию. Его достижения двумя столетиями ранее вдохновляли тех, кто стремился создать современную Японскую империю.

В 1880-х годах японцы также начали переводить произведения многих известных русских классиков, включая Пушкина, Толстого, Тургенева, Лермонтова, Достоевского и Гоголя. Большинство переводчиков сосредоточились на рассказах и повестях, но они также переводили и самые известные романы, такие как «Война и мир» Толстого и «Преступление и наказание» Достоевского[25].

---

[24] Оба переводчика изучали русский язык у Савабэ Такума (沢辺琢磨, 1834–1913), ученика Святителя Николая.

[25] Помимо перевода рассказов Тургенева, выполненного Фтабатэем Симэй, до XX века на японский язык было переведено множество других произведений русской литературы: «Капитанская дочка» Пушкина была переведена Такасу Дзискэ (高須治助, 1859–1909) в 1883 году под названием «Удивительные вести из России: записки о сердце цветка и мыслях бабочки» (露国奇聞: 花心蝶思録); книга Толстого «Война и мир» была переведена Мори Тай 森体 в 1886 году и названа «Плачущие цветы и трепещущие ивы: осевший прах кровавых битв в Северной Европе» (泣花怨柳: 北欧血戦余塵); тургеневские «Отцы и дети» были переведены Фтабатэем Симэй в 1886 году и озаглавлены как «Вид и характер типичных нигилистов» (通俗虚無党形気); произведение Толстого «Люцерн» перевел Мори Огаи (森鴎外, 1862–1922) в 1889 году и назвал «Дворец в Швейцарии» (瑞西館, *Суйцуцурукан*); «Накануне» Тургенева в переводе Сава Такэо (佐波武雄) вышло в 1889 году под названием «Любовь к родине и талант сочувствовать людям: красавица-трава» (憂国憐才: 美人草); «Тамань», глава из романа «Герой нашего времени» Лермонтова, переведенная Мори Огаи в 1892 году, стала называться «Кон-

В период, когда нормы перевода еще не были установлены, переводчики пользовались значительной свободой в переводе текстов в соответствии со своими личными предпочтениями и требованиями японского книжного рынка. Даже названия русских произведений переводчики часто меняли в соответствии с собственными вкусами или ожиданиями публики. Так, «Капитанская дочка» Пушкина была переименована в «Удивительные вести из

трабандисты» (ぬけうり, *Нукэури*); «Княжна Мери», еще одна глава из «Героя нашего времени», в переводе Коганэи Кимико (小金井喜美子) 1892 года вышла под названием «Случай на лечебных водах»; «Преступление и наказание» Достоевского (罪と罰, *Цуми то бацу*) обрело одноименный перевод Утиды Роан (内田魯庵, 1868–1929) в 1892 году; «Севастопольские рассказы» Толстого вышли в 1892 году в переводе Коды Рохан (幸田露伴, 1867–1947) под названием «Боевое крещение» (初陣, *Уидзин*); «Детство» и «Два старика» Толстого в переводе Кониси Масутаро в 1892 году были опубликованы под названием «Записки юности» (おひたちの記, *О-хитати но ки*) и «Два старца» (二人の老翁, *Фтари но ро: о:*) соответственно; пушкинский «Борис Годунов», переведенный Исикавой Дзангэцуан (石川残月庵), также известным как Исикава Кисабуро (石川喜三郎, 1864–1932), вышел в 1893 году под названием «Лжепринц» (偽皇子, *Нисэ о: дзи*); «Поликушка» и «Семейное счастье» Толстого в переводе Утиды Роан в 1893 году были опубликованы под названием «Страшные слезы» (凄涙, *Сэйруй*) и «На весеннем ветру» (Harukaze uchi, 春風裡, *Харукадзэ ути*) соответственно; роман Достоевского «Униженные и оскорбленные» (損害と侮辱, *Сонгай то будзёку* на японском языке) перевел Такаясу Гэкко (高安月郊) в 1893 году как «Ущербные и оскорбленные» (это произведение было также переведено Утидой Роан в 1894 году и получило название «Раненые и оскорбленные», 損辱, *Сонку*); «Крейцерова соната» Толстого была переведена Одзаки Коё и Кониси Масутаро в 1894 году; тургеневская «Ася» в переводе Фтабатэя Симэй вышла в 1896 году под названием «Неразделенная любовь» (片恋, *Катакои*); «Портрет» Гоголя, «Сон» и «Рудин» Тургенева были переведены Фтабатэем Симэй в 1897 году и вышли под названиями «Портрет» (肖像画, *Сё: дзо: га*), «Сон» (夢かたり, *Юмэкатари*) и «Плавучая трава» (浮き草, *Укикуса*; некоторые переводят название как «Перекати-поле»); гоголевский «Тарас Бульба» в переводе Токутоми Рока (徳富蘆花, 1868–1927) был опубликован в 1897 году под названием «Старый воин» (老武者, *Оймуся*); а тургеневские «Жид» и «Петушков» вышли в переводе Фтабатэя Симэй в 1899 году, озаглавленные «Еврей» (猶太人, *Юдаядзин*) и «Роковая связь» (くされ縁, *Кусарээн*) соответственно. Более полный список ищите у [Hara, Nishinaga 2000: 134–136; Nakamura et al. 1977: 317–346].

России: записки о сердце цветка и мыслях бабочки» (露国奇聞: 花心蝶思録, *Рококу кибун: касин тё: сироку*); роман Толстого «Война и мир» был озаглавлен в переводе как «Плачущие цветы и трепещущие ивы: осевший прах кровавых битв в Северной Европе» (泣花怨柳: 北欧血戦余塵, *Кю: ка энрю: хокуо: кэссэн ёдзин*); «Накануне» Тургенева стало называться «Любовь к родине и талант сочувствовать людям: красавица-трава» (Yūkoku rinzai: Bijinsō 憂国憐才: 美人草, *Ю: коку ринзай: бидзинсо:*); а «Княжна Мери», глава из «Героя нашего времени» Лермонтова, была переименована в «Случай на лечебных водах» (Yokusenki浴泉記, *Ёкусэнки*).

Как бы привлекательно ни звучали эти новые названия, их довольно сложно ассоциировать с оригинальными русскими произведениями. Действительно, тенденция к переименованию дает представление о том, насколько сильно японские переводчики изменяли русские оригиналы. В период Мэйдзи японский язык также претерпел изменения. Перевод стал для японских интеллектуалов полигоном для экспериментов с новыми стилями. Ранние переводы были выполнены в стиле, объединяющем *камбун* (漢文— китайское классическое письмо) и *вабун* (和文 — текст, записанный японской азбукой, *кана*). Однако в более поздних переводах были задействованы новые стили, которые способствовали тому, чтобы перевод занял свое почетное место в литературном авангарде. Это стало особенно популярно после того, как в 1880-х годах смелые эксперименты Фтабатэя Симэй с просторечием в переводах Тургенева вызвали восторг у японских литераторов.

В начале XX века энтузиазм к переводу русской литературы на японский язык только возрос. Период Русско-японской войны (1904–1905) был отмечен заметным всплеском переводов русской литературы. Так, с 1903 по 1904 год количество русских произведений, переведенных на японский язык, увеличилось вдвое [Haishima 2012a]. В целом переводческая деятельность — во главе с такими японскими переводчиками, как Фтабатэй Симэй и Сома Гёфу (相馬御風, 1883–1950), которые постоянно выпускали высококачественные переводы русской литературы, — стала более системной. Некоторые переводчики составляли целые сборники произведений того или иного русского писателя, например Тургенева или Толстого, чтобы дать японским читателям более полное представление об авторе и его работах. Такие известные шедевры, как, например, «Герой нашего времени» Лермонтова, переводились несколько раз разными переводчиками, каждый из которых стремился превзойти своих предшественников. Толстой, Тургенев и другие классические русские писатели сохраняли свою популярность, однако и некоторые начинающие русские писатели, в том числе Горький и Андреев, не остались без внимания японских переводчиков. Справедливости ради следует отметить, что в начале XX века в Японии русская литература пользовалась таким же признанием, как и любая литература крупных стран — представителей Западной Европы. Регулярные переводы, особенно составление собраний сочинений некоторых русских авторов, требовали от переводчиков большой самоотдачи и стабильной финансовой и социальной поддержки. В отличие от Японии, в Китае такие условия стали возможными только после образования в 1949 году Китайской Народной Республики (КНР).

Когда японцы только начали изучать русский язык, они были вынуждены полагаться на свои знания голландского и на несколько русских пленных, чтобы расшифровать этот славянский язык, столь отличный от западноевропейских языков, которые они знали. По сравнению с этими трудностями у китайцев было больше преимуществ в изучении русского языка. Во-первых, географическое положение давало больше возможностей для прямого контакта с русскими; во-вторых, русские миссионеры, говорившие по-китайски, служили прекрасным источником знаний о языке и культуре России; в-третьих, китайцы имели доступ к гораздо большему количеству русских книг благодаря подарку российского императора в 1845 году. Однако, поскольку знакомство китайцев с Россией состоялось многим раньше — оно произошло до реформ Петра I и в период регентства царевны Софьи Алексеевны (1657–1704), — они столкнулись с еще не вестернизированной Россией, что в определенной степени снизило их интерес к ней[26]. Причиной раннего китайско-русского культурного обмена послужила политическая необходимость: император Канси был вынужден иметь дело с русскими из-за страха перед джунгаро-русским союзом. Вероятно, Канси считал русских похожими на джунгар, подданных кочевой империи, которая в конце концов была покорена империей Цин. С окончанием правления Канси для Китая наступил длительный период самоизоляции, и китайцы не смогли наблюдать за невероятно быстрым развитием России в XVIII и XIX веках.

С другой стороны, когда Япония узнала о России в XIX веке, она уже была признана одной из крупнейших европейских держав. Для японцев, отчаянно стремившихся к вестернизации своих политических и социальных структур и превращению в современную нацию, Россия служила важным примером страны, которая модернизировалась по западноевропейскому образцу. Хотя и Китай, и Япония пережили период самоизоляции, когда их правительства запретили почти все иностранные контакты, японцы осознали свое отставание от европейского мира и открыли ворота для западной культуры раньше, чем Китай. Эта временная разница отразилась на восприятии русской литературы. Если в Японии конца XIX века было много специалистов по русскому языку, таких как Фтабатэй Симэй, которые переводили русскую литературу непосредственно с языка оригинала, то в Китае отсутствие этих специалистов заставляло полагаться на посреднические источники даже в начале XX века[27].

---

[26] В XVII веке, до того как Петр Великий провел свои реформы, ведущие европейские державы считали Россию отсталой и варварской: для них это было сельскохозяйственное общество, гораздо менее развитое, чем Западная Европа; это также была огромная страна, не имеющая выхода к морю, отрезанная от круглогодичных морских путей; в которой к тому же все еще сохранялось крепостное право и процветало невежество.

[27] Например, в 1907 году Май Мэйшэн (麥梅生, 1870–1941) и Иммануил Готлиб Генер (китайское имя Е Даошэн, 葉道勝, 1856–1937) перевели с английского «Религиозные рассказы» Толстого из сборника «Рассказы Толстого», переведенного на английский язык Робертом Нисбет Бейном. Некоторые из переводов этих рассказов появились в «Миссионерском обозрении» (Zhongxi jiaohui bao, 中西教會報, *Чжунси цзяохуэй бао*) и «Взгляде на время» (Wanguo

## Япония как культурный посредник

В свете описанных событий неудивительно, что японские переводы стали важными источниками для китайских читателей, желающих узнать о России. Несмотря на то что лучшим местом для студентов по обмену китайское правительство считало европейские страны, за получением современного образования наибольшее число китайских студентов отправлялось в Японию[28]. Кан Ювэй (康有為, 1858–1927) призывал «переводить больше японских книг и обмениваться большим количеством студентов с Японией, чтобы расширить наши знания о мире и развить определенные навыки» [Kang 1981, 1: 81]. Чжан Чжидун (張之洞, 1837–1909) подробно рассказал о том, почему лучше учиться в Японии, а не на Западе:

> Что касается лучшей страны для обучения за рубежом, то Япония лучше западных стран:
> (1) из-за более близкого расстояния расходы на проезд дешевле, поэтому в Японию можно отправить большее количество студентов;
> (2) поскольку Япония ближе к Китаю, легче контролировать работу школ;
> (3) японский язык похож на китайский, поэтому его легко освоить;
> И наконец, потому что
> (4) западные книги довольно сложны, но японцы уже удалили или пересмотрели те части из них, которые не так важны [Zhang Zhidong 2014: 58–59].

gongbao, 萬國公報, *Ваньго гунбао*) в 1905 и 1906 годах. Хотя некоторые работы, как и эта в том числе, были эстафетными переводами с западноевропейских языков, все же большинство китайских переводов было основано на японских переводах.

[28] В 1846 году Жун Хун (容閎, 1828–1912), Хуан Шэн (黃勝, 1827–1902) и Хуан Куань (黃寬, 1829–1878) стали первыми китайскими студентами по обмену в США в современной истории. В 1877 году китайское правительство отправило уже тридцать студентов на учебу в США. Это была первая группа студентов за рубежом, которых спонсировало китайское правительство. Начиная с 1877 года китайское правительство также предоставляло субсидии для обучения в Европе.

После Китайско-японской войны число студентов по обмену, отправлявшихся из Китая на учебу в Японию, невероятно возросло. В начале XX века число китайских студентов в Японии превышало общее количество студентов по обмену, отправленных в другие страны мира[29]. Кроме того, из-за небольшого расстояния между двумя странами Япония стала идеальным местом для китайских интеллектуалов в изгнании. После провала «Ста дней реформ» (Wuxu bianfa 戊戌變法, *Усюй бианьфа*), иначе «Реформы года у-сюй», в 1898 году многие известные китайские ученые, включая Лян Цичао, одного из ведущих реформаторов, бежали в Японию, чтобы избежать политических преследований. Эти ученые приобрели известность благодаря своим политическим комментариям и деятельности в Китае; находясь за границей, они не теряли своего влияния, особенно потому, что активно рассказывали Китаю о своем опыте в Японии и призывали китайцев знакомиться с западной культурой через эту страну. Так, совместные усилия китайских студентов по обмену и революционеров в Японии способствовали усвоению китайцами западных знаний через Японию, выступающую в этом культурном обмене посредником. Помимо прочего, через Японию в Китай попадали произведения русской литературы и культурные элементы.

Япония оставалась основным источником китайских переводов русской литературы вплоть до конца правления династии Цин в 1912 году. Произведения многих всемирно известных русских писателей были впервые представлены в Китае при посредничестве Японии. Например, в 1903 году Цзи Ихуэй (戢翼翬, 1878–1908) перевел «Капитанскую дочку» Пушкина на китайский язык по японскому переводу Такасу Дзискэ (高須治助, 1859–1909) «Удивительные вести из России: записки о сердце цветка и мыслях бабочки». Рассказ Толстого «Рубка леса» был переведен в 1905 году под названием «Винтовка в изголовье»

---

[29] Подробно о китайских студентах по обмену за границей в конце династии Цин см. в [Li Xisuo 1996; Gen 1991; Sanetō 1970; Cheng 2005; Zhong Shaohua 1996; Shi 1968; Huang Fuqing 1975; Wang Yuzhuo 1996].

(Zhen ge ji, 枕戈記, *Чжэнь гэ цзи*) на основе перевода Фтабатэя Симэй, который имел такое же название (つ々を枕, *Цуцу о макура*). В 1907 году У Тао (吳檮, 1880?–1925?) опубликовал переводы трех произведений: «Черный монах» Антона Чехова (1860–1904), «Каин и Артем» Горького, и главу «Бэла» из «Героя нашего времени» Лермонтова, которые он осуществил по переводам Усуды Дзанъюн (薄田斬雲, 1877–1956), Фтабатэя Симэй и Саганоя Омуро (嵯峨の屋お室, 1863–1947)[30]. Роль Японии как культурного посредника была подкреплена экономическими связями с китайской издательской индустрией. Совместная деятельность китайской коммерческой прессы (Shangwu yinshu guan, 商務印書館, *шану уиньшу гуань*) и японского издательства *Кинко: до:* (金港堂) с 1903 по 1914 год дала китайским издателям и авторам возможность перенять японский опыт издательского дела [Tarumoto 2004; Tarumoto 2006]. Это, например, отразилось на карьере переводчика У Тао: японское спонсорство определяло его выбор русской литературы, в частности, он был вынужден работать с произведениями, которые привлекали внимание японской публики во время и сразу после Русско-японской войны [Cui 2013; Wen Juan 2018].

---

[30] Многие другие китайские переводы русских текстов также были основаны на японских версиях. Бао Тяньсяо (包天笑, 1876–1973) в 1909 году перевел «Альбом» Чехова, основываясь на японском переводе Сэнумы Каё под названием «Фотоальбом» (写真帖, *Сясинтё:*). В 1910 году Бао Тяньсяо перевел чеховскую «Палату № 6», основываясь на переводе Сэнумы Каё под названием «Комната под номером шесть» (六号室, *Рокуго: сицу*). В 1909 и 1910 годах Чэнь Цзинхань (陳景韓, 1878–1965) выполнил перевод рассказа «Лишние люди» Чехова и озаглавил его как «Средства к существованию» (Sheng ji 生計, *Шэн цзи*), основываясь на переводе Сэнумы Каё «Лишние люди» (余計者, *Ёкэймоно*). Он также перевел роман Андреева «Мысль» на основе перевода Уэды Бин (上田敏, 1874–1916) «Сердце» (心, *Кокоро*). Этот список составлен на основе исследований нескольких ученых, см. [Li Yanli 2011: 211–213; Zhang Yan 2012; Tarumoto 2021]. Считается, что в 1908 году Тяньтуй (天蛻) перевел «Песню о соколе» Горького, основываясь на переводе Уэды Бин «Соколиная песнь» (鷹の歌, *Така но ута*). Однако переводу Тяньтуя не хватает качеств, характерных для произведений, переведенных с японского. Как мы полагаем, более вероятно, Тяньтуй опирался на западные источники, скорее всего английские.

Ранние, основанные на японских, китайские переводы русской литературы никогда не предназначались для предоставления полного или исчерпывающего представления о русской литературе. В самом деле, несложно заметить искажения и отступления. Большинство первых китайских переводчиков учились в Японии по обмену и интересовались европейской литературой в целом; никто из них не был специалистом по русской литературе. Их переводы не ограничивались только русской литературой: они также переводили английские, французские, немецкие и даже японские литературные произведения. Многие переводчики при этом сами были писателями. Правда, большинство из них были скорее склонны придерживаться японских текстов, не допуская вольностей, которые японские переводчики, наоборот, слишком часто позволяли себе по отношению к оригиналам. Тем не менее в отсутствии доступа к текстам на языках оригинала, китайские переводчики неизбежно перенимали японские искажения. Как бы они ни старались придать историям «оригинальный» колорит, тот факт, что некоторые из них уже были японизированы или азиатизированы, не позволял китайским переводам быть «достоверными». В качестве примера можно привести ранние переводы рассказов Пушкина и Лермонтова, которые будут рассмотрены в Главе 2.

Русские произведения, впервые переведенные на китайский язык, не всегда были всемирно признанными шедеврами. Не обладая обширными знаниями о русской литературе, китайские переводчики охотно использовали любые доступные источники. На первых порах переводились в основном короткие рассказы, которые можно было перевести быстро; к русским романам объемом более двухсот страниц китайские переводчики практически не притрагивались. Более того, выбор этих рассказов во многом определялся китайским книжным рынком, который требовал приключений с экзотическим западным колоритом. Например, огромной популярностью пользовались рассказы о попытках покушения русских нигилистов, несмотря на то что многие из них даже не были написаны русскими авторами. Читатели и переводчики того времени мало заботились об интеллектуальной собственности и авторских правах, и, к сожалению, большая часть китайской аудитории действительно ошибочно ставила такие истории в один ряд с русской литературой. Увлечение китайцев пересказом приключений русских нигилистов на этом не закончилось. Помимо различных форм переводческого редактирования (bianyi, 編譯, *бяньи*) и переводческого повествования (yishu 譯述, *ишу*), китайские авторы также занимались псевдопереводами. Так, Чжоу Шоуцзюань (周瘦鵑, 1895–1968), один из самых плодовитых переводчиков иностранной литературы, признавался, что ему нравилось писать рассказы о русских нигилистах, но выдавал он их за переводы. Таким образом, он мог претендовать на аутентичность своих историй, оставаясь при этом свободным от ограничений перевода [Shoujuan 1914: 101]. Подробнее транскультурация русского нигилизма будет рассмотрена далее в Главе 3.

Как игнорировались китайскими переводчиками длинные романы поначалу, так и стихотворения в течение первых двадцати лет знакомства с русской литературой были в значительной степени обделены их вниманием. Хотя Пушкин и Лермонтов были известны в России прежде всего как знаменитые поэты, их проза была переведена на китайский язык задолго до их поэзии. В целом перевод русского стихотворения начался поздно, мы не учитываем фрагменты русских стихов, которые включались в перевод русской художественной литературы или статей. Самый ранний перевод стихотворения Пушкина в Китае появился в 1925 году — когда Лу Шиюй (陸士鈺, 1911–1986) перевел «Брожу ли я вдоль улиц шумных…» (кит. Gantan, 感嘆, *Ганьтань*), — в приложении к «Утренним новостям» (Chen bao fukan, 晨報副刊, *Чэнь бао фукань*). Самый ранний перевод поэзии Лермонтова появился годом раньше: в 1924 году тот же переводчик опубликовал свой перевод «Казачьей колыбельной песни» (кит. Gaojiasuo xiaoqu, 高架索小曲, *Гаоцзясо сяоцюй*), см. [Ping 2013]. Помимо огромных трудностей, связанных с переводом самих стихов, отсутствие переводов русской поэзии в Китае можно объяснить их аналогичным отсутствием в Японии. Русская художественная литература была главной движущей силой реализма, ставшего центральным элементом многих национальных литератур в XX веке; следовательно, художественная литература затмила русский романтический стих в мировом литературном пространстве, в том числе в Восточной Азии. В то же время вера японских и китайских читателей в преобразующую социальную функцию художественной литературы, особенно политических романов, также способствовала повышению значимости художественной литературы по сравнению с поэзией.

Япония как посредник также учувствовала в создании того образа России, который переняли китайцы. Помимо вторичных переводов русской литературы с японского, китайские писатели также делали переводы японской художественной литературы о России. В 1904 году Фу Кофу (傅闔甫) перевел книгу Синрин Кокуэн (森林黒猿, или Амано Мисао, 天野節) «Русский царский двор» (Rokoku no kyūtei, 露国の宮廷, *Рококу но кю: тэй*), переименовав ее в «Недовольство Русского царского двора» (E gong yuan, 俄宮怨, *Э гун юань*). В этой повести рассказывается о визите Николая II в Японию, когда он был наследником российского престола, а также о нем самом как о нерешительном лидере, взошедшем на престол после смерти отца. Эта японская повесть была опубликована в 1904 году во время Русско-японской войны и сразу же переведена на китайский язык. В постскриптуме китайский переводчик осуждает деспотизм и называет его причиной военного поражения России; эти слова отражают его надежду на то, что китайские читатели смогут задуматься о сходстве политических ситуаций в Китае и России. Приведем еще один пример: в 1905 году Гунгунцзы (觥觥子) опубликовал «Русский детектив» (E tan, 俄探, *Э тан*), свой перевод рассказа Осикавы Сюнро (押川春浪, 1876–1914), в журнале «Крик кукушки» (Juan sheng, 鵑聲, *Цзюань шэн*), издаваемом сычуаньскими студентами по обмену в Токио[31]. Эта история была переведена, чтобы удо-

---

[31] Осикава Сюнро был наиболее известен своими научно-фантастическими, детективными и приключенческими рассказами. Переводы его произведений широко читались в Китае, и он был одним из самых известных японских писателей массовой литературы в Китае. Возможно, что в основу «Русского детектива» легла повесть Осикавы «Жена русского сыщика» (露探の妻, *Ротан но цума*). Этот рассказ был переведен в первую очередь потому, что это увлекательная детективная история, а не потому, что в ней были русские элементы.

влетворить жажду китайских читателей к приключениям в незнакомых странах, таких как Россия.

Будучи культурным посредником в этих обменах, Япония также вдохновила Китай на проведение языковой реформы. За те два десятилетия, что японцы занимались переводами с русского, японский стиль письма претерпел значительные изменения. Движение *Гэмбун-итти* (Движение за единство разговорного и письменного языка), выступавшее за введение письма, основанного на естественных речевых оборотах, было инициировано такими писателями, как Фтабатэй Симэй, чьи переводы русской литературы широко использовались китайскими переводчиками. Если ранние японские переводы сохраняли более традиционные черты *камбун*, которые были знакомы китайской интеллигенции, то более поздние переводы переняли просторечную речь японских граждан из разных социальных слоев общества, что создало большие трудности для китайских переводчиков. Это изменение литературного стиля нашло отражение в самых ранних китайских переводах русской литературы с японского, поскольку такие переводчики, как У Тао, использовали в своих переводах просторечный китайский язык. Эксперимент знаменитого китайского писателя-модерниста Лу Синя с «трудным переводом», который более подробно рассматривается в Главе 5, также можно отнести к свободному прочтению японских переводов русской литературы.

### От японского к европейским языкам

Влияние Японии как посредника в восприятии китайцами русской литературы достигло своего пика в период правления династии Цин. С первых лет существования Китайской Республики, основанной в 1912 году, и вплоть до Четвертого мая 1919 года на китайском книжном рынке все еще появлялись вторичные переводы русской литературы, однако большинство из них было основано на английских, а не на японских переводах. Было и несколько исключений: так, например, Бао Тяньсяо (包天笑, 1876–1973) перевел «Много ли человеку земли нужно?» Толстого в 1914 году, скорее всего, с японского за неимением доступных ему публикаций на других языках; и в том же году Чэнь Гу (陳嘏, ум. 1956) перевел повесть Тургенева «Вешние воды» (также называемую «Весенние воды») на основе перевода Унабары Сён (海原曙雲) «Весенний прилив» (春の潮, *Хару но усио*)[32]. Однако другие переводчики-пионеры, такие как У Тао и Чэнь Цзинхань (陳景韓, 1878–1965, один из его псевдонимов, встречающихся во многих переводах, — Лэнсюэ (冷血)), которые ранее опирались в своей работе на японские переводы, полностью прекратили переводить русскую литературу. Среди тех, кто продолжал активно заниматься переводами, были Чжоу Шоуцзюань, Линь Шу, Чэнь Цзялинь (陳家麟, 1880–?), Чэнь Дадэн (陳大鐙, 1868–1925), Ма Цзюньу (馬君武, 1881–1940) и Лю Баньнун (劉半農, 1891–1934), и большинство из их новых переводов были основаны на английских переводах[33].

Из русских писателей, переведенных на китайский язык в эти первые десятилетия, наибольшее внимание к себе привлекли Толстой, Чехов и Тургенев. Несколько произведений Пушкина, Горького и Андреева также были переведены на китайский язык. Среди переводчиков братья Чжоу — Лу Синь и Чжоу Цзожэнь — обладали, пожалуй, самым уникальным вкусом. В то время как другие переводчики в основном занимались русскими произведениями XIX века, братья Чжоу погрузились в современную литературу и перевели работы многих современных русских писателей. Стоит отметить, что, хотя некоторые первоисточники их переводов остаются неизвестными, большинство ранних переводов Лу Синя в 1910-х годах, скорее всего, были основаны на

---

[32] Вначале Чэнь Гу использовал японские переводы русской литературы, но впоследствии для своих переводов начал использовать английские источники [Ma 2019].

[33] Действительно, в ранний период, когда переводческая практика еще не была стандартизирована, многие переводы русской литературы в Китае не содержали никаких указаний на исходный текст. Некоторые переводчики также использовали псевдонимы. Поскольку в таких условиях трудно или невозможно установить источник некоторых переводов, вероятно, что некоторые переводчики все еще использовали японские переводы; тем не менее очевидно, что это уже не было частой практикой.

немецких, а его брата — на английских переводах[34]. Чжоу Цзожэнь объяснил, как они использовали источники:

> [Мы] планировали опираться на английский и немецкий языки, чтобы осуществлять косвенный (непрямой) перевод. Японский язык изначально был более удобен, но в то время в Японии было мало специалистов по русскому языку. <...> [Переводчик] Нобори Сёму был в некоторой степени верен себе. Поскольку Фтабатэй Симэй был литератором и больше заботился о художественном качестве своих переводов, его работа была более японизирована и поэтому была менее аутентичной. С точки зрения тех, кто ищет материалы для перевода, [его переводы] можно использовать только как справочник, а не как основу для перевода и повествования [Zhou Zuoren 2009p: 376–377].

Выбор Чжоу Цзожэня говорит о снижении значимости японского перевода как источника китайского перевода русской литературы. Братья Чжоу начали переводить намного позже самых первых переводчиков, таких как Цзи Ихуэй и У Тао, и принадлежали к поколению, которое имело более широкий доступ к получению образования на нескольких западных языках. Эти лингвистические знания дали им больше возможностей при переводе иностранной литературы. Даже если они не могли прочитать оригинал, они могли сравнить несколько переведенных версий и не были вынуждены полагаться только на японские переводы. Эта стратегия помогла им реконструировать воображаемый «оригинал». Она также выявляла недостатки японских переводов: братья заметили, что, несмотря на то что в Японии было больше специалистов по русскому языку, чем в любой другой восточноазиатской стране, японские переводы не могли конкурировать с западноевропейскими как по количеству, так и по качеству.

---

34 Чжоу утверждал, что все, что было издано до 1918 года, он перевел с английского [Zhou Zuoren 2009l: 405]. Несмотря на то что Чжоу Цзожэнь находился в Японии и имел свободный доступ к японским переводам, его переводы Чехова и Сергея Степняка-Кравчинского (1851–1895) в «Сборнике коротких рассказов за границей» (Yuwai xiaoshuo ji, 域外小說集, *Юйвай сяошо цзи*), опубликованном в 1909 году, были основаны на английских переводах.

Русская революция 1917 года привела к значительному росту переводов русской литературы в Китае. Для многих китайцев русская литература выступала в качестве источника революции. В 1918 году Ли Дачжао (李大釗, 1889–1927), один из основателей Коммунистической партии Китая, написал две статьи — «Русская литература и революция» (Eluosi wenxue yu geming, 俄羅斯文學與革命, *Элосы вэньсюэ юй гэмин*) и «Русская революция и литераторы» (Eluosi geming yu wenxuejia, 俄羅斯革命與文學家, *Элосы гэмин юй вэньсюэцзя*), — обе эти работы придерживались практического взгляда на литературу. Он утверждал, что литература может и должна служить движущей силой революции, и высоко оценивал русскую литературу за ее гуманистический дух и огромное влияние на общество. В 1919 году Тянь Хань (田漢, 1898–1968) опубликовал статью «Беглый взгляд на русские литературные и идеологические тенденции» (Eluosi wenxue sichao zhi yipie, 俄羅斯文學思潮之一瞥, *Элосы вэньсюэ сычао чжи ипе*) в журнале «Народный колокол» (The People's Bell, Minduo, 民鐸, *Миньдо*), которая может считаться первым систематизированным представлением Китаю русской литературы и ее идеологического значения. В этой статье также были отражены последствия, которые вызвала Русская революция в китайском литературном мире.

Увлечение русской литературой, которое началось в 1918 году и усилилось после Четвертого мая, привело к тому, что русская литература стала самой переводимой среди всех иностранных литератур в Китае. Такие китайские литераторы, как Шэнь Яньбин (沈雁冰, также известный как Мао Дунь, 茅盾, 1896–1981), Чжэн Чжэньдо (鄭振鐸, 1898–1958) и Ван Тунчжао (王統照, 1897–1957), публиковали статьи с описанием основных особенностей русской литературы[35]. Появились также сборники произведений таких известных авторов, как Пушкин, Толстой, Чехов и Тургенев[36].

---

[35] См. [Shen Yanbing 1920; Zheng Zhenduo 1920; Zheng Zhenduo 1923; Eroshenko 1922; Mao et al. 1923; Shen Yanbing 1921b].

[36] Среди этих работ: «Собрание художественных произведений Пушкина» (Puxijin xiaoshuo ji, 普希金小說集, *Пусицзинь сяошо цзи*), «Собрание художественных произведений Толстого» (Tuo'ersitai xiaoshuo, 托爾斯泰小說,

При этом с начала 1920-х годов японский перевод практически не использовался в Китае в качестве источника для перевода русской литературы. Начиная с 1919 года в Китае появляются такие специалисты по русской литературе, как Гэн Цзичжи (耿濟之, 1899–1947), Цюй Цюбай (瞿秋白, 1899–1935), Шэнь Ин (沈穎), Ань Шоуи (安壽頤), Ян Минчжай (楊明齋, 1882–1938), Вэй Суюань (韋素園, 1902–1932), Гэн Шичжи (耿式之, 1899–1947), Цао Цзинхуа (曹靖華, 1897–1987) которые стали осуществлять и публиковать переводы непосредственно с русского языка. Специалисты по России также участвовали в презентации истории русской литературы в Китае. В 1924 году Чжэн Чжэньдо опубликовал «Краткую историю русской литературы» (Eguo wenxue shilüe, 俄國文學史略, *Эго вэньсюэ шилюэ*), последняя глава которой, «Новые писатели в России рабочих и крестьян» (Laonong Eguo de xin zuojia, 勞農俄國的新作家, *Лаонун Эго дэ синь цзоцзя*), была написана Цюй Цюбаем, самым известным специалистом по России того времени. В 1927 году Цюй также опубликовал собственную книгу «Русская литература» (Eluosi wenxue, 俄羅斯文學), написанную в соавторстве с Цзян Гуанцы (蔣光慈, 1901–1931), который изучал русский язык в Коммунистическом университете трудящихся Востока [имени И. В. Сталина] в Москве.

Китайцы продолжали следить за изучением русской литературы японцами, но это уже не было основным источником в их восприятии русской литературы. Японская критика русской литературы по-прежнему переводилась в китайских журналах и газетах, особенно работы Нобори Сёму, ведущего ученого и переводчика русской литературы в Японии. Например, в 1916 году Чжувэй (逐微) опубликовал перевод статьи Нобори «Социальные последствия русской литературы» (Eluosi wenxue zhi shehui yiyi, 俄羅斯文學之社會意義, *Элуоси вэньсюэ чжи шэхуэй ии*) в «Великом Китае» (Da Zhonghua, 大中華, *Да Чжунхуа*),

---

Тоэрсытай сяошо), «Сборник рассказов Толстого» (Tuo'ersitai duanpian, 托爾斯泰短篇, *Тоэрсытай дуаньпянь*), «Сборник рассказов Чехова» (Qihefu duanpian xiaoshuo ji, 契訶夫短篇小說集, *Цихэфу дуаньпянь сяошо цзи*), «Сборник прозаических стихотворений Тургенева» (Tugeniefu sanwenshi ji, 屠格涅夫散文詩集, *Тугэнефу саньвэньши цзи*) и т.д.

а в 1922 году Вэйшэн (薇生) перевел и разместил статью Нобори «Представительницы русской литературы» (Eguo wenxue shang zhi daibiao de nüxing, 俄國文學上之代表 的女性, *Эго вэньсюэ шан чжи дайбяо дэ нюйсин*) в «Женском журнале» (Funü zazhi, 婦女雜誌, *Фунюй цзачжи*). Аналогичным образом, когда Чжэн Чжэньдо включил библиографию справочной литературы в свою «Краткую историю русской литературы», среди двадцати девяти книг по истории русской литературы и литературной критике были две, написанные японскими авторами: «Идеологические тенденции и литература в современной России» Нобори (露國現代の思潮及文學, *Рококу гэндай но ситё: оёби бунгаку*), опубликованная в 1915 году, и «Теория литературы и искусства современной России» (露國近代文藝思想史, *Рококу киндай бунгэй сисо: си*), опубликованная в 1918 году. Большая часть библиографии Чжэна состояла из книг, написанных на английском языке или переведенных на него. Комментируя книги Нобори, Чжэн признавал влияние русской литературы на современную японскую литературу. Он также высоко оценил исследования Нобори в качестве важного дополнения к работам английской научной школы [Zheng Zhenduo 1998: 537]. Чжэн, несомненно, сталкивался и с другими японскими исследованиями по русской литературе, но решил перечислить только работы Нобори. Библиография Чжэна показывает, что английские исследования заменили японские в качестве основного источника, с помощью которого китайцы узнавали о внешнем мире. Тем не менее были и те, кто все еще переводил русскую литературу с японского (Лу Синь, Ся Янь, 夏衍, 1900–1995), немецкого (Лу Синь, Го Можо, 郭沫若, 1892–1978), французского (Е Цзюньцзянь, 葉君健, 1914–1999; Ло Шу, 羅淑, 1903–1938) и эсперанто (Ху Юйчжи, 胡愈之, 1896–1986; Лу Янь, 魯彦, 1901–1944), и все же китайских переводов на основе английских переводов было гораздо больше — даже больше, чем прямых переводов с русского.

Интересен, однако, тот факт, что именно японцы подтолкнули китайских студентов к изучению других иностранных языков. Известный современный писатель Го Можо вспоминал, как изучал иностранные языки в Японии:

> В японской средней школе половина учебного времени
> отводилась на изучение иностранных языков. Они включа-
> ли в себя первый иностранный язык и второй иностранный
> язык, а студентам-медикам вроде нас и вовсе приходилось
> учить латынь в качестве третьего иностранного языка
> (помимо немецкого — как первого, и английского — как
> второго иностранного языка). Еженедельно на изучение
> иностранных языков отводилось 22–23 часа. Кроме того,
> японцы преподавали иностранные языки очень своеобраз-
> но, поскольку особое внимание они уделяли чтению. Пре-
> подавателями иностранных языков были в основном вы-
> пускники гуманитарных факультетов Императорского
> университета. Они не были лингвистами и мало что знали
> о предметах, которые изучали их ученики, поэтому в каче-
> стве текстов для изучения всегда выбирали литературные
> шедевры. Занятия тоже проходили по-другому. Преподава-
> тели не читали лекции, вместо этого они предоставляли
> возможность для практики студентов. Преподаватели
> просто просили студентов прочитать абзац текста, а затем
> перевести его на японский [Guo Moruo 1989: 51].

Независимо от того, какие предметы китайские студенты
выбирали для изучения в Японии, любой, кто учился бы в школе,
подобной той, что была у Го Можо, получил бы довольно при-
личные знания иностранных языков, которые проверялись на
вступительных экзаменах в колледж. В результате китайские
студенты в Японии изучали не только японский, но и другие
иностранные языки, а также они получали базовые знания
о литературе зарубежных стран с помощью упражнений по переводу. В японских колледжах их также поощряли как можно
чаще пользоваться западными источниками. Поэтому западные
тексты ценились ими гораздо больше, чем японские, и даже если
они не могли читать по-русски, чтобы определить качество перевода, они ценили западные переводы русской литературы гораздо больше, чем японские. Хотя китайские студенты привнесли собственные культурные предубеждения, японцы в определенной степени способствовали формированию их системы
ценностей и даже предоставили им инструменты, позволяющие
изучать западную литературу напрямую, обходя Японию как

посредника стороной. Те китайцы, которые не смогли освоить научные предметы, запланированные для изучения, иногда случайно становились переводчиками и писателями благодаря полученному в Японии иностранному языковому образованию.

Хотя посредническая роль Японии к началу 1920-х годов значительно ослабла, японский литературный мир по-прежнему служил важнейшей площадкой, где неожиданным и сложным образом взаимодействовали русская и китайская культуры. Хорошим примером является использование русской литературы в китайском театре, а затем и в китайском кино. Роман Толстого «Воскресение» был впервые переведен на китайский язык Ма Цзюньу с немецкого в 1914 году. В том же году Лю Ичжоу (劉藝舟, 1875–1936) перевел сценарий японской пьесы Симамуры Хогэцу (島村抱月, 1871–1918) по мотивам этого романа под названием «Китайский деревянный колокол: новая драма» (Zhonghua muduo xinju, 中華木鐸新劇, *Чжунхуа мудо синьцзюй*). Китайская версия пьесы Симамуры была поставлена в Осаке, а затем в Токио Обществом единомышленников новой драмы Гуанхуан (Guanghuang xinju tongzhishe, 光黃新劇同志社, *Гуанхуан синьцзюй тунчжишэ*). В Осаке труппа показала только одну сцену, происходящую в тюрьме; на основании положительной реакции японских зрителей в токийском спектакле была добавлена сцена в Сибири. Несмотря на то что диалог был полностью на китайском языке, японские зрители нашли его интригующим, возможно, из-за знакомства с сюжетом. Это было, вероятно, одно из самых известных китайских театральных представлений в Японии после спектакля, поставленного Обществом весенней ивы (Chunliu she, 春柳社, *Чуньлю шэ*), «Хижина дяди Тома» (Heinu xu tian lu, 黑奴籲天錄, *Хэйну сюй тянь лу*). Китайское Общество просвещения (Kaiming she, 開明社, *Каймин шэ*), члены которого участвовали в постановке «Воскресения» в Японии, впоследствии показало спектакль и в Китае [Huang Aihua 2006; Huang Aihua 1995; Yoshida 1991]. Таким образом, хотя Япония не постоянно выступала в роли культурного посредника, мы не должны отрицать ее транскультурное значение как центра, который позволял не только передавать тексты, но и осуществлять культурный обмен в других формах.

## Восстановление роли Японии как культурного посредника

В 1920-е годы посредническая роль Японии в процессе транскультурации русской литературы в китайскую продолжала снижаться. Однако даже в конце десятилетия энтузиазм китайцев по отношению к японскому языку в целом не угасал. Гэ Баоцюань (戈寶權, 1913–2000), известный китайский специалист в области русского языка, переводивший многие произведения непосредственно с русского, отмечал, что до изучения русского языка в 1932 году он изучал английский в средней школе, а затем французский и японский в колледже: «Я очень усердно изучал японский язык; я хотел учиться в Японии, потому что в те времена можно было читать литературные произведения многих стран на японском языке» [Ge 1992: 3]. Для обычных китайских студентов обучение в Японии оставалось более реальным, чем обучение в европейских странах, а японский язык по-прежнему оставался одним из каналов доступа — хотя уже и не главным — китайцев к иностранной литературе.

Хотя это и не является основной темой данной книги, важно отметить, что Япония восстановила свою роль культурного посредника в китайском литературном мире к концу 1920-х годов, когда в Китае начало набирать обороты движение пролетарской литературы. Несмотря на рост политической напряженности между двумя странами, их культурный обмен оставался постоянным и активным. Ху Цююань (胡秋原, 1910–2004), китайский писатель, который в 1929 году учился в японском университете Васэда, объясняет:

> Недавняя тенденция революционной литературы в Китае зародилась не на севере России, а в Японии с ее «похожей культурой». <…> Китайское революционное искусство, получившее внезапную популярность, настолько полностью подражает японскому, что его можно назвать ответвлением японской пролетарской литературы. Действительно, если приглядеться, то можно заметить, что все ведущие фигуры китайской революционной литературы — студенты по обмену в Японии, и этот факт проявляется как в транслите-

ции лозунгов и теоретических терминов, таких как «пролетариат» и «идеология», так и в форме и содержании самой литературы [Chen Shuyu 1995: 136; Sanetō 1940: 45].

Через призму японского пролетарского движения китайцы старались следить за текущими советскими политическими и литературными тенденциями. В отличие от начала 1900-х годов, когда китайцы использовали японские источники в основном для эстафетного перевода русской литературы, на этот раз они в первую очередь заимствовали советскую литературную теорию в том виде, в каком она освещалась в японских публикациях и дискуссиях.

Правда, к тому времени в Китае уже были собственные специалисты по русскому языку, такие как Цюй Цюбай, которые узнавали о советских литературных течениях непосредственно из русских текстов [Pickowicz 1981]. В начале 1920-х годов стали появляться беспорядочные, основанные на различных источниках, обзоры на пролетарскую литературу[37]. Однако китайцы в основном концентрировались на политических и социальных движениях, и лишь немногие уделяли внимание литературе и искусству. В целом нерегулярные публикации и переводы начала десятилетия не имели широкого влияния на китайских читателей.

Только в 1927 году в Китае повсеместно прозвучал призыв к созданию пролетарской литературы. Первая волна была запущена молодыми членами Общества созидания (Chuangzao she, 創造社, *Чуанцзао шэ*), которые учились в Тайсё (1912–1926)

---

[37] Мао Дунь, например, был одним из первых китайских писателей, обративших внимание на пролетарскую литературу и искусство. В 1921 году он написал о немецкой пролетарской литературе [Shen Yanbing 1921a]; затем, в 1925 году, он опубликовал серию статей о пролетарском искусстве [Shen Yanbing 1925]. В 1924 году Цзян Гуанцы, еще один ранний китайский сторонник пролетариата, написал работу, в которой поделился своим пониманием пролетарской литературы после возвращения из Советского Союза [Jiang Xiaseng 1924]. Наконец, Жэнь Гочжэнь 任國楨 (1898–1931) перевел с русского языка три статьи о советских пролетарских теоретических диспутах и включил их в вышедшую в 1925 году книгу «Литературно-художественные дискуссии в Советской России» [Ren 1925].

в Японии, в том числе Ли Чули (李初梨, 1900–1994), Фэн Найчао (馮乃超, 1901–1983), Пэн Кан (彭康, 1901–1968), Чжу Цзинво (朱靜我, 1901–1941) и Ли Тешэн (李鐵生)[38]. Эти новые писатели вернулись в Китай позже, чем более ранние члены Общества, такие как Го Можо и Юй Дафу (郁達夫, 1896–1945); следовательно, они лично пережили расцвет японского левого литературного движения. Поздние члены группы учились в Японии в период расцвета левых студенческих движений в таких крупных университетах, как Токийский университет, Университет Киото и Университет Васэда, в каждом из которых марксизм был включен в программу изучения общественных наук. В своих статьях они много заимствовали у японских теоретиков, таких как Хирабаяси Хацуноскэ (平林初之輔, 1892–1931), Курахара Корэхито и Кадзи Ватару (鹿地亘, 1903–1982). Даже после того как в 1930 году Китай создал собственную пролетарскую ассоциацию, Лигу левых писателей (Zhongguo zuoyi zuojia lianmeng, 中國左翼作家聯盟, *Чжунго цзои цзоцзя ляньмэн*), Япония оставалась ключевым источником, из которого китайцы узнавали необходимые сведения о советской литературе. Наряду с членами Общества созидания и Общества Солнца (Taiyang she, 太陽社, *Тайян шэ*), наиболее влиятельные члены Лиги в 1930-е годы — Чжоу Ян (周揚, 1907–1989) и Ху Фэн (胡風, 1902–1985) — опирались на японские материалы, несмотря на то что каждый из них по-разному понимал пролетарскую литературу и связывал с ней свои ожидания.

Таким образом, японцы предоставили [китайцам] модель для изучения советской теории литературы. В результате такие советские теоретики, как, например, Анатолий Луначарский (1875–1933), Владимир Фриче (1870–1929), Георгий Плеханов

---

[38] Общество созидания — знаменитая литературная группа, основанная китайскими студентами по обмену в Японии в 1921 году. Среди ее первых членов были такие ведущие фигуры современной китайской литературы, как Юй Дафу, Го Можо и Чэн Фану (成仿吾, 1897–1984). Сначала Общество созидания выступало за романтизм, но в середине 1920-х годов оно склонилось в сторону марксизма и социализма. Этот переход стал особенно заметен в период, когда в Общество вступили такие люди, как Ли Чули и Фэн Найчао.

(1856–1918) и Николай Бухарин (1888–1938), пользовались одинаковой популярностью как в Японии, так и в Китае. В то же время многих китайских интеллектуалов в равной степени привлекали и японские пролетарские теоретики. Например, одним из самых влиятельных текстов для молодых китайских писателей из Общества созидания была работа Аоно Суэкити (青野季吉, 1890–1961) «Естественный рост и целеустремленное сознание» (自然生長と目的意識, *Сидзэн сэйтё: то мокутэки исики*)[39], чей аргумент о сознательном управлении пролетарской литературой для достижения определенных политических целей был подчеркнут Ли Чули в его одноименной статье (Ziran sheng-zhang xing yu mudi yishi xing, 自然生長性與目的意識性, *Цзыжань шэнчжан син юй муди иши син*) в ежемесячном журнале «Идеи» (Sixiang, 思想, *Сысян*) [Li Chuli 1928]. Другой ведущей фигурой был Фукумото Кадзуо (福本和夫, 1894–1983), чья теория о «единстве через разделение» пользовалась огромной популярностью у молодых членов Общества созидания в годы их обучения в Японии[40]. Хотя в 1928 году его теория была осуждена в Японии на государственном уровне, члены Общества созидания, которые к тому времени вернулись в Китай, остались верны его идеологическим постулатам [Saitō 2005].

По мере того как китайцы перенимали пролетарский дух у японцев, они медленно постигали и разнообразные дискурсы, отстаиваемые различными японскими фракциями пролетарского движения. Как с горечью отмечает Матс Карлссон, это движение было хорошо известно фракционностью участников своих дебатов [Karlsson 2016: 115]. Различные фракции относились к борьбе с другими левыми фракциями так же серьезно, как и к борьбе против капитализма и буржуазного общества. Отчасти в результате этого сегодня их теоретические и политические дебаты известны лучше, чем созданная ими литература. Китайцы

---

[39] См. [Aono 1927; Aono 1926].

[40] Подробное обсуждение фукумотоизма в Китае ищите в [Saitō 1983; Ai 1991]. Помимо этих двух ранних научных работ, многие книги, посвященные китайско-японскому культурному взаимодействию 1920–1930-х годов, также детально разбирают этот вопрос.

также переняли эту тенденцию, приняв пролетарскую культуру в конце 1920-х годов[41]. Придерживаясь *фукумотоизма*, стремясь очистить литературный мир, отделив менее чистых марксистов, таких как непостоянные последователи, от чистых и верных, молодые китайские сторонники пролетарской литературы — особенно те, кто недавно вернулся из Японии, — всё более яростно критиковали предыдущее поколение студентов по обмену, таких как Лу Синь, и их «устаревшие» литературные идеи.

В ответ Лу Синь вернулся к первоисточнику: русским марксистам. В своих переводах русских марксистских текстов, посвященных пролетарской литературе, он стремился продемонстрировать ненадежность идей членов Общества созидания, поскольку в большинстве своем они были основаны на промежуточных японских интерпретациях, а не на русских оригиналах. Парадоксально, но обновление русской теории в пролетарской литературе предполагало, что он не мог избежать использования японских материалов, поскольку сам Лу Синь не умел читать по-русски, а западноевропейских переводов многих из этих текстов в Китае просто не было. Хотя он хотел предложить китайским читателям чистую русскую марксистскую теорию, в итоге он использовал японские переводы, которые грозили вытеснить или затмить оригиналы. Например, Лу Синь сообщал, что, когда он переводил Луначарского, он использовал в работе переводы Сигэмори Тадаси (茂森唯士, 1895–1973) и Сотомуры Сиро (外村史郎, 1890–1951) [Lu Xun 1959d: 4–5]. Очевидно, что Лу Синь понимал возможность неправильного перевода и поэтому использовал все доступные ему японские переводы, но отсутствие материалов с других языков означало, что его интерпретация пролетарской литературной теории сложилась под японским влиянием.

---

[41] Не исключено, что китайцы также были непосредственно вдохновлены советской политической культурой, которая также подчеркивала фракционность, наиболее известным проявлением которой стала победа Сталина над Троцким в 1927 году (о влиянии Троцкого на Китай см. [Nagahori 2011]). Однако, когда члены Общества созидания воспроизводили сектантство и фракционность в собственной литературной критике, они имели в виду прежде всего Японию в качестве образца.

Театральные постановки были еще одной областью, в которой сохранялось влияние Японии. Хотя к 1920-м годам японцы перестали быть предпочтительным источником для перевода русской художественной литературы, они продолжали вдохновлять китайцев в области театра. В качестве примера можно привести спектакль по пьесе Сергея Третьякова (1892–1937) «Рычи, Китай!», поставленный Театром Всеволода Мейерхольда (1874–1940) в 1926 году. Эта пьеса была посвящена британскому колониализму в Китае и, в частности, основана на инциденте с петухом, который произошел в Китае, когда Третьяков служил там русским учителем[42]. Важно отметить, что пьеса была поставлена в Японии до ее появления в Китае, причем самый ранний китайский перевод, выполненный Чэнь Шаошуем (陳勺水, 1886–1960), был сделан на основе японской версии. Перевод Чэня, опубликованный в сборнике «Удовольствие для масс» (Le qun, 樂群, Лэ цюнь), был основан на сценарии Токийского Малого театра Цукидзи (築地 小劇場, Цукидзи сё: гэкидзё:) 1930 года, написанном Окума Тосио (大隈俊雄, 1901–1978). Позже появились китайские переводы, в которых в качестве ссылок использовались английские и немецкие переводы; однако когда Оуян Юйцянь (歐陽予倩, 1889–1962) поставил первый спектакль «Рычи, Китай!» в Китае, он использовал перевод Чэня с японского языка [Lengchuan 2009; Hoshina et al. 2012]. Хотя пьеса была написана в 1920-е годы, когда у китайцев уже были специалисты по России и студенты по обмену, обучавшиеся в России, они все еще полагались на другие культуры, в частности на японскую, как на посредников, чтобы помочь реализовать сценический потенциал пьесы. Эта зависимость особенно поразительна, если учесть, что пьеса сама по себе была о Китае. Но в каком-то смысле это неудивительно: ведь театр, в конце концов, это форма совместного искусства, требующая гораздо большего, чем просто сценарий. Не имея непосредственного

---

[42] Подробнее о Сергее Третьякове и его связях с Китаем см. [Tyerman 2022; Clark 2021: 201–213].

опыта, трудно в полной мере осознать всю сложность и оригинальность постановки. Возможно, именно поэтому китайцы продолжали черпать вдохновение в японских театральных адаптациях русской литературы, обесценивая при этом японские переводы русской литературы в печатных изданиях. Даже в 1940-е годы известные китайские драматурги по-прежнему считали японские адаптации полезными[43].

По всем вышеизложенным обстоятельствам подъем пролетарского движения в Китае с конца 1920-х годов ознаменовал второй период, когда Япония взяла на себя важную роль посредника в передаче русской литературы и культуры в Китай. Расстояние было решающим фактором в определении того, кто станет проводником в процессе быстрой культурной передачи. Учитывая доступность японских материалов и высокий уровень владения японским языком среди китайских читателей, неудивительно, что Япония во второй раз стала главным каналом — эта тенденция сохранялась вплоть до эмбарго, наложенного японским правительством на русскую пролетарскую литературу в 1934 году[44].

Трехсторонние отношения, которые мы рассматриваем, — роль Японии как посредника в знакомстве китайцев с русской литературой и культурой — лишь малая часть того, что отмечено на международной транскультурной карте. Это лишь верхушка айсберга: один из бесчисленных транскультурных процессов, регулярно происходящих по всему миру. Существование голландского, английского и других европейских посредников в русско-японско-китайской транскультурации продемонстрировало всю сложность перемещений и переплетений культур

---

[43] В 1940 году, например, Ся Янь перевел сценарий Има Ухэй (伊馬鵜平, 1908–1984), поставившего гоголевскую «Повесть о том, как поссорился Иван Иванович с Иваном Никифоровичем».

[44] КОПФ (KOPF — The Union of Japanese Proletarian Cultural Organizations) — Союз японских пролетарских культурных организаций, был распущен японским правительством в 1934 году, что ознаменовало конец японского пролетарского литературного движения.

в глобальном масштабе в пространстве и времени. Хотя выбор переводчиком того или иного посредника может отражать личные предпочтения или даже случайность, мы можем наблюдать определенное направление в общем транскультурном потоке. Этот поток включает в себя политические, экономические и социальные факторы, которые влияют на индивидуальные решения. Способствовало ли участие многочисленных, связанных между собой посредников более широкой трансформации настроений, идей, литературных мотивов и риторики в современном Китае? Этому вопросу посвящены следующие четыре главы.

# Глава 2
# Переупакованная привязанность

*Циклическая транскультурация*
*сентименталистского дискурса*

Когда западная художественная литература впервые появилась в Китае эпохи поздней Цин, наибольшей популярностью пользовались истории, которые вызывали отклик в сердцах читателей. Один из самых влиятельных китайских переводчиков западной литературы того времени Линь Шу, например, получил известность благодаря своему переводу романа Александра Дюма «Дама с камелиями», любовной трагедии, которая стала для многих китайских читателей первым опытом знакомства с западной традицией выражения чувств в литературе. Даже он сам и его партнер по переводческой деятельности Ван Шоучан (王壽昌, 1864–1926) были глубоко тронуты этой историей. Линь Шу заметил: «Когда я переводил "Даму с камелиями", было три случая, когда я бросал перо и просто плакал» [Lin Shu 1960: 198]. Один из его друзей также вспоминал об этих двух переводчиках, что «когда они переводили что-то сентиментальное, то часто не могли сдержаться и вместе проливали слезы» [Hu Mengxi 1981: 104]. Учитывая огромную популярность переводов Линь Шу, очевидно, что китайские читатели также испытывали на себе весь выраженный в них пафос. Го Можо однажды вспоминал, как он плакал над переводом Линь Шу романа Г. Райдера Хаггарда (1856–1925) «Джоан Хаст» [Guo Moruo 1979: 113].

Передавали ли китайские переводчики начала XX века, такие как Линь Шу, чувства, запечатленные в оригинальном произведении, или они заменяли их китайскими аналогами? Как утверждает Джонатан Цвикер, «слезы тоже имеют свои культурные референты и эстетические коды, и было бы ошибкой относиться к ним так, будто они естественны, везде и всегда одинаковы» [Zwicker 2006: 45]. В конце концов, в Китае был собственный сентименталистский дискурс еще до проникновения европейской культуры. Фактически сентиментальный роман появился в Европе почти в то же время, когда китайцы заново открыли собственный стиль переживания (аффекта) в романе «об ученом и красавице» (caizi jiaren xiaoshuo, 才子佳人小說, *цайцзы цзяжэнь сяошо*, по-японски произносится как *сайси кадзин сё: сэцу*). И западный, и китайский подходы в конечном итоге завоевали популярность на японском книжном рынке XIX века [Ibid.: 218]. Китайский сентименталистский дискурс, возможно, послужил руководством для тех китайских переводчиков начала XX века, которые подхватили японское увлечение западными сентиментами, переводя европейские любовные романы с японского, что способствовало формированию современной китайской сентиментальности.

В Китае, как отмечает Хайянь Ли, «дискурсы о чувствах начала XX века черпали лингвистические, моральные и эпистемологические ресурсы как из европейского романтизма, так и из позднеимперского культа *цин* [情, что означает эмоции, чувства или страсти]» [Lee H. 2007: 6]. Многие исследователи классической китайской литературы изучали особое очарование романтических чувств[1], культ *цин* в последнее время привлекает все больше внимания исследователей современной китайской литературы, которые пытаются раскрыть его современные формы [Liu J. 2003; Lee H. 2007]. Некоторые из этих ученых, в частности, исследовали, как по-разному западная и китайская повествовательные традиции передают эмоции, другие обсуждали, как современные китайские писатели вплетают иностранные проявле-

---

[1]  См. [Li W. -Y. 1993; Huang M. W. 2001; Santangelo, Middendorf 2006; Chō Kyō 2008].

ния эмоций в свои литературные творения[2]. Однако существующие исследования в основном сосредоточены на литературном творчестве; между тем первый шаг в транскультурации чувств с Запада на Восток — перевод — требует дальнейшего изучения[3]. Более того, обычно ученые склонны упускать из виду важнейшую роль Японии в качестве посредника в усвоении китайцами европейских чувств. Как будет показано далее в этой главе, первое знакомство китайских читателей с европейской сентиментальной прозой было отмечено борьбой между универсальностью и культурной многогранностью, поскольку восточноазиатские читатели пытались разобраться в незнакомых эмоциях. Это напряжение усилилось благодаря японскому культурному посредничеству, которое заставило китайцев столкнуться не только с иностранными сентименталистскими дискурсами, но и с собственной историей сентиментализма.

В своем исследовании культа чувств Майкл Белл отмечает, что «чувство и литература настолько переплетены, что одно без другого вряд ли можно понять» [Bell 2000: 5]. Читатели склонны понимать чувства, проявляющиеся в том или ином романе, исходя из тех эмоций, которые этот роман вызывает у них самих. Однако, когда читатель ощущает личную вовлеченность, его интерпретация и суждения становятся подвержены влиянию личных и культурных факторов, о которых он может даже не подозревать. В результате, несмотря на предполагаемую универсальность, чувства в романе бывает трудно расшифровать. Это

---

[2]   См. [Jin W. 2014; Liu Q. 2017; Chō Kyō 1995; Pan 2016].

[3]   Несколько исследований посвящено китайскому переводу западной романтической литературы: например, Линн Пань [Pan 2016: 88–118] рассматривает перевод западных любовных историй Линь Шу, а Цянь Лю [Liu Q. 2017: 46–117] анализирует творческую свободу в переводах западных аффектированных историй Чжоу Шоуцзюаня и Бао Тяньсяо. Большинство существующих исследований в этой области сосредоточены на китайских переводах западноевропейских историй и не включают китайские переводы русской литературы. Более того, в этих исследованиях почти не затрагиваются вопросы эстафетного перевода через японский или любой другой язык-посредник.

становится особенно актуальным, когда произведение путешествует по континентам.

Ученые, в первую очередь лингвисты, озабоченные вопросом возможной эквивалентности оригинального и переводного текстов, особенно интересуются тем, как эмоциональность влияет на перевод. Катарина Райсс, рассуждая о типологии предписывающих текстов, подходящих для перевода, подчеркивает экспрессивную функцию художественного литературного текста, передающего эмоции с помощью языка [Reiss 2014]. Юджин Найда, напротив, выступает за динамическую эквивалентность (перевод «смысл за смысл») в противовес формальной эквивалентности (перевод «слово в слово»), таким образом учитывая знания и чувства целевой читательской аудитории [Nida 1964]. В последнее время междисциплинарные исследования также стремятся осветить пересечения между гуманитарными и научными областями посредством изучения перевода и чувствительности[4].

Большая часть существующих исследований, посвященных эмоциональному материалу и эмотивному языку в переводе, основывается на современном понимании эмоций, принятом в западных научных кругах. В результате большинство исследований также придерживаются универсалистского подхода к теориям аффекта [Shankar 2017: 56]. Эта глава усложняет предполагаемую универсальность аффекта, исследуя сентименталистский дискурс в транснациональной перспективе. Для этого на следующих страницах будет раскрыта запутанная история интерпретации эмоций в Восточной Азии. На самом деле, китайское понятие *цин* допускает различные переводы в английском языке: «чувства», «любовь», «романтические чувства» и «страсти» [Huang M. W. 1998: 153]. Более того, как показывает Мартин Хуан, в самой китайской культуре *цин* претерпел столь

---

[4] Например, Северин Хубшер-Дэвидсон в книге «Перевод и эмоции» [Hubscher-Davidson 2018] исследует возможность слияния переводоведения с аффективной наукой, а Патрик К. Хоган в книге «Разум и его истории» [Hogan 2003] описывает основанные на когнитивных аспектах представления о том, как универсальные человеческие эмоции передаются в литературе и искусстве.

длительное и сложное историческое развитие, что его многогранность в результате делает его особенно неоднозначным [Huang M. W. 2001]. А западные и японские знания, заимствованные Китаем, еще больше усложнили китайскую интерпретацию *цин* в современном мире.

Среди различных репрезентаций чувств в классической китайской литературе особое внимание мы уделим роману «об ученом и красавице». Будучи важным жанром традиционной народной литературы, он представляет собой общую тему, которая проявляется как в драматической, так и в художественной форме. В различных вариантах роман «об ученом и красавице» всегда повествует о любви между одаренным литературным талантом юношей и прекрасной девушкой, которые вместе преодолевают различные препятствия, чтобы связать себя узами брака[5]. Истоками таких историй могут быть любовные отношения между Сыма Сянжу (司馬 相如, 179–117 гг. до н.э.) и Чжо Вэньцзюнем (卓文君, расцвет творчества: 150–115 гг. до н.э.) из династии Хань (202 г. до н.э. — 220 г.н.э.), а также традиции сказок (букв. «рассказ о необычайном») династии Тан (618–907 гг.) (Tang chuanqi, 唐傳奇, *Тан чуаньци*)[6]. Один из авторов романов «об ученом и краса-

---

[5] Каждый роман «об ученом и красавице» состоял примерно из двадцати глав. Хотя отсутствие сюжетных вариаций делает эти произведения заезженными и банальными, некоторые ученые хвалят их за то, что они поощряли самостоятельное заключение браков, что было смелым заявлением для феодального общества с четкой внутренней иерархией. И все же роман «ученый — красавица» оставался продуктом элитарной культуры, его писали и читали представители дворянского сословия. Хотя эти истории призывали к браку по любви, многие из них также пропагандировали ортодоксальный дискурс женского целомудрия. Правда, сексуальное влечение было неизбежной темой, поскольку в романах часто фигурировала любовь с первого взгляда, обусловленная непревзойденной красотой героини. Однако в целом в этих историях проповедуется любовь или чувство (*цин*), чистая и трансцендентная страсть, а не сексуальное влечение или желание (yu, 欲, *юй*). В нескольких научных книгах жанр анализируется с точки зрения последовательной нарратологии и архетипов. См. [Qiu 2005; Li Zhihong 2008; Su 2006].

[6] См. [Huang M. W. 2001: 206]. Во времена династии Тан в классическом китайском языке появилось множество коротких рассказов, которые были отнесены к категории *чуаньци* (chuanqi, 傳奇). Среди рассказов, послужив-

вице» династии Цин так объясняет привлекательность этого
жанра: «Что больше всего волнует чувства? Это [история] прекрасной девушки и одаренного юноши. [Тысячелетние истории
о людях, испытывающих глубокие чувства, могут полностью
растворить человека в любовной тоске» [Peihengzi 1986: 39].
Хотя роман «об ученом и красавице» имеет глубокие корни,
признанным и последовательным популярным жанром он впервые стал во времена поздней династии Мин. И действительно,
как бы банально ни звучала структура сюжета, жанр сохранял
популярность с момента своего первоначального подъема во
второй половине XVII века до XVIII и XIX веков.

К концу правления династии Цин некоторые западные жанры
художественной литературы, включая роман, детектив и научную
фантастику, пользовались большой популярностью в Восточной
Азии. Этот рыночный спрос, в свою очередь, обусловил перевод
этой западной литературы на китайский язык. Большинство из

---

ших источником вдохновения для историй об «ученом и красавице» в последующие династии, — «Повесть об Ин-ин» (Yingying zhuan, 鶯鶯傳),
«Повесть о Хо Сяоюй» (Huo Xiaoyu zhuan, 霍小玉傳) и «Повесть о Ли Ва»
(Li Wa zhuan, 李娃傳, *Ли Ва чуаньци*). Другая сказка династии Тан, «Путешествие в пещеру бессмертных» (You xianku, 遊仙窟, *Ю сянку*), содержит
множество деталей, которые были широко заимствованы более поздними
романами «об ученом и красавице». С другой стороны, более широкое
определение жанра может позволить включить в него все любовные истории
от династии Тан до династии Цин, которые содержат темы, связанные с этой
основной сюжетной структурой. Это более широкое определение охватывает такие жанры, как танские сказки, мифические истории (zhiguai xiaoshuo,
志怪小說, *чжигуай сяошо*), записанные рассказы (huaben, 話本, *хуабэнь*)
и серийные произведения художественной литературы (zhanghuiti xiaoshuo,
章回體小說, *чжанхуэйти сяошо*). См. [Su 2006]. Некоторые ученые также
считают такие драмы, как «Роман Западной палаты» (Xi xiang ji, 西廂記,
*Еи сян цзи*), неотъемлемой частью традиции романа «об ученом и красавице». См. [Hessney 1979]. Мы не отрицаем, что такая история, как «Повесть
об Ин-ин», одна из танских повестей, может быть отнесена к категории
романов «об ученом и красавице», но когда мы говорим об этом жанре
в данной главе, мы имеем в виду главным образом архетипические романы
«об ученом и красавице», привычные для большинства китайских читателей.
Такие стереотипные примеры жанра не допускают вариаций и неожиданных
поворотов.

этих переводных жанров имеют аналог в китайской литературе; для романтической литературы образцом в китайском контексте выступал традиционный роман «об ученом и красавице». В качестве примера ранее мы уже упоминали перевод Линь Шу «Дамы с камелиями». Далее мы рассмотрим перевод Цзи Ихуэя «Капитанской дочки» Пушкина и перевод У Тао «Бэлы» из «Героя нашего времени» Лермонтова в качестве наглядных примеров. Оба перевода представляют собой переложение на китайский язык русского романа с помощью японского перевода: Цзи Ихуэй взял за основу своего китайского перевода японский перевод Такасу Дзискэ, а У Тао — «Современного русского» (当代の露西亜人, *То: дай но росиадзин*) Саганоя Омуро, японский перевод романа Лермонтова.

Китайские литературные переводчики конца эпохи Цин подражали японскому стилю перевода того времени, — «героическому (или решительному)» переводу (豪傑訳, *го: кэцу-яку*), в рамках которого переводчик по своему усмотрению усиливает или опускает некоторые аспекты оригинальных текстов. Такие адаптивные переводы имели явное преимущество перед точным переводом в Японии эпохи Мэйдзи, так как в них могли быть учтены внутренние особенности, что, в свою очередь, делало их более доступными как для японских, так и для китайских читателей [Miller 2001: 11]. Будучи важными воротами для импорта западной литературы в Восточную Азию, Япония служила местом приюта для двух разных культур: китайской классической традиции, с которой японцы были хорошо знакомы, и западного литературного канона, более экзотичного и вдохновляющего на литературные инновации в период Мэйдзи. Это многообразие напрямую повлияло на многогранное проявление *цин* в Восточной Азии. Мы исследуем семиотические и риторические парадигмы, используемые в японских и китайских переводах, чтобы обозначить точки возврата к китайской традиции на разных этапах русско-японско-китайского эстафетного перевода. Мы также изучим различные способы вызывания эмоций в разных культурах, и то, как смысл и чувство извлекаются из определенного набора символических структур в культурах Восточной Азии.

В частности, хотя *цин* и *жэньцин* (人情, в японском языке произносятся соответственно *дзё:* и *ниндзё:*) обычно сводятся к любовным чувствам или сексуальному желанию в китайском и японском языках, эмоции, вовлеченные в парадигму «ученый — красавица», не ограничиваются романтическими отношениями между людьми. Действительно, реконструирование жанра в восточноазиатских переводах западной литературы позволяет наглядно продемонстрировать аргумент Сары Ахмед о том, что индивидуальные эмоции отражают и укрепляют общинные идеологии [Ahmed 2004]. Ахмед отмечает, что эмоции служат средством переноса культурных установок в физическое тело, эффективно согласовывая материальное пространство с социальным. Этот эффект можно наблюдать по целому ряду эмоциональных реакций. С одной стороны, как показывает перевод «Капитанской дочки» Пушкина в Восточной Азии, вера в всеобщность человеческих чувств, воплощенная в реконструкции парадигмы «ученый — красавица», породила интригующий гибрид, в котором русские персонажи обладают конфуцианскими добродетелями. С другой стороны, в переводе «Бэлы» Лермонтова аллегоризация мотива «обесчестить и бросить» (shi luan zhong qi, 始亂終棄, *ши луань чжун ци*), в центре которого — предательство любви, отходит от традиционных рамок романа «об ученом и красавице», смещая фокус мотива с выражения любовных чувств на разжигание вражды к русской нации. Если в первом случае восточноазиатские читатели интерпретировали проявление всеобъемлющей любви в русской литературе как свидетельство межнациональной общности, то во втором случае угроза утраты или оставления вызывает всеобщую инстинктивную реакцию в виде ненависти к русской нации. Брайан Массуми убедительно доказывает, что этот аффект последовательно «политически ориентирован» [Massumi 2015]. Космополитизм и национализм были спровоцированы, соответственно, в ответ на изменение политической динамики между Россией, Японией и Китаем. История любви в этих текстах в конечном итоге активировала особые эмпатии, что, в свою очередь, привело к формированию различных видов мировосприятия и стимулированию новых типов солидарности.

## Транскультурация Цин в Восточной Азии

Чтобы лучше понять риторическое формирование чувства в Восточной Азии, важно сначала кратко рассмотреть китайско-японскую транскультурацию *цин*. История этого понятия восходит к трудам классических китайских философов периода Весен и Осеней (771–476 гг. до н.э.) и Сражающихся царств (476–221 гг. до н.э.). Несмотря на прочную ассоциацию с любовными чувствами, цин не следует понимать просто как термин, эквивалентный любви. Сложности в достижении научного консенсуса возникают из-за семантического диапазона, который *цин* демонстрирует в древнекитайских текстах, где он, похоже, применяется к целому ряду понятий, включая «основные склонности, наклонности, предрасположенности (в том числе эмоциональные) и главные качества» [Puett 2004: 42][7]. Майкл Пьюэтт утверждает, что только с начала правления династии Хань можно четко разграничить различные определения *цин* — с его мощными эмоциональными коннотациями, — когда появилось более узкое его определение. Например, Дун Чжуншу (董仲舒, 179–104 гг. до н.э.), важный пропагандист конфуцианства при династии Хань, напрямую связал *цин* с эмоциями или страстями, что не встре-

---

[7] Энгъюс Чарльз Грэм утверждает, что существует четкое разделение между использованием термина *цин* в литературе до Хань (до 206 г. до н.э.) и его использованием при неоконфуцианстве династии Сун (960–1279 гг.). Грэм утверждает, что в литературе до Хань термин *цин* чаще всего использовался либо как существительное, обозначающее «факты», либо как прилагательное, обозначающее нечто «подлинное» или «важное»; см. [Graham 1990: 59–66]. По мнению Грэма, лишь позднее оно стало обозначать «страсти», понимаемые как противоположность «природе» (xing, 性, *син*). Чад Хансен, напротив, определяет *цин* как «обратную связь с реальностью» или «способ, которым реальность воздействует на нас»; см. [Hansen 1992: 276, 406]. В другом месте Хансен определяет *цин* как «все вызванные реальностью реакции дискриминации или различения»; см. [Hansen 1995: 196]. Наконец, Энтони Ю не согласен с тем, что Грэм понимает *цин* как нечто схожее с аристотелевской концепцией сущности — которая относится к понятию, а не к бытию, — и вместо этого предпочитает откорректированную точку зрения Хансена, интерпретируя *цин* как «аффективную предрасположенность перед лицом внешних стимулов»; см. [Yu A. C. 2018: 58].

чается в более ранних текстах [Puett 2004]. Несмотря на начальную этимологическую неопределенность *цин*, его полисемия уменьшилась после внедрения индоевропейской психологии через буддизм. В этом контексте *цин* использовался для перевода буддийского понятия страстей, так его значение было приближено к современным представлениям об эмоциях [Hansen 1995: 203]. Таким образом, даже на ранних этапах формирования китайской концепции *цин* в нем уже участвовала иностранная культура. Этот факт, в свою очередь, облегчил китайцам процесс отождествления и подчеркивания иностранных чувств, когда появились западные любовные истории.

Ученые отмечают «двойное значение *цин*, возникающее как из внутреннего "я", так и из фактических обстоятельств» [Wang D. D. 2015: 9]. Другими словами, существует некая квинтэссенция отношений между *цин* и внешним миром. Используя концепцию *цин*, китайцы исследовали, как человеческие склонности проявляются в виде реакций на те или иные обстоятельства. Таким образом, *цин* в китайском контексте следует понимать не просто как внутреннее состояние души, а скорее как концепцию, которая преодолевает диалектическое противоречие внутреннего и внешнего. Его можно понимать даже как «структуру пространства как онтологическое условие», что подразумевается под китайским словосочетанием *цин цзин* (знач.: положение, обстоятельства, ситуация; где *цин* (情) — эмоция, *цзин* (境, jing) — сфера) [Lam 2018: 4]. Тесная связь между *цин* и внешним миром означает, что литературные проявления *цин* не могут быть упрощены до любви между мужчиной и женщиной. Литераторы, активно участвовавшие в создании романов «об ученом и красавице», как правило, не имели большой удачи в чиновничьей среде и удовлетворяли свои нереализованные амбиции в рассказах, особенно через фантазии о мужчинах-протагонистах, которые наслаждаются быстрым карьерным ростом. В определенной степени романы в жанре «об ученом и красавице» представляли собой отчаянный жест этих авторов, пытавшихся справиться с неудовлетворительностью своей карьерой и своим местом в конфуцианском обществе. Хотя истории «об ученом и красавице» обычно заканчиваются нереалистично счастливым концом, в котором любовь торжествует во всех случаях, чувства, заложенные в таких историях, выходят за рамки чистой романтической любви. Напротив, эти истории заключают в себе сложные эмоции, порожденные взаимодействием их авторов с миром в целом, не ограничиваясь эротической или страстной любовью, но также включая индивидуальные амбиции, социальные идеалы и даже патриотизм.

Современная китайская концепция *цин* в конце династии Цин и в начале Республиканской эпохи (1912–1949 гг.) была усложнена современной японской интерпретацией этого термина. Как отмечает Дэниэл Пок, *дзё:* (jō) был одновременно и мощным моральным агентом, который укреплял социальный порядок, вызывая сочувствие, и объектом недоверия, бросающим вызов этическим нормам [Poch 2019: 3]. *Дзё:* представлял собой результат слияния западных и китайских проявлений эмоций, смешанных с традиционными японскими изображениями чувств. В конце XIX века в первой крупной работе современной японской литературной критики «Сущность романа» (小説神髄, *сё: сэцу синдзуй*, 1885) Цуботи Сёё (坪内逍遥, 1859–1935), отстаивая важность *ниндзё:* в художественном творчестве, опирался на историю японской литературы. В китайской классической литературе *жэньцин* (renqing) возник как понятие, описывающее человеческую природу, но Цуботи дал современную интерпретацию этому термину. Цуботи пишет, что «главное дело романа — человеческие эмоции; социальные условия и нравы уступают им»[8]. В своей книге он определяет *ниндзё:* как «эмоции и желания

---

8 См. [Tsubōchi 1988: 58]. *Жэньцин* (человеческие *цин*) не следует понимать буквально как «человеческие эмоции или страсти». Верно, что в «Книге обрядов» (Liji, 禮記, *лицзи*) *жэньцин* определяется как «сочетание удовольствия, гнева, печали, страха, любви, ненависти и желания» (см. [Wang Wenjing 2001: 298–299]) — другими словами, как то, что выглядит как совокупность эмоций. Однако в других текстах предлагаются иные объяснения. В книге Моцзы (墨子), написанной в период Сражающихся царств, *жэньцин* определяется как мужчина и женщина (см. [Wu 1991: 50]): другими словами, как человече-

человеческих существ, или то, что люди называют 108 клешами»[9] [Tsubochi 1988]. Хотя Цуботи был вынужден обратиться к этой теме при обсуждении западного литературного реализма, его теория также опирается на восточноазиатскую литературу, с которой он был лучше всего знаком[10]. Само слово *ниндзё:* является частью термина *ниндзё: бон* (人情本 — книги о человеческих чувствах), японского литературного жанра, который развился из *сярэбон* (洒落本) и фокусируется на историях любви обычных людей. *Ниндзё: бон* приобрели популярность в конце периода Эдо и продолжали активно распространяться в период Мэйдзи[11]. Созданные по образцу китайских сюжетов «об ученом и красавице» и адресованные читательницам, *ниндзё: бон* приняли простонародный японский стиль, призванный выразительно передать бесконечно повторяющийся шепот любви, и раскрыть то, что считалось тонким женским чувством и едва уловимыми эмоциями[12].

---

ская природа. А в «Трактате Учителя из Хуайнани» (Huannanzi, 淮南子, *Хуайнань-цзы*) *жэньцин* подразумевает под собой общие человеческие предрасположенности: «Говоря в общем, что касается [человеческой] формы семи *чи* (chi), сердце понимает тревогу, печаль, усталость и скорбь, а кожа — болезнь, боль, холод и жару: *жэньцин* одинакова для всех»; см. [Liu An 2016: 495]. Приведенный ранее перевод основан на переводе Пьюэтта с небольшими изменениями; см. [Puett 2004: 41].

9 Кле́ша (санскр. क्लेश, бедствие, страдание, порок) — одно из фундаментальных понятий в буддизме. Клеша обуславливает омрачение сознания, его загрязнение, аффект. — *Примеч. пер.*

10 В книге «Сущность романа» Цуботи сравнивает произведения японской литературы с произведениями Вальтера Скотта (1771–1832), Эдварда Бульвера-Литтона (1803–1873), Александра Дюма, Джорджа Элиота (1819–1880) и других авторов.

11 Например, переводы Като Сихо (加藤紫芳, 1856–1923) и Осады Сюто (長田秋濤, 1871–1915) «Дамы в камелиях» выполнены в стиле *ниндзёбон*, хотя японские переводы русской художественной литературы, которые мы рассмотрим далее, таковыми не являются. Подробнее см. [Nakazatomi 2014].

12 О *ниндзё: бон* и китайских сюжетах «об ученом и красавице» см. [Poch 2019: 50]; о *ниндзё: бон* и изображении любви см. [Maeda 1989: 14].

Другой жанр, в котором Цуботи рассуждает о чувствах, — это *ёмихон* (読本, книги для чтения), созданные по образцу китайских просторечных жанров (baihua xiaoshuo, 白話小說, *байхуа сяошо*). Благодаря реформам Мэйдзи и развитию печатных техник в 1850-х годах в Японию хлынул большой поток китайских книг. К концу XIX века китайская просторечная художественная литература пользовалась в Японии большой популярностью [Sakaki 2005: 146]. В отличие от *ниндзё: бон*, которые писались на просторечном японском языке, *ёмихон* обычно содержали введение на классическом китайском, хотя основной текст в большей степени опирался на тропы из китайской художественной литературы в просторечном стиле. Чувства, выраженные в этих китайских историях «об ученом и красавице», очевидно, нашли отклик у японских читателей, так как японцы сами создали множество оригинальных историй «об ученом и красавице». Так, при написании политического романа эпохи Мэйдзи «Случайные встречи с красивыми женщинами» (佳人之奇遇, *Кадзин но кигу:*) Сиба Сиро (柴四朗, псевдоним Токай Санси (東海散士), 1852–1922) взял за образец романы «об ученом и красавице», изображая любовь и связь между бывшим японским самураем и двумя европейскими женщинами [Ibid.: 151].

Хотя *ёмихон* как литературный жанр отличается от *ниндзёбон*, их объединяет интерес к исследованию человеческих эмоций. Любопытство к человеческим эмоциям также непосредственно вдохновляло японцев на изучение и переосмысление западной литературы, в результате чего переводы последних были выполнены в соответствии с жанрами *ёмихон* и *ниндзёбон*. В 1878 году Ода Дзюнъитиро (織田純一郎, 1851–1919) опубликовал свой новаторский перевод на японский язык романа Эдварда Бульвера-Литтона «Эрнест Мальтраверс» и его продолжения «Алиса», вышедших под названием «Странный роман в Европе: весенний разговор цветов и ив» (англ. A Strange Affair in Europe: The Spring Talk of Flowers and Willows; яп. 欧州奇事: 花柳春話, *О: сю: кидзи:: Карю: сюнва*)[13]. Во введении он утверждает, что для японских

---

[13] Морита Сикэн (森田思軒, 1861–1897), другой известный японский переводчик этого периода, считал публикацию «Странного романа» отправной точкой знакомства японских читателей с западной литературой. См. [Morita

читателей крайне важно понимать не только западную политику и историю, но также нравы и природу западных людей (風俗人情, *фу: дзоку ниндзё:*); последние, в свою очередь, были отождествлены с западным подходом к эмоциям критиком Янагидой Идзуми (柳田泉, 1894–1969)[14].

Перевод Оды Дзюнъитиро стал одним из самых популярных среди других переводов западных романов на японском книжном рынке. Он не только отвечал требованиям западной лихорадки в Японии, но и повторял мотив романов «об ученом и красавице», который широко использовался в японской художественной литературе. Благодаря популярности «Странного романа» с европейских языков на японский было переведено еще больше книг в подобном стиле, и, как заметил Янагида Идзуми, их можно отнести к категории «литература "об ученом и красавице", *ниндзё:* в западном стиле» (西洋流の才子佳人的人情小説, *сэйё:-рю: но сайсикадзин-тэки ниндзё: сё: сэцу*) [Yanagida 1961: 14]. Такие переводы привносили западные настроения, связанные с эротической страстью и супружеской любовью, которые находились под культурным контролем, что соответствовало просветительским нравам Мэйдзи. Они представляли собой микс из *ниндзё: бон* и *ёмихон*, каждый из которых черпал вдохновение в романах «об ученом и красавице» [Poch 2019: 10].

Учитывая многообразие культурных референтов японской литературы *ниндзё*, включая классическую китайскую литературу, неудивительно, что она была адаптирована в современной китайской литературе Лу Синем, заядлым читателем классической китайской художественной литературы, который также свободно владел японским языком. Лу Синь предложил концепцию «художественной литературы *жэньцин*» (renqing xiaoshuo, 人情小說, *жэньцин сяошо*) в своей «Краткой истории китайской

---

1983: 1]. Конечно, существовали и более ранние японские переводы западных текстов, но ни один из них не имел такого исключительного влияния, как «Странный роман».

[14]  Утверждение Оды о том, что японцы должны понимать западные нравы и природу западных людей, вы найдете в [Oda 1883: 1–4]. О западных *фудзоку ниндзё* и эмоциях читайте в [Yanagida 1961: 13].

художественной литературы» (Zhongguo xiaoshuo shilüe, 中國小說史略, *Чжунго сяошо шилюэ*)[15]. Термин *жэньцин* в этом случае происходит непосредственно от японского *ниндзё:*, которое имеет те же китайские иероглифы. Лу Синь первым в Китае применил этот термин к литературному жанру, и термин «литература *жэньцин*» до сих пор широко используется для обозначения китайской художественной литературы, затрагивающей вопросы любви и человеческих чувств, включая романы «об ученом и красавице», которые Лу Синь классифицировал как поджанр. *Жэньцин* давно существует в китайском языке, хотя носители китайского языка не всегда знали о его японском эквиваленте с литературным подтекстом. Поскольку эти два слова пишутся одними и теми же иероглифами, адаптация Лу Синем коннотации японского термина на китайский язык была легко принята. Действительно, никто в то время не задавался вопросом о происхождении термина «литература *жэньцин*», рассматривая этот жанр так, как будто он всегда существовал в китайской литературной традиции[16].

Принятие Лу Синем *ниндзё:* в китайский контекст служит символом истории транскультурации, которая разворачивается в этой главе. Историческая близость японской и китайской культур позволила китайцам легко заимствовать японские знания

---

[15] До Лу Синя термин «человеческие эмоции» (*жэньцин*) не использовался в китайской литературе для обозначения определенного литературного жанра. Учитывая японское образование Лу Синя, вполне вероятно, что он перенял это использование термина у японцев. Тё Кё также подозревает, что Лу Синь в своей пропаганде художественной литературы *жэньцин* опирался на японскую традицию *ниндзё: бон*; см. [Chō Kyō 2008: 133].

[16] Стоит отметить, что в подходе Лу Синя упущены важнейшие нюансы. В частности, хотя *ниндзё:* по-японски и *жэньцин* по-китайски оба означают человеческие эмоции или страсти, коннотация японского термина отличается от китайского. В японском языке *ниндзё:* обычно используется в паре с *гири* (義理, долг), чтобы показать конфликт между человеческой природой и общественным долгом. В отличие от этого, двойное значение *цин* в китайском языке, где оно относится как к внутренним чувствам, так и к фактическим обстоятельствам, заставляет *жэньцин* охватывать как человеческие отношения, так и долг перед обществом, без какого-либо конфликта смыслов.

и идеи, чтобы обогатить китайскую культуру в современную эпоху. В случае с концепцией «литература *жэньцин*» Лу Синя общие китайские иероглифы помогли стереть границу между японской литературной традицией *ниндзё:* и китайской чувственно-философской традицией *жэньцин*, что способствовало культурному заимствованию, несмотря на незначительное искажение смысла. Подобные транскультурные явления происходили особенно часто, когда Китай впитывал иностранную культуру при посредничестве Японии, которая сама в значительной степени опиралась на китайскую культуру. Как показывают примеры, приведенные в этой главе, когда японские читатели и писатели находили экзотику русской литературы чрезмерной, они отступали от ее новизны в давно знакомую восточноазиатскую литературную традицию. Японские переводчики, например, вводили в игру чувства, которые не обязательно содержались в оригинальном русском произведении. Как следствие, китайский переводчик, опираясь на японский перевод, за неимением лингвистических знаний для использования оригинала, переносил на китайский язык и искажения, часто даже отмечая знакомые места и преувеличивая в них китайские элементы.

## Драматическая метаморфоза

Пушкинская «Капитанская дочка» представляет собой особенно наглядный пример для изучения транскультурации русских чувств в Восточной Азии. С середины XVIII до середины XIX века сентиментализм процветал в европейских странах как транснациональная мода, на которую откликнулись русские писатели[17]. Написанный в стиле дворянских мемуаров, роман опирается на сентиментализм, который стал влиять на русскую автобиографическую литературу воспоминаний, с ее исповедальным и по-

---

[17] «Капитанская дочка» также может быть прочитана в интертексте с романами Вальтера Скотта «Роб Рой» (1817) и «Эдинбургская темница» (1818), а также с бестселлером Мари-Софи Коттен «Елизавета, или Ссыльные в Сибири» (1806). См. [Hoogenboom 2015].

учительным духом [O'Bell 2007]. Фактически первый японский переводчик «Капитанской дочки» Такасу Дзискэ сам говорит о ценности этого переводческого проекта как примера транскультурации чувств. В предисловии к своему переводу Такасу объясняет причины, по которым он решил перевести этот текст: «Я иногда читаю русские любовные истории и нахожу их трогательными, и они подходят для изучения человеческих чувств (*ниндзё*) того времени. Поэтому я выбрал для перевода самые популярные из них» [Takasu 2002: 292–293].

Самый первый переводчик, который перевел текст Такасу на китайский язык, Цзи Ихуэй, получил традиционное классическое китайское образование и основательную подготовку по японскому языку, и оба эти фактора повлияли на его подход к переводу[18]. Цзи принадлежал к первой группе китайских студентов по обмену, которых цинское правительство отправило в Японию. Когда он приехал в 1896 году, только что вышло второе издание перевода «Капитанской дочки» Такасу. В 1903 году, спустя год после возвращения Цзи в Китай, он опубликовал свою, китайскую часть эстафетного перевода[19].

Сравнение перевода Цзи с русским оригиналом обнаруживает значительные изменения. Во-первых, китайское название «Русская история любви» (E guo qing shi, 俄國情史, *Э го цин си*) сильно подчеркивает романтические аспекты истории[20]. Кроме того, главные герои больше не носят своих исконно русских имен: Петр Гринев и Марья (или Маша) Миронова стали Миши (彌士) и Мали (瑪麗), что напоминает китайскую транслитерацию ан-

---

[18] До своего визита в Японию в возрасте девятнадцати лет Цзи Ихуэй получил традиционное китайское образование, которое включало в себя чтение китайской классики и сочинение стихов.

[19] Помимо переводов, Цзи Ихуэй также сотрудничал с Тан Баом (唐寶鍔, 1878–1953) в редактировании учебника японского языка «Нормы японского языка» (Dongyu zhenggui, 東語正規, *Дунъюй чжэнгуй*) в 1900 году.

[20] Дословный перевод этого названия — «История *цин* (любви) в России». Очевидно, что для восточноазиатских переводчиков, таких как Такасу и Цзи, *цин* — это главная тема всей истории.

глийских имен того времени. Имена других основных персонажей, включая родителей, друзей и домашних слуг, также англизированы. Единственные персонажи, не подвергшиеся такому переименованию, — исторические личности, такие как Екатерина Великая и Емельян Пугачев (1742–1775), возглавивший народное восстание во время правления императрицы.

Сюжет романа подвергся еще более существенным изменениям. В то время как в оригинальном тексте Пушкин дает представление о жизни российского общества в период правления Екатерины II и особенно о восстании казаков под предводительством Пугачева, в переводе основное внимание уделяется только любовной истории Петра и Маши[21]. В русском оригинале «Капитанская дочка» представлена как личный рассказ одного из выживших участников Пугачевского восстания. Ее можно читать как исторический роман о судьбоносном восстании, вызвавшем кризис в России. Такие яркие события, как безжалостная казнь титулованного капитана и его жены, а также чудесное выживание Петра, наглядно демонстрируют противоречивую личность Пугачева, колеблющегося между жестокостью и хитроумным благодеянием. В оригинальном романе в центре внимания оказываются представители разных социальных слоев, безрассудные, но правильные действия стремянного Архипа Савельича спасают жизнь Петру и заставляют его задуматься о своей судьбе. В китайском переводе роль Пугачева снижена, и единственными действующими лицами остаются Петр и Маша. Этот акцент на любовной истории также затмевает и других персонажей, представляющих различные социальные слои России, таких как жена капитана — Василиса Миронова и верный стремянной Савельич.

[21] Пушкин проявил большой интерес к пугачевскому восстанию: тщательно изучив свидетельства очевидцев, правительственные документы и частные записи об этом историческом событии, писатель создал не только «Капитанскую дочку», в которой Пугачев является центральной фигурой, но и «Историю пугачевского бунта» — нехудожественное произведение, в котором дается более подробное представление об этом претенденте на российский престол.

Китайский перевод также меняет структуру романа, заменяя повествование от первого лица на повествование от третьего лица. В своих немногочисленных литературных произведениях Пушкин старался выработать эффективные повествовательные голоса, соответствующие конкретным сюжетам. Повествование от первого лица в «Капитанской дочке» позволило Пушкину представить роман как семейные мемуары, выстраивая диалог между взрослым героем Петром и его собственной более юной версией. Хотя повествование от первого лица ограничено индивидуальным видением главного героя, ретроспективное повествование героя старшего возраста позволяет Пушкину поддерживать иллюзию всеведения и плавно излагать историю.

Повествование от первого лица использовалось Пушкиным ради двух целей. Во-первых, интимный, исповедальный тон романа был задействован для того, чтобы вызвать эмоциональный отклик у русских читателей, особенно у провинциальных дворян, имевших схожее семейное происхождение; этот отклик поддерживал дидактическую функцию романа, характерную для многих произведений русской художественной литературы эпохи чувствительности. Во-вторых, повествование от первого лица позволило Пушкину наполнить его мягкой иронией, которая уравновешивает искреннюю сердечность молодого сентиментального героя. Таким образом, Пушкин сделал этот роман отличным от других сентименталистских произведений, созданных такими писателями, как Николай Карамзин (1766–1826), главным представителем русского сентиментализма.

При переходе к повествованию от третьего лица в китайском переводе опущено большинство монологов, выражающих эмоции и мысли главного героя, а разговор между ним и его молодым «я» заменен на иллюзию всеведения. Такие изменения лишают оригинал иронического подтекста, тем самым исключая скрытую критику Пушкина в адрес русской культуры. Одним словом, начиная с названия и имен персонажей и заканчивая сюжетом, тематической направленностью и даже структурой повествования, китайский перевод вносит радикальные изменения в оригинальный русский роман. Отклоняясь от красочного социального портрета, написанного Пушкиным, китайский перевод «Капитанской дочки» сливается с романом «об ученом и красавице» в китайской традиции.

Традиционный китайский роман «об ученом и красавице» имеет определенную сюжетную линию: (1) Есть одаренный молодой человек, получивший достойное образование и способный писать прекрасные стихи и прозу (а иногда и одаренный в военной стратегии или боевых искусствах). (2) Юноша отправляется из дома навстречу приключениям, а по дороге встречает красивую и образованную девушку. (3) Одаренный юноша и прекрасная девушка влюбляются друг в друга, как правило, через обмен любовными стихами. (4) Их любви мешают различные происшествия, включая войну, появление жениха девушки или несчастье, обрушившееся на семью одного из героев. (5) Прекрасная девушка остается верной своему возлюбленному, несмотря на внешнее давление и искушение. (6) Одаренный юноша (или в некоторых случаях девушка), добившись успеха на определенном поприще — например, на государственном экзамене или на поле боя, — может рассказать императору о своей несчастной любви. (7) Любовь пары благословляется правителем, который к тому же дает им разрешение на брак. Другими словами, роман «об ученом и красавице» — это история о двух влюбленных, которые преодолевают все трудности и в конце концов остаются вместе[22].

Удивительно, но даже в русском оригинале история любви между Петром и Машей четко соответствует сюжетной линии традиционного китайского романа «об ученом и красавице». История любви выглядит так: (1), (2) и (3) Петр (одаренный человек) отправляется с отцом на военную службу в Оренбург (приключение) и влюбляется в дочь капитана Ивана Миронова — Машу (красивую девушку). (4) и (5) Их любовь впервые подвер-

---

[22] Правда, не все версии романа «об ученом и красавице» в точности соответствуют этому краткому описанию, которое мы приводим здесь, — даже банальная история требует некоторого отклонения от стереотипа, чтобы привлечь внимание читателя.

гается испытанию дуэлью. Сослуживец Петра Алексей Швабрин, отвергнутый Машей, завидует их любви и вызывает Петра на дуэль, в которой Петр получает ранение. Их любовь во второй раз подвергается испытанию восстанием Пугачева. После взятия Пугачевым Белогорской крепости Петр едва избегает казни и успевает помешать Маше выйти замуж за предателя Швабрина. Их любовь подвергается третьему испытанию после поражения Пугачева, когда Петру выносится смертный приговор, так как он не смог доказать свою невиновность в измене. (6) Маша вымаливает прощение жениху у Екатерины II, которая освобождает Петра и благословляет их любовь. (7) Петр и Маша наконец-то женятся.

Когда в китайском переводе роли других персонажей пушкинского романа сводятся к второстепенным, все они становятся либо помощниками, либо врагами в этой любовной истории. Мятежник Пугачев играет роль благодарного человека, который отплачивает за услугу и помогает главным героям, что делает его похожим на старика (laosou, 老叟, *лаосоу*) из «Повести о Чжэнь Демане» (Zhen Deman zhuan, 鄭德瞞傳, *Чжэнь Дэмань чжуань*) или монаха из «Повести о Ин Юнь Мэне» (Ying Yun Meng zhuan, 英雲夢傳, *Ин Юнь Мэн чжуань*), оба романа «об ученом и красавице». В то же время сослуживец Петра Швабрин напоминает злодеев из романов «об ученом и красавице», которые борются за сердце красавицы нечестными способами, таких как Пин Цзюньцзань (平君贊) в «Пении пяти фениксов» (*У фэн инь*, 五鳳吟) и Бу Чэнжэнь (卜成仁) в «Нефритовом пресс-папье» (*Юй чжи цзи*, 玉支璣). Читая историю в таком упрощенном виде, можно воспринимать персонажей второго плана просто как источники радости или печали для влюбленных.

Несмотря на поразительное сходство, немногие китайские читатели, познакомившиеся с оригинальным русским романом, с легкостью связали бы «Капитанскую дочку» с романом об «ученом и красавице». Признание сходства повествования потребовало переключения внимания на Петра и Машу. Однако некитайский переводчик Цзи Ихуэй первым взял на себя смелость совместить русский сюжет с романом «об ученом и красавице». Эта метаморфоза начинает свой путь в Японии.

## Начало заимствования

Перевод «Капитанской дочки» Пушкина, выполненный Такасу Дзискэ в 1883 году, стал первым переводом шедевра русской литературы в Японии. В предисловии Такасу объясняет, насколько тщательно он следовал оригинальному произведению: «Мой перевод призван сохранить первоначальную идею книги. Я не смею добавлять или сокращать содержание по своему усмотрению. Я также не смею искажать и преувеличивать»[23]. Несмотря на это заявление, Такасу и его редактор Хаттори Бусё (服部撫松, 1841–1908) внесли значительные изменения.

Для начала они полностью изменили название, что привело к последующим искажениям в китайском эстафетном переводе. Японский перевод имел два названия: первоначально он назывался «Удивительные вести из России: записки о сердце цветка и мыслях бабочки», но затем в 1886 году был переименован в «Русская история любви: биография Смита и Мэри» (露国情史:スミスマリ一之伝, *Рококу дзё: си: сумису мари: но дэн*); китайский перевод перенял более позднее название[24]. Более раннее название, с его отсылками к цветам и бабочкам, отражает стиль, широко применявшийся при переводе европейской художественной литературы в Японии в конце XIX века. Благодаря популярной книге Оды Дзюнъитиро «Странный роман в Европе: весенний разговор цветов и ив», вызвавшей повальное увлечение европейской сентиментальной литературой в стиле *ниндзё*, в названиях многих переводов появились природные образы и отсылки на «любовные истории».

---

[23] См. [Takasu 2002: 293]. Не все переводы западной литературы эпохи Мэйдзи включали предисловие переводчика. Из тех предисловий, которые нам довелось прочитать, лишь немногие утверждают, что их перевод верен оригиналу. Японские переводчики того периода, очевидно, больше заботились о том, чтобы рассказать яркую и привлекательную историю, чем о процессе передачи оригинального текста.

[24] В книге упоминается и другое японское название — «Записки о сердце цветка и мыслях бабочки» (*Касин тё: сироку*), однако переводчик перепутал японский иероглиф *кандзи си/омой*, 思 (мысли) с китайским иероглифом *мэн*, 夢 (сон), изменив название на «Записки о сердце цветка и сне бабочки» (花心蝶夢録). См. [Ji 1903: 1].

Такие названия помогали японским читателям быстро идентифицировать европейскую художественную литературу на книжном рынке и стали обычной практикой издателей [Poch 2019: 27]. Даже первый японский перевод романа Толстого «Война и мир» был переименован в «Плачущие цветы и трепещущие ивы: осевший прах кровавых битв в Северной Европе» в маркетинговых целях.

Эти названия с пышными образами напоминали названия китайских народных сказок, но особенно романов «об ученом и красавице»: каждое произведение обычно называлось по имени главной героини, которое часто содержало отсылку к цветам или бабочкам. Таким образом, первое японское название «Капитанской дочки» указывает на сходство с этим жанром, который пользовался большой популярностью на японском книжном рынке тех лет. Однако повторяющиеся образы цветов и бабочек мешали читателям определить содержание романа по его названию. Чтобы исправить ситуацию, издатель перевода Такасу изменил японское название на «Русская история любви» для второго издания, чтобы более точно подчеркнуть направленность сюжета и русские корни романа.

Кроме того, именно в японском переводе русские имена впервые были заменены на англизированные. Как следует из второго названия перевода, главные герои Петр и Маша были переименованы в Джона Смита (ジョン スミス, *Дзён Сумису*) и Мэри (マリー, *Мари:*) соответственно. За исключением известных исторических персонажей, представленных в романе, остальные герои второго плана также получили англизированные имена. Таким образом, имена в китайском переводе являются просто транслитерацией японских переименований[25]. Любой читатель, способ-

---

25 Есть свидетельства, что именно редактор Хаттори предложил изменить славянские имена на английские. Однако все же неизвестно, какие изменения были сделаны Такасу, а какие — Хаттори. Критики спорили о том, была ли книга переведена с русского оригинала или, быть может, с английского перевода, но Ясуи Рёхэй (安井亮平) представил убедительные доказательства того, что Такасу и Хаттори переводили непосредственно с оригинала, особенно в свете ошибок перевода, которые могли возникнуть только в результате неправильного истолкования русского языка. См. [Yasui 2002: 529–530].

ный отличить английские имена от русских, был бы поражен, увидев толпу английских джентльменов и леди, населяющих пустынный русский пейзаж во время восстания казаков. В Японии эпохи Мэйдзи переводчики, очевидно, не только историзировали западную художественную литературу, но и опускали пространственные вариации европейской географии. Китайцы унаследовали это «опущение» в своем эстафетном переводе. Наряду с изменениями в названии и именах персонажей, упрощение сюжета в китайском переводе и переход повествования от первого лица к третьему также можно отнести к нововведениям японского перевода. Также благодаря японцам произошло самое значительное изменение: русская повесть перешла в категорию романа «об ученом и красавице».

Мы не можем не задаться вопросом о причинах столь существенных изменений. Дело, конечно, не в языковых навыках переводчика. В Токийской школе иностранных языков Такасу достиг высокого уровня владения русским языком. Он перевел с русского на японский множество книг, а также отредактировал русско-японский словарь и несколько учебников по русскому языку [Haishima 2012b: 7–18]. Вместо этого изменения могут быть обусловлены жанром. Перевод Пушкина, выполненный Такасу, был одним из самых ранних японских переводов европейской литературы. Переводчикам было очень сложно работать с текстами, столь отличными от традиционной японской и восточно-азиатской литературы, особенно в то время, когда языковая реформа Мэйдзи требовала создания нового литературного стиля.

---

Неизвестно, были ли Хаттори или Такасу знакомы с исторической фигурой Джона Смита, знаменитого английского исследователя, жившего в конце XVI — XVII веке. Опыт Смита в североамериканской деревне Веровокомоко, одного из племени Поухатанской конфедерации, содержит параллели с пушкинским сюжетом, в частности, с пленением главного героя, которого спасает дочь вождя. Имя Смита появилось в японских книгах еще до перевода пушкинского произведения. Впоследствии в «Истории нового времени» (近世史談, *Кинсэй сидан*) Ёсида Кэнскэ (吉田賢輔, 1838–1893) и Судо Токиитиро (須藤時一郎, 1841–1903), изданной в 1872 году, появилась глава о его приключениях. Однако даже если Такасу и Хаттори знали о Смите, неясно, видели ли они параллели между приключениями Смита и Петра.

Перед всеми переводчиками того времени стояла задача передать экзотическую инаковость западной культуры, но так, чтобы она не выглядела слишком странной и не отпугивала японскую аудиторию. В процессе работы со старым и новым японские переводчики нашли подходящие для себя модели в традиционной китайской литературе: в данном случае — в романах «об ученом и красавице», жанре, хорошо знакомом японским читателям.

Появился и получил широкое распространение китайский роман «об ученом и красавице» в Японии в период Эдо (1603–1867). Примечательно, что этот вид художественной литературы появился на китайском книжном рынке примерно в то же время, когда японцы создали собственную издательскую отрасль. Японские издатели, которые стремились найти материал, способный подтолкнуть публику к покупке книг, нашли роман «об ученом и красавице» привлекательным. Выпускаемые в то время переводы этого жанра были рассчитаны на массовую аудиторию, а не на элиту, и поэтому печатались на дешевой бумаге, чтобы обеспечить максимальный тираж. Известно, что на японский язык было переведено более пятидесяти различных историй в жанре романов «об ученом и красавице» [En 2003: 134–135]. Многие из этих распространенных историй были настолько популярны, что издатели переиздавали их много раз, иногда под новыми названиями. Кёкутэй Бакин (曲亭馬琴, 1767–1848), известный автор *ёмихон* периода Эдо, пишет в приложении к своей «Легенде о восьми псах-воинах клана Сатоми» (南總里見八犬傳, *Нансо: сатоми хаккэн дэн*, 1814–1842):

> После [«Речных заводей» (Shui hu zhuan, 水滸傳, *Шуй ху чжуань*)] в последнее время появилось много импортных книг, созданных по образцу «Равнодушных ласточек на пологом холме» (Ping shan leng yan, 平山冷燕, *Пин шань лэн янь*). Такие работы, как «История счастливой четы» (Hao qiu zhuan, 好逑傳, *Хао цю чжуань*) и «Чунь лю ин» (Chun liu ying, 春柳鶯), бесчисленны. Но нельзя сказать, что все они похожи только потому, что люди хотят произвольно следовать модным тенденциям. Они изображают только настоящую любовь, а не непристойные или неприличные вещи [Takizawa 2003–2004: 261].

Писателей, таких как Кёкутэй Бакин, Санто Кёден (山東京伝, 1761–1816), Саэда Сигэру (小枝繁, 1741–1832) в период Эдо и Мики Айка (三木愛花, 1861–1933) в эпоху Мэйдзи привлекала романтика жанра романов «об ученом и красавице». Они вписывали китайские сюжеты и стили в свои истории. Хаттори, редактор перевода «Капитанской дочки» Такасу, был особым поклонником этого жанра. Он также хорошо знал китайский язык. Он не только сочинял стихи в стиле классической китайской поэзии, но и написал на классическом китайском языке «Рассказы о новом и процветающем Токио» (Tōkyō shin hanjōki, 東京新繁昌記, 1874). Он также редактировал «Новый журнал Токио» (東京新誌, То: кё: синси) и «Новый журнал Адзумы» (吾妻新誌, Адзума синси), в которых публиковалось множество рассказов «об ученом и красавице», написанных японскими авторами [Haishima 2012b: 7–18].

Более того, когда европейская литература впервые появилась в Японии, первыми публиковать переводы европейских текстов стали издательства, регулярно печатавшие китайскую художественную литературу. Например, издательство, выпустившее японский перевод «Капитанской дочки» (Noriki Book House), в 1883 году также опубликовало перевод популярного китайского романа «Путешествие на Запад» (Xi you ji, 西遊記, Си ю цзи). Понятно, что маркетинговые соображения побуждали этих издателей отдавать предпочтение единообразию в выпускаемых переводах, независимо от страны происхождения оригинала или культурных различий. Такая последовательность отражалась и в стиле перевода: многие ранние переводы европейской литературы были выполнены в стиле камбун кундоку-тай (漢文訓読体), который представляет собой смесь японского и классического китайского языков и является стилем, традиционно используемым для японского перевода китайской литературы.

Поэтому неудивительно, что Такасу и Хаттори представили «Капитанскую дочку» как литературу ниндзё. Предисловие к переводу открывается утверждением, что, как бы ни отличалась западная культура от восточной и как бы ни были различны люди, человеческие переживания — это общий опыт, который разделяют

все. В предисловии также утверждается, что «Капитанская дочка» — прекрасный пример всеобщности чувств в западном мире
[Takasu 2002: 293]. Ранее мы уже отмечали, что в переводе основное
внимание уделяется любви между мужчиной и женщиной. Более
того, Такасу представил любовь, изображенную в этой истории,
в том же виде, в каком ее обычно изображают в романах «об ученом
и красавице». В результате он адаптировал содержание и стиль
русского романа так, чтобы тот соответствовал жанру романов «об
ученом и красавице» в восточноазиатской литературной традиции.

Помимо явного усиления романтических чувств, Такасу изменяет и другие детали истории, чтобы вызвать симпатию читателей. Например, в своем переводе он подчеркивает чувство сы-
новней почтительности, — чувство, высоко ценимое в Восточной
Азии, но отсутствующее в русском оригинале. Перед тем как Петр
расстается с семьей, он просит прощения у матери за то, что не
был послушным сыном и не остался дома, чтобы заботиться
о родителях. В оригинале, напротив, Петр выражает свое волнение по поводу возможности наслаждаться наконец свободой.
Похожим образом, когда Маша переезжает жить к родителям
Петра в японской и китайской версиях, они принимают ее, потому что она проявляет послушание и хорошо служит им, как
и положено хорошей азиатской невестке; в отличие от этого,
в русском оригинале родители Петра сочувствуют и принимают
ее, потому что она бедная сирота, потерявшая обоих родителей
на войне.

Помимо этих сюжетных изменений, японский перевод также
заимствует стилистические особенности из романов «об учёном
и красавице». Одним из значительных изменений является введение двустиший — характерной черты, присущей вернакулярной
китайской художественной литературе[26]. Перед каждой из тринадцати глав перевода японский переводчик добавил двустишие из

---

[26] Другой тип заглавия, используемый в романах «об ученом и красавице»,
состоит из семи китайских иероглифов. Однако, похоже, более популярным
было двустишие, особенно двустишие из семи иероглифов. Важно отметить,
что этот стиль отличается от двустиший *ёмихон*, которые были вдохновлены
китайской традицией, но иногда включали японскую кану.

семи иероглифов, кратко излагающее содержание главы[27]. Это не единственный японский перевод периода Мэйдзи, в котором использовались двустишия. Перевод «Ромео и Джульетты» Шекспира, который назывался «Странные путы любви, соединившие врагов» (иначе «Повесть о западных человеческих отношениях: красная нить вражды», 西洋娘節用: 仇結奇乃赤繩, *Сэйё: мусумэ сэцуё:: адамусуби фусиги но эниси*) и был выполнен Киноситой Синдзабуро (木下新三郎, 1863–?), а также перевод Оды Дзюнъитиро романа Бульвера-Литтона «Странный роман в Европе» заимствуют эту традиционную китайскую особенность. Она также используется и в некоторых оригинальных японских романах, в том числе в романе Тоды Киндо (戸田欽堂, 1850–1890) «Волны в океане любви: история о гражданских правах» (情海波瀾: 民權演義, *Дзё: кай харан: минкэн энги*) и «Слива в снегу» (雪中梅, *Сэцу: бай*) Суэхиро Тэтё (末広鉄,腸, 1849–1896) среди прочих.

В оригинальном романе Пушкин цитирует строки из русской поэзии и песен а также пословицы в качестве эпиграфов к своим главам. Китайские двустишия, заменяющие эти эпиграфы, способствуют устранению поливокальности, заложенной в оригинале. Вместо тонального разнообразия, скрытого комментария и меняющейся перспективы, предлагаемых пушкинскими эпиграфами, эти краткие резюме позволяют повествованию от третьего лица еще больше доминировать над историей и перестраивать ее в соответствии с жанровыми нормами романа «об ученом и красавице». Например, в русской версии первая глава «Сержант гвардии» начинается с короткого диалога из комедии Якова Княжнина (1742–1791) «Хвастун»:

— Был бы гвардии он завтра ж капитан.
— Того не надобно; пусть в армии послужит.
— Изрядно сказано! пускай его потужит…
. . . . . . . . . . . . . . . . . . . . . . . . . . . . . . . .
Да кто его отец?
[Пушкин 1954: 218]

---

[27] Оригинальный русский роман состоит из четырнадцати глав. При переводе были объединены девятая и десятая главы, и поэтому он получился как будто бы на одну главу короче.

В японской версии цитата заменена на двустишие из семи иероглифов:

壮士何堪屈寒境 Как может человек, пусть и герой, выдержать такой холод,
单骑冒雪出山城 Он выехал из горного города на лошади, сам по себе, по снегу [Takasu 2002: 295].

Русский эпиграф, наполненный сарказмом, задает тон книге и подчеркивает важность диалогизма на протяжении всего повествования. В этом эпиграфе, состоящем из четырех строк, Пушкин указывает на коррумпированность российских чиновников и то, какие приключения ждут главного героя. Заимствуя голос Княжнина, который, в свою очередь, создает множество разнообразных персонажей, Пушкин добавляет альтернативу повествованию от первого лица. В японском переводе, напротив, обсуждение титулов и званий заменяется борьбой между людьми и природой. Тема «человек-герой» (zhuangshi, 壮士, *чжуанши*) определяет основные характеристики протагониста: он должен быть храбрым и сильным воином. Эта характеристика полностью *отличается от той, что подразумевает русский эпиграф: а именно, что личные качества не имеют значения в системе наследственной власти, где самым важным фактом является положение и влияние отца.* В японском переводе контраст между одиночеством героя и суровыми условиями, сопровождающими весь его путь, также демонстрирует его мужество и стойкость. На самом деле, эта версия так старается подчеркнуть достоинства главного героя, что упускает из виду тот факт, что Петр путешествует не один: на протяжении всего приключения его сопровождает Савельич.

Почему Такасу так резко меняет начало романа? Одна из причин заключается в том, что суровая зима и сопутствующие ей зимние пейзажи привычны для русских, но экзотичны для японских читателей и могут стать привлекательным моментом. В то же время эту аудиторию может совсем не волновать коррупция в российском обществе. Другая, более важная причина заключается в том, что молодой человек в традиционном китайском романе «об ученом и красавице» всегда заслуживает внимания. Он не полагается на наследие отца, чтобы добиться славы. Вместо этого он собственными стараниями и благоразумием завоевывает любовь красавицы, которая в конечном итоге позволит ему жениться на ней. В русском романе, однако, молодой Петр почти не имеет заслуг, достойных восхваления, и выживает в основном благодаря своей невероятной удаче. Поэтому, чтобы сделать Петра достойным главным героем, Такасу должен с самого начала подчеркнуть его сильные стороны. Таким образом, история развивается в русле привычного романа «об ученом и красавице».

Это не единственное место, где Такасу изменяет качества главного героя, чтобы они соответствовали жанровым нормам романа «об ученом и красавице». Как главные «сосуды чувств», оба главных героя должны воплощать сильные эмоции и привязанности. В японском переводе Петр и Маша претерпевают значительные изменения, чтобы стать «сосудами», соответствующими требованиям романа «об ученом и красавице», более подробно мы рассмотрим этот процесс в следующем разделе.

### Перенастройка «сосудов чувств»

Как и в случае с изменениями, о которых говорилось ранее, именно японский переводчик внес изменения в двух главных героев, чтобы привести их в соответствие с романтическими парами из историй «об ученом и красавице». Чтобы лучше продемонстрировать трансформацию, мы для сравнения разместили абзац о первом впечатлении Петра о Маше из оригинальной истории вместе с японским и китайским переводами:

> Тут вошла девушка лет восьмнадцати, круглолицая, румяная, с светло-русыми волосами, гладко зачесанными за уши, которые у ней так и горели. С первого взгляда она не очень мне понравилась. Я смотрел на нее с предубеждением: Швабрин описал мне Машу, капитанскую дочь, совершенною дурочкою. Марья Ивановна села в угол и стала шить [Пушкин 1954: 234].

芳紀二九 容色嬋妍 鬢髮雲ノ如ク肌膚雪ヲ欺ク 正ニ是レ 紅
薔雨 ヲ帯ビテ嬌鶯風ニ和スス ミス 初メ殊ニ其ノ美ヲ覚エ
ズ 蓋シ 心神 迷離シテ 其ノ美ヲ弁ズル能ハザル也 [Takasu
2002: 307][28].

Ей было восемнадцать, и она была очень красивой. Ее волосы напоминали пушинки облаков, а кожа была белой как
снег. Она одновременно напоминала алую розу, распустив-
шуюся под дождем, и чарующее пение иволги, сливающее-
ся в гармонии с ветром. Смит не сразу заметил ее красоту:
его мысли в тот момент блуждали, и он не обратил на нее
внимания.

時則有一麗人在座。容色端好。鬢髮如雲。秋水不足以喻
其清。冰雪不足 以比其潔。珠喉婉轉。恍若嬌鶯。神光離
合。曼雲飛燕。眉與柳而爭綠。面共桃而競紅。 彌士一見
而心醉焉。會不自覺其神為之搖。目為之奪。並 身心不知
如何安排也。 [Ji 1903: 19].

Там сидела красивая девушка. Она была величественной
и прекрасной. Ее волосы были похожи на пушистые облака.
Осенние воды не сравнились бы с ее чистотой. Талые воды
не сравнились бы с ее чистотой. Ее голос был мелодичен,
как пение иволги, как рассеивающийся и сливающийся
волшебный свет, отражающийся от воды, как полет ласточ-
ки среди расползающихся облаков. Ее брови были настолько густыми, что могли бы сравниться с ивовыми листьями.
Ее лицо своим румянцем могло бы затмить красочность
персиковых цветов. При первом же взгляде на нее Смит был
очарован. Его дух бессознательно устремился к ней. Он был
ослеплен ее красотой. Он понял, что его тело и его сердце
больше ему не принадлежит.

В оригинале Петр не очаровывается Машей с первого взгляда.
Описание ее внешности изображает ее типичной русской девушкой: здоровой, застенчивой, рукодельницей. Она не обладает
красотой, чтобы пленить Петра. Однако в японской версии Маша
превращается в традиционную азиатскую красавицу с черными
волосами и белой кожей. Аналогия с красной розой и поющей

---

[28]  В переводе Такасу и Цзи имена подчеркнуты для удобства восприятия.

иволгой настолько распространена, что повторяется почти в каждом романе «об ученом и красавице». Такасу должен был заметить, что Петр поначалу не пленился Машей, но одаренный юноша должен влюбиться с первого взгляда, иначе это не роман «об ученом и красавице». После чего он старательно пытается объяснить это несоответствие: Петр (Смит) отвлекся и поэтому не сразу заметил красоту Маши.

Такасу явно решил изобразить Машу в соответствии с эстетикой азиатской женской красоты, ведь только такая красота может вызвать восхищение главного героя-мужчины, что позволит продолжить роман. Поэтому для описания он использует все доступные и уже порядком избитые аналогии. В свою очередь, Цзи Ихуэй — китайский специалист эстафетного перевода, — тоже знакомый с этими аналогиями, решает воспользоваться случаем и сделать Машу еще более прекрасной. В результате в китайском переводе перед читателями предстает усовершенствованная версия красавицы Маши, чье описание изобилует еще более напыщенными сравнениями. Возможно, он также заметил недостаток японского перевода, объясняющего, почему Петр, не привлеченный Машей с первого взгляда, избегает ее, просто представляя Петра увлеченным чем-то иным, нежели ее поразительной красотой. При всех этих изменениях Цзи Ихуэю не нужно беспокоиться о соответствии оригинальной русской версии, поскольку у него нет к ней доступа.

В то время как в восточноазиатских переводах русская Маша приобретает черты внешности азиатской красавицы, чтобы понравиться Петру, еще более экстравагантная трансформация происходит в изображении самого Петра:

> Отец мой Андрей Петрович Гринев в молодости своей служил при графе Минихе и вышел в отставку премьер-майором в 17… году. С тех пор жил он в своей Симбирской деревне, где и женился на девице Авдотье Васильевне Ю., дочери бедного тамошнего дворянина. Нас было девять человек детей. Все мои братья и сестры умерли во младенчестве.

Матушка была еще мною брюхата, как уже я был записан в Семеновский полк сержантом, по милости майора гвардии князя В., близкого нашего родственника. Если бы паче всякого чаяния матушка родила дочь, то батюшка объявил бы куда следовало о смерти неявившегося сержанта, и дело тем бы и кончилось. Я считался в отпуску до окончания наук. В то время воспитывались мы не по-нонешнему. С пятилетнего возраста отдан я был на руки стремянному Савельичу, за трезвое поведение пожалованному мне в дядьки. Под его надзором на двенадцатом году выучился я русской грамоте и мог очень здраво судить о свойствах борзого кобеля [Пушкин 1954: 218–219].

爰ニ一少年アリ 名ヲジヨン、スミスト呼ビ父ヲジヨン、グリート曰ヒ 母ヲジヨネザン、サラムスト称スグリー初メ皇族某ノ近侍タリシヲ以テ 家甚ダ富メルニ非ズト雖ドモ聊カ資力ヲ存シ且ツ名望アルヲ以テ一村ノ為メニ尊崇セラル 初メスミス兄弟八人アリシモ 皆ナ之ノ先ツテ夭死ス 故ニ父母ノ慈愛其一身ニ鍾マリ 名花美玉モ啻ナラズ 勤メテ能ク教育ノ道ヲ尽シ 只管ラ愛児ノ生長ヲ見ルヲ以テ 無上ノ歓楽トナセリ 此ノ故ニスミス其愛ニ馴レ放逸任達ノ性ヲ醸スト雖ドモ 天資素ヨリ勇悍活潑ナルガ故ニ 郷里ニ屈スルヨリモ寧ロ 都会ニ出デ芳名ヲ顕ハサントスルノ志既ニ已ニ具ハリ 苟モ軍人トナルヲ得バ富貴尊栄此ニ過ルハナク 人生第一ノ幸福ナリト想ヒ 妙齢十五歳ニ及ンデ其ノ叔父某ノ養フ所トナレリ 然ドモ叔父ノ性儼酷ニ シテ スミスヲ待スル甚ダ無情ナルヲ憫ミ 家宰クリントンナル者スミスヲ取リ戻シ 専ラ家塾ニ於テ之ヲ教訓輔育セリ スミス其ノ教ヲ受ケ 二十歳ニ及デ稍ヤク自国ノ典籍ニ通ゼリ [Takasu 2002: 295–296].

В этом месте жил молодой человек по имени Джон Смит. Отцом его был Джон Гри, матерью — Джонатан Сарамис. Гри был доверенным слугой императорской семьи. Хотя ни он сам, ни его семья не были богаты, у них была приличная сумма, и они пользовались добрым именем и уважением среди жителей деревни. Когда-то у Смита было восемь братьев, но все они умерли еще в детстве, поэтому всю свою любовь родители подарили ему. Хотя родители не баловали его, словно он нежный цветок или драгоценный нефрит, тем не менее старались дать ему самое лучшее образование. Им доставляло огромное удовольствие видеть, как растет их любимый сын. В результате, хотя Смит и стал расточительным и необузданным из-за чрезмерной родительской любви, благодаря своей врожденной храбрости и бойкости он уже в юном возрасте имел амбиции покинуть деревню и отправиться в города, чтобы добиться там славы. Он думал, что этот момент — когда он добьётся успеха и славы как солдат — будет самым счастливым в его жизни. Когда ему исполнилось пятнадцать, его отправили к дяде, чтобы он получил образование, но дядя был очень суров и строг со Смитом, поэтому в конце концов их управляющий, Клинтон, забрал Смита домой, а после и вовсе перевел его на домашнее обучение[29]. Смит получил хорошее образование, и по достижении двадцати лет он уже мог читать классиков своей страны.

爰有少年。名曰彌士。篤生於此。父格利。為皇族某之近侍。母曰瓊蓮。不詳其所自出。 格利家中落。然博得俸給。雖非豪富。頗稱小康。以故博 得人望。為鄉里之所尊崇。初彌士有兄弟八人。皆先之而夭死。故父母 之慈愛。鍾之於其一身。不啻名花美玉。且能勤其教養之道。唯望其愛子 之成長。以為無上之歡樂。以是之故。而彌士不免為其父母之所溺愛。釀成放縱佻達之性。然其天資甚高。勇敢而豪。且抱偉志。一日投筆太息。曰大丈夫當暴骨於疆場。與其鬱鬱以久此窮鄉僻壤之間。何如出遊 於都會中。反足以顯親揚名乎。苟得一軍人之位置。則他日之富貴尊榮。即以此為起點。豈非我生之第一幸福乎。年十五就養於叔父某之手。然其叔父之天性。最嚴酷。其遇彌士也為尤甚。 彌士久苦其苛虐。而訴之 於家宰克靈頓。 克靈頓愍之。而攜彌士歸。使之就傳於家塾。而躬親教 訓輔育之。 彌士受克靈頓之教者甫三四年能通俄國之典籍。[Ji 1903: 2].

---

[29] Появление «дяди» в этом переводе вызвано непониманием переводчиком русского слова «дядька», которое может означать дядю, но в данном контексте относится к слуге в дворянской семье, который присматривает за детьми, т.е. к Савельичу (или Клинтону, его англизированное имя в японском переводе). Вероятно, переводчика смутил этот предполагаемый дядя, который больше не появляется в рассказе, и он объясняет его исчезновение из жизни мальчика жестокостью.

Жил да был мальчик. Звали его Смит. Он родился здесь же. Его отец — Гри, был доверенным слугой одного из членов императорской семьи. Его мать [Смита] звали Джулиан. О ее семье совсем ничего не было известно. Состояние семьи Гри постепенно уменьшалось, но он все еще имел приличный доход. Хотя его семью нельзя было назвать богатой, она была сравнительно обеспеченной, а потому считалась знатной, и вся деревня уважала их. У Смита было восемь братьев, но все они умерли прежде, чем он вырос. Поэтому ему досталась вся любовь родителей. Он был для них нежным цветком, их драгоценным нефритом. Они воспитывали своего ребенка, отдавая ему лучшее, надеясь, что он вырастет достойным человеком, и это было их самым большим счастьем. Как результат своей любовью они избаловали Смита, из-за чего он вырос расточительным и несдержанным. Вместе с тем он был очень одарен. Он был смелым и решительным. Он также обладал большими амбициями. Однажды он отбросил перо и, вздохнув, произнес: «Настоящий мужчина должен проявить себя на поле боя. Чем чувствовать себя подавленным в этом глухом и всеми забытом месте, я лучше отправлюсь в город, чтобы добиться славы и заставить родителей гордиться мной. Если бы я смог стать офицером в армии, это открыло бы мне путь к богатству и славе. Разве это не было бы для меня величайшим счастьем?» Когда Смиту исполнилось пятнадцать, его отправили на воспитание к дяде. Однако дядя был нравом очень суров, и особенно он был суров по отношению к Смиту. Мальчик долгое время страдал от его жестокого обращения и в конце концов рассказал об этом слуге Клинтону. Клинтон пожалел мальчика и вернул его домой. Он перевел Смита на домашнее обучение и сам стал его учителем. За три-четыре года благодаря наставлениям Клинтона Смит смог хорошо освоить русскую классику.

Из оригинального русского текста мы узнаем несколько фактов. Во-первых, семья главного героя принадлежит к среднему классу российского дворянства. Во-вторых, отец Петра хорошо разбирается во властных играх дворянского сословия и очень рано начинает строить планы в отношении сына. В-третьих, учитывая стандарты, предъявляемые к наставнику главного героя (а именно, тот факт, что он не алкоголик), не похоже, чтобы родители Петра были заинтересованы в образовании своего сына, да и сам главный герой не выглядит образованным — более того, кажется, что лучше он разбирается в борзых, чем в литературе. Более того, Пушкин не скрывает своего иронического отношения к семейному положению Петра. Деталь об отце, зачисляющем еще не родившегося Петра в полк, перекликается с отрывком Княжнина, а личный опыт отца Петра говорит о том, что добиваться для своих детей видных постов в армии — семейная традиция. Оба они — и отец, и сын зачислены в императорскую армию без каких-либо выдающихся достижений. Похоже, иметь отца с приличными связями куда важнее, чем иметь собственные устремления. И отец, пусть он даже из среднего класса дворянства, это прекрасно понимает.

Японский перевод полностью меняет сюжет. Во-первых, семья в оригинале выглядит недостаточно уважаемой — герой романа «об ученом и красавице» заслуживает большего, поэтому его отец становится доверенным слугой императорской семьи, а семья, хотя и небогатая, живет в достатке и пользуется уважением у жителей деревни. Во-вторых, в романе «об ученом и красавице» часто встречаются суровый отец и сострадательная мать, но они не отвечают за будущую карьеру своих детей, и было бы не по канону решать этот вопрос в столь раннем возрасте героя, поэтому запись в полк опускается. В-третьих, в хорошей семье воспитание детей всегда должно стоять на первом месте, а главный герой романа «об ученом и красавице» должен обладать литературным талантом — он не мог быть выучен слугой, поэтому главного героя отдают в семейную школу для получения высшего образования, где он изучает русскую классику. Наконец, главный герой романа «об ученом и красавице» должен стремиться к славе не только для себя, но и для своей семьи; поэтому Петр, который в оригинале интересуется в основном борзыми собаками и которого в армию заставляет пойти отец, превращается в молодого человека с большими амбициями. Любому, кто знаком с русским дворянством XVIII века, такие изменения показались бы несовместимыми с социальными реалиями того времени и места, однако преобразованная версия соответствует традиционному китайскому менталитету, особенно в том утрированном виде, в каком она предстает в романе «об ученом и красавице». Таким образом, японский перевод демонстрирует нам интересную культурную гибридность: семья, живущая в русской деревне, члены которой носят английские имена и придерживаются конфуцианской идеологии.

Китайский перевод не вносит существенных изменений в японский перевод, но, как правило, усиливает уже внесенные изменения. Например, в нем еще больше преувеличено знание Петром русской классики. В японском варианте после семейной школы Петр только научился правильно читать русскую классику, в то время как в китайском переводе за несколько лет обучения он уже освоил всю русскую классику. Ведь было бы недопустимо, чтобы одаренный юноша из романа «об ученом и красавице», достигнув восемнадцати лет, едва умел читать классику. В китайском переводе его знания канона преувеличены, чтобы история стала более понятной китайскому читателю[30].

Еще одно дополнение в китайском переводе — сцена, в которой Петр выбрасывает перо, — может напомнить читателям о знаменитом жесте китайской интеллигенции: отказаться от пера и пойти в армию (tou bi cong rong, 投筆從戎, *тоу би цун жун*)[31].

---

[30] Это изменение также частично объясняется путаницей с возрастом главного героя в японском переводе, где ему двадцать, а не двенадцать лет, когда он завершает свое обучение у Савельича. В другом месте японский перевод повторяет двадцатилетний возраст в описании другого события, которое должно было произойти гораздо позже. Хотя Цзи Ихуэй не имел доступа к русскому оригиналу, он должен был заметить, что герой Такасу не стареет. Поэтому он заменяет слова «по достижении двадцати лет» словами «за три-четыре года» в описании образования главного героя, сохраняя тем самым двусмысленность его возраста.

[31] Эта фраза берет свое начало из истории о Бань Чао (班超, 32–102 гг.), который родился в семье великих ученых, но твердо решил стать полководцем: «Если у великого человека нет других амбиций, он должен, по крайней мере, учиться у Фу Цзецзы (傅介子, 115–65 гг. до н.э.) и Чжан Цяня (張騫, 164–114 гг. до н.э.), которые достигли больших успехов в иностранных государствах и были удостоены княжеского титула. Как же он может довольствоваться кистью и тушью?» См. [Fan 2014: 209].

В Китае издавна считалось героическим, если представитель литературных кругов вступал в армию и служил стране. Таким образом, изменения, внесенные в китайскую версию, в основном подчеркивают храбрость и национальную гордость одаренного юноши. В японской литературе *гири* (долг, в том числе перед родиной) и *ниндзё:* обычно конфликтуют друг с другом, и их столкновение может привести к трагедии [Katō S. 1997: 292; Miner et al. 1985]. В китайской традиции, однако, такой конфликт не обязательно существует. В то время как японская идея *ниндзё:* последовательно сопротивляется социальным обязательствам, китайский «кодекс поведения» (renqing shigu, 人情世故, *жэньцин шигу*) поощряет как проявление чувств, так и покорное участие в жизни китайского общества. По этим причинам Цзи Ихуэй приписывает Петру желание служить своей стране, ведь любовь к родине считается великой добродетелью в романе «об ученом и красавице». Добавив жест отказа от пера и вступления в армию, китайский переводчик делает персонаж Петра более близким к китайскому образу главного героя-мужчины в истории «об ученом и красавице».

Интересно наблюдать за процессом работы и борьбы переводчиков, особенно когда они имеют дело с текстом и культурой, столь чуждыми для них. С одной стороны, они стараются придерживаться оригинальной истории и сохранить как можно больше деталей; с другой стороны, они, очевидно, имеют в голове идеальный образ или форму истории и стараются вписать свой перевод в эту форму. В тех случаях, когда переводчики пренебрегают оригиналом и создают нечто новое, они пользуются значительной свободой действий. Преображение двух главных героев — это, пожалуй, пример, наиболее ярко демонстрирующий стремление переводчиков предложить русскую историю, которая соответствовала бы традициям романа «об ученом и красавице».

Как и многие другие восточноазиатские литературные жанры, роман «об ученом и красавице» следует определенным стандартным моделям, которые упорядочивают набор сцен и действий и придают сюжету связность. Ключевые эмоции, такие как привязанность и любовь, могут быть вызваны только тогда, когда возлюбленный и возлюбленная демонстрируют определенные достоинства. Главные герои должны соответствовать этим критериям, чтобы быть восточноазиатскими ученым и красавицей. Поэтому авторы, работающие в этом жанре, прибегают к символам и мотивам, чтобы связать читателя с этой моделью и ее подтекстом и, в свою очередь, вызвать определенные эмоции. Процесс транскультурации из России в Восточную Азию, однако, поднимает вопрос о том, остаются ли такие модели неизменными на всех этапах эстафетного перевода и вызывают ли они у читателей, принадлежащих к разным культурам, одинаковые эмоции. В японском и китайском переводах «Капитанской дочки» Пушкина главные герои определенно претерпевают существенную трансформацию. В случае с Петром русский дворянин превращается в молодого человека с английским именем, конфуцианской моралью и сентиментальностью в восточноазиатском стиле. Маша же превращается в изящную азиатскую красавицу. В результате эти фигуры, представленные в общепринятых эмоциональных регистрах, становятся эмоционально узнаваемыми для азиатских читателей. Таким образом, японские и китайские переводчики представляют романтические чувства универсальными для всех, и читатели, не знакомые с оригинальной историей, не могут не удивляться сходству русских персонажей с героями из восточноазиатской литературной традиции.

Ранее, на примере «Капитанской дочки», мы продемонстрировали, как роман «об ученом и красавице» нашел новое воплощение в эстафетном переводе русской литературы в Восточной Азии. «Капитанская дочка» — не единственный текст, подвергшийся существенным изменениям, чтобы оправдать эмоциональные ожидания восточноазиатской аудитории. Ранние переводы Тургенева в Китае демонстрируют схожий подход [Ma 2019]. В рамках последующего анализа мы рассмотрим китайский перевод другого русского романа, «Героя нашего времени» Лермонтова, чтобы выявить разновидности жанра романа «об ученом и красавице», которые появляются в эстафетных переводах русской литературы и охватывают более сложную палитру эмоций.

## Мотив «обесчестить и бросить»

Если в эстафетном переводе Цзи Ихуэя значительные изменения ограничились традиционными восточноазиатскими элементами, привнесенными в творчество Пушкина Такасу, то китайский переводчик «Героя нашего времени» У Тао использовал другой подход: он воспринимал современность русской литературы через [опосредованный] японский перевод. На самом деле, из всех ранних китайских переводчиков русской литературы У Тао, возможно, самый выдающийся, поскольку он первым представил китайской аудитории Лермонтова, Чехова и Горького — три наиболее значительные фигуры русской литературы. Он также был первым китайским переводчиком, который использовал просторечие при переводе русской литературы. Помимо личного интереса и влияния Русско-японской войны, его знакомство с тремя великими фигурами отчасти было обусловлено и процветанием японского переводческого бизнеса в первом десятилетии XX века. К тому времени, когда У Тао, не без посредничества Японии, погрузился в мир русской литературы, большое количество русских шедевров уже было переведено на японский язык.

И хотя перевод романа Пушкина Такасу 1883 года может показаться работой подмастерья, озадаченного необычностью оригинала, двадцать лет спустя Япония уже могла похвастаться несколькими опытными переводчиками с русского. Эти переводчики установили собственные нормы, основанные на главном принципе — уважении к оригиналу и точной передаче его содержания на уровне предложения. Если в 1883 году японцы не знали, как относиться к инаковости русской литературы, и решили обратиться к знакомой восточноазиатской литературной традиции, то к началу XX века и японские переводчики, и читатели были хорошо подготовлены к восприятию иностранных литературных элементов. В результате переводы, созданные в этот более поздний период и доступные У Тао, уже не были такими вольными, как переводы двадцатилетней давности.

Изменение взглядов и вкусов японских переводчиков в определенной степени определило выбор и качество переводов У Тао.

В 1907 году он опубликовал три перевода русских литературных текстов. Два из них были опубликованы в июне в издательстве «Коммерческая печать» (Commercial Press): его перевод «Черного монаха» Чехова, который был назван «Священник в черном одеянии» (Heiyi jiaoshi, 黑衣教士, *Хэйи цзяоши*) и основан на переводе Усуды Дзанъюн «Монах в черной рясе» (黑衣僧, *Кокуй со:*) — оба точно передали название Чехова, а также перевод лермонтовской «Бэлы» из «Героя нашего времени», который У Тао назвал «Надгробие серебряной пуговицы» (Yin niu bei, 銀鈕碑, *Инь ню бэй*) и который он создал на основе «Современного русского» Саганоя Омуро[32]. Между тем его перевод «Каина и Артема» М. Горького под названием «Страдания до конца жизни» (You huan yu sheng, 憂患餘生, *Ю хуань юй шэн*), основанный на переводе Фтабатэя Симэй «Короткая жизнь евреев» (猶太人の浮世, *Юдаядзин но укиё*), был опубликован в выпусках 1–4 «Восточного альманаха» (東方雜誌, *Дунфан цзачжи*). Во всех трех переводах У Тао отмечает имена русских авторов и японских переводчиков, позиционируя, таким образом, себя по отношению к посредникам эстафетного перевода.

В своей работе У Тао не ограничивался переводом только русской литературы. Помимо переводов японской художественной литературы, в том числе работ Одзаки Коё (尾崎紅葉, 1868–1903), Янагава Сюнъё (柳川春葉, 1877–1918), Хироцу Рюро (広津柳浪, 1861–1928) и других, он также переводил произведения Марка Твена (1835–1910), Германа Зюдермана (1857–1928), Генрика Сенкевича (1846–1916) и Артура Конан Дойла (1859–1930), все при японском посредничестве. Его переводы охватывают широкий спектр произведений, различающихся как по

---

[32] Название «Надгробие серебряной пуговицы», скорее всего, основано на серебряной пуговице, вмонтированной в надгробие главной героини, Бэлы, которая является символом любви главного героя, Печорина. См. [Fu Jianzhou 2015: 18]. Эта деталь была придумана японским переводчиком; она встречается как в китайском, так и в японском переводах [Saganoya 1904: 121; Wu 1907: 86]. В русском оригинале, напротив, наиболее близким к серебряной пуговице предметом является серебряный кант, подаренный Григорием Александровичем.

объему, так и по тематике. В то же время, в отличие от большинства других китайских переводчиков, которые были писателями сами по себе, У Тао никогда не проявлял интереса к оригинальному творчеству; в первую очередь он был переводчиком.

Учитывая его заметное влияние на распространение японской и западной литературы в Китае, У Тао и его переводы русской литературы привлекли внимание многих интеллектуалов. Например, писатель и переводчик Чжэн Чжэньдо признает У Тао первым китайским переводчиком произведений Чехова и высоко оценивает его знание японского языка [Zheng Zhenduo 1936: 116]. А Ин, автор «Истории перевода» (Fanyi xiaoshuo shihua, 翻譯小說史話, *Фаньи сяошо шихуа*) — первой книги конца династии Цин по истории китайского перевода, — также высоко оценивает достижения У Тао. Он отмечает, что «из всех современных переводчиков [У Тао] — единственный, кто по-настоящему понимает русскую литературу» [А 1981а: 783].

Стоит отметить, что все три японских перевода, которые У Тао выбрал для работы, были опубликованы в японском журнале «Солнце» (太陽, *Тайё:*): переводы рассказов Горького и Чехова были опубликованы в номерах 1904 года, а перевод «Бэлы» — в номерах 1905 года. Журнал «Солнце» издавался компанией «Хакубункан» (博文館), одной из крупнейших японских издательских компаний в эпоху Мэйдзи, когда националистические журналы доминировали на издательском рынке. «Хакубункан» сыграл особенно важную роль в освещении Русско-японской войны для японской аудитории. Наряду с журналом «Хроники Русско-японской войны» (日露戦争実記, *Нитиро сэнсо: дзикки*), журнал «Солнце» предоставлял своим читателям разнообразные заметки о войне, изображая в них Россию как новую современную империю на Западе, а Японию — как зарождающуюся империю на Востоке.

Как журнал, освещающий историю, географию, искусство, литературу, политику, право, науку, бизнес, сельское хозяйство, общество и идеологию — как Японии, так и западного мира, — «Солнце» стремилось составить наиболее полное представление о России начала XX века. Русские произведения, опубликованные в журнале, были отобраны не только для того, чтобы развлечь японских читателей, но и для того, чтобы раскрыть различные грани русской литературы и культуры. Продолжающаяся Русско-японская война все больше побуждала японских интеллектуалов уделять время переводам русской литературы. Переводы «Солнца» были лишь верхушкой айсберга: движение за перевод русской литературы на японский язык было мощным. Прочитав «Солнце» в 1904 и 1905 годах, У Тао решил перевести три русских произведения, которые привлекли его больше всего. Его использование «Солнца» также объясняет, почему впоследствии он перешел к другим литературам: его выбор во многом зависел от того, что предлагала ему Япония. Тем не менее его переводы русской литературы были в культурном авангарде. В 1907 году, когда уже были опубликованы переводы У Тао этих трех произведений, русская литература оставалась почти совсем неизвестной большинству китайских интеллектуалов. Немногочисленные существующие переводы, такие как перевод Цзи Ихуэя, отличались значительной вольностью в изложении. Поэтому более строгое отношение У Тао к оригиналу сделало его переводы особенно ценными.

Высокая оценка, которую китайские интеллектуалы дали избранным работам У Тао, свидетельствует об изменении ожиданий китайских читателей на фоне призывов к началу новой литературной эры. В то же время этот сдвиг не означает, что переводчики резко прекратили попытки угодить китайской читающей публике. Из трех произведений, переведенных У Тао, «Бэла», пожалуй, имеет самый богатый потенциал, чтобы вписаться в категорию китайской жанровой литературы. Эта первая глава романа Лермонтова может быть легко адаптирована как пример сюжетной линии «обесчестить и бросить», ответвления романа «об ученом и красавице». Этот тип истории начинается с того же сюжета, что и типичный роман «об ученом и красавице», где образованный молодой человек и прекрасная девушка влюбляются друг в друга. Однако вместо брака все заканчивается тем, что мужчина бессердечно бросает девушку. Прототипы этого сюжета существовали в ранней китайской литературе: «Повесть об Ин-ин» (Yingying zhuan, 鶯鶯傳, *Ин-ин чжуань*) и «Повесть о Хо Сяоюй» (Huo Xiaoyu zhuan, 霍小玉傳, *Хо Сяоюй чжуань*) —

известные танские повести, посвященные пороку и бесчестию. В династии Мин и Цин, когда художественная литература приобрела большую популярность, этот прототип оставался популярной сюжетной линией. Например, в сборнике «Троесловие и История [поразительного] в двух частях» (дословно «Три слова, два хлопка», San yan er pai, 三言二拍, *Сань янь эр пай*), составленном в конце правления династии Мин, собраны многие из подобных историй.

В «Бэле» главный герой — Григорий Печорин, талантливый молодой человек, похищает прекрасную черкешенку Бэлу в награду за то, что он помог ее брату Азамату украсть коня разбойника Казбича. В конце концов Бэла сдается под напором ухаживаний Печорина и влюбляется в него. Однако ее увлечение приводит к тому, что он теряет к ней интерес, а его беспокойная душа заставляет его часто уезжать на охоту, не оставляя при этом ей никаких посланий. Японский перевод заканчивается внезапной смертью Бэлы, которую смертельно ранит Казбич. Пока что сюжет истории идеально соответствует схеме «обесчестить и бросить».

Однако в русской версии после ее смерти Печорин испытывает сильнейшие угрызения совести: он впадает в глубокую депрессию, сказывается физически больным и ищет уединения от внешнего мира. Такая реакция не соответствует характеру образованного молодого человека в большинстве историй с сюжетной линией «обесчестить и бросить», который вместо этого находит оправдание своему предательству. Одни обвиняют в соблазнении саму женщину, как, например, Чжан Шэн (張生) в «Повести об Ин-ин»; другие предаются погоне за удовольствиями, как У Тинчжан (吳廷璋) в «Изысканном собрании цветочных исканий» (Xun fang ya ji, 尋芳雅集, *Сюнь фан я цзи*) и Чжу Цишэн (祝琪生) в «Пении пяти фениксов». В результате японский переводчик Саганоя Омуро удалил эту финальную сцену из первой главы[33].

---

[33] В некоторых традиционных китайских историях юноша раскаивается, как, например, Ли И (李益), главный герой «Повести о Хо Сяоюй», который слишком слаб, чтобы ослушаться свою жестокосердную мать. Когда Ли

В финале японского перевода было использовано несентимен-
тальное изображение Печорина с бесстрастным лицом, который
неожиданно разражается смехом после смерти Бэлы. Без сцены
раскаяния смех Печорина становится проявлением равнодушия,
что вполне уместно для хладнокровного героя, действующего
в рамках сюжетной линии «обесчестить и бросить», но не для
главного байронического героя в «Герое нашего времени» Лермонтова[34].

Наряду с удалением финальной сцены еще одно изменение
преображает главного героя: опущен прежний монолог Печорина, когда Максим Максимыч спрашивает его, почему он так хо-
лодно относится к Бэле. В этом монологе Печорин дает язвитель-
ный и беспощадный самоанализ, объясняя, как его «беспокойное
воображение, ненасытное сердце» постоянно толкают его на
поиски новых приключений [Лермонтов 1957: 232]. Он видел
в Бэле свою последнюю надежду, но этот оптимизм вскоре сме-
нился разочарованием. Хотя когда-то он был готов умереть за
Бэлу, теперь он не может избавиться от чувства пресыщенности
ею. Он понимает, что злосчастные недостатки его характера
приносят несчастье другим, но преодолеть он их не может: он
чувствует непреодолимое желание соблазнять женщин, чтобы
развеять свою вечную скуку, хотя и знает, что это порок. Это
искреннее обнажение внутренних мыслей Печорина показывает,
что он не просто обманывает Бэлу, он испытывает к ней искрен-
ние чувства. Характер его признания совпадает с его поведением
после смерти Бэлы в тексте Лермонтова — он по-своему чтит ее

---

И плачет над смертью Хо Сяоюй, его слезы демонстрируют его сентиментальность и хрупкость духа, что вряд ли характерно для главного героя,
обесчестившего и отвергнувшего девушку, и уж точно не то, что японский
переводчик Саганоя Омуро привносит в характер Печорина.

[34] Не все согласны с тем, что Печорин — типичный байронический герой.
Например, Стивен К. Хатчингс отмечает, что Печорин фактически высмеи-
вает проявления русского байронизма в романе. См. [Hutchings 1997: 49–50].
Однако критики и сам Лермонтов согласились бы с тем, что в определенной
степени автор все же опирался на поэзию Байрона. И во многих аспектах
в «Герое нашего времени» мы можем наблюдать параллелизм.

память. Однако его беспокойная душа не может прекратить бесплодные поиски смысла, и он продолжает скитаться, как архетипический герой произведений Байрона. Конечно, некоторым читателям его склонность к меланхолии и самоедству может показаться неубедительной, а сам он — не меньшим злодеем при всем своем понимании себя самого. Однако Печорин — как герой повести Лермонтова, несомненно, сложный персонаж, а не просто стереотипный юноша из истории с сюжетом «обесчестить и бросить». Опуская эти ключевые сцены в «Бэле», японский перевод упрощает характер героя и превращает повесть в традиционную историю с сюжетом «обесчестить и бросить».

Обнаружив в рассказе сюжет «обесчестить и бросить», У Тао поступает так же, как его предшественник Цзи Ихуэй в своем эстафетном переводе «Капитанской дочки»: он тщательно следует японскому переводу, но тематически приукрашивает свое переложение посредством обращения к китайским семиотическим парадигмам. Например, в разговоре, в котором Бэла рассказывает своему другу Максиму Максимовичу о том, как она скучает по Печорину, Максим Максимыч утешает разлюбленную девушку, говоря: «Печорин не из тех, кто способен обесчестить и бросить» (配邱林須不是 始亂終棄輕薎於你之人) [Wu 1907: 65]. Этой характеристики нет ни в русском оригинале, ни в японском переводе, она добавлена самим У Тао. И хотя Максим Максимыч отвергает этот ярлык (человека способного соблазнить и оставить девушку) как неприменимый к Печорину, обращение У Тао к этому жанру и благонамеренный обман Максима Максимыча фактически задают тон подобного изображения Печорина в переводе. Трагический финал «Бэлы» и поведение Печорина — особенно отсутствие его самоанализа и раскаяния — впоследствии доказывают уместность этого ярлыка.

Чтобы еще больше усилить тему «оставления», У Тао также добавляет классическую китайскую аллюзию — «осенний веер» (qiushan zhi juan, 秋扇之捐, *цюшань чжи цзюань*), — когда комментирует бедственное положение Бэлы [Ibid.: 82]. Аллюзия на «осенний веер» (qiushan, 秋扇, *цюшань*), а точнее на высказывание «быть брошенным, как веер осенью» (qiushan jian juan, 秋扇

見捐, *цюшань цзянь цзюань*), происходит из истории Бань Цзеюй (班婕妤, 48–2 гг. до н.э.?), знаменитой китайской дворцовой дамы и поэта династии Западная Хань (202 г. до н.э. — 8 г.н.э.). Согласно историям о ее жизни, после разрыва отношений с императором Хань Чэн-Ди (51–7 гг. до н.э.) Бань Цзеюй написала стихотворение «Песнь о моей обиде» (Yuan ge xing, 怨歌行, *Юань гэ син*), используя осенний веер в качестве аналогии для себя самой. Она пишет, что любимый веер будет выброшен, когда ледяной ветер прогонит летнюю жару, — точно так же, как она была брошена своим господином.

Неизвестно, было ли это стихотворение написано ею на самом деле или приписывалось ей только на основании истории ее жизни, но со временем «осенний веер» стал распространенной метафорой брошенной жены или любовницы в китайской литературе. Например, в «Повести о Хо Сяоюй», типичном сюжете о соблазнении и оставлении, Хо Сяоюй использует эту фразу, чтобы выразить свое беспокойство о том, что с возрастом она потеряет свою красоту и превратится в «осенний веер» [Jiang Fang 2016: 93]. Добавив эту аллюзию к комментарию Максима Максимыча, У Тао проецирует плач покинутых женщин из двухтысячелетней китайской литературной традиции на черкешенку Бэлу. Черкесская девушка, которая сама по себе служила распространенным тропом женской красоты и хрупкости в русской литературе, нашла свой аналог в китайских историях с сюжетом «обесчестить и бросить».

В результате, хотя «Бэла» остается приключением русского среди черкесского народа, действие которого происходит на колониальной территории России в горах Кавказа, ее восточноазиатские переводы отражают ожидания читателей. Переведенная повесть лишь иллюстрирует экзотические черты этой загадочной страны, а затем скатывается к теме соблазнения и оставления, наглядно представляя двух главных героев как архетипы из подобных историй. Сложный характер Печорина и его демонизм, как у байронического героя, растворяются в строгом шаблоне подобных историй, развивающихся согласно схеме «обесчестить и бросить».

## Как заставить покоренного говорить?

В отличие от китайского перевода «Капитанской дочки», где Маша предстает в образе типичной китайской красавицы, У Тао в целом максимально точно передает риторические приемы Лермонтова. Как бы жестко и ненормативно ни звучали эти фразы на китайском языке, он все же старается отличить свой перевод от обычных китайских повествований. Эти попытки особенно интересно наблюдать в переводе черкесской песни, которую Бэла поет для Печорина:

> Стройны, дескать, наши молодые джигиты, и кафтаны на них серебром выложены, а молодой русский офицер стройнее их, и галуны на нем золотые. Он как тополь между ними; только не расти, не цвести ему в нашем саду [Лермонтов 1957: 211].

> 荒馬乗の我若者は、皆美しき男兒なり、彼等の着たる外套は、銀の糸もて飾られぬ、されど露西亜の若士官は、彼等にまさりて美し、服に着けたる手打紐は、黄金の糸もて輝けり、我若者の中に立ては、彼の姿は白楊樹、されど士官よ御身には、我等の庭に生たまひぞ、をれらの庭に咲たまひぞ。[Saganoya 1904: 103].
> Все наши юноши-всадники — красивы. Их одежды расшиты серебряными нитями. Но молодой русский офицер всех их красивее; одежды его — с пуговицами, пришитыми золотыми нитями, — все сверкают. Стоит он среди юношей наших как тополь высок и осанист, но не расти, не цвести ему в наших садах.

> 乘駿馬之少年兮。皆嬌美之男兒。之子所服外襲兮。皎然飾之銀絲。吁嗟俄羅斯之年少士官兮。優勝乎之子而尤美。襟前之鈕耀兮。黃金之絲而光輝。妾立於少年之間兮。皎皎玉樹彼之姿。吁嗟士官兮。君身不生於我之庭兮。不開於我之庭兮。[Wu 1907: 24].
> Все всадники молодые — прекрасные юноши. У каждого халат серебром расшит.
> Но русский офицер, молодой и самый красивый, блестят пуговицы, золотом сверкают нити халата его.
> Среди юношей наших словно тополь стоит он, однако же не приживется, не расцветет он в нашем саду.

По содержанию оба перевода не имеют существенных отличий от оригинальной русской версии. Все три перевода — это лирика, посвященная красоте молодого русского офицера, выделяющегося среди черкесов. Однако поэтические стили, выбранные переводчиками, заслуживают нашего внимания. В оригинальной русской повести с песней Бэлы мы знакомимся через Максима Максимыча, рассказчика, который повествует читателям о приключениях Печорина среди северокавказских народностей. Максим Максимыч якобы достаточно хорошо знает черкесский язык, чтобы истолковать смысл песни, но он ясно дает понять, что его русское исполнение передает только смысл, в то время как региональные особенности песни теряются в его вольном переводе.

Японский перевод, с другой стороны, не просто передает смысл песни Бэлы. Стиль последнего предложения («Стоит он среди юношей наших как тополь высок и осанист, но не расти, не цвести ему в наших садах». されど士官よ御身には、我等の庭に生たまひぞ、をれらの庭に咲たまひぞ) может напомнить нам о классическом японском письме с его архаичным и ритмичным стилем. Однако это конкретное выражение не встречается в классической японской литературе. По стилю оно может быть ближе к *нагаута* (長唄), типу музыки, исполняемой на *сямисэне*, возникшему в период Эдо, или *синтайси* (新体詩), новому стилю поэзии в классическом японском языке периода Мэйдзи[35]. Независимо от этого, классическое звучание придает песне Бэлы собственный стиль, контрастирующий с остальным японским переводом. Чтобы передать стиль последней строки на китайском языке, У обращается к классическим китайским текстам, используя слова, которые часто встречаются в «Книге песен» (Shijing, 詩經, *Шицзин*) и «Стихах Чу» (Chuci, 楚辭, *Чуцы*), такие как *си* (xi, 兮)[36]

---

[35] Грамматика не совсем соответствует принятым стандартам классической японской грамматики. Например, *тамахидзо* (たまひぞ) должно быть *тамахисо* (たまひそ). Хотелось бы поблагодарить Акикусу Сюнъитиро (秋草俊一郎) за то, что он указал нам на эти нюансы.

[36] Восклицательное слово, частица — которую используют в середине или конце стихотворной строки. — *Примеч. пер.*

и *юйцзе*[37] *(yujie,* 吁嗟*)*. Эти слова наводят на мысль о глубокой древности и представляют собой схожий с современным подход к обращению к древней восточноазиатской поэтической традиции.

Неизвестно, как много азиатские переводчики знали о завоевании Кавказа Российской империей во время Кавказской войны в XIX веке, но они, несомненно, заметили в песне различие между русскими и черкесскими мужчинами, а также превосходство русской фигуры в борьбе за власть между ними. Исходя из этого, оба переводчика, по-видимому, сделали вывод, что черкес обозначает первобытную, неразвитую цивилизацию и что песня Бэлы должна быть передана в стиле, отличном от остального повествования. Но как передать уникальные этнические элементы? Песня Бэлы в русском оригинале не приводится в виде прямой речи. Во-первых, повествование «Бэлы» ведется от лица двух человек — безымянного рассказчика и Максима Максимыча. По просьбе безымянного рассказчика Максим Максимыч вспоминает песню и переводит ее на русский язык. Еще до того, как дать свой перевод, Максим Максимыч признается, что не уверен в точности своего изложения. Таким образом, песня, которую представляет нам Лермонтов, — это копия записей безымянного рассказчика, основанная на переводе, который Максим Максимыч приводит по своим воспоминаниям о песне Бэлы. Трудно сказать, сколько материала было отвергнуто или потеряно в ходе этого многоуровневого процесса передачи. В итоге перед двумя переводчиками встает вопрос: как Максим Максимыч и неизвестный рассказчик должны переосмыслить черкесскую песню Бэлы, чтобы изложить ее на собственном языке, языке предположительно более развитой русской культуры?

Интересно, что в оригинальной русской версии этнические особенности песни Бэлы полностью подавлены русским языком, в то время как японский и китайский переводы преувеличивают ее этническое отличие, используя классический поэтический стиль. Стиль, примененный обоими переводчиками, достаточно

---

[37] Звукоподражания (вздохи) и книжные междометия «ох», «ах» (выражают удивление). — *Примеч. пер.*

«древний», чтобы казаться далеким от стиля, распространенного в Японии и Китае в период создания переводов. Другими словами, переводчики используют классические стили в своих литературах в качестве культурного маркера, чтобы продемонстрировать принадлежность Бэлы к более примитивному черкесскому этносу. В определенной степени такой подход ослабляет колониальные аспекты повествования. Бэла, главная участница этого колониального романтического контакта, может быть прочитана в русском языке как метафора женского начала, завоеванных и покоренных колоний. Лермонтов подчеркивает культурные различия, в том числе языковые, на протяжении всей повести. Однако когда Бэла говорит, то, по мнению русских рассказчиков, либо она уже в совершенстве владеет русским языком, либо, как в случае с ее песней, ее слова пересказываются Максимом Максимычем в просторечном стиле на русском. В многослойном повествовании она никогда не выражается на своем родном языке. Однако и в японском, и в китайском переводах она хоть ненадолго, но выделяется среди рассказчиков. Более того, хотя стиль классический, он не слишком экзотичен для японского или китайского читателя. Бэла больше не дикая, необузданная девушка с Кавказских гор: вместо этого она становится образованной княжной. Культурный дисбаланс между переводами незаметно смещает первоначальные коннотации текста.

Почему переводчики вносят эти едва заметные изменения? В предисловии к своему переводу японский переводчик Саганоя пишет:

> Через вымышленного главного героя Печорина в этой повести ярко раскрываются черты русского народа. История о том, как главный герой Печорин (русский офицер) ухаживает за княжной Бэлой (дочерью местного князя азиатского происхождения), а затем бросает ее, как запачканную обувь, очень похожа на дипломатические отношения России с азиатскими народами. О черствости и жестокости в характере русских людей хорошо и подробно написал их собственный великий писатель пятьдесят лет назад [Saganoya 1904: 97].

Далее Саганоя объясняет, что решил перевести эту историю в надежде, что, прочитав ее, современные японские дипломаты, политики, журналисты и бизнесмены смогут узнать о русском характере и отношении России к азиатским странам и впоследствии будут более осторожны в общении с русскими. Учитывая продолжающуюся войну между Россией и Японией, японский перевод повести Лермонтова имел особое политическое значение. Если в предисловии к переводу «Капитанской дочки», выполненному Такасу Дзискэ, японский редактор подчеркивал сходство русских и азиатских народов в общей для всех народов эмоциональной и романтической сфере, то около двадцати лет спустя в предисловии к «Бэле» обнаруживается резкое изменение отношения к русским, вызванное японским национализмом, вспыхнувшим после начала Русско-японской войны. Это изменение также объясняет, почему раскаяние Печорина в конце повести необходимо исключить. Печорин должен остаться злодеем в истории, основанной на сюжете «обесчестить и бросить», чтобы Саганоя мог эффективно использовать эту историю для демонстрации жестокости русского народа.

Зная о точке зрения переводчика, нетрудно понять, почему он решил перевести песню Бэлы в классическом японском или китайском стиле. В повести девушка не имеет собственного голоса как представительница подавляемого, колонизированного азиатского народа, однако необходимо отметить, что исторически сложилось так, что голоса других азиатских стран, таких как Япония и Китай, не были экспроприированы или заглушены русскими. Этим же подавляемым народам необходимо было бороться и добиваться для себя права голоса через — или вопреки — русских рассказчиков, хотя бы на несколько строк. Наличие такого голоса само по себе может говорить о непобедимом духе переводчиков перед натиском западной культуры. Переводчики опосредуют Бэлу с помощью своих традиций и выводят ее теперь уже явно азиатский голос на передний план повествования, чтобы всколыхнуть эмоции своих читателей и разделить их ожесточенное сопротивление русской силе.

Этот пример эстафетного перевода показывает, что переводчики активно участвовали в общественно значимых отношениях между этими тремя культурами. Если японский и китайский переводы «Капитанской дочки» полны примеров того, как восточноазиатская культура игнорирует и даже подавляет русскую культуру из оригинального текста, то переводы «Героя нашего времени» предполагают, казалось бы, достаточно мирные, но напряженные отношения между тремя игроками. В отличие от переводчиков «Капитанской дочки», создавших, на первый взгляд, не отражающую суть оригинала солянку из русской, китайской и английской культур, в которой чувства перемешаны, переводчики «Героя нашего времени» четко видят исторические различия и геополитическую борьбу, происходящую между культурами.

В обоих случаях, однако, китайские переводчики остаются в некотором роде в подчиненной роли. Перевод Саганоя «Героя нашего времени», в котором в разные моменты текста используются различные японские литературные стили, заставляет У Тао искать эквивалентные стили в китайском литературном наследии. Кроме того, Саганоя впервые почувствовав в повести Лермонтова мотив «обесчестить и бросить», решил сделать ее аллегорией событий на современной международной политической арене. Чтобы подчеркнуть безжалостность русского характера и мрачность текущей ситуации, в переводе он не позволил Печорину проявить свои противоречивые, байронические качества.

Прочитав японское предисловие, У Тао четко уловил смысл, который Саганоя хотел передать в этом переводе; но он решил не побуждать читателей к геополитическим выводам исходя из посыла повести и не отождествлять Печорина — героя истории о соблазнении и оставлении — со всем русским народом. Поэтому он опустил японское вступление. Однако японский перевод заставляет его перенять мотив «обесчестить и бросить» или «соблазнить и оставить», и, следуя старой привычке, доставшейся ему от китайских переводчиков прошлых лет, он усиливает его, используя китайские аллюзии. В результате У Тао в значительной степени сводит на нет враждебность к России и попытки разжечь геополитический конфликт, очевидные в японском переводе, вместо этого он ограничивает сентименталистский дискурс тем, что позволил бы обычный мотив «обесчестить и бросить». В каком-то смысле он отказывается манипулировать чувствами читателей, как это делал Саганоя. В то же время, не имея доступа к оригинальному русскому тексту, он не сможет избежать изменения в восприятии истории китайскими читателями, если вслед за Саганоя примет сюжетную линию «обесчестить и бросить».

### Возможна ли транскультурация чувств?

Как отмечает Патрик Колм Хоган, эмоциональное воздействие литературных текстов структурно основано на пробуждении воспоминаний, наполненных эмоциями. А характер литературы и отношение читателей к литературным текстам, как правило, подчеркивают личные воспоминания, которые способствуют ситуативному сопереживанию [Ibid.: 206]. Однако мы хотим доказать, что эта идентификация с состраданием формируется не только на основе индивидуальных воспоминаний, но и на основе культурных воспоминаний, а также предыдущего опыта чтения, что не может привести к той эмоциональной универсальности, которую представлял себе Хоган. Даже если используются прототипические нарративы, они могут вызывать совершенно разную реакцию у аудитории с разным культурным опытом. Этот эффект особенно очевиден, если рассматривать самих переводчиков как первичных читателей иностранной литературы: их разное отношение к схожим материалам свидетельствует о разной культурной реакции.

В переводах «Капитанской дочки» Пушкина и «Героя нашего времени» Лермонтова главные герои — Петр и Печорин, наиболее аффективные эмпаты, — в повествованиях претерпевают существенные трансформации: они превращаются в героев романов «об ученом и красавице» с азиатским типом чувственности. Иными словами, переводчики вводят прототипы, соответствующие их собственным соображениям и предпочтениям. В случае с Петром русский аристократ превращается в молодого человека с английским именем, конфуцианской моралью и сентиментальностью в восточноазиатском стиле. При переводе Печорина переводчики отбрасывают образ байронического героя и заменяют его шаблоном бессердечного франта в истории о соблазнении и оставлении. В то время как образ, созданный переводчиком, легко вызывает у азиатского читателя эмоциональное признание с помощью общепринятых эмоциональных регистров, он также может быть составлен таким образом, чтобы вызывать более конкретные чувства: в одних случаях меланхолию или сентиментальность, а в других антивоенный настрой, национализм и ксенофобию.

К середине XIX века любовные романы, зародившиеся в Китае, такие как роман «об ученом и красавице» и истории о соблазнении и оставлении, уже давно циркулировали в Японии и способствовали формированию литературной восприимчивости и ожиданий японских читателей. Столкнувшись с незнакомой русской литературной традицией, японские переводчики использовали эти романы не только как шаблоны и как руководство по интерпретации иностранных произведений, но и как строительные леса, на которых они могли основывать переводы, более эмоционально понятные для их целевой аудитории. В некотором смысле они вставляли квадратный колышек русских текстов в круглое отверстие китайских шаблонных сюжетов, неизбежно искажая или опуская значимые особенности первых. Когда японские переводы попали в Китай, китайские переводчики увидели в переведенных произведениях отголоски собственных шаблонных сюжетов и эмоциональных регистров. Подобно тому, как эхо-камера может изменить смысл сказанного до неузнаваемости, китайские переводчики уловили и развили элементы, соответствующие оригинальным китайским литературным моделям, еще больше исказив сюжеты и сентименталистский дискурс в направлении, обратном от оригинала.

И «Капитанская дочка», и «Герой нашего времени» несут в себе множество культурных символов России, но не все идеи и эмоции сохранили свою первоначальную форму. Действительно, объем и инаковость этих особенностей, по-видимому, побудили японских и китайских переводчиков сосредоточить свое внимание на тех из них, которые были наиболее узнаваемы. Анализируя и отбирая культурные особенности, перестраивая их в соответствии с собственными ожиданиями и потребностями, переводчики оказывали на перевод личное влияние. В частности, используя семиотические парадигмы, заложенные в культуре Восточной Азии, они активно выступали в роли культурных посредников, способствующих культурным взаимодействиям и преобразованиям.

Однако искажение оригиналов может быть продиктовано различными мотивами. Два примера, которые мы рассмотрели, демонстрируют эту разницу: в случае с переводами «Капитанской дочки» искажения были допущены прежде всего из маркетинговых соображений, чтобы привлечь и порадовать большую аудиторию; в случае с «Героем нашего времени» история была искажена под воздействием националистического импульса, чтобы представить потенциально опасных иностранцев в наихудшем свете. Независимо от происхождения, эти искажения могут сохраниться в последующих переводах, особенно если общие культурные нормы переносят их на более широкий контекст, даже после того как обстоятельства, породившие их, перестают действовать. Для примера стоит отметить, что вряд ли китайскую аудиторию привлекали знакомые английские имена в той же степени, что и японских читателей, а У Тао был явно менее заинтересован в демонизации русских, чем японский переводчик Саганоя. Однако в обоих случаях идиосинкразические предпочтения и мотивы японских переводчиков оставили свой отпечаток на произведениях, сопровождая их в последующем путешествии сквозь границы. Таким образом, китайская культура и сентиментальность были неожиданно возвращены в Китай, а китайские переводчики и читатели, независимо от того, знали ли они о первоначальных мотивах или нет, невольно их подхватили.

# Глава 3
# Репространственная революция
*Дивергентное преображение русских нигилистов*

С 1902 по 1906 год Лян Цичао работал под псевдонимом «Новый гражданин Китая» (Zhongguo zhi xinmin, 中國之新民, *Чжунго чжи синьминь*) над серией эссе, опубликованных в недавно основанном журнале «Новые люди», выходившем раз в две недели в Йокогаме, Япония[1]. Наряду с серией редакционных статей под названием «Об обновлении народа» (Xinmin shuo, 新民說, *Синьмин шо*), Лян также использовал этот псевдоним для своих эссе в различных колонках на такие темы, как философия и религия, история и география, политика и право, благосостояние и образование [Hazama 2001]. На раннем этапе работы в редакции журнала «Новые люди» Лян был единственным автором, поэтому для того же издания он взял несколько других псевдонимов с разными коннотациями. Эти имена, включая «Молодежь молодого Китая» (Shaonian Zhongguo zhi shaonian, 少年中國之少年, *Шаонянь чжунго чжи шаонянь*) и «Хозяин избушки Жухуэй» (Ruhui an zhuren, 如晦庵主人, *Жухуэй ань чжужень*), создавали полифонический эффект. Однако «Новый гражданин

---

[1] Другой перевод *мин* (min, 民) — «гражданин», который можно найти в многочисленных англоязычных научных публикациях, но мы решили использовать термин «народ» по причине его гибкости. Сам Лян не определил западный эквивалент, так как его журнал «Новые люди» содержит только транслитерацию названия латинским алфавитом на обложке журнала.

Китая» выделяется как центральная персона благодаря своему частому появлению на протяжении всех выпусков.

Лян переосмыслил концепцию *синьминь* (新民, новые люди) — ключевой конфуцианский термин из «Великого учения» (Daxue 大學, *Дасюэ*) — в современной издательской индустрии. Оригинальный термин воплощал идею о том, что «суть конфуцианского государственного управления заключается в нравственном воспитании и обновлении людей» [Chang 1971: 150]. Опираясь на эту основу, Лян призывает «китайцев стать более активными, напористыми и ответственными гражданами, способными внести свой вклад в создание сильной нации» [Zarrow 2012: 77]. Эта идея обновления «новых людей» была глубоко заложена в утонченном видении Ляном современного Китая, которое, как отмечает ученый Хао Чан, «не ограничивалось становлением полноценного национального государства; но также предусматривало формирование нового взгляда на мировой порядок» [Chang 1971: 150]. Такое видение мира было связано с восприятием Ляном историографической периодизации, обусловленной, по его мнению, универсальным законом прогресса и развития. Согласно этому закону, Китай и Россия выделялись как «две нации, все еще находящиеся на середине пути» к современности, в отличие от таких стран, как Англия, Франция и Италия, которые успешно справились с бурным переходным периодом на пути к современности [Tang 1996: 34].

Схожее положение России и Китая означало, что первая играла уникальную роль в концептуализации Ляном новых людей в его собственной стране. Особенно его интересовало русское нигилистическое движение, получившее мировую известность после убийства российского императора Александра II (1818–1881) в 1881 году. В частности, русские нигилисты продемонстрировали Ляну современную модель революционеров с твердой решимостью и мощными средствами. Например, в 1901 году в редакционной статье в журнале «Китайская дискуссия» (Qing yi bao, 清議報, *Цин и бао*) он утверждает, что самодержавная монархия, подобная российской — или, косвенно, китайской, — неизбежно порождает жесточайшее противостояние между народом и правительством, заставляющее российских императоров находиться в постоянном страхе из-за возможных покушений [Aiguozhe 1901: 5089, 5095].

Правда, к концу XIX века образ русского революционного движения присутствовал в мировых СМИ по большей части как память о радикальных нигилистических идеях и терроризме, достигших кульминации в 1881 году [Price 1974: 93]. Возможно, русская революционная модель и не легла в основу видения Ляном нового народа Китая, однако во время своего изгнания в Японию после провала Ста дней реформ 1898 года, в которой он принимал активное участие, он проявлял особый интерес к русскому нигилистическому движению. Находясь в Японии, Лян не только основал журнал «Новые люди» как часть своего издательского предприятия, но и горячо участвовал в революционной деятельности [Zhang Pengyuan 1999: 59–117]. Во введении к этой книге мы рассказали об эссе Ляна 1903 года «О русской партии нигилистов» как об одном из самых ранних упоминаний о русских писателях в китайской периодике. Однако наибольшая значимость этого эссе заключается в его политических последствиях: оно стало первым широко читаемым эссе, посвященным русскому нигилистическому движению, — движению, которое сформировало первичный китайский взгляд на русскую революционную деятельность. Несмотря на богатый выбор псевдонимов, под этим эссе Лян подписался как «Новый гражданин Китая» и утверждал, что начинания русских нигилистов были шокирующими, но в то же время достойными восхищения [Liang Qichao 1903: 64].

В отличие от Ляна, который подходил к нигилистическому движению с осторожностью, многие китайские радикалы черпали в опыте русских нигилистов вдохновение, представляя себе китайскую революцию, движимую высокими идеалами[2]. Эти

---

[2] В работе «О русской партии нигилистов» Лян Цичао уделяет основное внимание тактической эффективности покушений и восстаний. Конечно, интерес Ляна к реформам означал, что его отношение к русским нигилистам значительно отличалось от отношения китайских революционеров к ним. В то время как Лян надеялся, что покушения заставят правительство прове-

радикалы смотрели на русских нигилистов как на истинное воплощение революционного духа. Русский нигилизм сыграл решающую роль в революционных движениях, возникших в Китае в начале XX века, еще задолго до того, как общепринятое историческое повествование о русско-китайских политических связях сконцентрировалось на принятии китайцами марксизма и ленинизма. Русское нигилистическое движение глубоко обогатило китайское революционное видение и дискурс — и что интересно, революционный импульс как в России, так и в Китае исходил из литературы. В обеих странах революционная литература была важнейшим катализатором для революционеров, которые считали себя воплощением «нового народа», о котором шла речь в этих произведениях. Эти смыслы не были ограничены революционной литературой, созданной собственной нацией. Например, фигура русского нигилиста была представлена в современной китайской литературе в виде занимательного топоса, посеявшего зерно революции.

Транскультурация этого топоса не была простой. В этом отношении показателен случай Ляна. Как и многие представители его поколения в Китае, Лян узнал о русском нигилистическом движении из японских вторичных источников, и его знания были далеко не полными. В своем историческом эссе «О русской партии нигилистов» Лян пишет: «В 1857 году свет увидел роман Черны-

<hr>

сти реформы, революционеры считали их эффективным методом разрушения, который в конечном итоге приведет к смене династий. Как показывает Дон Прайс, несмотря на то что взгляды Ляна менялись на протяжении всей его жизни, он признавал непрактичность утопических целей нигилистов и надеялся, что русское нигилистическое движение послужит уроком для правительства Цин. Китайские революционеры, с другой стороны, были одержимы насилием и идеей мученичества, превращая революцию в моральный долг, требующий самопожертвования. См. [Price 1974: 88–212]. Учитывая реформистские настроения Ляна, можно утверждать, что его видение «нового народа» значительно отличалось от русской версии. Однако Лян был не единственным мыслителем, искавшим новую китайскую идентичность. Именно это общее стремление к «новому народу» Китая и рассматривается в данной главе. Для этого мы должны принять во внимание новые типы революционеров, появившиеся в коллективном воображении.

шевского "Что делать?", который поразил народ своим утомительным пессимизмом» [Ibid.: 60]. На самом деле роман Чернышевского был опубликован в 1863 году, и он далеко не пессимистичен. Однако, несмотря на неточности, Лян уловил важность этого романа для русского нигилистического движения. Он действительно послужил руководством и вдохновением для многих поколений русских революционеров, включая русских нигилистов, социалистов и даже коммунистов.

Примечательно, что полное название романа Чернышевского — «Что делать? Из рассказов о новых людях». Посредством литературного творчества автор в этом романе предложил свой проект новых русских людей. В Китае аналогичные усилия были предприняты самим Ляном. Однако нет нужды вглядываться, чтобы заметить различия между изображением русских нигилистов в двух странах. Более того, учитывая тот факт, что Лян опирался на «Современный анархизм» Кэмуямы Сэнтаро как на свой основной источник информации, мы должны задаться вопросом, не появились ли искажения в этом изображении до того, как оно было заимствовано китайцами.

Миметическая теория Рене Жирара учит нас тому, что желание человека может быть порождено бессознательным подражанием желаниям других людей. В каком-то смысле миметическое желание революции помогло установить более близкие отношения между Китаем и Россией в XX веке. Но можно ли назвать русско-японско-китайскую транскультурацию русского нигилизма формой «треугольного желания» в терминологии Жирара, где Япония выступает главным образом посредником?[3] Ролевая модель — это, как правило, кто-то, кому хочется подражать, как внешне, так и внутренне. И в начале XX века китайские революционеры, безусловно, выражали стремление подражать русским нигилистам. Вдохновленные ими, китайские радикалы критиковали все формы власти, начиная с политической и заканчивая семейной; они также устраивали собственные заговоры с целью освободить китайское общество от политической и моральной слабости старого порядка.

---

[3] Подробнее о треугольном желании см. [Girard 1965: 1–52].

Однако искаженная информация, содержащаяся в рассуждениях Ляна о русском нигилистическом движении, является характерным признаком этого процесса подражания. Попытка подражания, опосредованная Японией — третьей стороной, имеющей тесные культурные связи с Китаем, — была заранее обречена на искажения. Тем не менее освободительная сила, заложенная в миметическом желании, стала одной из главных движущих сил радикальных китайских движений, обернувшихся для Китая Синьхайской революцией 1911 года, в результате которой было свергнуто маньчжурское правительство и положен конец двухтысячелетнему монархическому правлению.

В этой главе мы разберёмся в сложностях русского нигилизма и в том, как его последствия варьируются в различных культурных контекстах. Здесь мы будем рассматривать русский нигилизм как неустойчивую, но продуктивную концепцию, которая путешествовала по миру в качестве источника вдохновения на рубеже XX века. В частности, русский нигилизм не был просто абстрактной философской идеей, ограниченной дискуссиями среди интеллектуалов; напротив, его путешествие сопровождалось преображением русских нигилистов как вдохновляющих литературных фигур. В рамках этого глобального путешествия китайская популяризация русской нигилистической художественной литературы (Eguo xuwudang xiaoshuo, 俄國虛無黨小說, *Эго сюудан сяошо*) — уникального китайского жанра, не описанного в других литературных традициях, — была запущена в результате транскультурации рассказов о русских нигилистах, написанных в основном западноевропейскими авторами и попавших в Китай через Японию[4]. В результате коллективных

---

4   Полный перевод Eguo xuwudang xiaoshuo, термина, который часто встречается в китайских изданиях начала XX века, — русская нигилистическая партийная художественная литература. В этой главе мы используем термин «русская нигилистическая (художественная) литература» для обсуждения этого необычного жанра, признанного только в китайской литературе, но относящегося к произведениям мировой литературы, созданным за пределами Китая. Русская нигилистическая художественная литература охватывает большое разнообразие творческих работ авторов из разных стран, включая Западную Европу и Китай. Китайский термин создает некоторую

усилий писателей и переводчиков, работавших на разных территориях, был создан образ молодых идеалистов — как мужчин, так и женщин, готовых пожертвовать собой в борьбе с деспотизмом. Глобальная транскультурация этого нарратива — наряду с вошедшим в историю мученичеством реальных русских нигилистов — создала своего рода «перформанс насилия»[5], который нашел отклик у аудитории с разным культурным опытом благодаря символическим и драматическим стратегиям. Распространение русского нигилизма через литературу сделало его более доступным для читателей во всем мире, а также сделало его более восприимчивым к культурным искажениям.

В ходе анализа этих изменений в данной главе мы рассмотрим вопрос — который обсуждался философами и литературными критиками со времен Платона и Аристотеля и обсуждается в наши дни — о связи литературы с жизнью. В этой главе представлен сложный процесс мимикрии, конечным результатом которого является подражание китайских радикалов революционному стремлению русских нигилистов. В условиях ограниченного доступа к источникам китайские писатели получали и направляли это революционное желание в основном через чтение и пересказ историй русских нигилистов, а также через собственную радикальную деятельность. В ходе этого процесса граница между историческим фактом и вымыслом постепенно размывалась, поскольку писатели вновь и вновь повторяли истории русских нигилистов. А так как вдохновение в рамках своей революционной деятельности китайские активисты черпали в русской

---

двусмысленность: неясно, относится ли он к художественной литературе о русской нигилистической партии или к художественной литературе о нигилистах, написанной на русском языке. Первая интерпретация наиболее близка к адекватному описанию обсуждаемого корпуса произведений, и мы будем придерживаться именно ее. Напротив, под термином «русская нигилистическая история» мы понимаем истории о русских нигилистах в целом, охватывая не только русскую нигилистическую художественную литературу, но и биографии и новостные сообщения о русских нигилистах.

5    Марк Юргенсмейер определяет терроризм как «перформанс насилия»: «Драматический акт, призванный оказать воздействие на тех, кто является его свидетелем». Подробнее см. [Juergensmeyer 2013].

нигилистической литературе — вымысел, биография и реальная жизнь начали переплетаться.

Как в России, так и в Китае особое внимание уделялось социальным и политическим функциям литературы. В фундаментальном эссе Лян Цичао «Об отношениях между художественной литературой и народным правительством» (Lun xiaoshuo yu qunzhi zhi guanxi, 論小說與群治之關係, *Лунь сяошо юй цзюньчжи чжи гуаньси*) утверждается важность литературы для возрождения человеческого духа; идей и нравов людей; а также морали, религии, политики, социальных норм, образования и искусства нации. Лян утверждает, что «художественная литература обладает невероятной силой управлять умами людей» [Liang Qichao 1999: 884]. В России Чернышевский также активно пропагандировал литературу как всеобъемлющее руководство по тому, как нужно жить жизнь[6]. Более того, в Восточной Азии мы находим аналог «Что делать?» Чернышевского в литературном жанре политического романа конца XIX века (政治小説 — zhengzhi xiaoshuo, *чжэнчжи сяошо* по-китайски, или *сэйдзи сё: сэцу* по-японски)[7]. Некоторые

---

[6]   Об этом читайте в работе [Чернышевский 1949].

[7]   Кэтрин Йе определяет особенности политического романа как жанра, который зародился на Западе и был принят другими национальными литературами. По мнению Йе, это жанр, в центре которого находятся идеалы и борьба, а движущей силой являются политические мотивы. Он затрагивает текущие проблемы, но при этом обрисовывает идеальное политическое будущее нации и возможные шаги по его достижению. Взяв в качестве предмета обсуждения нацию или государство и послужив литературным инструментом для охвата широкой аудитории за пределами политической элиты, этот жанр предлагает политическим активистам средство для публичной пропаганды. Главный герой, таким образом, становится воплощением духа и ценностей, которым должны подражать граждане. Политический роман приобретает элементы воспитательного романа (нем. Bildungsroman), поскольку в поисках истины и знаний главный герой должен постоянно путешествовать и знакомиться с различными взглядами и реалиями. В конечном счете за политическим романом стоит «вера в его способность преобразовать все общество», даже несмотря на то что его справедливость увеличивает «его [общества. — *Примеч. пер.*] политический и культурный капитал» [Yeh C. V. 2015: 48]. Следовательно, главная роль текста заключается в пропаганде определенного дела, что, в свою очередь, требует от жанра адаптации к местным или даже личным установкам.

из этих политических романов одобряли революционные начинания русских нигилистов, несмотря на их отличные интерпретации русского нигилизма.

В процессе исследования мы также понаблюдаем за преображением героических персонажей вследствие распространения революционного духа. Благодаря господству социалистического реализма, культ героизма преобладал как в СССР, так и в Китае и служил приемом пропаганды или инструментом партийной политики. История принятия положительных революционных героев уходит корнями далеко в прошлое во времена до создания и принятия социалистических доктрин. Русский нигилизм стал первым связующим звеном, через которое революционные страсти передавались между Россией и Китаем. Ученые рассматривают фигуру положительного героя из России 1860-х годов как средство прославления политических добродетелей в литературе [Mathewson 2000: 3]. Полвека спустя, в начале 1900-х годов, русские положительные герои вдохновили китайцев на переосмысление их собственной современной революционной модели.

Интересно, что культ героизма опирается на сложные и вековые теории, которые выходят далеко за рамки обычной современной иконографии [Ibid.: 2]. Катерина Кларк показала, что советская революционная литература перерабатывает мифы, тропы и риторику гораздо более древней русской литературы, включая заимствования из народной и религиозной литературы [Clark 1981: 8–9]. То же самое можно сказать и о романе Чернышевского. Дидактизм и оптимизм героя-революционера в романе «Что делать?» находит свой прообраз в аскетических героях православных литературных произведений. Подражание реальных русских революционеров вымышленным фигурам в романе Чернышевского свидетельствовало об их квазирелигиозном энтузиазме. Китайское преобразование русских нигилистических героев также вплело в их образ схожие, хотя и неоднородные, религиозные черты. Еще более усложняет процесс транскультурации то, что собственная героическая литературная традиция Китая, посвященная героям-отступникам, также обогатила изображение русских революционеров, сделав их более понятными для китайского читателя. Таким образом, несмотря на различные направленности, старое искусство послужило основой для нового. Русские герои-нигилисты стали сочетать в себе мультикультурные черты и тем самым способствовали передаче революционного духа.

### Два разных взгляда

Изображение русских нигилистов — одна из распространенных тем в изучении китайской литературы эпохи поздней Цин, однако большинство существующих исследований склонны рассматривать русских нигилистов как конкретную группу людей. Действительно, если мы проследим, как изображаются ключевые исторические фигуры, такие как Софья Перовская (1853–1881), в нашем анализе китайской интерпретации русских женщин-нигилисток, мы обнаружим добросовестное, хотя и не совсем точное воссоздание. Однако может ли одна такая личность, как Перовская, воплотить в себе все основные качества русских нигилистов? Чжоу Цзожэнь однажды раскритиковал китайскую версию истории русских нигилистов за ее неточность. С характерной для него прямолинейностью он утверждает:

> Сам по себе нигилизм не был достаточно силен, чтобы привести к русской революции. Можно сказать, что некоторые революционеры также являются нигилистами, но приравнивать одних к другим проблематично. <…> В нашей стране есть люди, которые считают содержание [нигилистической] литературы достоверной историей. Однако даже авторы [этих историй] не имеют глубоких знаний о том, что тогда происходило, так же как же их истории могут быть достоверными? (К русской художественной литературе эти замечания не относятся. Среди зарубежных произведений есть ценные шедевры, но это не то, что было переведено на китайский.) Эти произведения чистой воды вымысел [Zhou Zuoren 2009f: 83–84].

Выводы Чжоу предупреждают нас о сдвигах в ходе миметического процесса. Нам не нужно искать по сторонам, чтобы обнаружить вымысел и недостоверность в китайских изображениях русских нигилистов. Заядлые читатели китайской художественной литературы начала XX века знакомы с образом русских женщин-нигилисток. Двумя наиболее известными оригинальными китайскими сочинениями о русских нигилистках являются «Героини Восточной Европы» (Dong Ou nü haojie, 東歐女豪傑, *Дон оу нюй хаоцзе*) автора Ло Пу, писавшего под псевдонимом «Линнаньская дама в халате с перьями» (Lingnan yuyi nüshi, 嶺南羽衣女士, *Линнань юйи нюйши*), и «Цветок в море зла» (Nie hai hua, 孽海花, *Не хай хуа*), написанный в соавторстве Цзинь Сунцэнем (金松岑, 1873–1947), псевдоним Цзинь И (金一), и Цзэн Пу (曾樸, 1871–1935)[8]. В обоих рассказах персонажи женщин-нигилисток были основаны на реальных исторических личностях, однако расхождения между китайской и русской литературой о нигилистках просто поразительны.

На создание главной героини романа «Героини Восточной Европы» Софьи автор был вдохновлен реальной исторической личностью Софьей Перовской. Однако культурное «освоение» русского персонажа автором прослеживается уже на стадии изменения имени героини: «Софья» разделена на фамилию «Су» (蘇, Su по-китайски) и имя «Фэйя» (菲亞, Feiya по-китайски)[9]. Знатное семейное происхождение Перовской оправдало ожидания китайских читателей относительно очаровательной русской женщины, но китайский автор на этом не останавливается и добавляет гиперболизированное описание ее врожденного таланта. Так, из романа мы узнаем, что «когда Софья родилась, в саду танцевали белые журавли, а комнату наполнял нежный аромат» [Lingnan yuyi nüshi 1902a: 22]. Ни в одном произведении русской литературы рождение ребенка не проходит в сопровождении танцующих белых журавлей и нежного аромата. Однако

---

[8] Lingnan yuyi nüshi (Ms. Plumage Dress in Lingnan/Lingnan Lady of the Feathered Robe) — «Линнаньская дама в халате с перьями» — это псевдоним. Личность автора остается неизвестной, хотя в качестве кандидатов называют Ло Пу и Лян Цичао.

[9] Имена вносят еще большую путаницу, когда автор использует фамилию Перовский для обращения к дяде Софии и «мисс Ли» для ее матери.

в китайской мифологии журавль — древний символ, ассоциирующийся с бессмертием или долголетием, и в романе он используется в качестве отсылки на безупречное поведение и благородный характер Софьи[10]. Исторически сложилось так, что Перовская в молодости не получила должного образования и была относительно невзрачной на вид. Однако в китайской истории Софья не только поразительно красива, но и обладает природными данными, позволяющими ей быть столь же талантливой, как и герои-мужчины, чаще всего встречающиеся в китайской художественной литературе: она способна декламировать и сочинять стихи уже в раннем детстве. Хотя исключительная память, вероятно, более полезна для чиновников, сдающих китайский государственный экзамен, чем для нигилиста, занимающегося политическими убийствами, китайский писатель наделяет Софью этой способностью, чтобы она соответствовала образу типичного образованного интеллектуала в китайской художественной литературе.

«Героини Восточной Европы» — не единственное произведение, в котором при изображении русских нигилистов используются традиционные китайские риторические приемы. В романе «Цветок в море зла» представлен вымышленный персонаж по имени Сяяли (Xiayali, 夏雅麗), сводная сестра которой — не кто иная, как историческая личность Геся Гельфман (1855–1882), в рассказе упоминается как Хайфумэн (Haifumeng, 海富孟), русская нигилистка, участвовавшая в покушении на Александра II[11]. Китайский автор в очередной раз громко заявляет о красоте главной героини. Однако в столь пышной формулировке почти полностью отсутствуют признаки, указывающие на ее русские корни, кроме цвета волос:

---

[10] Бессмертные и отшельники часто изображаются верхом на журавлях. Более того, согласно классическим анекдотам, когда родился Чжан Цзюлин (張九齡, 678–740), видный министр и известный поэт династии Тан, его матери приснились девять журавлей, слетающих с неба.

[11] Хайфумэн — это китайская транслитерация фамилии Гельфман, которую автор принял за ее имя. Путаница в именах также продолжается и с именами ее родителей и сестры: Сыайшэн (Si'aisheng), госпожа Оу (Ou) и Сяяли.

Ее лицо было овальным, как дыня; его цвет — румяным и нежным, как у цветка айвы (Chaenomeles speciosa) под дождем. Глаза ее были ясными и черными, а зубы — сверкающими, как бусы из скорлупы кокосового ореха; волосы — светло-золотистые и невесомые, драпировались вокруг покатых плеч. Она двигалась так, как будто только что сошла с картины, и смотрела на окружающих с особым изяществом. Хотя она была еще молода, любой, кто видел ее, терял рассудок [Zeng 2005: 122–123].

Оба этих китайских романа подчеркивают необыкновенную красоту своих главных героинь. В русской литературе, напротив, все женщины, ассоциирующиеся с нигилизмом, выглядят неприметно. Например, в романе Чернышевского «Что делать?» главная героиня Вера не наделена исключительной красотой. Она не получила должного образования или хорошего воспитания и, похоже, не была любима своей матерью [Чернышевский 1975: 15–17]. Аналогичные выводы можно сделать и в отношении женщины-нигилистки в романе Тургенева «Новь»:

В сравнении с теткой Марианна могла казаться почти «дурнушкой». Лицо она имела круглое, нос большой, орлиный, серые, тоже большие и очень светлые глаза, тонкие брови, тонкие губы. Она стригла свои русые густые волосы и смотрела букой. Но от всего ее существа веяло чем-то сильным и смелым, чем-то стремительным и страстным. Ноги и руки у ней были крошечные; ее крепко и гибко сложенное маленькое тело напоминало флорентийские статуэтки XVI века; двигалась она стройно и легко [Тургенев 1982: 165].

И Чернышевский, и Тургенев используют термин, обозначающий некрасивую девушку, — «дурнушка» — при описании своих нигилистических героинь. Очевидно, для того чтобы стать героиней-нигилисткой русского романа, не обязательно быть девушкой необыкновенной красоты. Напротив, Тургенев подчеркивает жизненную силу Марианны, несмотря на ее простую внешность, — это намек на ее внутреннюю красоту. В целом, если в русской литературе нигилистки изображаются обычными девушками, что наводит на мысль о том, что нигилисткой может стать любая представительница общества, в которой живет бунтарский дух, то в двух китайских романах главные героини стремятся стать необычными как внешне, так и в своих способностях. Русские героини, появляющиеся в китайской художественной литературе, должны быть преобразованы, чтобы соответствовать китайскому литературному представлению и культурным кодам, в которых предполагается соответствие между внешней и внутренней красотой.

Как отметил Ин Ху о представлении Перовской в китайской литературе:

> Благодаря этому процессу трансформации Софья становится фигурой, созданной на основе тонкого баланса между аутентичным иностранным и привычным отечественным: она часто подчеркнуто китаизируется как культурная икона, как в своем имени, так и в своих моральных качествах [Hu Y. 2000: 1007].

В результате такой китаизации русские нигилисты превратились в типичных легендарных героев из китайского княжеского сословия, превосходящих обычных людей как интеллектуально, так и физически. Гендерный сдвиг, наделивший женщин качествами, которые в традиционной китайской литературе обычно приписывались мужчинам, можно считать смелым шагом китайских авторов, однако сравнение все же показывает, насколько сильно изображения нигилистов в китайской литературе расходится с их изображениями в русских произведениях.

Хотя русские персонажи в китайской художественной литературе носят якобы иностранные имена, их внешность и манеры остаются такими же, как у героев классической китайской литературы. Более того, в этих китайских историях, вдохновленных Россией, по-прежнему большое внимание уделяется традиционным этическим ценностям, таким как сыновняя почтительность. Например, один из нигилистов в «Героинях Восточной Европы»,

Сулуе (Suluye, 蘇魯業), решает отложить революционную карьеру «из-за бедности и родителей, за которыми некому больше ухаживать, так как нет братьев и сестер, которые могли бы помочь ему в этом» [Lingnan yuyi nüshi 1902b: 82]. В предисловии к китайскому тексту также говорится: «Конфуций говорит, что "храбрый солдат — это тот, который проявляет сыновнюю почтительность. Под самым Небом только люди, проявляющие почтительность к своим родителям, могут добиться великих успехов в революционном деле"» [Ibid.: 82]. Поразительно, что китайский автор называет сыновнюю почтительность важнейшим качеством для достижения успеха в революционном деле, ведь определяющей чертой русских нигилистов является их неповиновение старшему поколению. Китайские авторы, очевидно, не поняли или предпочли проигнорировать суть русского нигилизма при создании портретов русских убийц.

Об эстетическом значении оригинальных китайских произведений в жанре русской нигилистической литературы сказано немало. Многие исследователи отмечают тесную связь между русскими героями этого жанра и персонажами традиционной китайской литературы. По словам Дэвида Дервэя Вана,

для Ло Пу и его читателей Софья Перовская была привлекательна не только тем, что она была женщиной-революционеркой, но и тем, что она воплощала в себе те качества, которые можно было найти в китайской благородной женственности. <...> Хотя Ло Пу писал о группе радикалов, конечной целью которых было разрушение всех существующих человеческих институтов, его Софья и Андрей — скорее образцы конфуцианских добродетелей, радикально переосмысленных в стиле поздней Цин [Wang D. D. 1997: 167].

Или, как отметил Цзяньмэй Лю,

хотя она показывает роль женщины в обществе, личная жизнь Софьи все еще ограничена моральным кодексом, или, точнее, китаизирована и помещена в привычную систему половых ролей. <...> И действительно, несмотря на то что нигилистическая деятельность Софьи подлинно иностранная, ее сексуальность по-прежнему контролируется китайскими традиционными добродетелями [Liu J. 2003: 11].

Легко списать китайское преображение русских нигилистов на неполную или ошибочную информацию. Однако сама двусмысленность русского нигилизма как неопределенного понятия, а также постоянно меняющаяся повестка русского революционного поколения, представителей которого зарубежные СМИ обычно называли «русскими нигилистами», в своей совокупности сделали изображение русских нигилистов восприимчивым к трансформации в транскультурных контекстах. Чтобы понять, как происходила транскультурация русского нигилизма, необходимо вернуться к его истокам.

## Многоликое поколение

В России XIX века возникла особая форма нигилизма, сформировавшаяся на основе левого гегельянства и как реакция на романтизм. Эта форма отличается от современного понимания нигилизма, обычно ассоциируемого с Фридрихом Ницше (1844–1900)[12]. В отличие от ницшеанского умаления человека, существенными чертами русского нигилизма были вера в конечное всемогущество человеческой воли и попытка создать сверхчеловека, способного воплотить мечту о всеобъемлющем подчинении природы [Gillespie 1995: xix].

---

[12] Дискуссии о нигилизме в современную эпоху часто начинаются с утверждения Ницше о смерти Бога. По мере того как высшие ценности обесцениваются, люди ставят под сомнение все разумное и естественное и тем самым ниспровергают ранее считавшиеся само собой разумеющимися стандарты добра и зла. В XX веке нигилизм впервые приобрел популярность в академической среде. Термин был быстро дополнен специалистами во многих областях, от теологов и психиатров до социологов и историков культуры, что сделало невозможным поиск единого и четкого определения в лабиринте противоречивых интерпретаций. Хайдеггер утверждает, что нигилизм в скрытой форме является «нормальным состоянием» человека [Heidegger 1958: 47].

Термины «нигилизм» и «нигилист/нигилистка» возникли не в России. Нигилизм возник в западноевропейском теологическом дискурсе, затем перекочевал в политическую, философскую и в конечном счете эстетическую сферы. Таким образом, он развил неопределенность, которая бросила вызов концептуальным границам [Weller 2011: 19]. Термин «нигилист» впервые появился во время Французской революции для обозначения молодых, разочарованных интеллектуалов, которые ни во что не верили и чьи занятия и идеи считались никчемными. Несмотря на несколько вольное использование термина «нигилист» при различных обстоятельствах, в целом он приобрел ряд негативных коннотаций, от бессмысленных до наносящих ущерб[13].

В России нигилизм развивался по собственной траектории. Уникальной особенностью развития нигилизма в России является то, что термин «нигилист» впервые получил распространение в литературной сфере. Впервые в России слово «нигилист» было использовано в критическом фельетоне Николая Надеждина (1804–1856) 1829 года «Сонмище нигилистов» в журнале «Вестник Европы»; впоследствии, в 1840-е годы, этот термин использовали такие писатели, как Николай Полевой (1796–1846), Степан Шевырёв (1806–1864), Виссарион Белинский (1811–1848), Михаил Катков (1818–1887). В 1862 году роман Тургенева «Отцы и дети» поспособствовал популяризации этого термина среди широкой читательской аудитории. Таким образом, в отличие от других стран, где обсуждение нигилизма начиналось с богосло-

---

[13]  Нигилист иногда использовался как уничижительный эпитет в среде интеллектуалов, см. [Goudsblom 1980: 3–7]. Согласно Мартину Хайдеггеру и Теодору Адорно, впервые этот термин был использован в философской сфере в письме Фридриха Генриха Якоби к Иоганну Готлибу Фихте в 1799 году, в котором он порицал идеализм Канта и Фихте за то, что они исповедуют своего рода «нигилизм», который сводит рациональность и самость к чистым понятиям и превращает все в небытие и полнейшую неопределенность, при этом «истина», «добро» и «Бог» теряются. См. подробнее [Adorno 2004: 379; Heidegger 1991: 3]. Использование нигилизма у Якоби носит теолого-философский характер. С самого начала появления нигилизма в западном контексте он бросил вызов границе между теологическим, политическим и философским мирами.

вия, в России этот термин привлек внимание читателей в более
светском направлении.

Персонаж Базарова из романа Тургенева уже на протяжении
долгого времени служит прототипом нигилиста в России. Как
главный герой, он прививает нигилизм своим товарищам и му-
жественно борется со всем, что считает неискренним и ложным.
Он отвергает ненужные и неразумные аспекты существующего
общественного строя, в том числе крепостное право, которое
составляло основу российской социальной иерархии и авторитет
политического руководства России во времена Тургенева. Базаров
надеется, что, исключив эти элементы, Россия освободит место
для чего-то лучшего в будущем. Его мировоззрение более пози-
тивно, чем предполагает современное определение нигилиста. Он
хочет жить, опираясь на науку, апеллируя к разуму, эмпирическим
наблюдениям и экспериментам. Однако через этого персонажа
Тургенев также показывает слабости и парадоксы, которые он
наблюдал у настоящих нигилистов. Базаров отвергает эмоции, но
его попытки отринуть человеческие чувства, особенно романти-
ческую любовь, не увенчались успехом: в частности, он не может
контролировать свои эмоции по отношению к Анне Одинцовой.

Прототипом Базарова выступил доктор, с которым Тургенев
познакомился как-то в поезде. Однако в первом обсуждении
нигилизма в романе, которое предлагает широко цитируемое
определение этого термина, Базарова мы не слышим. Вместо
него автор прибегает к помощи ученика Базарова Аркадия Кирсанова. В разговоре со своим дядей Павлом Кирсановым, представителем старшего поколения мещан и человеком, известным
своей гордостью и принципиальностью, Аркадий говорит ему:
«Нигилист — это человек, который не склоняется ни перед какими авторитетами, который не принимает ни одного принципа на
веру, каким бы уважением ни был окружен этот принцип»
[Тургенев 1948: 21–22]. В этом разговоре Тургенев демонстрирует два разных взгляда двух разных поколений на нигилистов,
делая главной темой своего романа: «противостояние старых
и молодых, либералов и радикалов, традиционной и новой ци-
вилизаций» [Berlin 1975: 26–27].

Представляя нигилизм в рамках дискуссии между двумя поколениями, Тургенев избегает использования авторитета рассказчика, чтобы самому занять ту или иную сторону. Неясно, объясняет ли автор неудачу Базарова неполнотой его практики нигилизма или антиномичностью самого нигилизма. Для Тургенева важнее всего социальные последствия русского нигилизма, а не создание кристально чистого определения. Более того, его трактовка делает очевидной двусмысленность нигилистов: они — часть поколения, определяемого в основном наблюдениями и представлениями других людей, будь то их поклонники или противники. Название «нигилист» действительно является результатом коллективных усилий этих людей, направленных на то, чтобы передать дух нового русского поколения.

Конечно, нигилизм возник в России еще до публикации романа Тургенева, и «Отцы и дети», по сути, являются своевременным ответом на появление нового поколения — или, другими словами, одной из внешних попыток изобразить это поколение. Чтобы лучше понять этих молодых людей, необходимо обратиться к истории, предшествовавшей появлению этого нового поколения[14]. С этой точки зрения нигилизм можно рассматривать как реакцию России на гнет и реформы империи. После провала Крымской войны в 1856 году и смерти Николая I на престол взошел Александр II, для России наступил период мира и внутренних реформ, включая освобождение крепостных, реорганизацию судебной системы, усиление системы местного самоуправления и введение всеобщей воинской повинности. Благодаря ослаблению цензуры русская интеллигенция получила возможность открыто обсуждать социальные проблемы. Эта более либеральная атмосфера способствовала появлению нового радикального поколения, которое бросило вызов фундаментальным российским институтам, а вместе с тем и призыв к действиям. Основную часть радикального общества составили

---

[14] За историческими подробностями о русском нигилистическом движении обращайтесь к [Hingley 1967; Brower 1975; Venturi 1983; Pozefsky 2003; Возилов 2011; Новиков 1972].

дети бедных дворян, мелких чиновников и духовенства. Многие из них воплотили свои политические убеждения в своеобразной одежде и манерах: они отказались от приличий дворянства и выбрали неопрятные наряды рабочего класса, чтобы отличаться от своих сверстников. Мужчины носили длинные волосы, женщины же, наоборот, стриглись коротко. Они курили сигареты и громогласно отвергали традиционные представления о религии, искусстве и сексуальной морали. В то же время эти молодые люди не скрывали своего восхищения философией материализма, утилитаризма, позитивизма и наукой. Некоторые из них и вовсе были отличниками, поступившими в университет, но решили не оканчивать его, просто чтобы сделать таким образом заявление.

Избавление от тирании в результате реформ Александра II не вызвало благодарности народа, как он, возможно, ожидал. Вместо этого интеллигенция открыто выражала недовольство российским общественным устройством, и первые студенческие бунты начались уже в 1856 году[15]. Как утверждает Ирина Паперно, в интеллектуальной среде России 1860-х годов «"новое время" трактовалось негативно, как радикальный отказ от "старого мира", его верований и традиций (отсюда термин "нигилизм")» [Paperno 1988: 7]. Остро ощущая разрушение устоявшихся социальных моделей поведения и убеждений, Тургенев правдиво изображает противостояние родительского авторитета и радикальных принципов нового поколения, старого порядка и новых идеалов. Поместив главные сцены романа «Отцы и дети» в сельскую местность, а не в крупные города России, Тургенев таким образом изобразил в миниатюре охва-

---

[15] По мнению Дэниела Р. Броуэра, ряд факторов способствовал возникновению особых институтов, идеалов и моделей поведения, которые функционировали как «школа инакомыслия», способная нарушить упорядоченный процесс обучения в студенческих сообществах в середине XIX века. Среди этих факторов Брауэр особенно выделяет российские социальные условия, включая воспитание молодых людей, лестницу успеха, действующую в высших слоях общества, и дисфункциональную систему образования. См. [Brower 1975].

тившие Россию волнения, вызванные радикальными реформами Александра II. Хотя роман Тургенева вызвал серьезные споры во время его публикации — популяризация провокационного термина «нигилист» в значительной степени объясняется его выходом, — это произведение остается относительно мягкой критикой русского общества, как и сам Тургенев остается относительно мягким сатириком.

Книгой, оказавшей наибольшее влияние на современное российское общество и обеспечившей эмоциональную динамику русского нигилизма, был роман «Что делать?» Чернышевского, впервые опубликованный в 1863 году. После выхода в свет этот роман получил широкое распространение и стал своего рода библией нового поколения — нигилистов. Он также оказал глубокое влияние на русских социалистов и радикалов, включая Ленина. В отличие от «Отцов и детей» Тургенева, которые отражали зарождение нового поколения и реакцию на этот процесс старого поколения, роман «Что делать?» был руководством к действию для этого нового поколения и пророчеством, предсказывающим будущее. Многие молодые россияне поклонялись этой книге с почти религиозным благоговением. Они становились последователями Чернышевского и провозглашали, что действуют от его имени. Интересно, что, хотя русские критики — такие, как марксист и теоретик Плеханов, задавший тон советскому изучению писателя, — признавали, что роман лишен художественных достоинств, все они отмечали его огромное социальное и идеологическое влияние. Не будет преувеличением сказать, что Чернышевский переосмыслил феномен русских нигилистов [Плеханов 1958, 2: 175]. Как резюмирует Джозеф Франк, «новые люди» Чернышевского отличаются от Базарова, который представляет собой «отчаянное отрицание и уничтожение застойного и бездуховного»; вместо этого новые люди — это «сплав грубого фейербаховского материализма и детерминизма, бентамовского утилитаризма и утопического социалистического перфекционизма» [Frank 1990: 193–194].

Несмотря на тенденциозность сюжета, роман «Что делать?» успешно настроил своих российских читателей, особенно молодых, на восприятие революционного духа[16]. Молодые россияне, стремившиеся преобразовать общество с помощью научных знаний и радикальных реформ, начинали строить свою жизнь по примеру этих идеализированных самоотверженных героев. Они отказывались от традиций, заложенных в их семьях, и, создавая собственные предприятия, пытались добиться экономической независимости. Русские нигилисты почитали образ Рахметова, революционного аскета с железной волей, и восхищались его абсолютной преданностью народу и революции. Большая часть движения «Хождения в народ» 1870-х годов также обязана своим вдохновением непосредственно роману «Что делать?» [Drozd 2001: 10–11]. Радикалы, убившие Александра II, даже выбрали днем своего нападения 4 апреля 1866 года — дату, когда Чернышевский завершил работу над романом, ради совпадения с тем, что многие посчитали скрытым призывом к революции в «Что делать?».

Хотя книга понравилась русским нигилистам и помогла подготовить новое поколение радикалов, которые брали пример с главных героев истории, Чернышевский ни разу не использует термины «нигилизм» или «нигилист» в своем романе из-за уже связанных с ними негативных коннотаций. Вместо этого он выбрал термин «новые люди». Это люди, горячо верящие в себя

---

[16] Сюжет романа «Что делать?» повторяет мотив любовного треугольника. Однако в отличие от Тургенева, который представляет Базарова беспомощным влюбленным, Чернышевский предлагает неожиданное решение, которое приводит к идеалистическому счастливому финалу. Дмитрий Лопухов, студент-медик, заключает фиктивный брак с Верой Павловной, чтобы избавить ее от брака без любви и пожизненного рабства в семье; однако, узнав, что Вера влюбилась в его сокурсника Александра Кирсанова, Дмитрий «сходит со сцены», инсценируя собственную смерть с помощью революционера Рахметова. Следуя своему эстетическому убеждению, что искусство должно иметь социальное назначение, Чернышевский изображает молодое поколение не таким, какое оно есть, а таким, каким оно должно быть: странная смесь утилитаризма и просвещенного эгоизма. Центральные фигуры романа — Вера, Лопухов и Кирсанов — являются образцами для подражания, призванными продемонстрировать новому поколению, как мужчины и женщины должны жить, руководствуясь рациональными принципами.

и в новые идеологии, такие как научность, материализм, утилитаризм и атеизм. В это же время термин «нигилист» в общественный дискурс вводит роман Тургенева «Отцы и дети». Термин прочно вошел в обиход, особенно среди романистов, журналистов и чиновников, почувствовавших иконоборческую энергию, заложенную в новизне, которая бросала вызов традиционным русским социальным, религиозным, художественным и этическим идеалам. Хотя само новое поколение считало, что термин «нигилист» содержит крайне неточную характеристику, старое поколение, представленное Павлом Кирсановым в романе Тургенева, предпочитало использовать термин, обозначенный Тургеневым, именно из-за его негативных коннотаций. В итоге этот термин стал широко использоваться в русском языке для обозначения определенной возрастной категории и со временем был подхвачен зарубежными СМИ, в том числе и в Азии. И японцы, и китайцы называли нигилистами новое русское поколение — то, которое дистанцировалось от мейнстрима за счет инновационных форм одежды, речи и социального поведения. Другие термины, такие как «новые люди», которым отдавало предпочтение само новое русское поколение, оставались неизвестными внешнему миру.

Отклики, которые вызвал роман Чернышевского, не всегда были положительными. Помимо недовольства стилем, существенное недовольство вызвал сюжет. Вместо прямой критики многие писатели предпочитали писать художественные произведения, чтобы выразить свою точку зрения. По мнению Чарльза А. Мозера, первым опубликованным произведением, воплотившим антинигилистическую тематику, стал рассказ Дмитрия Григоровича (1822–1899) «Школа гостеприимства» (1855), в котором карикатурно изображен Чернышевский. Первым романом, целиком посвященным проблеме нигилизма, стал роман Авдотьи Глинки (1795–1863) «Леонид Степанович и Людмила Сергеевна» (1856), в котором создается крайне негативный образ радикалов. Более поздние писатели, такие как Алексей Писемский (1821–1881), Николай Лесков (1831–1895), Виктор Клюшников (1841–1892), Константин Леонтьев (1831–1891) и Иван Гончаров, тоже внесли свой вклад в антирадикальную литературу в России [Moser 1964: 62–70]. Толстой также использовал свои пьесы и романы, чтобы вступить в диалог с радикальными взглядами Чернышевского. Достоевский, вероятно, является одним из самых известных писателей-антинигилистов. Его «Записки из подполья» считаются прямой полемикой с романом Чернышевского. Для своей книги Достоевский заимствует многие идеи и иносказания из романа «Что делать?», например «Хрустальный дворец», чтобы продемонстрировать нереалистичность рационального эгоизма Чернышевского. В дальнейшем, например в романах «Преступление и наказание», «Идиот» и «Бесы», Достоевский также использует и осуждает некоторые элементы из «Что делать?»[17].

Даже Тургенев, довольно мягкий критик нигилизма, относился к этому движению с неизменным скептицизмом. Через 15 лет после выхода романа «Отцы и дети» Тургенев написал свой последний роман «Новь» (1877), в котором он представил поражение попыток нигилистов «хождения в народ». В этом романе термин «нигилист» используется в основном консерваторами для обозначения популистов (народников) с однозначно негативной коннотацией, и это представление Тургеневым народников как бы доказывает неполноценность русского нигилизма. Хотя молодые герои романа происходят из похожих семей и имеют схожие жизненные пути, как и герои «Что делать?», Тургенев изображает их идеалистами и непрактичными людьми, чья наивность делает их планы жить как крестьяне или рабочие бесплодными и бессмысленными. Главный герой Алексей Нежданов, чья фамилия подразумевает «внезапность», кончает жизнь самоубийством, осознав, что никогда не сможет соответствовать требованиям, предъявляемым настоящему герою. Вместе с тем главная героиня Марианна Синецкая так и не может до конца

---

[17] В сборник эссе «Just Assassins» под редакцией Энтони Анемона вошли несколько статей, посвященных литературе о русском нигилизме. Как показывают эти статьи, большая часть русской литературы не воспринимала драматические и кровавые события, порожденные периодом русского революционного терроризма, положительно.

понять значение призывов народников к революции, но тем не менее изо всех сил старается подражать манерам низшего класса, надевая крестьянскую одежду.

Помимо приведенных ранее примеров из литературы, роман Чернышевского вызвал резкую реакцию как сам по себе, так и на нигилизм по всей России. Многие находили его слишком романтичным, слишком сентиментальным и слишком идеалистичным. Однако эта критика не погасила фанатичного стремления молодых россиян к светлому будущему, обещанному в произведении Чернышевского. Возможно, они находили мотивацию именно в его романтическом и сентиментальном идеализме. И чтобы реализовать его, они были готовы пойти на крайние меры. В 1870-х годах в России нарастало недовольство правительством, что привело к стремительному росту терроризма. Основные участники этого террористического движения действительно были народниками, как и главные герои романа «Новь»[18]. Как и герои романа, эта группа стала особенно отчужденной после провала их попытки «хождения в народ». Столкнувшись с непреодолимым крестьянским равнодушием и преследованием со стороны правительства, народники компенсировали свое разочарование радикализацией и обращением к терроризму.

В 1869 году Сергей Нечаев (1847–1882) написал «Катехизис революционера», в котором проповедовал использование любых средств, включая необходимые преступления и предательство во имя революции. Этот текст стал основой террористического движения в России. Экстремистов вдохновляли безжалостный фанатизм, макиавеллиевская тактика и полная аморальность, проповедуемые в книге. Кульминация террористической кампании пришлась на 1 марта 1881 года, когда революционная нелегальная политическая партия «Народная воля», изначально со-

---

[18] Следует отметить, что среди народников существовали различные группировки, однако некоторые из тех, кто мог бы подойти под это описание, даже не считали себя частью этой группы. И тем не менее всех, кто так или иначе относился к этой категории, объединяла вера в русский народ. Более подробное обсуждение российского народничества можно найти в [Wortman 1967; Berlin 1960; Соколов 1968; Зверев 2009].

стоявшая из радикальной народнической организации «Земля и воля», стала известна вследствие своей террористической атаки на Александра II, приведшей к смерти императора. Помимо Нечаева, среди главных сторонников терроризма были Дмитрий Каракозов (1840–1866), первый нигилист, покушавшийся на Александра II; Андрей Желябов (1851–1881), один из главных организаторов успешного покушения на Александра II; женщины-террористки, такие как Вера Засулич (1849–1919), стрелявшая в генерала Федора Трепова (1809–1889), городского префекта Петербурга, и Софья Перовская, помогавшая в организации покушения.

Некоторые критики, в том числе Сергей Степняк, утверждали, что народники появились, в отличие от нигилистов, в 1860-х годах [Степняк-Кравчинский 1987]. В то же время многие другие не видели четкой разницы между ними и продолжали называть народников нигилистами. Не отставали и западноевропейские СМИ, которые связывали русский нигилизм с российскими народниками и их террористическими актами. Таким образом, «нигилист» как термин стал эквивалентен новым революционерам и даже террористам. Несмотря на разнообразие ассоциаций, как в России, так и в Западной Европе термин «нигилист» приобрел преимущественно уничижительные коннотации, а сами нигилисты были отвергнуты западноевропейскими средствами массовой информации [Goudsblom 1980: 9]. В то же время романтическая притягательность преступников и их тайных заговоров вдохновила западноевропейских романистов на создание художественных произведений о русских нигилистах, что, в свою очередь, обусловило появление большого количества рассказов, известных в Китае как русская нигилистическая (художественная) литература. Глобальное распространение русского нигилизма не только определило репутацию русских нигилистов за рубежом, но и принесло им международную известность.

Если говорить вкратце, то русское поколение 1860–1870-х годов было обвешано различными ярлыками — «новые люди», «народники», «радикалы», «революционеры», — каждый из которых имел несколько отличный оттенок. Однако именно «нигилисты» как термин стал неотъемлемой частью глобального анархизма после того, как его приняли не только в России, но и в западноевропейском мире, а со временем переняли японские и китайские СМИ.

## Переданная революционная страсть

Хотя читатели позднего периода Цин узнали о русских нигилистах отчасти из западноевропейских сообщений, японские СМИ также сыграли значительную роль в восприятии китайцами русского нигилизма. В качестве примера можно привести принятие Китаем переведенного японского термина «нигилизм» — *кёмусюги* (虚無主義). Идея нигилизма возникла в китайском и японском дискурсе в конце XIX века. Когда она впервые появилась в Китае, писатели предлагали различные переводы и транслитерации. Примерно в конце 1870-х — начале 1880-х годов, когда русские радикалы были наиболее активны, китайские периодические издания, основанные на западных источниках, включая «Взгляд на времена» и «Сборник текущих событий на Западе» (Xiguo jinshi huibian, 西國近事彙編, *Сиго цзиньши хуэйбянь*) давали различные транслитерации нигилизма, включая *нихэлисытэдан* (nihelisitedang, 尼赫力斯特黨) и *нисилидан* (nixilidang, 尼希厲黨) [Lu Faqin, Rui 2018: 30–32]. Разные транслитерации даже появлялись в одном и том же периодическом издании, что свидетельствует о незнании китайцами в то время русских радикалов. Цинские чиновники также упоминали нигилизм в своих дневниках с описаниями путешествий по европейским странам, опять же с разной транслитерацией. Например, в дневнике Ли Фэнбао (李鳳苞, 1834–1887) «Дневник моей поездки в Германию» (Shi De riji, 使德日記, *Ши дэ жицзи*) под записью за 10 декабря 1878 года он транслитерирует русских нигилистов как *нихэлиши* (nihelishi, 尼赫力士) [Li Fengbao 1936: 43].

В отличие от этого, в отчетах, основанных на японских источниках, нигилисты почти всегда назывались *сюйудан* (xuwudang, 虛無黨). Так, например, в газете «Шанхайские новости» (Shen bao, 申報, *Шэнь бао*) за 1884 год в нескольких отчетах, основанных на японских источниках, упоминался именно этот термин[19]. Среди множества конкурирующих неологизмов *сюйудан* сохранился как наиболее распространенный термин, в то время как другие варианты исчезли; эта тенденция демонстрирует доминирующую роль японских источников в китайской рецепции русского нигилизма.

На ранних этапах восприятия китайцы рассматривали русское нигилистическое движение лишь как одно из многих радикальных движений в Европе. Термин «русская нигилистическая партия», подразумевающий тайные подпольные общества, обычно приравнивался к бесчинствующим группам преступников и ассоциировался с бунтовщиками тайпинского восстания; поэтому считалось, что он был «запятнан неблаговидностью» [Price 1974: 92]. Однако все изменилось после провала «Ста дней реформ», когда костяк китайских реформаторов сам стал вне закона. Многие китайские интеллектуалы стали рассматривать революцию и радикальные действия как единственное решение социальных проблем своей страны и черпали вдохновение в покушениях русских нигилистов. Примечательно, что одним из центров китайского студенческого радикализма была Япония. Неслучайно газеты, основанные китайскими реформаторами и студентами, приезжавшими в Японию по обмену, страстно пропагандировали русский нигилизм. Среди них были «Цзянсу» (Jiangsu, 江蘇), «Чжэцзян тиде»/«Чжэцзян чао» (Zhejiang Tide/ Zhejiang chao, 浙江潮) и «Тянь И»/«Тянь и бао» (Tian Yee/Tian yi bao, 天義報, англ. Natural Justice, «Естественная справедливость») в Японии и «Газета Су» (Su bao, 蘇報, *Су бао*, англ. Su Newspaper), «Национальная газета Китая» (Guomin ri ribao, 國民日日報, *Гоминь жибао*, англ. China National Gazette) и ежедневная газета

---

[19] Хотя в первом сообщении о нигилистах в «Шанхайских новостях» слово *сюйудан* использовалось для широкого обозначения нигилистов в России, Германии и Австрии, в новостях, опубликованных в последующие годы, речь шла только о русских нигилистах. Несмотря на глобальный аспект нигилистического движения, русские нигилисты стали парадигмой нигилизма в Китае, и японская пресса была одним из важнейших посредников в создании этого представления [E zeng bu fei 1884].

«Тревожный колокол» (Jingzhong ribao, 警鐘日報, *Цзинчжун жибао*, англ. Alarm Bell Daily News) в Шанхае. По мере того как китайские интеллектуалы вникали в западный политический дискурс через японские источники, они открывали для себя и ценность русского нигилизма, что, в свою очередь, привело к росту числа сообщений в китайских СМИ.

Из всех газет, выходивших в Японии, «Миньбао» (Min bao, 民報, *Минь бао*, «Народная газета»), издававшаяся китайскими революционерами, была одной из самых влиятельных. В ней терроризм и убийства всегда были в центре внимания, когда шла речь о русских нигилистах. В статье «Новостной ежедневник Русской революционной партии» (Eguo gemingdang zhi ribao, 俄國革命黨之日報, *Эго гэминдан чжи жибао*) подчеркивалась необходимость убийств для создания конституционного правительства: «[Российский] конституционализм был реализован после многочисленных призывов. И сторонники, как правило, использовали такие методы, как покушения и взрывы» [Eguo gemingdang zhi ribao 1906: 94]. Помимо последних новостей, китайские революционеры также переводили фрагменты из японских книг о русских нигилистах. Одиннадцатый и семнадцатый номера «Миньбао» содержали последовательный перевод третьей главы книги Кэмуямы Сэнтаро «Современный анархизм» [Min bao 1907a; Min bao 1907b]. Шестнадцатый номер газеты «Миньбао» также включил биографию Михаила Бакунина, взятую из «Анархизма» (無政府主義, *мусэйфусюги*) Куцуми Кессона (久津見蕨村, 1860–1925), другого японского ученого, чьи работы по нигилизму имели большое влияние в Китае [Bakuning zhuan 1907]. Как следует из приведенного ранее примера смешения слов «нигилизм» и «анархизм», одним из последствий японского влияния стала интеграция нигилизма и анархизма в Китае. Беспорядочное использование нигилизма, анархизма и терроризма в западноевропейской литературе побудило сначала японцев, а затем и китайцев впечатлиться нигилистическим или популистским терроризмом и в конечном итоге обратиться к анархизму [Bernal 1968: 114].

Китайские радикалы связывали русское нигилистическое движение с революцией 1905 года в России, это было большим источником ободрения особенно для тех в Китае, кто видел возможной революцию против самой могущественной автократии в мире. Общая цель — свержение деспотии — побудила китайских интеллектуалов искать вдохновение в русских нигилистах, которые считали создание тайных обществ и убийства наиболее эффективными методами революции[20]. В списке их целей можно было встретить даже имена цинских правителей, таких как Цзайфэн (1883–1951), регента при императоре Пу И и вдовствующей императрицы Цыси (1835–1908). Многие члены этих обществ либо получили образование в Японии, либо бежали туда в поисках политической защиты[21].

В дополнение к новостным сводкам и статьям китайские интеллектуалы также переводили художественную литературу о русских нигилистах, что усложняло дискурс о них в Китае. Популярные журналы, включая «Новейшую литературу» (Xin xin xiaoshuo, 新新小說, *Синь синь сяошо*), «Ежемесячный сборник всех историй» (Yue yue xiaoshuo, 月月小說, *Юэ юэ сяошо*), «Литературную эпоху» (Xiaoshuo shibao, 小說時報, *Сяошо шибао*) и «Новую литературу» (Xin xiaoshuo, 新小說, *Синь сяошо*), публиковали рассказы о нигилистах. Большинство этих историй были созданы авторами Британии или других стран Западной Европы. Чэнь Цзинхань был одним из самых преданных пере-

---

[20] В результате для совершения убийств были созданы Общество возрождения Китая (Xing Zhong hui, 興中會, *Син чжун хуэй*), Китайское общество Возрождения (Hua xing hui, 華興會, *Хуа син хуэй*), Общество Реставрации (Guangfu hui, 光復會, *Гуанфу хуэй*), Общество ежедневного информирования (Ri zhi hui, 日知會, *Жи чжи хуэй*) и др. Некоторые такие группы, в том числе Корпус убийц Йокогамы (Hengbin ansha tuan, 橫濱暗殺團, *Хэнбинь аньша туань*), Северный корпус убийц (Beifang ansha tuan, 北方暗殺團, *Бэйфан аньша туань*) и Китайский корпус убийц (Zhina ansha tuan, 支那暗殺團, *Чжина аньша туань*), занимались устранением правительственных чиновников.

[21] В [Zarrow 1990: 31–58] Питер Зарроу рассказывает о том, как китайцы получили от японцев знания о современных социальных движениях на Западе. Эдвард Кребс в [Krebs 1998: 33–46] также пишет о том, как Лю Шифу (劉師復, 1884–1915) и другие китайские революционеры черпали вдохновение у русских народников и европейских анархистов при посредничестве Японии.

водчиков русской нигилистической художественной литературы, его наиболее примечательные переводы — «Русская детективная технология» (Eguo zhi zhentan shu, 俄國之偵探術, *Эго чжи чжень-тань шу*) и «Странная красота» (Guai meiren, 怪美人, *Гуай мэй-жэнь*). А Ин назвал его самым выдающимся переводчиком нигилистических рассказов [A 1981a: 789].

В своих переводах Чэнь в значительной степени опирался на японские издания: в 1904 году книжный магазин «Каймин» (Kaiming shudian, 開明書店, *Каймин шудянь*) опубликовал трехтомник «Детективные истории» (Zhentan tan, 偵探譚, *Жэньтань тань*), один из томов которого представлял собой эстафетный перевод рассказа Артура Конан Дойла «Пенсне в золотой оправе», сделанный Чэнем на основе перевода Тагути Кикутэя (田口掬汀, 1875–1943). Тагути переименовал детективную историю Дойла в «Увлекательную историю России: нигилисты» (露国奇聞:虚無党, *Рококу кибун: кёмуто:*); в свою очередь и Чэнь изменил название, оставив в заголовке только «Нигилисты» (Xuwudang, 虚無黨, *Сюйудан*). Чэнь также перевел книгу Уильяма Тафнелла Ле Кё (1864–1927) «Странные рассказы нигилиста», основываясь на японском переводе книги, опубликованном под названием «Увлекательная история о нигилистах» (虚無党奇談, *Кёмуто: кидан*) и сделанном Мацуи Сёё (松居松葉, 1870–1933).

А Ин отмечает, что художественная литература о русских нигилистах была основной на китайском книжном рынке до Синьхайской революции 1911 года [Ibid.: 790]. Однако и после этого она не исчезла полностью с китайской культурной сцены. Многие из рассказов, такие как, например, «Дирижабль нигилиста» (Xuwudang feiting, 虚無黨飛艇, *Сюйудан фэйтин*), «Дочь нигилиста» (Xuwudang zhi nü, 虚無黨之女, *Сюйудан чжи нюй*) и «Нигилистка» (Nü xuwudang, 女虚無黨, *Нюй сюйудан*), были опубликованы в 1911 и 1912 годах. В последующие шесть лет количество переводов и публикаций подобных рассказов в китайских журналах только росло[22], и лишь

---

22 Среди переводов художественной литературы о русских нигилистах, опубликованных после 1911 года, есть несколько, изданных в 1914 году, в их числе «Тайная беседа нигилистов» (Xuwudang miyi, 虚無黨秘議, *Сюйудан мии*) в переводах Мэн Шу (孟曙) и Ху Синя (胡昕), опубликованная в «Еже-

к 1919 году термин *сюйудан* утратил свою популярность в китайских переводах[23].

Интересно, что Артур Конан Дойл, британский писатель, известный своими детективными рассказами о Шерлоке Холмсе, сыграл значительную роль в понимании китайцами русских нигилистов. Дойл проявлял большой интерес к русским нигили-

месячнике коротких рассказов», «Развеянные облака и проливной дождь» (Fan yun fu yu, 翻雲覆雨, *Фань юнь фу юй*), опубликованные в журнале «Суббота» (Libai liu, 禮拜六, *Либай лю*), и «Нигилистка», переведенная Чжоу Шоуцзюанем для журнала «Забава» (Youxi zazhi, 遊戲雜誌, *Юси цзачжи*). В 1915 году были опубликованы «Русская нигилистская вендетта: дверь с черной меткой» (Eguo xuwudang chousha an: Heiqi zhi men, 俄國虛無黨仇殺案: 黑漆之門, *Эго сюйудан чоуша ань: хэйци чжи мэнь*) в переводе Ни Хаосэня (倪灝森) в «Зарослях вымысла» (Xiaoshuo congbao, 小說叢報, *Сяошо цунбао*) и «Сталь и кровь» (Tiexue, 鐵血, *Тесюэ*) в переводе Цзюэна (覺奴) в приложении к «Сычуаньскому вестнику» (Sichuan gongbao zengkan, 四川公報增刊, *Сычуань гунбао цзэнкань*). В 1916 году вышли в свет «История нигилиста: ночь в логове нигилистов» (Xuwudang an: Mimi ku zhong yixi tan, 虛無黨案: 秘密窟中一夕談, *Сюйудан ань: мими ку чжун иси тань*) Ши Пина (詩屏) и Гу Пина (谷蘋), «История о нигилистах: фантазия жены» (Xuwudang yishi: Qihuan, 虛無黨軼事: 妻幻, *Сюйудан иши: цихуань*) в переводе Шэ Во (舍我) в «Новом литературном журнале» (Xiaoshuo xinbao, 小說新報, *Сяошо синьбао*), в 1917 в «Нежных чувствах» (Cunxin, 寸心, *Цуньсинь*) был опубликован перевод Тун Чэня (慟塵) «Железо и кровь нигилистов» (Xuwudang zhi tiexue, 虛無黨之鐵血, *Сюйудан чжи тесюэ*). Наконец, в 1918 году среди прочих появилась «История о нигилистах: звон колоколов в тихую ночь» (Xuwudang yishi: Qingye zhongsheng, 虛無黨軼事: 清夜鐘聲, *Сюйудан иши: цине чжуншэн*) в переводе Циюаня (綺緣) в «Новом литературном журнале».

23  Это не означает, что после 1919 года в Китае полностью прекратились дискуссии о *сюйудан*. В 1922 году Чжэн Чжэньдо перевел автобиографическую повесть Бориса Савинкова «Конь бледный», беллетризованный дневник террориста. Ба Цзинь (巴金, настоящее имя Ли Яотан, 李堯棠, 1904–2005) — один из самых известных китайских писателей и сторонников анархизма. Его псевдоним Ба Цзинь является транслитерацией слова «Бакин», составленного из фамилий русских анархистов Михаила Бакунина и Петра Кропоткина. В 1926 году он опубликовал две статьи о русских нигилистах: «Истории о русских нигилистах: представление о левых социалистах-революционерах» (Eguo xuwudang ren de gushi: Shehui gemingdang zuopai de jieshao, 俄國虛無黨人的故事: 社會革命黨左派的介紹, *Эго сюйудан жэнь дэ гуши: шэхуэй гэминдан цзопай дэ цзешао*) в журнале «Гражданский колокол» (Min zhong, 民鍾, *Минь чжун*) и «Истории о русских нигилистах» (Eguo xuwudang ren de gushi, 俄國虛無黨人的故事, *Эго сюйудан жэнь дэ гуши*) в еженедельнике «Национальные новости» (Guowen zhoubao, 國聞週報, *Говэнь чжоубао*).

стам в своих произведениях: например, попытка Веры Засулич убить генерала Трепова вдохновила его написать об «убийстве Трепова» в «Скандале в Богемии». Убийца из рассказа «Пенсне в золотой оправе» — русская нигилистка, которая хочет отомстить мужу, по вине которого погибли ее товарищи-нигилисты. «Ночь среди нигилистов» — это сенсационный рассказ о британском торговце, который оказывается в центре заговора русских нигилистов. Все три повести были переведены на китайский язык в начале XX века. Переводы «Скандала в Богемии» — китайское название «Фотографии короля Богемии» (Bahai miaowang zhaoxiangpian, 跋海渺王照相片, *Бахай мяован чжаосянпянь*) и «Пенсне в золотой оправе» — китайское название «Нигилисты» (Xuwudang, 虛無黨, *Сюйудан*) были опубликованы в 1903 году, а «Ночь среди нигилистов» была переведена как минимум дважды, сначала под названием «Тайная беседа нигилистов» (Xuwudang miyi, 虛無黨密議, *Сюйудан мии*) в 1914 году, а затем как «История нигилиста: ночь в логове нигилистов» в 1916 году. Так, следуя японской адаптации Тагути Кикутэя, китайский переводчик акцентировал внимание в названии на нигилистическом движении.

Три рассказа Артура Конан Дойла соответствовали этому жанру русской нигилистической художественной литературы, представленной в Китае. Тайна и приключения были двумя ключевыми элементами таких рассказов для китайских переводчиков, которых меньше всего волновали идеологические убеждения и внутренняя борьба между различными фракциями русских нигилистов. Многие переведенные рассказы посвящены тому, как нигилисты перехитрили полицию и детективов[24]. Герои-

---

[24] Например, «Ящик восьми сокровищ» (Babao xia, 八寶匣, *Бабао ся*) — это история о нигилисте, который обманывает полицию, притворяясь русским авантюристом, а на самом деле пытается убить российского императора во время его визита в Англию, подложив ядовитую иглу в шкатулку с редким бриллиантом, преподнесенным императору в подарок. В «Нигилистке» (Nü xuwudang, 女虛無黨, *Нюй сюйудан*) в журнале «Литературная эпоха» аналогичным образом описывается, как группа нигилистов спасает своего товарища и добывает важные документы у русской полиции после предательства одной из участниц группы.

нигилисты западных историй, переведенных на китайский язык, имеют схожий опыт. В одних случаях они становятся членами тайной нигилистской группы, замышляющей заговор против коррумпированного российского правительства в Москве или Санкт-Петербурге, после раскрытия заговора их отправляют в Сибирь, но им удается бежать и чудом добраться до Западной Европы, чтобы продолжить свое революционное дело; другие вступают в заговор в Лондоне или Париже, получают орудия для убийства и возвращаются в Россию, чтобы осуществить свои планы. Западноевропейские авторы добились большей художественной свободы и аутентичности, сделав Лондон или Париж местом действия нигилистических историй, поскольку мало кто из них был по-настоящему знаком с Россией.

Китайское переосмысление русских нигилистов было отмечено значительным японским следом. Хотя и Япония, и Китай заметили радикальную деятельность русских нигилистов примерно в одно и то же время, их разные социальные и политические условия привели к тому, что всплеск распространения нигилизма в китайских изданиях отставал от японского. В то время как русский нигилизм приобрел наибольшую популярность в Китае в начале 1900-х годов, в последние десять лет правления династии Цин, японцы проявили свой энтузиазм на двадцать лет раньше, что позволило Японии послужить основным источником информации для Китая двадцать лет спустя. Эта задержка позволила китайцам отфильтровать информацию, первоначально собранную японцами, для собственного использования. Чтобы лучше осветить источники, доступные китайским читателям, в следующем разделе мы изучим аспекты восприятия русского нигилизма в Японии.

### «Кёмусюги» или «нихиридзуму»

Внедрение русского нигилизма в Японии соответствовало политическим потребностям японских радикалов. Во второй половине 1870-х и в 1880-х годах в Японии развивалось «Движение за свободу и народные права» (自由民権運動, *Дзию: минкэн ундо:*), конституционное движение за демократию, инициаторами которого были Итагаки Тайскэ (板垣退助, 1837–1919), Гото Сёдзиро (後藤象二郎, 1838–1897) и Это Симпэй (江藤新平, 1834–1874). Политическая централизация, последовавшая за реставрацией Мэйдзи в 1868 году, разрушила надежды бывших самураев на новую политическую систему с всенародно избираемым законодательным органом. Эти антиправительственно настроенные активисты составили ядро «Движения за свободу и народные права», но поскольку главной формой правления в период Мэйдзи оставалась автократия, другие японцы, включая городскую либеральную буржуазию, интеллигенцию и сельское население, многие из которых вдохновлялись западными идеями, также присоединились к движению в ответ на деспотичную политику Японии.

Начиная с 1882 года движение приобрело более радикальную направленность и потребовало свержения правительства Мэйдзи и установления конституционной монархии. Однако движение было подавлено правительством, а некоторые активисты, участвовавшие в нем, впоследствии перешли на сторону национализма и империализма и стали сотрудничать с правительством. Тем не менее радикалы добились частичного успеха, поскольку заставили правительство пообещать принять конституцию и парламентскую систему. В культурном плане это движение также послужило толчком к популяризации политических романов: сторонники «Движения за свободу и народные права» были особенно плодовитыми авторами, писавшими политические романы, в которых они затрагивали такие вопросы, как создание парламента и политических партий.

«Движение за свободу и народные права» в Японии возникло менее чем через десять лет после того, как нигилистическое движение стало заметным в России. Схожие политические условия и инициативы побудили японцев к активному внедрению русского нигилизма в свои газеты и сочинению на его основе политических романов. О деятельности русских нигилистов впервые узнали в Японии из японских же газет. Газета «Тёя» (朝野新聞, *Тё: я симбун*), например, 26 октября 1878 года сообщила, что двумя месяцами раннее нигилистами был убит русский государственный деятель Николай Мезенцов (1827–1878). Сторонники «Движения за свободу и народные права» также выступали с речами, в которых отстаивали свою политическую позицию, вдохновленную русскими нигилистами, в одной из таких речей в 1880 году, например, они рассуждали о том, чтобы «учиться у русских нигилистов отстаивать свои гражданские права» (露国虚無党ニナラヒテ国権ヲ張レ, *рококу кёмуто: ни нарахитэ коккэн о харэ*). Вера Засулич стала культовой фигурой русского нигилистического движения в Японии после того, как о суде над ней в 1878 году написали в японских газетах [Nakamura, Rimer 1995: 20–21]. В 1882 году Сомада Сакутаро (杣田策太郎) опубликовал «Эпизод в России: сомнительное заключение героической женщины» (魯国奇聞: 烈女の疑獄, *Рококу кибун: рэцудзё но гигоку*) о Вере Засулич, закрепив за ней статус русской знаменитости в Японии[25]. В том же году, Миядзаки Мурю (宮崎夢柳, 1855–1889) опубликовал политический роман «Ложное обвинение» (冤枉乃鞭笞, *Мудзицу но симото*), основанный на истории Веры Засулич в иллюстрированной газете «Свобода» (絵入自由新聞, *Эйри дзию: симбун*). Посвятил отдельную главу Вере Засулич и Сёдзи Тадзима (象二田島, 1852–1909) в опубликованной в 1881 году книге «Биографии героических женщин Запада» (西國烈女傳, *Сайкоку рэцудзёдэн*).

Рассказы об убийстве Александра II, совершенном 1 марта 1881 года, были особенно интересны японской публике. Опираясь на мемуары русских нигилистов и подобные книги, переведенные с русского на другие западные языки, а также на сообщения западных СМИ, японцы охотно пересказывали истории о покушениях русских радикалов. В апреле 1881 года Окубо Цунэкити (大久保常吉, 1853–1924) опубликовал книгу «История убийства российского императора» (魯帝弒逆記, *Ротэй сигяку ки*). В июне того же года восторженные отклики читателей побудили его

---

[25] Согласно предисловию Сомады Сакутаро, эта книга была составлена из переводов различных книг о Вере Засулич, хотя он не сообщает, каких именно. Хайсима Ватару (藍島亘) утверждает, что Сомада написал свою книгу на основе переписки с американцами и соответствующих отчетов, см. [Haishima 2012b: 61].

опубликовать второй том с более подробными сведениями о русских нигилистах [Ōkubo 1881: i]. В 1879 году Фукудзава Юкити предложил интерпретацию русского нигилистического движения в книге «Преобразование жизни народа» (民情一新, *Миндзё: иссин*), в которой особое внимание уделяется их покушениям:

> Это люди, придерживающиеся доктрины, которая ниспровергает и отменяет все правила, существующие в человеческом обществе. Они хотят уничтожить все старое, искусственное: покончить с частной собственностью, страной, храмами, браком и социальной принадлежностью. Они считают, что единственный способ достичь такой цели — это убить императора... Они называют себя партией «нигилизма». «Нигилизм» означает «ничто» [Fukuzawa 1879: 95–96].

Вдохновленные русскими радикальными движениями, японцы испытали терроризм в действии. В 1882 году, воодушевленный убийством Александра II, Таруи Токити (樽井藤吉, 1850–1922) организовал Социалистическую партию Востока (東洋社会党, *То: ё: сякайто:*), которую можно считать японским ответом русским народникам. Главные постулаты партии основывались на идеях Михаила Бакунина (1814–1876) о терроризме и народничестве.

В отличие от китайцев, не имевших прямого доступа к русскому нигилизму, японцам не всегда приходилось полагаться на западноевропейские источники. Известный переводчик Фтабатэй Симэй в 1886 году перевел роман «Отцы и дети» Тургенева непосредственно на японский язык, свой перевод он озаглавил как «Вид и характер типичных нигилистов» (通俗虚無党形気, *Цу: дзоку кёмуто: катаги*)[26]. Как показывает Сё Кониси на ярких

---

[26] Фтабатэй Симэй перевел только часть романа и опубликовал к нему анонс. Он показал переведенный отрывок писателю Цуботи Сёё, но Цуботи так и не издал его. Это самое раннее упоминание о японском переводе «Отцов и детей» Тургенева. Позже знаменитые переводчики Нобори Сёму и Ёнэкава Масао (米川正夫, 1891–1965) перевели роман полностью. Однако ни один из более поздних переводов не содержал термин «нигилист» в своих названиях.

исторических примерах, Токийская школа иностранных языков, где учился Фтабатэй, была важным центром распространения революционных знаний в Японии. Это стало возможным благодаря таким русским педагогам, как Лев Мечников (1838–1888), и целому ряду бывших русских заключенных и политических ссыльных, которые воспитывали «популистский дух» в своих японских учениках [Konishi 2013: 77]. Своими усилиями они вырастили целое поколение специалистов по России в Японии, симпатизировавших русскому нигилизму и ставших в некоторых случаях «главными участниками корпоративистского анархистского движения» [Ibid.: 80].

Более того, русские нигилисты сами публиковали свои работы на других западных языках, и японцы тоже читали эти тексты. Террористические акты вызвали острую реакцию в России, которая загнала нигилистическое движение в подполье и сделала проблематичным для нигилистических агитаторов публиковать что-либо провокационное на русском языке. Это одна из главных причин отсутствия в России произведений, посвященных убийствам и терроризму. С другой стороны, нигилисты в изгнании сыграли главную роль в распространении русского нигилизма по Западной Европе. Эти произведения привлекли внимание и японских читателей.

К примеру, Сергей Степняк, близкий друг Уильяма Морриса (1834–1896) и Джорджа Бернарда Шоу (1856–1950) и один из самых влиятельных интерпретаторов русского нигилистического движения в англоязычном мире, сыграл значительную роль в формировании японских представлений о русском нигилизме [Scotto 2010: 98]. В 1884–1885 годах Миядзаки Мурю опубликовал книгу «Плачущие призраки: реальные истории нигилистов» (鬼啾啾: 虚無党実伝記, *Кисю: сю:: кёмуто: дзицудэнки*) частями в журнале «Фонарь свободы» (自由燈, *Дзию но томосиби*) [Miyazaki 2007]. В основу «Плачущих призраков» легла «Подпольная Россия» Степняка, серия нехудожественных очерков о революционной жизни русских радикалов и личных встречах Степняка с ними, включая такие фигуры, как Петр Кропоткин (1842–1921), Софья Перовская и Вера Засулич [Григорьева 1989]. Однако в отличие от работы Степняка, повествование Миядзаки заканчивается казнью Перовской, после чего он выражает глубокую симпатию к русским нигилистам. «Плачущие призраки» Миядзаки стали одной из самых популярных в Японии книг о русском нигилизме. В 1920 году Миядзаки Рюскэ (宮崎龍介, 1892–1971) выпустил новый перевод книги Степняка под названием «Подпольная Россия: история революции» (地底の露西亜: 革命物語, *Титэй но росиа: какумэй моногатари*). В 1896 году Токутоми Рока (徳富蘆花, 1868–1927) перевел часть романа Степняка «Жизнь нигилиста» (иначе «Андрей Кожухов»), написанного в 1889 году, он опубликовал свой перевод в «Национальной газете» (国民新聞, *Кокумин симбун*) под названием «Преданная жизнь» (すつる命, *Суцуру иноти*).

Кропоткин также внес свой вклад в японскую интерпретацию русского нигилизма. В 1882 году Нисикава Цутэцу (西河通徹, 1856–1929) опубликовал «Историю русских нигилистов» (露国虚無党事情, *Рококу кёмуто: дзидзё:*), основанную на статье Кропоткина «Русская революционная партия» в журнале «Двухнедельное обозрение» (Fortnightly Review). В том же году Андо Кюдзиро (安東久治郎, 1867–1932) также перевел эту статью и озаглавил ее «Истоки русского нигилизма» (露国虚無党之由来, *Рококу кёмуто: юрай*).

Помимо источников, созданных самими русскими нигилистами, многие актуальные новости о них переводились с западноевропейских или американских новостных сводок. Кроме того, японцы опирались на западноевропейские книги. Например, Кавасима Туноскэ (川島忠之助, 1853–1938) в 1882 году перевел на японский роман Поля Вернье «Охота на нигилиста» (фр. La chasse au nihiliste; яп. 虚無党退治奇談, *Кёмуто: тайдзи кидан* — в пер. на яп. «Удивительный рассказ об усмирении нигилистов»). В определенной степени такое разнообразие источников привело к размыванию границ между нигилизмом, популизмом (народничеством) и анархизмом в Японии. Комацу Рюдзи (小松隆二) отметил: «В нашей стране российское популистское движение было представлено как нигилистическое. На самом деле, внедрение нигилистов произошло до заимствования анархизма, и это во многом повлияло на формирование образа последнего» [Komatsu 1972: 19].

В то время как в России «нигилист» был неоднозначным и негативным термином, в западноевропейских СМИ он широко использовался для обозначения поколения русских 1860–1870-х годов. По мере того как анархистское движение становилось все более глобальным, русские нигилисты снискали репутацию пионеров в области [политических] покушений, за ними следовали анархисты Франции, Испании, Италии и Соединенных Штатов. Хотя названия конкретных групп, таких как «Народная воля», упоминались, когда раскрывались исторические подробности тех или иных событий, в новостных сообщениях также широко использовался и общий термин «нигилист». Более того, «нигилист» был излюбленным термином в детективной литературе и триллерах, которые пользовались вниманием широкой читательской аудитории[27].

Под влиянием используемой терминологии в западных СМИ, японское слово, обозначающее нигилистов, *кёмуто:* (虚無党), в конечном итоге стало эквивалентно террористам, или, точнее, группе, нацеленной на убийство. И нигилизм, и анархизм предполагали опору на неизбежное насилие ради свержения существующей политической и правовой системы. Например, Кэмуяма Сэнтаро в своей книге «Современный анархизм», в значительной степени основанной на западноевропейских исследованиях, рассматривает русский нигилизм как предтечу русского анархизма. Хотя эта нехудожественная книга задумана как история анархизма, первая ее часть посвящена нигилизму и подробно рассматривает историю нигилизма, его сторонников, возникновения движений, изгнаний и тюремных заключений радикалов.

Стоит отметить, что нигилизм переводится на японский язык двумя способами: *кёмусюги* или иногда *кёмусисо:* (虚無思想) и *нихиридзуму* (ニヒリズム). Это связано с существованием в японском языке нескольких систем письма: первая представ-

---

[27] О том, как популярность русских нигилистов повлияла на развитие детективных историй и триллеров, см. [Ó Donghaile 2011; Taylor 2012].

ляет собой перевод на кандзи, а вторая — транслитерацию английского термина на катакане, используемой для записи иностранных слов. Обычно два эти термина рассматриваются как взаимозаменяемые, однако некоторые ученые утверждают, что между ними есть определенные различия. Фуруя Эйити (古谷栄一) утверждает, что *кёмусисо:* связано с традиционной азиатской формой нигилистического реализма и должно отличаться от *нихиридзуму*, которое сигнализирует о неповиновении господствующим политическим, религиозным и социальным авторитетам. Он предлагает переводить *кёмусисо:* как «доктрину абсолютного отрицания», «доктрину незнания» или «доктрину забвения». В свою очередь, термин *нихиридзуму* он считает более близким к русскому «нигилизму», который не является полным отрицанием, поскольку признает науку, индивидуализм, любовь, гуманизм и социальную идеологию. Таким образом, *кёмусисо:* может напоминать японцам о существующих традициях нигилизма, которые исповедовались в Японии на протяжении веков — буддизме из Индии и даосизме из Китая, обе они подчеркивают концепцию нигильности, т.е. ничтожности (яп. 虚無, *кёму*), а транслитерация *нихиридзуму* может ассоциироваться с западным нигилизмом, особенно с русским. В то же время перевод нигилистов словом *кёмуто:*, последний иероглиф которого обозначает «партия/группа», подчеркивает социальный аспект концепции, вызывая, таким образом, ассоциации с общественными движениями и политическими кампаниями.

### От «кёмуто:» до «сюйудан»

Японская рецепция русского нигилизма повлияла на его раннее заимствование в Китае, но и китайские писатели, в свою очередь, сделали выбор, определивший развитие этой концепции в их стране. Например, предпочтение китайцев термина *кёмуто:* было связано с его политическими коннотациями. Японцам было трудно найти подходящий перевод из-за потенциальных азиатских аллюзий при транскультурации термина «нигилист» (например, аллюзий на буддизм и даосизм). Поэтому японские писатели предпочитали более нейтральную транслитерацию катаканы *нихирисуто* (ニヒリスト) переводу кандзи *кёмуто:*. С другой стороны, китайцы восприняли только последний вариант и ввели его в свой политический дискурс. Они понимали *сюйудан* (прямой аналог *кёмуто:*) прежде всего как политическую партию. Если некоторые философские размышления и сопровождали китайский контекст, то они были далеки от того, что изначально подразумевал русский нигилизм.

Еще одним ключевым отличием раннего заимствования русского нигилизма в Китае от заимствования его Японией было отсутствие участия русских нигилистов, которые могли бы открыть канал для прямого общения. Китайцы в основном полагались на информацию, полученную при первоначальном знакомстве с движением. Например, несмотря на то что такие имена, как Бакунин и Кропоткин, упоминались в китайских периодических изданиях уже в 1880-х годах, интерес к этим фигурам был проявлен только в 1900-х годах, когда японские источники предоставили важную для китайцев информацию. Более систематическое внедрение их теорий началось только в 1920-х годах. Непоследовательная транслитерация имени Кропоткина в китайских изданиях до середины 1920-х годов отражает беспорядок, царивший в ранней китайской рецепции [Li Cunguang 2009: 265]. Более того, хотя работы вышеупомянутых русских нигилистов были широко доступны на японском книжном рынке, китайские переводчики проявили больший интерес в отношении популярной литературы о русских нигилистах. В отличие от работ непосредственно самих русских нигилистов, которые давали более полное представление о движении, популярные нигилистические рассказы — или то, что китайцы позже назвали русской нигилистической литературой, — были написаны в основном авторами из Западной Европы и имели тенденцию к упрощению сложного русского нигилистического движения. Все, что требовалось этим рассказам, чтобы удовлетворить свою аудиторию, — это страна под кулаком тирании и вера нигилистов в терроризм. Такой литературный подход, возможно, был упрощенным, но он также способствовал универсализации тропа русских нигилистов сквозь национальные границы.

Немногочисленные примеры подлинно русской художественной литературы о нигилистах не привлекли особого внимания в Китае. «Современный анархизм» Кэмуямы Сэнтаро охватывает широкий спектр литературы о нигилизме, включая такие романы, как «Отцы и дети» и «Что делать?». Однако в многочисленных китайских версиях его работы обсуждение этих русских литературных произведений было значительно преуменьшено или вовсе опущено. В 1909 году, в Японии Сома Гёфу опубликовал свой перевод романа «Отцы и дети»; однако эта книга не была принята, несмотря на то что многие другие японские книги и переводы о русском нигилизме переводились на китайский язык. Слава Тургенева делает этот пробел еще более примечательным. Чжоу Шоуцзюань, страстный псевдопереводчик русской нигилистической литературы, в 1917 году перевел часть «Записок охотника» Тургенева, но снова обошел стороной роман «Отцы и дети». Только в 1922 году Коммерческое издательство (Shangwu yinshu chubanshe, 商務印書出版社, *Шану иньшу чубаньшэ*) опубликовало перевод романа, выполненный Гэн Цзичжи[28]. И только в 1936 году издательство «Культура и жизнь Шанхая» (Shanghai wenhua shenghuo chubanshe, 上海文化生活出版社, *Шанхай вэньхуа шэнхо чубаньшэ*) опубликовало первый китайский перевод романа Чернышевского «Что делать?», выполненный Ло Шими (羅世彌, 1903–1938).

Такую непопулярность русской литературы о нигилистах можно понять, если учесть сложность отношения самих русских к этой теме. Китайская публика была очарована революционным духом нигилизма. Проявления этого духа в этих произведениях могли быть понятны русскому читателю, но они не были столь прямыми и очевидными, как в западноевропейских рассказах. Более того, за исключением Чернышевского, большинство русских писателей относились к нигилистическому движению

---

[28] Ученые продолжают спорить о дате публикации первого китайского перевода романа «Отцы и дети» Тургенева. Некоторое время считалось, что перевод Лан Вэньхая (藍文海) был опубликован в 1896 году, но это оказалось неправдой. Тарумото Тэруо (樽本照雄) предлагает подробное обсуждение этого вопроса в [Tarumoto 2015: 11].

скептически или даже враждебно, и лишь немногие поддерживали его методы — покушения и терроризм. Китайские интеллектуалы, рассматривавшие нигилистические рассказы как пропагандистское средство революции, по понятным причинам не хотели переводить антинигилистическую литературу. Напротив, западные изображения русских нигилистов в детективах и приключенческих рассказах были достаточными для возбуждения интереса. Они редко затрагивали глубокие философские вопросы, не давали глубокого анализа психологических или социологических стимулов нигилистического движения. Они представляли собой серию захватывающих историй, в которых наибольшее внимание уделялось не социальным последствиям коллективных движений, а приключениям отдельных героев. По своему потенциалу революционной агитации западноевропейская популярная литература о русских нигилистах превосходила серьезную литературу о нигилизме, созданную в России, и поэтому завоевала большую популярность в Китае.

Заимствуя материалы о русском нигилизме на японском языке, китайские переводчики также проявляли тенденцию к переделке. Например, китайский писатель Цзинь Сунцэнь перевел «Современный анархизм» — озаглавив перевод как «Кровь свободы» (Ziyou xue, 自由血, *Цзыю сюэ*) — в 1904 году, за год до публикации первых двадцати глав собственного произведения в жанре русского нигилистического романа «Цветок в море зла». Книга Кэмуямы, особенно шестая глава о русских женщинах-нигилистках (虚無党の女傑, *Кёмуто: но дзёкэцу*), дала материал и детали для изображения Сяли, его собственной русской героини-нигилистки. Одним из явных доказательств заимствований Цзиня является фамилия главной героини, вымышленной сводной сестры Геси Гельфман. И в упомянутой ранее главе из книги «Цветок в море зла», и в переводе Цзиня «Современного анархизма» Кэмуямы есть следующее предложение:

Фамилия Хайфумэнь была Ю'айшань. Она была родом из Минской губернии, Россия (海富孟者，姓游愛珊，閔司克州人也) [Jin Yi 1904: 136; Zeng 2005: 122].

А это перевод японского предложения Кэмуямы:

Юэсусэ [полное имя Юэсусэ Херуфуман ユエスセ、ヘルフ
マン в книге Кэмуямы] родом из Минска (ユエスセはミン
スク州の人) [Kemuyama 1965: 260].

Путаница между фамилией и родовым именем приводит
к тому, что Цзинь принимает имя Ю'айшань (Юэсусэ по-японски)
за фамилию Сяяли — ошибка, возникшая из его неправильного
прочтения японского текста. Помимо заимствования имени,
общий образ Сяяли представляет собой сплав трех женских
фигур, включенных в шестую главу Кэмуямы: Веры Засулич,
Софьи Перовской и Геси Гельфман.

Увлечение Цзиня этими женскими фигурами проявляется в его
переводе работ Кэмуямы. Будучи академическим исследователем,
Кэмуяма пытается предложить сбалансированную точку зрения.
Он называет русское нигилистическое движение одной из «край-
них форм революционизма» и симптомом «болезни общества»[29].
Этот патологический дискурс продолжается в его описании
своей книги как «исторического исследования», в котором рассматривается происхождение и развитие нигилистов как «пара-
ноиков и фанатиков» [Ibid.: 1]. Если книгу Кэмуямы можно рассматривать как исследование патологии, основанное в первую
очередь на его чтении немецких и английских рассказов о русском
нигилизме, то Цзинь превращает свою книгу в катализатор революции, постоянно заявляя в ней о своем восхищении нигилистами. Цзинь говорит об этом прямо, в своем предисловии
к переводу он восхваляет русских нигилистов, говоря: «Кто такие
нигилисты? Они — боги свободы, авангард революции, враги
самодержавия. <...> Я перевожу тексты о нигилистах, чтобы мой
народ знал, за что он борется» [Jin Yi 1904: 2].

Даже в переводе Цзинь горячо выражает свои личные чувства,
полностью меняя тон японского оригинала. Кэмуяма представ-

---

[29] Кэмуяма называет нигилизм «крайней формой революционизма» в [Kemuy-
ama 1965: 2], а также «социальной болезнью» в [Ibid.: 1].

ляет трех женщин-нигилисток, перечисленных ранее, через их биографию и семейное окружение, Цзинь вместо этого открывает книгу собственным комментарием. Например, первое предложение главы о Гельфман в переводе Цзиня содержит следующее:

Нигилисты, заставляющие богов вздыхать, а призраков удивляться, — они собрали мудрость и усилия сотен лет, стоили голов и жизней сотен и тысяч людей; в результате они добились удивительных вещей, которые, как можно подумать, не под силу одному или двум героям [Ibid.: 136].

Аналогичным образом, если в рассказе Кэмуямы конкретные детали выделяются, то в переводе Цзиня они часто опускаются, особенно если речь заходит о сложных географических или временных деталях. Вместо этого Цзинь прибегает к преувеличению, чтобы ярко воссоздать сцены в отсутствие этих деталей. Например, описывая гнев Веры, он добавляет: «Когда Вера закончила есть, с гневными глазами и оскаленными зубами она разбила свою миску кинжалом и возвела хулу к небу» [Ibid.: 130]. Кроме того, Цзинь позволяет некоторым деталям увлечь его эмоционально и, таким образом, перескакивает от фактических утверждений к личным суждениям. Он делает это с помощью сильных, идеологически заряженных фраз, таких как «[Гельман и ее муж] рождаются как боги любви и умирают как призраки свободы» или «Она скорее умрет, чем потеряет свободу, вот почему Софья — святая»[30]. Таким образом, видение Цзинем русских нигилисток продиктовано его собственными идеологическими взглядами. Как утверждает Цзин Цу, нигилизм был заимствован «из России, преобразован Японией, но переосмыслен в Китае как новый вид модернистского, индивидуалистического универсализма» [Tsu 2008: 172]. Как видно из этих примеров, китаизация происходила не только в рамках сочинения произведений в жанре русской нигилистической художественной литературы, но и в ее китайских переводах.

---

[30] Фрагмент «[Гельман и ее муж] рождаются» см. в [Jin Yi 1904: 138], «Она скорее умрет» в [Ibid.: 132].

Учитывая эти обстоятельства, неудивительно, что транскультурация русских нигилистических историй привела к изменению литературных жанров в Китае. Если западноевропейские произведения о русских нигилистах можно отнести в основном к развлекательной популярной литературе, то китайские сочинения были определены как политические романы. Цзинь Сунцэнь задумывал «Цветок в море зла» как политический роман. «Героини Восточной Европы» — по мнению Кэтрин Йе — также относятся к этому жанру [Yeh C. V. 2015: 304]. Хотя в этих книгах и задействованы романтические привязанности и захватывающие сюжеты, а также сюжетные стратегии и повествовательные приемы из популярной литературы, они в большей или меньшей степени являются «символическими или аллегорическими кодировками, заигрывающими с грандиозными политическими концепциями» [Ibid.: 51]. В конце концов, внедрение и перевод русской нигилистической художественной литературы из Западной Европы и создание оригинальной китайской нигилистической литературы преследуют одну и ту же цель: распространение новых политических идеалов в период национального кризиса, как и предполагал Лян Цичао, когда восхвалял потенциал социального воздействия художественной литературы.

В целом можно сказать: несмотря на то что китайские переводчики тщательно отбирали японские материалы, именно японское посредничество определяло китайскую интерпретацию русского нигилизма. Мы согласны с Доном Прайсом в том, что книга Кэмуямы разочаровывает по многим параметрам: ключевые фигуры нигилистического движения, включая Герцена и Чернышевского, изображены просто как ученики западной философии, такой как французский социализм и немецкий материализм, к тому же Кэмуяма почти не затрагивает крестьянский вопрос и народные коммуны (общины) — центральные темы русского народничества, которые были важнейшим компонентом развития нигилистического движения [Price 1974: 122–124]. Подобные искажения, в свою очередь, напрямую повлияли на восприятие нигилизма в Китае, где под влиянием дарвинистских идей интеллектуалы стали представлять русскую революцию в первую очередь как антиавтократическое движение, борьбу между просвещением и ретроградной тиранией и «телеологический, идеалистический марш прогресса» [Ibid.: 125].

Осознавая ее недостатки, мы тем не менее должны признать и социальный эффект книги Кэмуямы. Например, Ян Душэн (楊篤生, 1872–1911), революционер, помогавший У Юэ (吳樾, 1878–1905) в его покушении в 1905 году, внимательно следил за тем, как Кэмуяма описывал три стадии русского нигилистического движения; исходя из этих наблюдений, он представлял себе аналогичное революционное восстание в Китае, где социальное разрушение, сопровождаемое насилием и террором, было бы необходимым этапом [Yang Yulin 2008: 61–62]. В целом в период, когда некоторые революционеры считали своей главной целью социальное разрушение и свержение маньчжурского правительства, любое беспокойство о последствиях этих действий считалось пагубным, не говоря уже об обсуждении какой-либо политической стратегии. Как выразился один китайский писатель в газетной статье «Введение в идеальную нигилистическую партию» (Lixiang xuwudang xuyan, 理想虛無黨序言, *Лисян сюйудан сюйянь*):

> Я не хочу тратить силы на изучение вашего языка, поэтому не могу читать ваши книги с глубокими смыслом, такие как «Что делать?» и «Кто виноват?». <…> Поэтому я придумал другой план. К вашему замечательному слову «нигилизм» я добавлю «идеалистический», так что то, что я имею в виду, можно назвать идеалистическим нигилизмом [Luo 1983: 53–54].

### Модель «нового» революционера

Китайский «идеалистический нигилизм», каким он предстает в китайском сочинении русской нигилистической художественной литературы, несомненно, очень далек от русского нигилизма. Одна параллель, которая делает заметным решительное расхождение между русскими нигилистами и их китайской рефигурацией, прослеживается в отношении к русской и китайской литературной традиции соответственно. В обеих странах образ революционеров как положительных героев не был современным изобретением, а содержал много отсылок к прошлому. Русские писатели вдохновлялись жизнеописаниями представителей православного христианства, а китайские авторы опирались на героическую парадигму древнекитайского повествования.

Книга «Что делать?» стала своего рода «евангелием» для русского революционного поколения, во многом благодаря тому, что Чернышевскому удалось включить христианство в свое утопическое повествование. Как доказывает Ирина Паперно, идеи социальной революции имели глубоко укоренившиеся библейские ассоциации, с помощью которых Чернышевский активно переводил христианство в систему, пригодную для решения актуальных социальных и нравственных проблем. Такой подход сделал его произведение смесью «христианского социализма и фейербаховского антропотеизма» [Paperno 1988: 198]. Книга «Что делать?» далека от пропаганды ортодоксального христианства, но риторические параллели существуют: идеальное общество будущего напоминает земной вариант воплощения Земли обетованной, а в его революционерах проглядывают черты апостолов. Радикалы, следившие за творчеством Чернышевского, даже создавали вокруг автора неприкосновенный ореол, считая его воплощением Иисуса; правительственная охота за ним еще больше усиливала впечатление от его страданий [Ibid.: 205]. Таким же образом «новые люди», предложенные Чернышевским в качестве образцов добродетели, силы и способностей, выступали и в качестве «апостолов новой веры» [Ibid.: 207].

В романе Чернышевского идеальный революционер предстает в виде необыкновенного Рахметова, который повторяет образ православного святого из канонических жизнеописаний. Хотя из-за цензуры в самом романе это не обсуждается, читатели прекрасно понимали, что именно он должен возглавить восстание и свергнуть царский режим. Рахметов — образцовый революционер, преодолевающий косность и романтизм, обладающий такими основными революционными качествами, как полная уверенность в себе, абсолютная неподкупность и неспособность к поражению [Mathewson 2000: 77]. Он раздает свое состояние, отказывается от физических удобств и избегает женщин. Он даже спит на кровати с гвоздями, готовясь к возможному заключению в тюрьму и полицейским пыткам. Этот персонаж, который появляется в романе лишь на короткое время, стал образцом идеального революционера — сочетанием «жизнеописательного характера русского религиозного кенотизма и холодно-беспристрастных расчетов английского утилитаризма» [Frank 1990: 199].

Книга Чернышевского призывала читателей стать живыми воплощениями Рахметова. Многие русские революционеры, вдохновленные романом, проводили свою жизнь в условиях добровольных лишений. Некоторые, например Сергей Нечаев, как говорят, подражали аскетическим привычкам Рахметова, спали на голых досках и ели только черный хлеб [Drozd 2001: 114]. Однако не все соответствовали стандартам Чернышевского. Клаудия Верховен показывает, что Дмитрий Каракозов, покушавшийся на Александра II, был болезненным и склонным к суициду, что едва ли напоминало сильного и энергичного Рахметова [Verhoeven 2009: 39–65]. Точно так же многие нигилисты не придерживались строгого аскетизма, например, они отказывались спать на гвоздях или давать обет сексуального воздержания — поведение, которое критики вроде Дмитрия Писарева (1840–1868) считали нелогичным [Drozd 2001: 116; Pisarev 1958: 669]. Однако даже неудачные попытки революционеров подражать Рахметову и выяснение практической целесообразности его практик свидетельствуют о серьезном отношении молодых русских к воссозданию жизненного опыта вымышленной фигуры. Сходство Рахметова с христианскими деятелями было необходимо для его вдохновляющей силы. Поскольку многие русские радикалы 1860-х годов имели духовное образование, символические отсылки Чернышевского к христианству были чрезвычайно эффективны, чтобы завладеть их умами. Так, последователи новой веры, совершая свои революционные деяния, проявляли религиозный пыл и готовность принести себя в жертву.

Образ Рахметова восходит к русской литературной традиции аскетического героя, который рождается в знатной семье, получает качественное образование, но отказывается от наследства и отправляется в одинокое странствие. Этот герой придерживается строгих аскетических практик, чтобы подавить в себе все мирские желания и умертвить свою плоть в надежде обрести высшую мудрость или достичь совершенства. Когда такой герой появляется в произведениях более современных авторов, таких как Чехов, он изображается с помощью особой поэтики, которую Марсия А. Моррис называет «литературной формулой», синтезирующей специфические культурные условности в рамках универсальной или архетипической сюжетной формы [Morris 1993: 7]. Такая формула может привести к повторению стереотипных персонажей в данной культуре. Однако, когда стереотипные конструкты используются при изображении «новых людей», их привычность для читателей фактически нейтрализует революционный шок и повышает доступность революции для широкой аудитории. Этот подход становится еще более убедительным, когда герой жертвует собой ради более возвышенной идеи или идеала — даже если сама идея трансформирована или незнакома. Подобно святым в религиозной традиции, вымышленные революционеры готовы пожертвовать своими материальными благами во имя народа, чтобы приблизить блаженное утопическое будущее или наступление трансцендентного тысячелетнего царствия.

По аналогии с «Что делать?», китайское изображение русских нигилистов также может быть шаблонным и дидактичным. Китайские тексты следуют каноническим примерам, но основаны они не на русском православии, а на собственном китайском дискурсе героев-отступников. Ин Ху прослеживает литературную традицию современных китайских революционеров до героев, изображенных в биографиях героев-отступников в «Записях великого историка» (в рус. пер. «Исторические записки», Shiji 史記, *Шицзи*) времен династии Западная Хань. Эти герои владеют боевыми искусствами, всегда верны своим обещаниям и стремятся спасти других от страшных бед [Hu Y. 2000: 112]. Когда социальная справедливость не может быть реализована через правовую систему, героическое правосудие будет призвано, чтобы исправить ошибку, порождая насилие и даже своего рода хаос [Wang D. D. 1997:118].

Поведение героев-отступников, которые сами часто оказываются вне закона, не может регулироваться традиционными социальными правилами, что приводит к тому, что обычные люди иногда неправильно понимают их поведение. В то же время эти герои часто являются альтруистами и готовы пожертвовать собой ради такой высокой цели, как благополучие простых людей. Реконфигурация русских нигилистов с учетом традиционного китайского геройства способствовала принятию устремлений нигилистов в Китае. Многие китайские революционеры действительно считали себя современными воплощениями благородного героизма и принимали рыцарские (или княжеские) титулы в качестве своих прозвищ — как, например, революционерка Цю Цзинь (秋瑾, 1875–1907), которая также была известна как Женщина — Рыцарь Зеркального озера (Jianhu nüxia, 鑒湖女俠, Цзяньху нюйся); она представляла собой истинно китайскую версию нигилистки и была казнена за неудачную попытку покушения (восстания).

Признавая, что русские нигилисты были китаизированы посредством вкрапления элементов традиционного китайского геройства, важно также отметить новаторские черты, привнесенные в процессе заимствования русских нигилистов в качестве новой героической модели. Русские нигилисты фактически стали одним из источников вдохновения для современного китайского героического видения, которое вобрало в себя множество образов из разных культур. Чэнь Цзинхань, активный переводчик русской нигилистической художественной литературы, опубликовал свой перевод нигилистических рассказов в журнале «Новейшая литература», который он основал и посвятил исключительно рассказам о героях-отступниках [Ben bao 1904: 2]. Полное название его перевода «Странных рассказов нигилиста» Ле Кё звучит следующим образом: «История русского героя-отступника: увлекательный рассказ о нигилистах» (Eguo xiake tan: Xuwudang qihua, 俄國俠客談: 虛無黨奇話, *Эго сиакэ тань: сюйудань цихуа*); первая половина этого названия была добавлена Чэнем, чтобы подчеркнуть, к какой категории относится произведение.

Помимо историй о русских нигилистах, он также переводил рассказы о филиппинских борцах с колониализмом и французских революционерах — все они были отнесены к категории геройства/рыцарства.

В отличие от китайской литературной традиции, в которой герои-отступники предлагали нелегитимное средство устранения внутренней социальной несправедливости, современная концептуализация предполагает легитимное решение внешних конфликтов, возникающих в условиях империализма и колонизации. В результате патриотизм и национализм превосходят справедливость и честность как ключевые достоинства современных героев-отступников. Все это ради того, чтобы трансформировать национальный характер китайского народа, или, другими словами, изобразить одну из версий «новых людей» в ответ на иностранную агрессию.

Принятие фигур, возникших в чужой героической традиции, позволило проникнуть и религиозным чертам, хотя и в несколько неожиданных формах. Например, Ин Ху считает, что мученический статус Софьи Перовской «превозносится как… факт ее биографии и жизнеописания» [Hu Y. 2000: 112]. В качестве доказательства Ху приводит цитату Бакунина в конце книги Ляо Чжункай (廖仲愷, 1877–1925) «Биография Софьи» (Sufeiya zhuan, 蘇菲婭傳, *Суфэйя чжуань*), в которой Софья представлена как «святая» (shengtu, 聖徒, *шэнту*) [Wushou 1907: 125]. Естественно, что святость ассоциируется у читателя с христианством, если не с русским православием. Однако цитата Бакунина у Ляо содержит и буддийскую терминологию: *фаюань суйсы* (fayuan suixi, 發願隨喜), что Ху переводит как «предан[ность] делу» [Hu Y. 2000: 125]. *Фаюань суйсы* — это сочетание двух буддийских терминов, *фаюань* (fayuan, 發願, пер. как «давать обет») и *суйсы* (suixi, 隨喜, пер. как «участвовать в благих деяниях»). Хотя «участие в благих деяниях» потенциально может подразумевать революционные поступки, *суйсы* не обязательно требует от человека грандиозных действий; будет достаточно и искренней радости при виде добрых дел других людей. Эта буддийская концептуализация далека от «бескорыстного, самоотверженного, квазирелигиозного рвения», о котором говорит Ху, и на деле образует странную параллель с решением Бакунина о причислении русской женщины-нигилистки к лику святых [Ibid.: 115].

Смешение религиозных тезисов в цитате Ляо вызывает вопросы о его источниках. Многие детали, включая приведенную Ляо в другом месте цитату из записей Кропоткина о Перовской, указывают на то, что Ляо в значительной степени опирается на «Современный анархизм» Кэмуямы. Действительно, именно Кэмуяма использует в своей книге слово «святая» (聖徒, *сэйто* по-японски) для описания русских женщин-нигилисток [Kemuyama 1965: 251]. Его влиятельная работа заставила многих китайцев, включая упомянутого ранее Цзинь Сунцэня, ассоциировать русских женщин-нигилисток со святыми [Jin Yi 1904: 132]. Однако Кэмуяма не приписывает использование этого термина Бакунину. Действительно, в главе, посвященной нигилисткам, Кэмуяма лишь упоминает о том, как Бакунин превозносит женщин-нигилисток как «драгоценное сокровище» (貴き寶物, *таттоки такара моно*) [Kemuyama 1965: 249]. Это может быть источником первого предложения Ляо в его предполагаемой цитате Бакунина о том, что «нигилистки — душа нигилистической партии» (nüyuanzhe dangren zhi linghun ye, 女員者黨人之靈魂也, *нюйюаньчжэ данжэнь чжи линхунь е*), но последующая буддийская отсылка, скорее всего, является собственным дополнением Ляо [Wushou 1907: 125].

Цитата из книги Кэмуямы, в которой Бакунин назвал женщин-нигилисток «драгоценным сокровищем», скорее всего, основана на пункте 21 «Катехизиса революционера» Нечаева, в котором женщины делятся на три категории. Последняя категория — это женщины-товарищи, получившие это звание вследствие признания их полной преданности революционному делу: «Мы должны считать их самым драгоценным нашим сокровищем, без помощи которого нам не справиться» [Нечаев 1997]. Предположительно, влияние Бакунина на текст Нечаева и побудило Кэмуяму приписать это утверждение Бакунину[31]. Вынесение женщин-револю-

---

[31] Неизвестно точно, насколько Бакунин способствовал созданию «Катехизиса» Нечаева, однако его причастность к этому признается повсеместно. См. [Leier 2006: 208–209].

ционерок в шестую категорию революционеров, отличную от предыдущих пяти категорий, к которым, как предполагается, относятся мужчины, делает изначальный посыл «Катехизиса революционера» Нечаева «циничным и манипулятивным» для современных исследователей [Hillyar 2000: 23]. Бесспорно, женщинам оказывается больше уважения, чем можно было бы ожидать, учитывая феодальную и патриархальную природу русского общества, в котором создавался «Катехизис», однако подчинение женщин мужскому авторитету остается очевидным. Поэтому не будет притянутым за уши, если мы скажем, что представление женщин-нигилисток как души партии — это преувеличение, созданное Ляо под влиянием работы Кэмуямы. Однако если речи об этом вложены в уста ведущего русского нигилиста — Бакунина, — китайские читатели с большей вероятностью сочтут это описание убедительным.

Как ни странно, возвышение нигилисток, смешение религиозных идей и слияние христианских жизнеописаний с легендами о китайских героях-отступниках способствовало созданию современного китайского положительного героя: одного из новых людей, призывавших к революции, чтобы с помощью политического насилия осуществить эпохальные социальные преобразования и построить утопическое будущее, обещанное нигилизмом. По итогу, такому видению в первую очередь требовалось романтическое представление о мученичестве. Кажущийся нелепым синтез, найденный в китайских переводах, привел, в свою очередь, к созданию великолепной современной легенды о русских нигилистах, которая эффективно разжигала революционные страсти в Китае.

Как мы уже видели, истории о русских нигилистах совершили глобальное турне, прежде чем попасть на китайскую землю. Хотя схожие темы появлялись и в русской литературе, русские писатели относились к террористическим актам нигилистов со смешанными чувствами. Более того, термин «*нигилист*» был настолько неоднозначным, что многие из относящих себя к «русским нигилистам» отказывались принимать этот ярлык из-за его негативных коннотаций. Тем не менее именно *нигилистами* западноевропейские СМИ назвали новое русское поколение, чья история привлекла внимание писателей, искавших яркий материал для популярной литературы. Созданные ими истории обладали определенными универсальными чертами, которые делали русскую нигилистическую художественную литературу широкодоступной вне зависимости от границ и национальных традиций.

В процессе кросс-культурного взаимодействия эти истории привлекли внимание любопытных японских переводчиков, которые наделили нигилистов именем, пишущимся на кандзи — *кёмусюги* — и несущим в себе коннотации как политических партий, так и традиционной восточной духовности, отрицающей эго. Именно под этим названием нигилизм был заимствован китайцами. В западноевропейской литературе русские нигилисты были не более чем приправой, добавляющей остроты приключенческим рассказам. Однако японские переводчики активно подчеркивали политическую тематику, добавляя к названиям слово *кёмуто:*, тем самым относя эти истории к разновидности современного жанра политических романов, пропагандирующих убийства и революцию.

Некоторые голоса из России были услышаны благодаря транскультурации русского нигилизма в Японию. Однако по мере появления русской нигилистической художественной литературы в Китае эти голоса подвергались переработке во второй и даже в третий раз. В результате на китайский книжный рынок хлынул поток захватывающих нигилистических историй, полных терроризма и убийств. Если широко распространенные западноевропейские истории давали китайским писателям экзотические названия и гибкую структуру, они также предоставляли китайским писателям и свободу в создании китайской версии русской нигилистической художественной литературы, обладающей потенциалом эмоционального заряда и, следовательно, открытой для политических страстей. Пока японцы боролись с чужеродностью слова «нигилист», транслитерируемого катаканой как *нихирисуто*, китайцы присвоили себе более сложный термин, записанный на кандзи — *кёмуто:*, переведенный как *сюйудан*, и тогда культурные барьеры рухнули. В своеобразной транскультурации китайские писатели, сочинявшие собственные русские нигилистические истории, не только «находили» традиционные китайские добродетели, такие как сыновняя почтительность и благородный героизм, в русских нигилистических героях, но и делали нигилистов более «революционными», чем они были в их оригинальном, более тонком русском контексте.

И вымысел, и преображение были важны для стратегии китайских интеллектуалов. Все эти авторы и переводчики хотели использовать современного русского положительного героя в качестве политического тропа в надежде оказать глубокое социальное воздействие на Китай эпохи поздней Цин. Глядя на тех китайских революционеров, которые и в самом деле практиковали убийства, можно сделать вывод, что в определенной степени китайское знакомство с русскими нигилистическими рассказами и последующее сочинение собственных историй в этом жанре действительно послужило руководством к действию для китайских «новых людей» и пророчеством, предвещавшим будущее, не менее удивительное, чем в романе Чернышевского «Что делать?».

# Глава 4
# Человечество или личность

*Глобальная транскультурация
гуманизма Толстого*

В августе 1920 года Чжоу Цзожэнь опубликовал «Капли» (Diandi, 點滴, *Дианьди*) в качестве третьей книги серии «Новая волна» (Xinchao congshu, 新潮叢書, Синьчао цуншу), издаваемой студентами и выпускниками Пекинского университета с целью модернизации национальной литературы. В «Капли» вошел двадцать один рассказ, переведенный Чжоу на китайский язык в период с 1918 по 1920 год. Половина из этих рассказов была написана русскими писателями. В качестве приложения к переводам Чжоу включил три своих последних эссе: «Человечная литература» (Ren de wenxue, 人的文學, *Жэнь дэ вэньсюэ*), «Литература простолюдинов» (Pingmin wenxue, 平民的文學, *Пинминь вэньсюэ*) и «Требование новой литературы» (Xin wenxue de yaoqiu, 新文學的要求, *Синь вэньсюэ дэ яоцю*) [Zhou Zuoren 1920]. Значение этих работ не ограничивается только тем, что они помогают читателям оценить переводы Чжоу. Эти эссе, особенно первые два, заняли центральное место в Движении за новую культуру (Xin wenhua yundong, 新文化運動, *Синь вэньхуа юньдун*), своего рода восстании против китайских традиций, которое охватило середину 1910-х и 1920-е годы и сформировало современную китайскую литературу. Как вспоминал Ху Ши в 1935 году, «"человечная литература" была одной из двух центральных теорий китайской литературной революции» (wenxue geming, 文學革命, *вэньсюэ гэмин*) [Hu Shi 2014b: 57]. Выдающийся историк и писатель Фу Сынянь (傅斯年, 1896–1950), который в момент выхода эссе был революционным студенческим лидером в Пекинском университете, также документально зафиксировал свое восхищение [Fu Sinian 1919a: 194].

Пропаганда гуманистической литературы оказала значительное влияние на молодое поколение китайских интеллектуалов, что сделало Чжоу Цзожэня одним из духовных лидеров Движения за новую культуру. Помимо написания эссе, Чжоу тесно сотрудничал со студентами в сфере переводов иностранной литературы, пропагандирующей гуманизм[1]. Серия «Новая волна», к которой принадлежал перевод Чжоу «Капли», была запущена Обществом новой волны (Xinchao she, 新潮社, *Синьчао шэ*), основанным студентами Пекинского университета, такими как Фу Сынянь и Гу Цзиган (顧頡剛, 1893–1980), для распространения новых идей, включая гуманизм. Чжоу Цзожэнь, который в то время активно переводил русскую литературу, уже был признан гуманистом: в книге «Беседа» (Sui gan lu, 隨感錄, *Суй гань лу*) Фу Сынянь сравнивает Чжоу с великим русским гуманистом Толстым [Fu Sinian 1919b: 204].

Чжоу Цзожэнь был не единственным приверженцем Движения за новую культуру, проявившим большой интерес к гуманизму в русской литературе. В рамках тенденции к гуманистической литературе одной из самых популярных среди иностранных литератур у китайских читателей была русская литература, которая воспринималась как изобилующая «человечными чувствами» (ren de ganqing, 人 的感情, *жэнь дэ ганьцин*)[2]. Ли Дачжао (李大釗, 1889–1927), один из первых китайских марксистов и один из основателей Коммунистической партии Китая, в статье 1918 года

---

[1]  Как мы покажем в этой главе, гуманизм многогранен и не поддается какому-либо единому определению ни в русском, ни в восточноазиатском контексте. Вместо того чтобы пытаться предложить такое определение, мы проследим, как гуманизм концептуализировался в ходе транскультурных процессов заимствования, передачи и перевода.

[2]  Обсуждение новой литературы тесно связано с открытием человечества как центрального объекта рассмотрения и изучения. Поэтому в работе Фу Сыняня слово «человек» (ren, *жэнь*) выделено с помощью кавычек. См. [Fu Sinian 1919a: 196].

утверждал, что важнейшей чертой русской литературы является ее гуманизм: «…человеколюбие — ее дух, гуманизм — ее идеал» [Li Dazhao 2006: 119]. Для Ли сила русской литературы заключалась не в ее художественной ценности или красноречивой риторике, но в большой любви к русскому народу и глубоких размышлениях о российском обществе. Чжэн Чжэньдо в своей «Краткой истории русской литературы», одной из самых ранних китайских работ на эту тему, расширил рамки этого утверждения и отметил, что русская литература стала популярной в странах Западной Европы, Японии, а в последнее время и в Китае, потому что в ней есть тот самый «искренний гуманизм», который способен вызвать глубочайшее сопереживание [Zheng Zhenduo 1998: 417–418]. Лу Синь также утверждал, что классика русской литературы всегда писалась «для жизни» (wei rensheng, 為人生, *вэй жэньшэн*) [Lu Xun 2005j: 443]. По его словам, русская литература широко переводилась участниками Движения за новую культуру, потому что значительная часть китайских интеллектуалов, особенно члены Общества изучения литературы (Wenxue yanjiu hui, 文學研究會, *Вэньсюэ яньцзю хуэй*) в Шанхае, также верили в «литературу для жизни»[3].

Гуманизм — слово с необычайно широким диапазоном значений и коннотаций. Тони Дэвис отмечает, что даже семь различных дефиниций гуманизма, предложенных «Оксфордским словарем английского языка», представляют собой лишь часть смыслов и контекстов, в которых гуманизм используется [Davies 2008: 2–3]. Несмотря на разнообразие и даже контрастность определений, гуманизм (rendao zhuyi, 人道主義 — *жэньдао чжуи* по-китайски, *дзиндо: сюги* по-японски) стал важнейшим понятием в Восточной Азии XX века благодаря своей тесной связи с современностью[4]. По словам Дэвиса, слово «гуманизм» в каком-то смысле «помог-

---

[3] Чжан Сяньфэй (張先飛) подробно рассказывает об исследовании гуманистической литературы членами Общества изучения литературы в [Zhang Xianfei 2016].

[4] «Гуманизм» имеет несколько переводов на японский и китайский языки. Однако, когда речь идет о гуманизме Толстого, китайский и японский переводы неизменно используют одни и те же иероглифы, которые мы приводим.

ло сформулировать все основные темы непрерывно происходящей революции современности, структурировав ключевые концепции и обсуждения в политике, науке, эстетике, философии, религии и образовании» [Ibid.: 5].

Увлечение гуманизмом в Китае начала XX века было связано с открытием китайцами ценности человека и человеческой личности. Оно также было связано с приходом современного китайского осознания гражданских прав и равенства. Ван Хуэй утверждает, что этимологическая основа *жэньдао чжуи* восходит к древнекитайской классике. При этом он признает, что идея гуманизма была широко принята как элемент дискурса XX века, «которая возникла с приходом [европейского] Просвещения и современности в Китай. <…> Таким образом, дискуссии о гуманизме должны быть связаны с такими формами дискурсов, как Китай — Запад, традиция — современность и т.д.» [Wang Hui 1995]. Гуманизм также был связан с китайским открытием индивидуализма[5]. Этому открытию, в свою очередь, поспособствовала европейская философия. Как утверждал Лэо Оу-фань Ли, «в современном китайском контексте дискурс гуманизма был вынужден опираться на определенные западные концепции человека, с помощью которых он также стремился обосновать свою как таковую "современность"» [Lee L. O. 1995].

Среди всех европейских идеологических источников именно русская версия гуманизма — определяемая китайскими читателями как ключевая черта русской литературы — вызывала в Китае самое широкое восхищение. Марк Гамса, подводя итог того, как роль гуманизма в русской литературе понималась китайцами в соответствии с тремя установками, основанными на кредо Белинского — Чернышевского — Добролюбова, отмечает: во-первых, что литература — это отражение жизни; во-вторых, что у нее нет другой цели, кроме как правдиво изображать жизнь; и в-третьих, что она должна служить жизни, если хочет оправдать свое существование. Эти принципы можно кратко резюмировать

---

[5] О китайской переоценке человеческой субъективности написано немало работ, в частности, см. [Song Huichang 2008; Yuan Hongliang 2006; Gu, Liu 2006; Yang Zhende 2012].

так — «искусство для жизни» [Gamsa 2010: 28–29]. Гамса отмечает, что в Китае источники гуманизма «как переведенного иностранного понятия не ограничивались русской литературой XIX века», что привело к различным интерпретациям гуманизма. Замечания Гамсы дают важное представление об усвоении русского гуманизма в Китае; однако далее он не выходит за рамки своих наблюдений, чтобы рассмотреть сложное этимологическое происхождение термина гуманизм в китайском языке и ту посредническую роль, которую сыграла Япония в его транскультурации. В определенной степени Гамса представляет раннее китайское заимствование русского гуманизма как однозначное, игнорируя нюансы, которые сопровождали его первоначальное восприятие, прежде чем он был адаптирован в соответствии с коммунистической доктриной в Китае [Ibid.: 30–31].

Чтобы раскрыть сложности китайской рецепции русского гуманизма, включая посредническую роль Японии в формировании китайской интерпретации русской литературы как архетипической гуманистической литературы, эту главу мы посвятим взаимодействию Чжоу Цзожэня с гуманизмом Толстого. Гуманизм Толстого выступает в качестве восточноазиатского аналога толстовства, которое многие китайские интеллектуалы, включая самого Чжоу Цзожэня, считали одной из важнейших школ гуманизма во всем мире[6]. Гамса утверждает, что китайские читатели ассоциировали гуманизм прежде всего с любовью в романах Толстого, — подход, который он, в свою очередь, считает крайне ограниченным и поверхностным [Ibid.: 43]. Однако в этой истории не все так однозначно. Признание толстовства как важнейшей формы гуманизма в Восточной Азии случилось не в Китае; на самом деле, появление дискурса гуманизма Толстого в значительной степени должно быть приписано взаимодействию китайских и японских ученых.

---

[6] Мы не отрицаем, что Чжоу опирался на множество идеологических источников при разработке своих идей гуманизма. Однако, чтобы лучше осветить важнейший, но при этом малопонятный элемент китайского гуманизма, в этой главе мы проследим только один идеологический вектор, а именно транскультурацию толстовства.

В своей статье «Современная японская литература и гуманизм» (現代日本文学とヒューマニズム, *Гэндай нихон бунгаку то хю: манидзуму*) Ара Масахито (荒正人, 1913–1979) отмечает, что в Японии гуманизм понимался как противоположность католическому феодализму, и он называет Толстого одним из великих гуманистов наряду с Генриком Ибсеном (1828–1906), Роменом Ролланом (1866–1944), Томасом Манном (1875–1955) и другими. Гуманизм в этом понимании означает, что человек «ненавидит войну, любит мир, защищает справедливость и осуждает зло. Иногда [гуманизм] очень близок к социализму и коммунизму, однако [гуманисты] с презрением относятся к необходимости принадлежности к какой-либо конкретной политической партии или группе» [Hara 1969: 118–119]. Такое всеобъемлющее определение гуманизма сделало термин «толстовский гуманизм/гуманизм Толстого» удобной заменой толстовству в японском языке, и, следовательно, в китайском тоже.

Как покажет эта глава, восточноазиатские мыслители, возможно, и были согласны называть толстовство гуманизмом Толстого, но сама гибкость термина «гуманизм» привела к тому, что в Восточной Азии XX века его интерпретации порой сильно отличались. Поэтому, вместо того чтобы искать общепринятое определение гуманизма Толстого, целесообразнее будет задать другой вопрос: как понятие гуманизма Толстого сформировалось в Восточной Азии? Учитывая центральное значение формы гуманизма Чжоу Цзожэня в Китае XX века, мы можем также спросить, как ранняя транскультурация повлияла на реконструкцию гуманизма Чжоу.

Чтобы лучше изучить динамику отношения Чжоу к гуманизму в конце 1910-х — начале 1920-х годов, в этой главе мы прежде всего расскажем о распространении идей Толстого и трансформации его гуманизма в Восточной Азии. Затем мы перейдем к изучению того, как Чжоу интерпретировал и заимствовал гуманизм Толстого, в частности, через литературные произведения и общественную деятельность Мусянокодзи Санэацу (武者小路実篤, 1885–1976) и Като Кадзуо (加藤一夫, 1887–1951). Мы узнаем, как гуманизм Толстого, тесно связанный с религиозными исканиями великого русского писателя и возникший на их основе, в конце концов трансформировался в квазисоциалистический гуманизм Чжоу Цзожэня, в котором религиозность гуманизма Толстого была отсеяна и в конечном итоге заменена индивидуализмом — в то время антонимом гуманизма в Восточной Азии. Анархо-гуманизм Толстого заставил Чжоу обратить внимание на отношения с самим собой и с миром в целом, которые не определяются никакими социальными институтами или связями. Однако в отличие от Толстого, который решил изгнать из себя «я», чтобы принять мир, Чжоу решил отступить от мира, чтобы получить более полное представление о себе.

Комментируя теорию Эдварда Саида о межкультурных путешествиях, которая описывает схемы перемещения знаний между культурами, Лидия Хэ Лю замечает, что Саид игнорирует перевод как важнейшее средство, благодаря которому такие путешествия в принципе возможны [Said 1983: 226–227; Liu L. H. 1995]. Хотя мы согласны с Лю в том, что перевод — это важнейший компонент для понимания миграции идей и теорий, однако он может быть не единственным средством их перемещения. В предыдущей главе мы увидели, как нигилизм был адаптирован в Китае посредством создания литературного жанра русской нигилистической художественной литературы и представления русских нигилистов в качестве положительных героев для китайских читателей. В этой главе мы также рассмотрим, как концепция гуманизма Толстого — фраза, широко используемая в Восточной Азии для обобщения толстовства, — должна обсуждаться с точки зрения восточноазиатской транскультурации. Как и в случае с русской нигилистической художественной литературой, которая не существует вне китайского литературного контекста, трудно найти устоявшийся дискурс о гуманизме Толстого за пределами Восточной Азии начала XX века. Более того, как и развитие русской нигилистической беллетристики, становление дискурса о гуманизме Толстого можно объяснить популярностью Толстого в Японии конца XIX — начала XX века. Так многогранность и неоднозначность идеи гуманизма определили ее судьбу в Китае: с одной стороны, ее гибкость сделала ее доступной в качестве яркого лозунга Движения за новую культуру; с другой стороны, ее расплывчатость заставила интеллектуалов изменить, а в конечном итоге порвать с ее принципами, как это сделал Чжоу Цзожэнь.

### Разочарование гуманизма

Название перевода Чжоу Цзожэня «Капли» взято из строчки книги Фридриха Ницше «Так говорил Заратустра»: «Книга для всех и ни для кого» (Also sprach Zarathustra: Ein Buch für Alle und Keinen): «Я люблю всех, кто подобен тяжелым каплям, падающим одна за другой из темной тучи, опускающейся над человеком: они предвещают приближение молнии и гибнут, как провозвестники» [Ницше 1990: 11]. Китайский перевод, который цитируется в книге «Капли», взят из перевода Лу Синя [Lu Xun 1959a: 447]. Лу Синь был поклонником Ницше и был литературным наставником Чжоу, когда оба брата были еще совсем молоды [Zhi'an 2019: II]. Будучи поздним членом Общества новой волны, а впоследствии главным редактором журнала «Новая волна» (Xinchao, 新潮, *Синьчао*), Чжоу имел твердое намерение опубликовать «Капли» вместе со своими тремя провокационными эссе. Можно сказать, что переведенные им рассказы — это «тяжелые капли», предвещающие наступление новой эры; иными словами, они воплощают дух современной китайской литературы, за которую он борется в своих эссе. Действительно, следующее предложение из «Так говорил Заратустра», которое Чжоу опускает, говорит о его амбициях: «Смотрите, я — провозвестник молнии, я — тяжелая капля из грозовой тучи; а имя той молнии — Сверхчеловек» [Ницше 1990: 11].

Удивительно, но при переиздании «Капель» в 1928 году Чжоу Цзожэнь убрал название и цитату из Ницше. Новое название «Пустой барабан» (Kong dagu, 空大鼓, *Кун дагу*) — прямое заимствование из короткого рассказа Толстого «Работник Емельян и пустой барабан». Как утверждает Чжоу в своем новом предисловии: «Я принял решение убрать цитату Ницше и старое название, потому что мне не нравится то, на что они намекают»

[Zhou Zuoren 2019b: 249]. Даже произведение Толстого, название которого послужило вдохновением для новой версии названия сборника Чжоу, к тому времени уже не отражало личных убеждений Чжоу, как он объясняет: «Я больше не считаю, что такие произведения, как "Работник Емельян и пустой барабан", можно называть величайшей литературой. Я по-прежнему считаю эту историю хорошо написанной, но я больше не согласен с ее посылом» [Ibid.: 249].

В оригинальном предисловии Чжоу, написанном восемью годами ранее, говорится о гуманизме как о связующем звене между отобранными для перевода рассказами:

> Эти рассказы представителей разных школ объединяет один общий дух — дух гуманизма. Оптимистичные или пессимистичные, они демонстрируют искреннее отношение к жизни в надежде найти идеальное решение. Человеколюбие и непротивление Толстого — это гуманизм, но и почитание смерти Федора Сологуба (1863–1927) тоже следует назвать гуманизмом. Они признают «я» как единицу, которая представляет собой все человеческое. Все решение проблемы человечества заложено в этом «я». Решение моих собственных проблем — это первый шаг к решению более масштабных проблем всего общества. Эта идея общего сходства с небольшими различиями в гуманизме характерна для современной литературы. Невозможно, да и неразумно объединять все в одну фиксированную модель; поэтому гуманистическая литература со всей ее многогранностью предлагает нам самую истинную, самую идеальную литературу [Zhou Zuoren 2019a: 252].

В следующем абзаце Чжоу Цзожэнь выражает пожелание, чтобы литература передавала гуманизм не просто как рациональный идеал, но и как способ сопереживания. Концепция «идеальной литературы», которую он предлагает в этом вступлении, получает дальнейшее развитие в трех эссе, написанных им во время работы над переводом. В работе «Человечная литература» (1918) Чжоу предлагает концепцию «гуманистической литературы», которая использует гуманизм для записи и изучения проблем человеческой жизни и противостоит традиционной китайской литературе как «бесчеловечной» (feiren de wenxue, 非人的文學, *фэйрэнь дэ вэньсюэ*) [Zhou Zuoren 2009h]. В работе «Литература простолюдинов» (1919) Чжоу выдвигает аргументы в пользу «литературы для простых людей», которая по-настоящему отражает жизнь и идеи народа, в отличие от более занятной и веселой «аристократической литературы» (guizu de wenxue, 貴族的文學, *гуйцзу дэ вэньсюэ*) [Zhou Zuoren 2009g]. Парные антитезы первых двух эссе уступают место менее оппозиционному подходу в третьем эссе Чжоу «Требование новой литературы» (1920), в котором он восхваляет художественную гуманистическую литературу (rensheng de yishupai de wenxue, 人生的藝術派的文學, *жэньшэн дэ ишупай дэ вэньсюэ*), охватывающую союз тела и души, как отдельного человека, так и всего человечества [Zhou Zuoren 2009n].

Однако при переиздании сборника переводов в 1928 году Чжоу убрал эти три эссе. Поскольку в них содержались принципы, которые должны были стать основой для понимания читателями его переводов, их удаление превратило литературные переводы в самостоятельные произведения, не связанные единой интерпретацией. Переведенные истории больше не представляли как идеальные образцы гуманистической литературы. Тех, кто знаком с событиями интеллектуальной жизни Чжоу, не удивит такой поворот. Его жизненная траектория ясно показывает, что в конце концов он отошел от гуманистических убеждений, которым когда-то был так предан. Но что же побудило Чжоу отвернуться от гуманизма? И как нам интерпретировать его решение исключить Ницше, но оставить Толстого в переиздании 1928 года?

Начнем с того, что цитата из «Так говорил Заратустра» Ницше отражает скорее восхищение ницшеанским сверхчеловеком Лу Синя, брата Чжоу, чем интересы его самого[7]. Писателем, с твор-

---

[7] Несколько авторов подробно рассматривают восприятие Лу Синем Ницше, в частности в [Shao 1999] и [Zhang Zhaoyi 2011]. В целом до того, как два брата рассорились в 1923 году, Лу Синь и Чжоу Цзожэнь делили свою библиотеку и сотрудничали в публикациях и переводах, что говорит об их схожих литературных вкусах. Они даже заимствовали псевдонимы друг друга для публикаций [Wang Xirong 2005: 24–36]. Судя по раннему увлечению Лу Синя

чеством которого Чжоу взаимодействовал наиболее глубоко, был Толстой, а не Ницше, которого восточноазиатские мыслители в большей или меньшей степени рассматривали как антитезу Толстому. Судя по списку литературы, который Чжоу включал в свой дневник в конце 1910-х — начале 1920-х годов, очевидно, что наряду с соответствующими второстепенными исследованиями Чжоу прочитал большое количество произведений самого Толстого, включая японский перевод полного собрания сочинений русского писателя, подготовленный издательством «Вёсны и Осени» (春秋社, *Сюндзю: ся*); в противоположность этому, его знакомство с Ницше и его трудами было более ограниченным[8]. Важно также отметить, что, несмотря на то что Чжоу читал английскую литературу и его переводы русской литературы в первую очередь основывались именно на английских книгах, его понимание Толстого в значительной степени сформировалось под влиянием японских писателей, которые побудили его ценить Толстого прежде всего как гуманиста. И все же, что означал гуманизм Толстого для Чжоу? Чтобы лучше понять это, мы должны сначала спросить: а что вообще такое гуманизм Толстого?

### Истоки гуманизма Толстого

Термин «толстовский гуманизм/гуманизм Толстого» может навести на мысль о том, что его идеи были заложены Львом Толстым. Однако история его происхождения гораздо сложнее. На самом деле, сам перевод этого термина с восточноазиатских языков на английский нуждается в пояснении. Начнем с того, что

---

Ницше, очевидно, что Чжоу вдохновлялся своим братом, когда перенимал знаменитые изречения Ницше. Когда же они рассорились, Чжоу было легче расстаться с философией, которая казалась ему такой чужой и далекой.

8  Примерно в то время, когда Чжоу завершил работу над переводами, вошедшими в «Капли», он прочитал «Так говорил Заратустра» Ницше, в переводе Икуты Тёко (生田長江, 1882–1936). Он также ознакомился с анализом философии Ницше, в том числе в работах Икуты Тёко, Вацудзи Тэцуро (和辻哲郎, 1889–1960) и Абэ Дзиро (阿部次郎, 1883–1959) [Zhou Zuoren 1998]. Однако читательский опыт Чжоу в отношении Толстого был гораздо более обширным.

существует проблема разграничения гуманизма (humanism) и гуманитаризма (humanitarianism); представители англоязычного мира склонны ассоциировать Толстого с последним. В 1909 году врач и журналист Виктор Робинсон провел так называемый симпозиум по гуманистам (humanitarians), разослав письма более чем ста людям с просьбой назвать десять своих любимых гуманистов XIX века (Name your ten favorite *humanitarians* of the 19th century). В своем опроснике он дал довольно двусмысленное и общее описание гуманиста (humanitarians) как человека, «который сделал больше всего для человечества» [Robinson 1909: 5]. В опросе приняли участие люди из разных социальных слоев[9]. Более тридцати человек проголосовали за Толстого как за одного из своих самых любимых гуманистов, что составило значительную часть опрошенных. Здесь необходимо отметить, что в англоязычных изданиях Толстого принято называть именно гуманитарием (humanitarian), а не гуманистом (humanist)[10].

То, что Толстой — гуманитарий, не вызывает сомнений, однако, следуя восточноазиатской традиции, мы будем называть Толстого гуманистом и настаивать на том, что его философские идеи правильнее будет называть гуманизмом, а не гуманитаризмом. Гуманизм указывает на определенный взгляд на мир, а гуманитаризм —

---

[9]   В числе респондентов были революционеры, врачи, политики, психологи, издатели, журналисты, правоведы, историки, феминистки, музыканты, иллюзионисты, философы, поэты, драматурги и даже криминальные элементы, большинство из которых были достаточно известны в Америке.

[10]   Среди немногочисленных англоязычных работ, в которых Толстой назван гуманистом (humanist), можно отметить книгу «Толстой, творец и гуманист: впечатления и оценка» Эдуарда Мичека [Míček 1961], чешского ученого, преподающего в США. Поскольку автор лично общался с Толстым, книга представляет собой его мемуары и биографию. Предположительно, Мичек использует термин «гуманист» из-за влияния славянских языков, в которых нет различия между словами «гуманист» (humanist) и «гуманитарий» (humanitarian). Еще одна недавняя статья, в которой Толстой рассматривается в качестве гуманиста (humanist), написана российским ученым из Тульского филиала Российского экономического университета им. Плеханова (Россия) [Гельфонд 2018].

на определенный тип нравственного поведения[11]. Мы согласны
с тем, что пацифизм Толстого и его антивоенные заявления также
делают его сторонником гуманитаризма, но гуманитаризм не может
вместить в себя сложные религиозные и философские принципы
Толстого — то, что привлекало его восточноазиатскую аудиторию.
Кроме того, по своим коннотациям русский термин более
близок к термину гуманизм (humanism) в английском языке[12].

---

[11] Гуманизм, происходящий от латинского слова humanitas, — термин, который
можно свободно применять к самым разным философским и этическим
убеждениям, в зависимости от того, что к нему относится: гуманизм эпохи
Возрождения, религиозный гуманизм, светский гуманизм, современный
гуманизм и так далее. Согласно «Оксфордскому философскому словарю»,
«в самом общем случае [гуманизм относится к] любая философия, стремя-
щаяся подчеркнуть благосостояние и достоинство человека и либо оптими-
стично оценивающая возможность человеческого разума, либо, по крайней
мере, настаивающая на том, что у нас нет иного выбора, кроме как использовать его наилучшим образом». См. humanism в: Blackburn, The Oxford
Dictionary of Philosophy, 3rd ed. (2016). Хотя древнегреческие и латинские
философы, возможно, внесли свой вклад в разработку этой концепции,
считается, что термин humanismus был придуман в Германии XIX века
и вошел в английский язык в том же веке. В отличие от него, гуманизм как
этическая доктрина означает, «что долг человека — стремиться к благополучию всего человечества», и его суть тесно связана с антивоенными заяв-
лениями и облегчением человеческих страданий. См. humanitarianism
в Collins English Dictionary. URL: https://www.collinsdictionary.com/dictionary/
english/humanitarianism (дата обращения: 6.10.2024).

[12] Марк Гамса отмечает, что существует русское слово для обозначения гуманизма (humanism) — «гуманизм», которое вошло в лексикон в начале
XX века. По мнению Гамсы, существует также русское слово, придуманное
в 1840-х годах, которое ближе к гуманитаризму (humanitarianism) — гуманность, — как производное от слова «человек» во французском или немецком
языках. См. [Gamsa 2010: 156–157]. Несмотря на то что гуманность стала
качеством, которым русские писатели дорожили после ее создания, ее коннотации отличаются от коннотаций гуманизма. Более раннее слово «гуманность», которое в английском языке эквивалентно humanity, связано с латинским словом humanitas или греческой идеей philanthrôpía. В русском
языке оно означает любовь, уважение к людям, гуманность или филантропию.
Учитывая, что это слово иногда подразумевает и альтруизм, которым сла-
вился Толстой, не лишним будет сказать, что толстовство выступает за гуманность. Однако «гуманность» не является точным эквивалентом английских слов humanism и humanitarianism. Говоря о толстовстве, мы предпочи-
таем использовать слово «гуманизм» (humanism) из-за его универсальности.

В русском языке Толстого называют «великим гуманистом» (great humanist)[13]. Это звание широко используется даже в современных детских книгах[14]. Но что же сами русские понимают под гуманизмом (humanism) Толстого? Безусловно, большого уважения заслуживают антивоенные настроения писателя. В 1985 году Никита Козлов опубликовал книгу «Лев Толстой как мыслитель и гуманист», в которой уделил особое внимание мировоззрению и философским идеям Толстого как пацифиста, а также его отношению к русским революционерам, таким как декабристы и народники [Козлов 1985]. Однако не все русские согласны с интерпретацией Козлова. Так, игумен Вениамин (Новик) в своей статье «Особенности просветительского проекта Льва Толстого» высказывает некоторые сомнения [Новик 2008]. Игумен Вениамин видит в том, что мы назвали гуманизмом (humanism), примирение личных религиозных убеждений Толстого с православными доктринами. И если определение Козлова по своей сути ближе к гуманитаризму, то Вениамин, похоже, мыслит в русле гуманизма. Таким образом, между понятиями гуманитаризма и гуманизма в русском контексте существует путаница, или, возможно, слияние[15].

---

[13] Например, когда Кропоткин знакомит английскую аудиторию с русской литературой, он использует понятия «гуманист» и «гуманитарий» почти как взаимозаменяемые. Он называет Лермонтова гуманистом, но при этом характеризует его как «глубоко гуманитарного поэта» [Kropotkin 1905: 56].

[14] Сегодня этот термин можно встретить во многих российских детских книгах, например, в такой как «Русские писатели детям», изданной в 2015 году (М.: АСТ, 2015).

[15] Как понятие западноевропейского происхождения, гуманизм в русском языке сопровождается некоторой двусмысленностью и не часто используется в российских философских дискуссиях. Исследования западного гуманизма в России появились в основном в советское время, когда Россия встала на путь государственного атеизма, а гуманизм как мировоззрение был приравнен к атеистическому антропоцентризму. Принципы советского гуманизма очень далеки от гуманизма Толстого. Первый признает высшую ценность человека над всеми другими существами и при этом выдвигает на первый план интересы рабочего класса. После распада Советского Союза россияне начали пересматривать ценности, заложенные в советском гуманизме, и заново открыли для себя религиозный гуманизм Толстого как философию, заслуживающую дальнейшего изучения.

Помимо общего согласия в отношении «мегагуманистической» идеи отказа от насилия, изменчивые на протяжении всего XX века, русские интерпретации гуманизма Толстого могут оказаться не слишком полезными для понимания того, как эта концепция интерпретировалась в Восточной Азии начала XX века [Гельфонд 2018: 352]. Появление интереса японцев к гуманизму Толстого можно отнести к 1894 году, когда его стали рассматривать как противоположность индивидуализму Ницше[16]. Однако широкого распространения идеи Толстого в Японии не получили вплоть до начала Русско-японской войны. Толстой вместе с японскими социалистами выступил против войны, и его призыв «Одумайтесь!», опубликованный в лондонской газете «Таймс» 27 июня 1904 года, завоевал огромную популярность среди японской интеллигенции. Некоторое время гуманизм Толстого отождествлялся с его антивоенной позицией и пацифизмом. Сразу после выхода антивоенной статьи Толстого в 1904 году, 7 августа Котоку Сюсуй (幸徳秋水, 1871–1911) и Сакаи Тосихико (堺利彦, 1871–1933), также известный под псевдонимом Сакаи Косэн (堺枯川), опубликовали свою работу «Отношение (Л. Н.) Толстого к Русско-японской войне» (トルストイ翁の日露戦争論, *Торусутои-о: но ничиро сэнсо: рон*) в «Народной газете» (平民新聞, *Хэймин симбун*), а вместе с ней перевод самой статьи Толстого на японский язык. Более восьми тысяч экземпляров этой статьи свободно раздавались на публичных японских антивоенных митингах, и даже в деревнях японские студенты распространяли эту листовку.

Антимилитаристские взгляды Толстого и его высказывания, осуждающие агрессивную войну, оказали столь сильное влияние на общественное мнение, что многие японские интеллектуалы почувствовали себя обязанными отреагировать на них. В обсуждении приняли участие Като Наоси (加藤直士, 1873–1952), Абэ Исоо (安部磯雄, 1865–1949), Нисикава Кодзиро (西川光二郎, 1876–1940) и другие видные деятели. Но несмотря на то что

---

[16] См. [Konishi 2013:127]. Однако стоит отметить, что в ранних японских статьях, в которых противопоставлялись Ницше и Толстой, гуманизм не использовался для описания толстовства; см. [Shinkai 1893; Shinkai 1894].

многие японские граждане хотели бы положить конец убийствам и войне, не все участники антивоенного движения были согласны с Толстым. Если христианские пацифисты были полностью согласны с желанием Толстого спасти человечество, научив его покаянию, то японские социалисты стремились остановить войну, прекратив экономическую конкуренцию, которая, по их мнению, была истинной причиной войны; некоторые же и вовсе обвиняли Толстого в том, что он не знал обстановки, царившей в Японии, когда писал свою статью. Более того, пацифизм Толстого также призывал к анархизму, что некоторые японские националисты, в том числе и те, кто выступал против войны, считали недопустимым.

Как и в случае с неоднозначной реакцией японских читателей на антивоенные взгляды Толстого, жаркие дискуссии велись и о том, что же на самом деле представляет собой толстовство. В первом десятилетии 1900-х годов гуманизм еще не был широко распространенным термином, используемым для обобщения идей Толстого. В 1907 году японский социалист Ода Райдзо (小田頼造, 1881–1918) перевел на английский язык вышедшую в 1904 году[17] статью Толстого «Так что же нам делать?» (переводится на английский как «What Is to Be Done?») и переименовал ее в «Гуманизм» (人道主義, *Дзиндо: сюги*). В своем предисловии Ода описывает книгу как ответ на моральный вопрос о том, как современные люди должны «следовать истинному человеческому пути» (真の人道を踐行する, *син-но дзиндо: о сэнгё: суру*), который считается важнейшей частью «толстовства» (トルストイ主義, *торусутой-сюги*) [Tolstoy 1907: 7]. Перевод Оды знаменует собой раннюю стадию японского продвижения гуманизма Толстого, когда сочетание *дзиндо* (人道, человеческий путь) и *сюги* (主義, учение) еще не превратилось в устойчивое словосочетание *дзиндо: сюги* (人道主義), обозначающее гуманизм. На этой ранней стадии в более распространенном словосочетании *дзиндо:* использовали в качестве модификатора «гуманистической доктри-

---

[17] В некоторых источниках годом публикации обозначен 1906-й, а ее фрагменты выходили еще в 1885–1886 гг. — *Примеч. пер.*

ны» (人道的主義, *дзиндо: тэки-сюги*). В творчестве Оды существует некое противоречие между толстовством и гуманизмом как двумя терминами, обобщающими идеи Толстого. Ода настаивает на том, что гуманизм — это наилучший вариант. Он утверждает, что понятие «толстовство» было неправильно использовано японскими писателями, которые не до конца понимают его суть, поэтому он считает полезным ввести гуманизм в качестве уточнения, которое он сам также использует в качестве названия (заменив первоначальное, которое должно было напомнить русским читателям об одноименном революционном романе Чернышевского).

По мере того как Япония вступала в 1910-е годы, на книжном рынке появлялось все больше статей и книг, в которых толстовство рассматривалось наравне с гуманизмом[18]. Като Кадзуо, чья книга «Гуманизм Толстого» (トルストイ人道主義, *Торусутой дзиндо: сюги*) вышла в 1915 году, был одним из крупнейших популяризаторов гуманизма Толстого. Будучи первой книгой на японском языке, в которой систематически рассматривалась эта тема, она даже привлекла внимание китайского читателя Чжоу Цзожэня; однако она не отражала широкого японского понимания идей Толстого. На самом деле, помимо пацифизма, который преподносился как неотъемлемая часть гуманизма Толстого, идеи, представленные в книге Като, создают определенную двусмысленность: в них Като примирил гуманизм Толстого с индивидуализмом, что, в свою очередь, послужило значимым источником вдохновения для реконструкции гуманизма Чжоу.

К периоду Тайсё, начавшемуся в 1912 году, Толстой был уже одним из самых популярных европейских писателей в Японии. Журнал, посвященный исключительно Толстому, — «Исследования Толстого» (トルストイ研究, *Торусутой кэнкю:*) — был создан в сентябре 1916 года и просуществовал четыре года[19]. Как писали

---

[18] Среди ранних работ см. [Abe Isoo 1912] и [Daisan teikoku 1912].

[19] Издание научного журнала, специально посвященного одному иностранному автору, стало для японцев исключительным событием. Журнал «Исследования Толстого» продемонстрировал, с каким энтузиазмом японские

его редакторы, «этот журнал имеет своей целью не только непосредственное изучение Толстого как личности. Мы намерены поставить своей целью нечто большее, чем гуманизм в самом широком смысле этого слова» [Henshusha yori 2016: 71]. Гуманизм в данном контексте включает в себя различные аспекты толстовства, поскольку этот гибкий термин обладает необходимой вместимостью для внесения существенных нюансов. В нескольких японских книгах по современной философии гуманизм Толстого использован в названиях глав[20]. Несмотря на разнообразие коннотаций, он стал названием философской школы, аналогичной школам критической философии Канта, пессимизма Шопенгауэра и исторического материализма Маркса.

Гуманизм Толстого достиг этой стадии в Японии к тому моменту, когда Китай уже принял его и распространил в китайских изданиях. Во второй половине 1910-х годов, когда китайские писатели начали обсуждать то, что европейцы назвали бы толстовством, они использовали термин «гуманизм Толстого» для этого. Например, в 1914 году в журнале «Восточный альманах» появилась статья под названием «Гуманизм Толстого» (Tuosidaoshi zhi rendao zhuyi, 托斯道氏之人道主義, *Тосыдаоши чжи жэньдао чжуи*):

> [Толстой] предан либеральному коммунизму и космополитизму, возражает против частной собственности и войны между странами. Он изучает социальные организации не ради теоретических исследований, а для того чтобы бедные и слабые люди добились свободы и справедливости. Это его единственная цель. <...> Толстой также отделяет себя от религии своим человеколюбием и идеей спасения [Neiwai shibao 1914: 10].

читатели относились к нему в начале XX века. Этот журнал совпал по времени с развитием толстоведения в Японии. Его богатое и многообразное содержание показывает, что изучение Толстого в Японии к тому времени представляло собой совокупность различных школ, рассматривавших литературные, политические, социальные и философские взгляды на писателя.

[20] Среди этих книг [Daigakurin kōshūbu 1925; Katō Yoshimichi 1923; Ayakawa, Kanzaburō 1920; Nakazawa, Ikuta 1916].

Автор находит толстовство далеким от христианских доктрин и близким к коммунизму, но признает при этом, что было бы надуманным называть Толстого коммунистом. Поэтому в качестве компромисса применяется гуманизм. Хотя в названии статьи используется слово «гуманизм», в самом тексте оно нигде не встречается, так как считается само собой разумеющимся, что все, что говорится о Толстом в тексте, относится и к его «гуманизму». Автор ссылается на другие философские принципы, такие как коммунизм, космополитизм и филантропия, — которые не обязательно соответствуют гуманизму, — чтобы изобразить гуманизм Толстого. Такой подход порождает путаницу: если идеи Толстого могут быть рассмотрены в столь разных манерах, зачем вообще использовать понятие «гуманизм»? Однако, несмотря на двусмысленность этой терминологии, гуманизм Толстого получил широкое признание среди китайских читателей и вплоть до 1920-х годов часто использовался для обозначения толстовства[21].

Япония служила стабильным источником для китайских исследований гуманизма Толстого[22]. Те японские дискуссии о современных философских школах, которые включали гуманизм русского писателя, укрепляли его положение среди великих философов, это, в свою очередь, способствовало его признанию в Китае. В 1919 году Го Яогэнь (過耀根) перевел «Шестнадцать лекций о современной мысли» (近代思想十六講, *Киндай сисо: дзю: рокко:*) Накадзавы Ринсэна (中澤臨川, 1878–1920) и Икуты Тёко (生田長江, 1882–1936), переименовав их при этом в «Современную мысль» (Jindai sixiang, 近代思想, *Цзиньдай сысян*)[23].

---

[21] Гуманизм Толстого упоминается во многих китайских книгах по русской литературе 1920-х годов как понятие, не требующее объяснений. Несколько примеров из книг, опубликованных в 1920 и 1921 годах, см. [Zhang Jinglu 1920: 37; Geng 1920: 4; Zhu 1921: 1].

[22] В переводе Чжэн Цичуаня (鄭次川, 1887–1925) книги Накадзимы Хандзиро (中島半 次郎, 1872–1926) «Взгляд на идеи воспитания» (教育思潮大観, *Кё: ику ситё: тайкан*) Чжэн также принял изложение Накадзимы и использовал гуманизм для обобщения идей Толстого. См. [Nakajima 1921: 372; Nakajima 1922: 255].

[23] См. [Nakazawa, Ikuta 1916; Guo Yaogen 1919]. Чжоу Цзожэнь прочитал «Современную мысль» в 1918 году — еще одно доказательство важности японского посредника [Zhou Zuoren 1998, 1: 798].

В переводе Го, как и в японском оригинале, глава 6 посвящена исключительно гуманизму Толстого. В этой главе рассматриваются не только философские идеи писателя, но и его биография и литературные достижения, прослеживается хронология его жизненного опыта. Человеколюбие и аскетизм Толстого трактуются как составляющие его гуманизма.

Таким образом, и в Японии, и в Китае гуманизм стал использоваться как единый термин, объединяющий творчество Толстого, подобно эволюционизму Дарвина и натурализму Золя. Общие иероглифы японской и китайской письменности только облегчили перевод. Однако в процессе переноса термина из Японии в Китай его значение изменилось: китайское видение гуманизма Толстого не было точным воспроизведением японского. Если быть точнее, гуманизм Толстого претерпел явный процесс секуляризации по мере его транскультурации из Японии в Китай.

## Секуляризация религиозного гуманизма Толстого

Толстой, вероятно, и не подумал бы назвать свои философские идеи «гуманизмом», поскольку его теории были порождены теологическими размышлениями. Лилиан Уинстенли (1875–1960) еще в начале своего творчества отмечала, что идеи Толстого стоят особняком от европейского гуманизма из-за его осуждения Ренессанса как периода морального разложения, а также из-за тесной связи его верований с христианским мистицизмом Средних веков [Winstanley 1914: 89]. Таким образом, разумным, хотя и чрезмерно упрощенным, является рассмотрение его философии как христианской формы гуманизма. Японские читатели высоко ценили религиозные черты гуманизма Толстого, который, по словам Оды Райдзо, коренится в уважении к Богу и любви к людям [Tolstoy 1907: 10]. Другими словами, Ода чувствует в гуманизме Толстого сильную религиозную составляющую. В предисловии к своему переводу «Так что же нам делать?» он объясняет, что в поисках истины важно принять волю Бога [Ibid.: 11]. *Дзиндо:* (человеческий путь) может быть достигнут только с помощью духа самоотверженности мученика (人道に殉ずるの大

犠牲的精神, *дзиндо: ни дзюндзуру дайгисэйтэки сэйсин*). Действительно, Ода солидарен с русскими и западноевропейскими комментаторами, которые сходятся во мнении, что невозможно полностью понять гуманизм Толстого, не изучив его религиозные воззрения.

Русская литература начиная со средневекового периода в подавляющем большинстве случаев носила религиозный характер, и вплоть до прихода коммунизма писатели, как правило, в той или иной степени были погружены в духовное и религиозное размышление. Религия русской интеллигенции могла быть неортодоксальной, неопределенной, непостоянной, даже фантастической, и ей постоянно бросали вызов радикальные идеологии Запада, но она оставалась одной из главных тем русской литературы на протяжении всей истории. Как утверждает Ричард Ф. Густафсон, в России искусство стоит в центре религии, потому что «русское православие предполагает, прежде всего, создание правильных образов для размышлений верующих» [Gustafson 1986: xi]. Хотя Россия так и не смогла полностью принять христианский гуманизм, возникший в Западной Европе в эпоху Возрождения, искусство позволило гуманистическим проблемам проникнуть в популярный религиозный дискурс. Православные монастыри следовали собственным аскетическим традициям и уделяли мало внимания светскому миру. Однако были и такие русские писатели, как, например, Толстой, которые оставались набожными православными верующими, но при этом проявляли большую заботу о материальном благополучии простых людей. Одной из главных причин, по которой теории Толстого, помимо его религиозных исканий, можно отнести к христианскому гуманизму в духе западного Возрождения, является его бескомпромиссное разоблачение различных видов социального зла, в том числе социального и экономического неравенства в России.

Не вызывает сомнений, однако, то, что религиозный гуманизм Толстого отличается от европейского христианского гуманизма. Сергей Булгаков (1871–1944) называет его «беспримесным представителем просветительского рационализма», но отличительным принципом Толстого считает его веру в «естественную религию, заложенную в каждом человеке, но в существе своем всюду тождественную» [Булгаков 1910]. В отличие от других гуманистов, Толстой осуждал всевозможные «предрассудки» своего времени, включая патриотизм, социальную науку, религиозные институты, и выступал за деизм. Поэтому, как отмечает Джордж Клайн, читатели с твердыми православными убеждениями могли почувствовать, что «сведение Толстым религии к этике, а этики к "закону любви" и "непротивлению злу насилием" было "приторным, сентиментальным, мечтательным и утилитарно-моральным", чуждым "мистико-догматическому" ядру христианства» [Kline 1985: 196]. Некоторые русские даже находили его предполагаемую «религию» поверхностной: как отметил один писатель, «это была не религия души, а религия силлогизмов» [Овсянико-Куликовский 1911: 89]. Дмитрий Мережковский (1865–1941) называет Толстого «тайновидцем плоти», в отличие от Достоевского, которого он именует «тайновидцем духа» [Мережковский 2000]. Борис Эйхенбаум (1886–1959) даже обвиняет его в том, что он исповедует «нигилизм» [Эйхенбаум 1969]. Пренебрежительная оценка Толстым православных церквей усугубила напряженность в отношениях между ним и главным религиозным институтом России. Его новая религия, известная некоторым как христианский гуманизм, в конечном итоге привела к его отлучению от Русской православной церкви в 1901 году.

Какими бы необычными они ни были, религиозные взгляды Толстого оставались центральными в его литературном творчестве. Особенно в период после 1880 года, — когда он пережил свое «обращение», — в его произведениях проявилось сильное увлечение теологией[24]. Противник академической философии и богословских споров, навязывающих читателям «правильные»

---

[24] Хотя Толстой признал свой переход из атеизма около 1880 года, ученые по-разному понимают, действительно ли он пережил религиозное обращение и стал ли он более «религиозным» после своего так называемого «обращения». Как отмечает Инесса Меджибовская, «мемуары Толстого ["Исповедь"] заканчиваются не обретением системы верования, а скорее обретением желания верить» [Medzhibovskaya 2008: xxvii].

идеи, Толстой вместо этого вникает в смысл жизни с позиций недогматического искателя истины. Многие его эссе о богословских идеях начинаются с его субъективных наблюдений и социальной практики. Он делится с читателями своими сомнениями, обнажая перед ними свои слабости и недостатки, в надежде прояснить такие базовые понятия, как «Бог», «желание», «жизнь» и «любовь». Его повествование фрагментарно, а богословские идеи разбросаны по всем его эссе, дневникам и даже художественным текстам: не довольствуясь монологом от первого лица, Толстой также использует вымышленные автопсихологические образы, чтобы выразить свой личный опыт познания Бога. Это выражение было жизненно важно для него, поскольку он верил, что душа — это врата [на пути к познанию] абсолютного смысла. Как заметил Густафсон, «[Толстой] предполагает, что человек может иметь представление о мире во всей его полноте и гармонии в своем сознании, даже если у него нет правильных слов или правильного порядка слов, чтобы рассказать о нем» [Gustafson 1986: 90]. Толстой считал, что Бог остается непознаваемым, но человек может приблизиться к этому Богу через участие в Нем [Ibid.: 94]. Точнее, Толстой заменяет понятие Бога как абстрактной идеи абсолютного бытия на Бога, обитающего в мире перемен и одновременно выходящего за его пределы [Ibid.: 108].

Таким образом, отличительной особенностью религиозных идей Толстого является то, что они не только сложны, но и динамичны. На смену представлениям Толстого о Боге постоянно приходило новое, более высокое понимание, соответственно — менялось его выражение Бога. В результате большинство его выражений заканчиваются неудачей, ведь любое суждение упирается в неопределенность, что, в свою очередь, делает его идеи еще более сложными для восприятия [Ibid.: 90]. Поэтому читатель легко может обнаружить в его идеях следы различных идеологий: как отмечает Александр Крауфурд, «его религия была своего рода смешением социализма, аскетизма и мистицизма, с легкой примесью стоицизма» [Craufurd 1912: xi]. В конце концов некоторые из его идей полностью отошли от русской религиозной традиции и восстали против православия.

С другой стороны, отличительные черты новой религии Толстого — которую мы называем религиозным гуманизмом — как раз и способствовали ее распространению в азиатских странах. В этом отношении особенно важна была его тенденция к размыванию и искажению религиозных границ между Востоком и Западом. Толстой был не против обратиться к древней мудрости восточного мира, включая буддизм и даосизм, чтобы постичь истину о Боге, жизни и любви. Более того, религия Толстого не была религией академий и соборов. Его религия была религией рынка, религией повседневной жизни. Некоторые русские отвергали ее как чрезмерно упрощенную, но азиаты находили ее более доступной именно благодаря новым элементам, которые в ней теперь присутствовали. Например, Джавахарлал Неру (1889–1964) заметил, что Толстого и Махатму Ганди (1869–1948) объединяла твердая вера в ненасильственное сопротивление [Singh 2005: 117]. Квазипротестантские особенности Толстого также привлекали многих азиатов, изучавших христианство с помощью западных протестантов[25]. В лирической форме описывает эти интимные отношения между Толстым и Ганди Ромен Роллан:

> Молодой индиец Ганди взял из рук умирающего Толстого тот божественный свет, который старый русский апостол хранил в своей душе, согрел его своей любовью, взрастил его своими горестями и сделал его частью факела, который осветил Индию: отблески этого света достигли всех уголков земного шара [Роллан 1933].

В Восточной Азии интеллектуалы и лидеры, включая членов школы «Белой березы» (*Сиракаба-ха*) в Японии и Чжоу Цзожэня в Китае, также почувствовали сердечность и страсть этого старика, а некоторые даже стали его преданными последователями. В определенный момент своей жизни эти мыслители также ис-

---

[25] Толстой был страстным читателем Мартина Лютера (1483–1546), идеи которого он использовал в своих произведениях, в том числе в «Войне и мире». Вполне вероятно, что он черпал вдохновение в переводе Библии Лютера, когда переписывал Евангелия.

пытали желание взять свет души Толстого и осветить им собственные страны. Однако к тому моменту, когда китайские читатели начали узнавать об этом великом писателе, Толстой уже отошел от русских православных верований и вряд ли мог претендовать на роль строгого религиозного апостола. Этот временной разрыв может помочь объяснить ключевое различие между восприятием толстовства в Японии и в Китае: религиозные произведения Толстого были одними из первых его текстов, которые переводились и обсуждались в Японии, в то время как в Китае они были преимущественно проигнорированы.

Японцы начали переводить Толстого в 1880-х годах, и японские протестанты сыграли важную роль в его ранней рецепции в Японии[26]. В 1890-х годах, наряду с публикацией переводов, в рецензиях, газетах и журналах стали появляться и первые критические статьи о писателе. В 1890 году редакционная статья в журнале «Японский обзор» (日本評論, *Нихон хё: рон*), издаваемом Объединенной церковью Христа в Японии, была целиком посвящена знакомству читателей с Толстым. По словам Янаги Томико (柳富子), эта статья, «Европейская литература II: граф Толстой» (欧洲の文学其二: トルストイ伯, *О: сю: но бунгаку, соно ни: торусутой хаку*), была написана Уэмурой Масахиса (植村正久, 1858–1925), ведущим японским протестантским пастором и теологом [Yanagi 1998: 14]. В статье автор подчеркивает религиозные убеждения Толстого и его повседневную практику следования нравственному учению Нагорной проповеди. Толстой изображен

---

[26] Первый перевод произведений Толстого в Японии был осуществлен в 1886 году, когда Мори Тай перевел с русского языка часть романа «Война и мир» Толстого. Затем, в 1889 году, Мори Огай перевел «Люцерн» с немецкого на японский. Начиная с 1890-х годов появляется все больше переводов, в том числе были переведены «Севастопольские рассказы» Кодой Рохан в 1892 году, «Детство» и «Два старика» Кониси Масутаро в 1892 году, «Поликушка» и «Семейное счастье» Утидой Роан в 1893 году, «Крейцерова соната» Одзаки Коё и Кониси Масутаро в 1894 году. В начале XX века на японский язык было переведено большее количество крупных произведений Толстого, вышли переводы таких произведений, как «Воскресение» Утиды Роан в 1901 году, «Исповедь» и «В чем моя вера?» Като Наоси в 1902 и 1903 годах, «Казаки» Таямы Катаи (田山花袋, 1872–1930) в 1904 году.

заблудшим человеком, который когда-то искал славы, богатства и удовольствий, но однажды просветился мудростью христианства и в итоге стал истинно верующим.

Два месяца спустя Токутоми Сохо (徳富蘇峰, 1863–1957), также протестант, опубликовал одну из самых влиятельных в Японии статей того времени о Толстом, «Светило русской литературы, граф Толстой» (露国文学の泰斗、トルストイ伯, *Рококу бунгаку но тайто, торусутой хаку*). Эта статья была опубликована в журнале «Друг народа» (国民の友, *Кокумин но томо*) в трех частях в период с сентября по ноябрь 1890 года. Эта статья признана самым ранним систематическим знакомством с Толстым на японском языке, она также подчеркивает его роль как религиозного мыслителя. Брат Токутоми Сохо, Токутоми Рока, установивший личные отношения с Толстым и его семьей через переписку и посещения усадьбы в Ясной Поляне, также опубликовал свои работы, в том числе влиятельную биографию писателя в 1897 году [Tokutomi 1897]. Рока сыграл важную роль в обобщении знаний о Толстом и установлении связи между литературным творчеством и религиозными поисками писателя с дискуссиями о социальных и нравственных поисках молодых японских интеллектуалов.

Японские читатели с самого начала были чувствительны к религиозным высказываниям Толстого, и их религиозный интерес не угас с течением времени. В 1894 году Кониси Масутаро опубликовал книгу «Последние идеологические события в России» (露国思想界の近況, *Рококу сисо: кай но кинкё:*), в которой также рассмотрел религиозные убеждения Толстого [Konishi 1894]. Отлучение Толстого от Церкви еще больше возбудило любопытство японских читателей. Всего через год после публикации влиятельного эссе Мережковского «Л. Толстой и Достоевский» — в котором рассматривался вопрос о христианстве и язычестве и в котором Толстой назывался «тайновидцем плоти», — имя Мережковского было упомянуто в японском журнале «Солнце» (太陽, *Тайё:*). В 1906 году часть анализа Мережковского была переведена под названием «Об отношениях души и плоти» (霊肉の関係, *Рэйнику но канкэй*) в журнале «Имперская литература»

(帝国文学, *Тэйкоку бунгаку*), а его полный перевод был опубликован в 1914 году. Неудивительно, что в 1906 году Симамура Хогэцу в своей статье «Заточенное искусство» (囚はれたる文芸, *Тораварэтару бунгэй*), опубликованной в журнале «Литература [Университета] Васэда» (早稲田文学, *Васэда бунгаку*), утверждал: «Искусство Толстого на самом деле религиозно. И эта религия, в данном случае, — христианство» [Shimamura 1948: 206].

Среди первых японских читателей Толстого были и те, кто получил русское православное воспитание. Кониси Масутаро, сторонник Толстого, столь же влиятельный, как и братья Токутоми, получил русское образование у Святителя Николая Японского. Позже Кониси отправился в Россию и учился в Киевской духовной академии и семинарии, старейшем учебном заведении Русской православной церкви. Хотя он так и не стал православным христианином, его образование и пребывание в России позволили ему лучше понять религиозную борьбу Толстого. Из всех японцев того времени Кониси также больше всех общался с Толстым. Вместе с писателем он перевел на русский язык даосскую классику «Книгу пути и достоинства» (Daodejing, 道德經, *Дао дэ цзин*)[27].

Наряду с Кониси и другие японцы, знакомые с русской православной религией, отдавали дань уважения этому великому русскому писателю. В журнале «Море души», издаваемом Свято-Николаевской духовной школой в Японии, в 1893 и 1894 годах были опубликованы две статьи, в которых Толстого и Ницше сравнивали как двух величайших европейских мыслителей. В этих двух статьях был отмечен бунтарский характер религиозной литературы Толстого, а сам он рассматривался как представитель восточноевропейской цивилизации, параллельно с Ницше как представителем западноевропейской цивилизации. Однако несколько статей, опубликованных в том же журнале в последующие годы, в том числе «Религиозные мысли Толстого»

---

[27] Сё Кониси подробно описал отношения между Толстым и Кониси Масутаро в [Konishi 2013: 93–141]. Более подробно о переводе Толстым "Дао дэ цзин" можно прочитать в [Chu 2021].

(トルストイ伯の宗教論, *Торусутой хаку но сю: кё: рон*, 1894),
«Квиетизм Толстого и его критика» (トルストイの「無為論」と
其評論, *Торусутой но муирон то соно хё: рон*, 1895), «Взгляд на
жизнь трех великих современных европейских писателей» (欧洲
現代三文豪の人生観, *О: сю: гэндай сан бунго: но дзинсэй кан*, 1896)
и «Психология Толстого» (トルストイの心理, *Торусутой но
синри*, 1899), — все они отвергали мысли Толстого как весьма
сомнительные [Yanagi 1998: 37]. Будучи уполномоченным японским русским православным журналом, «Море души» отражало
квинтэссенцию реакции на религиозные мысли Толстого в японском православном сообществе. В отличие от японских протестантов, которые горячо приняли религиозные убеждения Толстого, большинство японских православных восстали против
них. Даже Кониси в своем письме к Толстому в 1896 году выразил
сожаление в связи с тем, что святой Николай, архиепископ Японии, был недоволен тем, что Кониси принял религиозные убеждения Толстого.

В отличие от Японии, где протестанты и православная общи-
на сыграли важную роль в знакомстве с творчеством Толстого
и привлекли внимание японских читателей к его религиозным
идеям, в Китае религиозные элементы творчества Толстого часто
упускались из виду или были недооценены. Эрнест Фрэнсис Гэдье
(1869–1922) предпринял самый ранний перевод произведений
Толстого на китайский язык. Его переводы были явно продикто-
ваны любопытством миссионера к сочетанию религиозного
благочестия и анархического сопротивления Толстого, однако
они так и не привлекли внимания рядового китайского читателя[28].

---

[28] Эрнестом Фрэнсисом Гэдье были переведены еще два произведения Толстого: «Где любовь, там и Бог» и «Упустишь огонь — не потушишь». Гэдье
адаптировал китайские названия, и у него получились следующие заглавия:
«История о преданном поклонении Богу» (Chengshi jing shen pian, 誠實敬神
篇, *Чэнши цзин шэн пянь*) и «Лучший способ разрешить ненависть» (Jiechou
liang fa, 解仇良法, *Цзечоу лян фа*). Скорее всего, он ссылался на английские
переводы из сборника «Смерть Ивана Ильича и другие рассказы», опубли-
кованного в 1887 году. Ученые не обнаружили оригиналов этих двух переводов, однако воспоминания читателей позволяют предположить, что эти

В 1907 году Май Мэйшэн (麥梅生, 1870–1942) и Иммануил Готлиб Генер (китайское имя Е Даошэн, 葉道勝, 1856–1937) перевели с английского «Религиозные рассказы» Толстого — сборник, в который вошли «Два старика», «Крестник», «Три старца» и другие. Генер был немецким священником, но в его китайском предисловии подчеркивается не религиозная ценность рассказов, а содержащиеся в них нравственные уроки. Он представляет их в основном с точки зрения мирской жизни как хорошие примеры «реформаторских» рассказов.

Еще более показательный пример появился в 1904 году, когда Миньчжун Ханьцюаньцзы (Minzhonghanquanzi, 閩中寒泉子) опубликовал статью «Биография и размышления Толстого» (Tuo'ersitai lüe zhuan jiqi sixiang, 托爾斯泰略傳及其思想, *То'эрсытай люэ чжуань цзици сысян*) во «Взгляде на времена»[29]. Хотя автор начинает статью с изображения Толстого как великого религиозного революционера, вскоре он переходит к рассмотрению сходства между религиозными мыслями Толстого и азиатской философией, включая конфуцианство, буддизм и особенно даосизм. Подобные сопоставления были типичной стратегией для ранних китайских представлений Толстого [Minzhonghanquanzi 2009]. Этот подход может напомнить нам о методах китаизации первых иезуитов в Китае, которые пытались примирить конфуцианство с христианством, чтобы привлечь внимание более широкой аудитории. С одной стороны, эта стратегия сделала мысли Толстого более понятными для нехристианских китайцев; с другой стороны, такой подход лишил религиозные идеи

---

переводы в основном читались в миссионерских кругах в Китае. Переводы, конечно, не имели широкого распространения среди местного населения, поскольку ученые обнаружили их существование только в 2015 году [Yang Junjie 2015]. Предисловие Иммануила Готлиба Генера было включено в книгу [Fu Jianzhou 2015: 26–27].

[29] Первоначально статья появилась в газете «Ежедневные новости Фузцянь» (Fujian riri xinwen, 福建日日新聞, *Фуцзянь жижи синьвэнь*). Хотя темой «Взгляда на времена» были достоинства и преимущества христианства, издание не зацикливалось на этой теме, а освещало широкий спектр знаний о Западе, включая политику, географию, историю и так далее.

Толстого их отличительных черт. Более того, в отличие от Японии, где «Исповедь» — ключевое изложение религиозных убеждений Толстого — была переведена очень рано, в Китае до 1920 года ни эта работа, ни другие связанные с ней труды переведены не были[30]. Аналогичным образом, важные работы, анализирующие религиозные убеждения Толстого, также остались без внимания: примером может послужить критическое эссе Мережковского «Л. Толстой и Достоевский», которое было переведено на китайский язык только в 2000 году, т.е. почти через сто лет (!) после перевода на японский.

Китайское безразличие к религиозным убеждениям Толстого может быть объяснено несколькими причинами. Во-первых, Толстой выражал большое восхищение китайской мудростью, в его поздних произведениях также прослеживается влияние древней китайской философии[31]. Поэтому китайские читатели, которые не были хорошо знакомы с православной христианской традицией и с религиозными исканиями Толстого, были выну-

---

[30] Длинные произведения, переведенные на китайский язык до 1920 года, были ограничены «Воскресением» в переводе Ма Цзюньву в 1913 году, «Анной Карениной» в переводе Чэнь Цзялиня и Чэнь Дадэна в 1917 году, «Детством», «Отрочеством» и «Юностью» в переводе Линь Шу и Чэнь Цзялиня в 1918 году, «Крейцеровой сонатой» в переводе Гэня Цзичжи и «Семейным счастьем» в переводе Линь Шу и Чэнь Цзялиня в 1919 году. Все остальные переводы до 1920 года были сосредоточены вокруг его коротких рассказов.

[31] Толстой неоднократно высказывал большой интерес к китайской культуре и много читал китайских классиков в немецких, английских, французских и русских переводах. Хотя его представление о Китае не было полным, изучение китайской классической философии, особенно конфуцианства и даосизма, вероятно, повлияло на его последующую нравственную теорию искусства и человеческого общества. Многие ученые утверждают, что Толстой отстаивая идею непротивления, хотя и опирался в первую очередь на Нагорную проповедь, также мог быть вдохновлен чтением Лао-цзы, или "Дао дэ цзин", который он переводил при участии Кониси Масутаро. Подробнее см. [Bodde 1950; Шифман 1971; Wu 2017]. Нетрадиционное отношение Толстого к бессмертию также, вероятно, было отчасти обусловлено идеями, почерпнутыми из интенсивного изучения китайской философии, особенно китайского буддизма.

ждены читать его, опираясь на собственные культурные традиции — в данном случае на конфуцианство, даосизм и буддизм.
Они могли сосредоточиться на сходствах между своей культурой
и поздними идеями Толстого и игнорировать различия, заложенные в этих несовпадающих дискурсах. Эта тенденция поощрялась
китайскими переводами, которые следовали тому же принципу.

Во-вторых, отлучение Толстого от Русской православной церкви
произошло в 1901 году. К тому времени японцы уже познакомились
с творчеством Толстого через репортажи, интервью и переводы,
в то время как в Китае Толстой оставался лишь одним из множества
известных русских писателей[32]. Прошедшие два десятилетия
могли сыграть значительную роль в формировании отношения
людей к тому или иному современному писателю. Запаздывающее
внимание Китая к Толстому отчасти объясняется общей задержкой
в рецепции русской литературы в Китае по сравнению с Японией.
Отлучение Толстого от церкви заставило японцев усомниться
в истинности его религиозных убеждений, что стало горячей темой
для обсуждения в японском литературном мире. Когда же Толстой
наконец предстал перед китайскими читателями, градус накала
этой темы уже спал. К 1920-м годам реалистическая и социалисти-
ческая интерпретации писателя стали преобладать над другими
дискурсами как в России, так и в Японии. Таким образом, китайцы

---

[32] По словам А. Шифмана, к тому времени, когда Константин Вяземский
(1853–1909) посетил Китай в 1894 году, многие китайцы уже знали о Толстом
[Шифман 1971: 152]. Однако самое раннее общепризнанное упоминание
имени Толстого в китайских публикациях относится к 1900 году и содержит-
ся в книге «Общий обзор русской политики и культуры», переведенной
с английского языка Обществом христианской литературы Китая в Шанхае.
В 1905 и 1906 годах Толстой обменивался письмами с Чжан Цинтуном (張
慶桐) и Гу Хунмином (辜鴻銘, 1857–1928) и выражал свое уважение к китайской культуре и желание познакомиться с китайским народом [Ge 1992:
110–111]. Интересно, что его письмо Гу Хунмину «Письмо китайцу», было
впервые переведено и опубликовано в немецких и французских газетах. На
китайский язык оно было переведено только в 1911 году в «Восточном
альманахе». Это показывает, насколько запоздалым был интерес китайцев
к Толстому, по сравнению с Японией, где переводы произведений Толстого
появились уже в 1880-х годах.

были больше знакомы с интерпретациями Толстого с точки зрения социализма и реализма.

Более того, в 1870–1880-х годах в Японии наблюдался рост привлекательности христианства, поскольку обращение в христианство рассматривалось как часть вестернизации. Этот сдвиг в точности совпал с появлением Толстого в Японии [Kane, Park 2009: 365–404]. Многие из японских интеллектуалов, представивших Толстого японским читателям, были одновременно верующими христианами и влиятельными культурными критиками, отстаивавшими современную идеологию. Их христианская принадлежность повышала вероятность того, что они обратят внимание на религиозные мысли Толстого, а принадлежность к современной интеллигенции означала, что они с готовностью воспримут новые идеи Запада. Наконец, их положение влиятельных культурных критиков означало, что их статьи о Толстом будут активно читаться в Японии.

В Китае ранние статьи о Толстом, затрагивающие его религиозные убеждения, также публиковались в основном христианами. Однако относительная непопулярность христианства в Китае заставляла этих переводчиков заботиться в основном о том, чтобы сделать содержание своих статей более понятным для простых китайских читателей. И вместо того чтобы выделить отличительные черты религиозной мысли Толстого, они применили старую стратегию обобщения и ассимиляции. Как и в случае с Библией в Китае, переводчики использовали термины и идеи из китайской философии, в основном из конфуцианства и даосизма, для интерпретации религиозных текстов Толстого. В результате Толстой, как ни странно, стал прекрасным защитником традиционной китайской морали.

Кроме того, китаизация означала, что влиятельные китайские интеллектуалы, не поддерживавшие традиционную китайскую мораль, не обращали внимания на религиозные поиски Толстого. Хотя ученые высоко оценивают вклад иезуитов в модернизацию китайской культуры и хотя христианские издания, такие как «Взгляд на времена», пользовались в Китае большой популярностью — и даже если влиятельные китайские интеллектуалы, такие как Кан Ювэй, Лян Цичао и Чжан Тайянь (章太炎, 1869–1936), признавали важность религии, — правда заключается в том, что очень немногие из них по-настоящему обратились в веру. Те же, кто обратился, редко играли важную роль в Движении за новую культуру. Ну а те китайские интеллигенты, которые были готовы отвергнуть нормы китайской традиции и активно участвовали в движении, перекроили образ Толстого в соответствии со своими революционными потребностями. Отказавшись от первоначального образа Толстого как защитника древнекитайской философии, китайские интеллектуалы пренебрегли также и особенностями религиозной мысли самого Толстого.

Таким образом, хотя и японцы, и китайцы именовали толстовство — гуманизмом Толстого, коннотации этих понятий были отличными, особенно потому, что религиозные проблемы оценивались по-разному. В тот момент, когда толстовство возникло как разновидность гуманизма в Восточной Азии, секуляризация уже началась. Вместо того чтобы отвергать этот сдвиг как типичную форму транскультурного искажения, мы можем задаться вопросом, предстает ли приобретающее все больший вес секуляризованное представление гуманизма в новом свете наше понимание толстовства.

## Человеческий путь

Неоднозначность понятия «гуманизм» отчасти обусловлена трудностями перевода западных концепций. На японский язык гуманизм транслитерируется как ヒューマニズム (*хю: манидзуму*), но на кандзи он также может быть переведен как 人文主義 (*дзимбунсюги*), 人道主義 (*дзиндо: сюги*), 人本主義 (*дзимпонсюги*) или 人間中心主義 (*нингэн тю: син сюги*). Хотя *дзиндо: сюги* более точно переводится как «гуманитаризм», а более подходящим аналогом *нингэн тю: син сюги* в английском языке является «антропоцентризм», оба эти слова часто применяются для обозначения гуманизма в японском языке.

Путаница продолжается и в китайском языке. В своей книге Чжан Кэ (章可) рассказывает о запутанном пути гуманизма в Китай и о том, как *жэньдао пай* (rendao pai, 人道派), *жэньвэнь чжуи* (renwen zhuyi, 人文主義) и *жэньдао чжуи* соревновались друг с другом за право быть подходящим переводом для гуманизма. Хотя транслитерации на китайский язык существуют, они не вошли в широкое употребление, поскольку китайский язык в принципе сложно принимает транслитерации[33]. Однако неопределенность в выборе между гуманизмом и гуманитаризмом — а именно *жэньвэнь чжуи* и *жэньдао чжуи* — сохраняется. В некоторых случаях китайские писатели пытались их разграничить: так, «новый гуманизм» Ирвинга Бэббита (1865–1933) оказал глубокое влияние на его китайских последователей, что заставило обратить пристальное внимание на специфическую терминологию[34]. Однако за пределами этой философской школы *жэньвэнь чжуи* и *жэньдао чжуи* обычно используются в китайском языке без четкого разграничения[35].

Несмотря на неоднозначность перевода понятия «гуманизм», китайцы, столкнувшиеся с гуманизмом в рамках изучения евро-

---

[33] Помимо подробного исследования изменений в китайской интерпретации гуманизма в конце XIX — начале XX века, книга Чжана также включает список ранних китайских переводов гуманистов (humanist) / гуманизма (humanism), включая такие транслитерации, как *хаомонисыто* (豪摩尼司脫, haomonisituo) и переводы, основанные на их значении, например, *гувэнь сюэпай* (古文學派, guwen xuepai) — древнекитайская школа научной мысли [Zhang Ke 2015: 103–104].

[34] В числе китайских последователей Ирвинга Бэббита — У Ми (吳宓, 1894–1978), Мэй Гуанди (梅光迪, 1890–1945) и Лян Шицю (梁實秋, 1903–1987). Бэббит проводил четкое различие между гуманизмом и гуманитаризмом. В журнале «Критическое обозрение» (Xueheng, 學衡, *Сюэхэн*), в котором У Ми и Мэй Гуанди отстаивали свои новые гуманистические идеи, почерпнутые у Бэббита, Сюй Чжэньэ (徐震堮, 1901–1986) опубликовал статью «Бэббит объясняет гуманизм» (Baibide shi renwen zhuyi, 白璧德釋人文主義, *Байбидэ ши жэньвэнь чжуи*), в которой он описал, как американский литературный критик различает эти две концепции в своей книге «Литература и американский колледж» [Xu Zhen'e 1924].

[35] Школа Сюэхэн (Xueheng), созданная несколькими учеными, поддерживающими традиционную культуру на основе одноименного журнала «Критическое обозрение» (Xueheng, 學衡, *Сюэхэн*). — *Примеч. пер.* Рассматривается в нескольких книгах, в том числе в [Shen Weiwei 2015] и в [Zhu 2009].

пейской эпохи Возрождения, как правило, все же сходятся во мнении о связи гуманизма со светским миром. В Китае гуманизм обычно понимается как «нетеистический», а приверженцы гуманизма могут даже активно выступать против традиционного теизма. С этой точки зрения отлучение Толстого от православной церкви в определенной степени оправдывает применение по отношению к нему, а также его трудам и идеям, термина гуманизм. Тем не менее если японские интеллектуалы сознательно использовали этот термин при обсуждении гуманизма Толстого, то китайцы, взявшие его на вооружение, игнорировали сложные отношения между гуманизмом и христианством. Скорее, транскультурация гуманизма вызывала в Китае воспоминания о традиционной китайской философии, с которой китайцы были, естественно, более знакомы. В конце концов, у китайских философов тоже были собственные нетеистические размышления о том, что они называли *жэньдао* (rendao, 人道) — «человеческий путь».

Как отмечает Кармен Мейнерт, китайская философия может рассматриваться как особый вид «китайского гуманизма», поскольку она всегда была ориентирована на человека [Meinert 2010: 11]. Ван Хуэй отмечает, что в каноническом китайском тексте «Заметки о траурных обычаях» (Sangfu xiaoji, 喪服小記, *Санфу сяоцзи*) в «Книге обрядов» (Liji, 禮記, лицзи) также говорится: «Быть рядом со своими родителями, почитать и с добротой относиться к пожилым людям и проводить границы между мужчиной и женщиной — вот основные принципы человеческого пути» [Wang Hui 1995]. Вероятно, именно тогда *жэньдао* впервые появилось в сохранившейся до наших дней китайской классической литературе; однако *жэньдао* имеет более богатые коннотации, чем надлежащее поведение, описанное в тексте ранее. *Жэнь* (Ren, 人, человек) и *дао* (dao, 道, путь) — два ключевых понятия китайской философии.

Юй Ин-ши (余英時, 1930–2021) разворачивает центральную философскую трансформацию — которую он называет «осевым переворотом» — в китайской древности [Yü Ying-shih 2014]. Он описывает крах ритуальной системы в династиях Ся (ок. 2070 г. до н.э. — 1600 г. до н.э.), Шан (ок. 1600 г. до н.э. — 1045 г. до н.э.) и Чжоу (ок. 1046 г. до н.э. — 256 г. до н.э.) и утверждает, что китайские школы (конфуцианство, моизм и даосизм) отреагировали на этот крах отказом от шаманской культуры, в которой шаманы выступали в качестве посредников между небом и родом человеческим. Вместо этого эти философские школы переосмыслили Небо как *дао*, или универсальное начало, и заявили, что через самосовершенствование *жэнь* (человечество) может достичь «внутренней трансцендентности» (neixiang chaoyue, 内向超越, *нэйсян чаоюэ*), а в конечном итоге новой «интеграции Неба и человечества» (tian ren he yi, 天人合一), которую Юй определяет как интеграцию *дао* и *синь* (xin, 心, сердце). Такое понимание отличается от старой китайской шаманистской веры, согласно которой небеса находятся за пределами человечества, а также от западной христианской точки зрения, которая также помещает Бога за пределы человечества, поскольку обе они подчеркивают «внешнюю трансцендентность» (waixiang chaoyue, 外向超越, *вайсян чаоюэ*).

Предположение о союзе человека и Неба посредством самосовершенствования последнего означает, что классическое китайское понимание «человеческого пути» не является точным аналогом религии в том смысле, в каком к этому стремился светский западный гуманизм. Интересно, что Толстой также верит в возможность внутреннего самосовершенствования и отвергает внешнее вмешательство со стороны таких институтов, как церковь и правительство. В книге «Царство Божие внутри вас» Толстой утверждает, что человек может спастись собственными силами. Он считал, что божественное вдохновение происходит не в церкви, а в собственном сердце человека. Поэтому он призывал русских людей отказаться от долга перед императором и даже перед собственной семьей.

Толстой считает, что «совершенство, на которое указывают христиане, ничем не ограниченно и никогда не может быть достигнуто» [Толстой 1955: 77]. Однако он не хочет разочаровывать читателей и развивает свою аргументацию, говоря, что «стремление к полному, неограниченному совершенству будет постоянно увеличивать добро людей, и это добро, следовательно, может быть расширено до бесконечности» [Там же: 77]. По мнению

Толстого, стремление к совершенству предполагает слияние божественной природы в душе каждого человека с волей Бога. Таким образом, человек должен добровольно, без давления внешних предписаний, усвоить образец полного неограниченного совершенства. Такое самосовершенствование возможно только благодаря любви: в частности, «учению о любви к человечеству в целом», которое «основано на социальном понимании жизни» [Там же: 296]. Традиционно любовь к человечеству заключает в себе любовь к человеку, семье, роду, племени и в конечном счете государству — чего не так-то просто добиться. Поэтому Толстой предлагает достичь его посредством замены человеческой любви (которая начинается с любви к себе) на христианскую (которая предполагает любовь только к человечеству). Таким образом, сущностью души человека может стать любовь в христианском понимании. Для достижения этой цели Толстой использует вторую половину романа «Царство Божие внутри вас» для проповеди самоотречения и самопожертвования, основанных на его вере в непротивление. Важно отметить, что это не означает, что человек перестает любить себя, но что любовь ко всему человечеству должна быть непременным условием и отправной точкой для любви ко всему остальному.

Хотя христианская любовь и путь к самосовершенствованию, предложенные Толстым, отличаются от человеческого пути классической китайской философии, его теория слияния божественной природы души с волей Бога схожа с китайской верой в объединение Неба и человечества. Следовательно, мы не можем сказать, что выявление подобных сходств при раннем знакомстве с Толстым в Китае было ошибочной интерпретацией. Однако религиозная связь и любые специфические православные аспекты были сведены на нет к концу 1910-х годов — не из-за необразованности, а скорее из-за интеллектуального климата того времени. В иконоборческий период Движения за новую культуру, когда все, что было связано с классической китайской традицией, должно было быть отвергнуто и высмеяно, даже те китайцы, которые заметили связь между учением Толстого и китайской традицией, сочли разумным не придавать этому особого значения, отстаивая гуманизм Толстого. Для мыслителей, которые хотели подчеркнуть ценность человека, не зависящую от каких-либо сверхъестественных сил, необходимо было сосредоточиться на человеке и человеческих отношениях в обществе. Поэтому гуманизм Толстого был упрощен и изменен при его заимствовании в Китай: он был секуляризован.

Чжоу Цзожэнь был одним из многих китайских интеллектуалов, которые откликнулись на призыв эпохи, публикуя эссе в радикальном журнале «Новая молодежь». Будучи ярым читателем японских источников, посвященных европейской литературе, он был полностью осведомлен о религиозных наклонностях Толстого. Однако он решил не вдаваться глубоко в эту часть толстовства, как видно из его эссе о «Человечной литературе», опубликованном в «Новой молодежи». В следующем разделе мы рассмотрим знакомство Чжоу с Толстым через японские источники и обсудим, как эта связь в конечном итоге привела его к индивидуализму.

### Превращение гуманизма в индивидуализм

Интерес Чжоу к Толстому ученые объясняют его дружбой с членами школы «Белая береза»[36]. Японская литературная школа «Белая береза», которая подчеркивала не только европейскую эстетику, но и индивидуализм и религиозный гуманизм Толстого, непосредственно вдохновила Чжоу Цзожэня на создание человечной литературы.

Знакомство Чжоу со школой «Белая береза» началось с того, что в 1911 году он купил специальный выпуск журнала «Белая береза», посвященный Родену. После этой покупки он начал обмениваться письмами с Мусянокодзи Санэацу, который был рад узнать, что их журнал привлек внимание китайского читателя, к тому же прекрасно владеющего японским языком. Будучи вер-

---

[36] Среди работ, посвященных дружбе между Чжоу и членами «Белой березы», см. [Ryū 1991; He 1995; Wang Xiangyuan 1998; Zhang Fugui, Jin 1999; Daruvala 2000; Yu Yaoming 2001; Keaveney 2009; Liu Jun 2010; Ogawa 2019].

ным подписчиком журнала в этот период, Чжоу, таким образом, узнал о значении гуманизма, что послужило основой для написания «Человечной литературы». В своем знаменитом эссе Чжоу объясняет собственное понимание гуманизма как «человекоцентристского индивидуализма» (geren zhuyi de renjian benwei zhuyi, 個人主義的人間本位主義, *гэжэнь чжуи дэ жэньцзянь бэньвэй чжуи*). Такое понимание очень близко к тому, что излагает Мусянокодзи в своей статье «О "Для себя" и других вещах» (「自己の為」及び其他について, *«Дзико но тамэ» оёби сонота ни цуйтэ*) [Mushanokōji 1987b].

Особый интерес Чжоу к «Новой деревне» (新しき村, *Атарасики мура*), основанной Мусянокодзи, также укрепил их дружбу. «Новая деревня» — «утопическая коммуна, философия которой подчеркивала понятия совместной жизни, всеобщего человеколюбия и достижения счастья и свободы через самосовершенствование в соответствии с собственным природным призванием» — вызвала большой интерес у Чжоу Цзожэня [Mason 2012: 136]. Чжоу опубликовал статью под названием «Японская Новая деревня» (日本的新村, *Жибэнь дэ синьцунь*) в 1919 году, сразу после прочтения книги Мусянокодзи «Жизнь Новой деревни» (新しき村の生活, *Атарасики мура но сэйкацу*). Предположение Чжоу о диалектическом единстве индивидуального и коллективного в его статье «Человечная литература» также черпало вдохновение в утопической коммуне Мусянокодзи. После посещения «Новой деревни» в 1919 году Чжоу опубликовал еще несколько статей о ней в 1919 и 1920 годах[37]. В этих статьях он пропагандирует освобождение человеческой природы как средство борьбы с не-

---

[37] Среди этих статей «Визит в японскую Новую деревню» (Fang Riben xincunji, 訪日本新村記, *Фан жибэнь синьцуньцзи*) и «Дух Новой деревни» (Xincun de jingshen, 新村的精神, *Синьцунь дэ цзиншэнь*) в 1919 году; а также «Объяснение движения "Новая деревня"» (Xincun yundong de jieshuo, 新村運動的解說, *Синьцунь юньдун дэ цзешо*), «Рассуждения об инженерном искусстве и Новой деревне» (Gongxue zhuyi yu xincun de taolun, 工學主義與新村的討論, *Гонсюэ чжуи юй синьцунь дэ таолунь*), «Идеал и реальность Новой деревни» (Xincun de lixiang he shiji, 新村的理想和實際, *Синьцунь дэ лисян хэ шицзи*) и «Рассуждения о Новой деревне» (Xincun de taolun, 新村的討論, Синьцунь дэ таолунь) в 1920 году.

равенством в обществе. Он утверждает, что если люди будут уважать человеческую волю и человеческую природу, то тогда общество, соответствующее образцу «Новой деревни», может стать реальностью. Чжоу настолько верил в философию «Новой деревни», что даже организовал ее отделение в феврале 1920 года в Пекине. Однако у него никогда не было ни финансовых ресурсов, ни административных возможностей для реализации этого проекта. Его Пекинское отделение было в основном отделом по связям с теми китайцами, которые хотели связаться с членами «Новой деревни» или посетить ее саму.

Когда Чжоу начал переписываться с членами «Белой березы» в начале 1910-х годов, его познания о Толстом были еще очень ограниченными. Согласно записям в дневнике, только в конце 1910-х — начале 1920-х годов он получил японский перевод полного собрания сочинений Толстого и стал последовательно читать его; своим первоначальным же знакомством с гуманизмом Толстого он почти полностью обязан дружбе с членами «Белой березы» [Zhou Zuoren 1998: 1–2]. Таким образом, его восприятие русского писателя формировалось под влиянием японских интерпретаций. С другой стороны, хотя Толстой и послужил для членов «Белой березы» источником вдохновения для размышлений о гуманизме, в журнале «Белая береза» было не так много статей, посвященных анализу великого русского писателя[38]. Гуманизм Толстого был основой общего духа членов школы «Белая береза», но у группы не было целостного и единого определения этого понятия[39]. Более того, многие из них уже находились на стадии бунта против Тол-

---

[38] Вместо этого журнал напечатал ряд статей о Достоевском и большое количество статей о греческой культуре, которые стали двумя излюбленными темами Чжоу в его собственных статьях времен Движения за новую культуру.

[39] По мнению ученого Сэнума Сигэки (瀬沼茂樹), Кисо Такэси (木曽毅) приписывает первое использование термина гуманизм в японском языке именно «Белой березе», а не другим школам, таким как Новый романтизм (新浪漫主義, *Син романсюги*), Эстетизм (耽美主義, *Тамбисюги*) и Новый реализм (新現実主義, *Син гендзицусюги*). Однако Сэнума признает, что значение *дзиндо: сюги* (人道主義) не всегда понятно, и в случае с «Белой березой» его иногда понимали просто как филантропию, что близко к концепции всеобщего братства в христианстве [Senuma 1969: 111].

стого, когда Чжоу только познакомился с их творчеством. В журнале «Белая береза» Мусянокодзи детально объяснял свою идею индивидуализма под влиянием Мориса Метерлинка (1862–1949), а другой член журнала Арисима Такэо (有島武郎, 1878–1923) исследовал собственное видение «обворовывающей любви», которую он противопоставлял «альтруистической любви» Толстого[40]. Неудовлетворенность, которую эти члены школы «Белой березы» испытывали по отношению к толстовству к 1910-м годам, побудила их горячо утверждать самость (личное) в ущерб обществу (коллективному). В то же время, поскольку они продолжали пропагандировать гуманизм в своих произведениях, они приняли своего рода индивидуализм, сокрытый под маской гуманизма.

Чтобы лучше понять протест членов «Белая береза» против Толстого, мы рассмотрим пример личного общения Мусянокодзи с русским писателем. Мусянокодзи представляет собой особенно ценный образец для изучения, поскольку из всех членов «Белой березы» он был наиболее близко знаком с Чжоу Цзожэнем. Мусянокодзи считал Толстого своим «самым главным учителем», но он не оставался чистым толстовцем всю свою жизнь [Mushanokōji 1936: 1]. Принято считать, что он начал отходить от толстовства, особенно от его аскетизма, после прочтения работ Метерлинка в 1906 году:

> От Толстого я научился управлению собственным разумом. Однако Толстой забыл побеспокоиться о «моей [собственной] природе» (自己の力, дзико но тикара — собственные силы (в различных значениях, в т.ч. сила духа, напр.))... Мне было стыдно даже думать о «своей природе», следуя учению Толстого. Я чувствовал себя ужасно из-за этого. Было больно представлять себя ужасным грешником. Метерлинк, о котором я уже упоминал, спас меня от этой боли. От Метерлинка я узнал, что человек должен полагаться именно на «свою природу», что человек может постепенно культивировать «свою природу» и что «я» — это очень глубокая вещь [Mushanokōji 1969: 154].

---

[40] Подробнее о выступлении Арисимы против Толстого см. в статьях [Abe Gunji 2008; Yanagi 1998].

Это замечание говорит о том, что к 1906 году Мусянокодзи уже не удовлетворяло ни толстовское определение человека как грешника, ни толстовское отрицание человеческой природы. Он усердно пытался найти в чем ценность человека как личности. Мусянокодзи выразил свое неприятие гуманизма Толстого после прочтения романа Метерлинка «Мудрость и судьба», в котором утверждается, что для любви к другому необходима любовь к себе. Метерлинк утверждает, что недостаточно только любить другого, как самого себя, но необходимо также любить себя внутри другого. По словам Мусянокодзи, эти слова стали для него откровением [Mushanokōji 1987b: 427].

Мусянокодзи особенно не нравился религиозный подход Толстого к жизни: «Я не согласен с тем, как Толстой разделяет тело и душу» [Mushanokōji 1916: 4]. Прочитав перевод Като Кадзуо неоконченной пьесы Толстого «И свет во тьме светит», Мусянокодзи выразил сильное недовольство философией главного героя, Николая Сарынцева. Эта пьеса считается полуавтобиографической, а душевное состояние главного героя отражает дилемму, с которой столкнулся сам Толстой. Мусянокодзи рассматривал Николая как докладчика Толстого и сетовал на переизбыток морали, сознания и рассуждений в произведении: «Я думаю, что толстовство сильно в своих гуманистических и земных качествах, но слабо в том, что касается вопроса рассмотрения мирской судьбы отдельного человека в религиозном ключе, как это делает Николай» [Mushanokōji 1987d: 587–588]. Поэтому, вместо того чтобы стать толстовским человеколюбом, Мусянокодзи решил, что важнее любить прежде всего себя, — он стал индивидуалистом или эгоистом:

> Я индивидуалист. Я не считаю, что нужно жертвовать своей индивидуальностью ради других. Так же как не стоит заставлять других отказываться от своей индивидуальности ради себя. <…> Это [представление, которое я предлагаю] — мораль индивидуализма [Mushanokōji 1987c: 345–346].

В 1912 году Мусянокодзи опубликовал в журнале «Белая береза» свое влиятельное эссе «О "Для себя" и других вещах», которое очень вдохновило Чжоу. Здесь он объясняет свое определение «самости». Для Мусянокодзи так называемая «самость» включает в себя желания отдельного человека, желания социального животного, желания животного, желания земли и желания нечто самого по себе. «Я хотел бы научиться гармонизировать эти желания, как это делали Иисус или Будда», — замечает он [Ibid.: 429]. «Таким образом, прежде чем поверить в субъектность других людей, я обретаю веру в свою собственную субъектность. Я не верю в чужую субъектность, если она противоречит моей собственной» [Ibid.: 428]. Он приходит к выводу: «Меня не удовлетворяет буддийский способ предаться "инстинкту нечто в себе", и я сожалею о том, что Иисус убил "животный инстинкт"» [Ibid.: 429]. Он решает, что самовоспитание и самосовершенствование — самые важные цели для человека.

Высказывания Мусянокодзи не следует воспринимать как свидетельство того, что он полностью порвал с гуманизмом Толстого[41]. Напротив, эту перемену можно рассматривать как его «выпуск» из «школы» этих идей. После бунтарского периода 1900-х — начала 1910-х годов индивидуализм или эгоизм Мусянокодзи начал угасать, и он вновь обратился к идеям толстовства. В качестве абсолютного воплощения идей толстовства Мусянокодзи основал «Новую деревню» в Миядзаки, Кюсю, в 1918 году. Эта самодостаточная общинная деревня в определенной степени повторяла модель толстовского общинного хозяйства в Ясной Поляне. Жизнь в деревне, основанная на равенстве людей, разделяющих общий труд и общее имущество, воплощала идеалистический гуманизм Мусянокодзи, заимствованный из толстовства. Более того, согласно Оцуяме Кунио (大津山国夫), Мусянокодзи воплотил в жизнь следующие идеи Толстого, когда приступил к реализации своего проекта «Новая деревня»: (а) отрицание плотских желаний; (б) утверждение того, что все люди должны быть связаны любовью; (в) восхваление простой (сельской) жизни; (г) убежденность в том, что богатство и ста-

---

[41] Многие ученые утверждают, что Мусанокодзи был связан с Толстым на протяжении всей своей жизни, см. [Ōtsuyama 1974; Abe 2008; Senuma 1969].

тус — это зло; (д) противостояние национализму и милитаризму, пропаганда пацифизма; (е) подход, позволяющий взглянуть в лицо своему паразитическому образу жизни и посвятить себя реализации социальной справедливости [Otsuyama 1974: 87–91].

Этот проект научил Мусянокодзи ценить сотрудничество между людьми, и он начал восхвалять жизнь, посвященную благополучию общества и страны. В 1926 году он написал статью «О любви к ближнему» (隣人愛に就て, *Риндзинай ни цуйтэ*), в которой объяснил, какое значение имеют другие люди для самого человека: «Я не знаю, зачем мы были созданы, но независимо от причин, мы как человеческие существа созданы не как изолированные индивидуумы, мы созданы среди других людей» [Mushanokōji 1987–1991c: 168]. Он признавал хрупкость существования отдельного человека и отмечал силу общества: «Если человек любит человеческую жизнь, сочувствует другим людям в их несчастье и относится к их делам, как к своим собственным, он, естественно, будет испытывать счастье» [Ibid.]. Однако, в отличие от толстовского альтруизма, философия Мусянокодзи продолжала подчеркивать именно ценность личности. Он выделял любовь как к себе, так и к другим. Таким образом, очевидно, что после периода сопротивления Мусянокодзи вернулся к идеям Толстого, хотя и в измененном виде.

В отличие от Чжоу Цзожэня, который никогда не имел столь глубокого личного переживания, связанного с работами Толстого, и не принимал христианство как религиозную практику, Мусянокодзи, как и многие другие японцы, ставшие в тот или иной момент последователями Толстого, был глубоко увлечен чтением религиозной литературы в начале своей жизни. Впервые Мусянокодзи познакомился с Толстым в 1903 году, когда прочитал произведения русского писателя «Исповедь» и «В чем моя вера?» в переводах Като Наоси. Он нашел эти тексты в доме своего дяди Кадэнокодзи Сукэкото (勘解由小路資承, 1860–1925), который заинтересовался христианством, после того как разорился; от него же Мусянокодзи узнал и о Библии. Таким образом, на Мусянокодзи оказали влияние религиозные аспекты литературы Толстого. Когда он читал пьесу Толстого «Власть тьмы», то написал: «Я хочу исповедаться [вместе с главным героем]» [Ibid.: 722]. Он высоко оценил работы Толстого, отметив, что Толстой искал истину в религии. Он также восхищался тем, как писатель решил жить простой жизнью в соответствии с Нагорной проповедью, контролировать свои материальные и сексуальные желания и питаться тем, что выращивал в поле. Как и Толстой, Мусянокодзи считал, что человек должен жить трудом своих рук и что гармония может быть достигнута только через физический труд, который обогащает труд духовный. Не будет преувеличением сказать, что Мусянокодзи сделал Толстого своим религиозным наставником, который вел его в юные годы и оказывал глубокое влияние на него на протяжении всей его жизни. Этот опыт стал основой для заимствования Мусянокодзи гуманизма Толстого.

Чжоу Цзожэнь относился к религиозному познанию более сдержанно. Толстой был лишь одним из многих великих мыслителей, с которыми он познакомился благодаря чтению иностранной литературы. Верно, что Чжоу проявлял интерес к христианским доктринам — точнее, к Библии, — когда учился в Цзяннаньской военно-морской академии (Jiangnan shuishi xuetang, 江南水師學堂, *Цзяннань шуйши сюэтан*) с 1901 по 1907 год; он также активно участвовал в антихристианском движении (Fei zongjiao yundong, 非宗教運動, *Фэй цзунцзяо юньдун*) и опубликовал статью в поддержку свободы религии в «Утренней газете» (Chen bao, 晨報, *Чэнь бао*) 31 марта 1922 года. Однако сам Чжоу никогда не был близок к обращению в христианство. Он относился к христианству как к предмету, который стоит изучать, а не как к чему-то, на что можно положиться в поисках ответов на главные вопросы жизни.

Чжоу в особенности признавал важность религии для понимания литературы. В своей статье «Библия и китайская литература» (Shengshu yu Zhongguo wenxue, 聖書與中國文學, *Шэншу юй Чжунго вэньсюэ*) он цитирует книгу Толстого «Что такое искусство?», утверждая, что «высшая эмоция человека — религиозная эмоция; искусство должно быть религиозным, чтобы стать великим искусством» [Zhou Zuoren 2009k: 300]. Он также отметил, что гуманизм в литературе во многом берет свое начало в религии. «Если мы хотим понять литературу Толстого и Достоевского о взглядах, убеждениях или принципах жизни, исповедуемых человеком, а также о любви, — утверждал он, — мы должны исследовать это начало» [Ibid.: 305]. Однако Чжоу также признавал свою неспособность понять важнейшие последствия религии, что означало, что он не мог в полной мере оценить сложные связи между религией и литературой в случае Толстого.

Отличные подходы к пониманию религии привели к расхождению в интерпретации гуманизма двумя писателями: если Мусянокодзи никогда полностью не отделял религиозные проблемы от гуманизма, то Чжоу рассматривал гуманизм и толстовство как нечто обособленное от христианства. Чжоу ясно дал понять, что, хотя православная религия, пришедшая из Греции, была «фундаментальной частью [русского] гуманизма» и хотя толстовство возникло на основе христианства, Толстой был не православным верующим, а великим русским гуманистом [Zhou Zuoren 2009m: 263]. Он избавил толстовский гуманизм от религиозных поисков, заменив их индивидуализмом.

Действительно, литературная пропаганда Чжоу в «Человечной литературе» и на протяжении конца 1910-х годов находилась под более глубоким влиянием гуманизма, преобразованного членами школы «Белой березы», чем гуманизмом самого Толстого. Чжоу вслед за Мусянокодзи отвергал толстовский альтруизм и подчеркивал важность «я», утверждая: для того чтобы любить других, нужно сначала полюбить себя. Глубокий интерес Мусянокодзи к индивидуализму — для него это была разновидность гуманизма — сформировал представление человеческих отношений у Чжоу. Поэтому неудивительно, что в «Человечной литературе» Чжоу говорит: «Любить людей — значит любить себя, "я" — в том, что любят» [Zhou Zuoren 2009h: 88]. Таким образом, преобразование Мусянокодзи гуманизма Толстого от любви к человечеству к любви к самому себе привело Чжоу к его собственной философии, которую лучше всего описать как гуманизм с сильной примесью индивидуализма.

Если члены школы «Белая береза» оказали общепризнанное влияние на личное видение гуманизма Чжоу, то влияние другого японского критика, Като Кадзуо, осталось незамеченным. Чжоу прочитал книгу Като «Гуманизм Толстого» в 1918 году, примерно в тот период, когда он был наиболее воодушевлен идеей гуманизма [Zhou Zuoren 1998, 1: 797]. В своей книге Като дает иное прочтение гуманизма Толстого, чем Мусянокодзи; но, что интересно, его интерпретация также направила Чжоу в сторону индивидуализма, а не альтруизма.

Като был крещен в Вакаяме в 1904 году, но решил отказаться от карьеры миссионера и стать писателем, после того как в 1913 году перевел пьесу Толстого «И свет во тьме светит». Помимо своей оригинальной работы «Гуманизм Толстого», Като также занимался переводами на японский язык таких произведений Толстого, как «Исповедь», «В чем моя вера?» и «Так что же нам делать?». Одно время он причислял себя к анархистам, а позже — к социалистам. Като тяготел к аграрному образу жизни и в 1927 году, организовав местную сельскохозяйственную школу, обратился к пасторальному образу жизни. Однако финансовый кризис и разочарование в советском деспотизме привели его к тому, что он стал японским империалистом[42]. Его «Гуманизм Толстого» был создан на фоне этих резких перемен в период 1910-х годов, когда он был страстным читателем и переводчиком Толстого. Като открывает книгу, признанием самого себя ревностным поклонником русского писателя и рассказом о том, как Толстой стал частью его плоти и крови[43]. В противовес утверждению Мережковского о том, что Толстой — «тайновидец плоти», Като выдвигает свое мнение о том, что Толстой является олицетворением парадоксальной связи между плотью и душой [Katō Kazuo 1915: 14–15].

Като признает гуманизм Толстого современной религией. По его мнению, толстовство менее сосредоточено на абстрактных дискуссиях о существовании Бога и его отношениях с людьми, а вместо этого исследует ценность человеческого существования, что, в свою очередь, является необходимым условием при поиске ответов на социальные вопросы. Като также утверждает, что филантропия Толстого не увенчалась успехом, потому что гума-

---

[42] Более подробно о жизни Като читайте в [Komatsu 1985; Mihara 1990].

[43] О нескрываемом восхищении Като Толстым см. [Katō Kazuo 1915: 5]. О Толстом как части плоти и крови Като см. [Ibid.: 8].

низм может быть полностью реализован только при сосредоточении на собственной жизни. Другими словами, невозможно навязать другим идеальный образ жизни одного человека. Этот эгоцентризм можно понимать как форму индивидуализма. Поэтому Като считает Толстого индивидуалистом в той же мере, что и Христа, Шакьямуни и Лао-цзы [Ibid.: 182].

Като выделяет индивидуализм как важнейшую черту философии Толстого. Ссылаясь на комментарии Тургенева и Достоевского о Толстом и его творчестве, Като утверждает, что Толстой — «человек, который очень себя любит» [Ibid.: 18]. Он отмечает эту любовь к себе, указывая на эгоцентричность личности Толстого, которую он выявляет в автобиографических романах с героями, частично отражающими образ мышления Толстого, а также в его философских работах, таких как «В чем моя вера?» и «Исповедь». Като считает, что эти произведения в первую очередь исследуют борьбу и развитие Толстого как личности, а не социальные проблемы России. Действительно, Като считает, что невозможно понять особые аргументы Толстого о любви и непротивлении или его новое понимание христианства без всестороннего изучения жизненного опыта самого русского писателя. Таким образом Като приходит к выводу, что из всех людей на свете Толстой больше всего любит самого себя. С другой стороны, Като также отмечает, что Толстой считает постыдным жить только ради собственных интересов и полагает, что любовь — это жертва. Поэтому он делает вывод, что Толстой оказался перед дилеммой, поскольку не мог примирить эгоизм с альтруизмом. Като считает, что писатель постоянно разрывался между конкурирующими склонностями к гедонизму и аскетизму. Единственное личное качество, которое является общим для составляющих этой поляризации внутри него, — это его искренность.

В конце своей книги Като подчеркивает важность индивидуализма для современной жизни. Он считает, что современная идеология сделала центром реальности человеческую жизнь и самого человека, а не Бога, Христа или Небеса. В результате современные люди живут не для Бога или Христа, не для Церкви или государства, а в первую очередь для себя. Именно эту точку зрения отстаивал Ницше: самоэмансипация и самообладание. Но чтобы реализовать этот индивидуализм в полной мере, от каждого человека требуются решительность и самообладание. И тут в дело вступает Толстой: тем, кому ницшеанский индивидуализм кажется недостижимым, Толстой предлагает иной путь, освобождающий от желания покорять или бороться, Толстой называет этот способ непротивлением: «Отказаться от всего» [Ibid.: 215]. Благодаря такому подходу можно установить высшее абсолютное «я». Таким образом, Като создает на основе идей Толстого другую версию индивидуализма, которую он называет толстовским гуманизмом / гуманизмом Толстого. Вместо того чтобы стремиться стать ницшеанским выжившим в борьбе за авторитет, гуманизм Като учит людей возвращаться к высшему «я» — другими словами, к первородному «я».

Отправной точкой для Като, как и для Мусянокодзи, был гуманизм Толстого; однако оба японских читателя по-своему пришли к индивидуализму. Мусянокодзи использовал индивидуализм, чтобы выступить против гуманизма Толстого, но позже достиг баланса между ними. С другой стороны, Като интерпретировал гуманизм Толстого как форму индивидуализма.

### Гуманизм или индивидуализм?

Индивидуализм и гуманизм не являются бинарными противоположностями. В определенной степени эпоха Возрождения стала свидетелем возвращения гуманизма и индивидуализма, переплетенных между собой. Начиная с XIII века изучение классической Античности оттолкнуло западноевропейцев от средневекового мировоззрения, и гуманизм эпохи Возрождения стал доминирующей социальной философией, возникшей в результате этого интеллектуального сдвига. По мере того как языческая Античность возвращалась в моду, она сопровождалась нерелигиозным взглядом на жизнь, который местами привел к расколу Церкви и утверждению личной независимости и индивидуальной ценности. Если средневековое христианство подавляло эго, ограничивало самовыражение личности и способствовало самоотречению и самоуничтожению, то гуманисты эпохи Возрождения выступали за всеобщее освобождение эго. Они сделали акцент на человеческих желаниях и развитии личности и выступали за индивидуальную свободу и самовыражение.

Несмотря на неразрывную связь между индивидуализмом и гуманизмом, мы все же рассматриваем выбор Чжоу индивидуализма как пути, отличного от гуманизма. Такой подход обусловлен сопоставлением гуманизма и индивидуализма в литературном мире в Японии эпохи Мэйдзи, которое, в свою очередь, определило разделение поколения Чжоу Цзожэня в Китае. Для брата Чжоу, Лу Синя, конфликт между гуманизмом и индивидуализмом был также главной интеллектуальной борьбой [Lu Xun 2005f: 81]. Это разделение можно проследить на примере отношения к Толстому и Ницше как к аналогичным, но одновременно противоположным мыслителям в Японии эпохи Мэйдзи. Как уже упоминалось, в 1893 и 1894 годах в журнале «Море души» были опубликованы две первые японские статьи, в которых Толстого и Ницше сравнивали как двух величайших европейских интеллектуалов. Эти статьи положили начало тенденции в Японии, когда этих двух ученых объединяли в пару [Li Dongmu 2013: 117]. В этот же период европейцы — особенно русские и немцы — также охотно сравнивали Толстого с Ницше. Одной из первых подобных статей была статья Николая Грота (1852–1899) «Нравственные идеалы нашего времени: Фридрих Ницше и Лев Толстой»[44]. Самой влиятельной русской работой из всех работ того времени стала, пожалуй, книга Льва Шестова (1866–1938) «Добро в учении графа Толстого и Ницше», опубликованная в 1900 году.

Это был момент стимулирующего транскультурного толчка. Некоторые ученые утверждают, что статья Грота вдохновила

---

[44] Другие в Европе также сравнивали Толстого и Ницше. В 1894 году Янис Порук (1871–1911) опубликовал свою книгу «Религия будущего: исследование, посвященное анализу идей графа Льва Толстого и Фридриха Ницше» (Die Religion der Zukunft: Eine Studie zür Prüfung der Ideen des Grafen Leo Tolstoi und Friederich Nietzsche's). В 1897 году Владимир Щеглов (1854–1927) опубликовал работу «Граф Лев Николаевич Толстой и Фридрих Ницше: очерк философско-нравственного их мировоззрения».

японцев на знакомство японских читателей с Ницше⁴⁵. Однако Сё
Кониси впоследствии указал, что первоначальное знакомство
произошло не в контексте немецко-японской, а в контексте русско-
японской транскультурации [Konishi 2013: 126–127]. Сравнение
этих двух мыслителей способствовало не только признанию
толстовства за пределами России, но и распространению русской
интерпретации идей Ницше. Например, эстетический индивидуализм Ницше проник в критику Мережковского, конкретно,
в его работу «Л. Толстой и Достоевский» и более поздние работы,
где он противопоставляет идеи Ницше и Толстого.

Среди мыслителей, которые объединяли двух этих людей,
многие считали Толстого полярной противоположностью Ницше
и называли отношение к своему «я» одним из самых значительных
различий между Ницше и Толстым. По словам Янко Лаврина

> [И Толстой, и Ницше] путали или даже отождествляли са-
> мость с эгоизмом. В результате Ницше принял эгоизм во
> имя самости; Толстой же, напротив, отверг самость вместе
> с эгоизмом, поскольку не заботился о том, чтобы отличить
> первое от последнего [Lavrin 1925: 82].

Разграничение двух интеллектуалов, проведенное Лавриным,
напоминает нам японский взгляд в начале XX века. Таким образом, если ницшеизм выступал за (эгоистичный) индивидуализм,
то толстовство стало синонимом альтруизма; любые другие
термины, используемые для обозначения толстовства — например, гуманизм, — неизбежно приобретали те же коннотации.
Таким образом, бинарная оппозиция Ницше и Толстого в конечном итоге привела к полярности индивидуализма и гуманизма
для японских мыслителей.

Такие японцы, как Мусянокодзи и Като, которые начинали как
последователи Толстого и не хотели отрицать важность самости,
должны были найти способ примирить гуманизм с индивидуализмом. Мусянокодзи ответил на это бунтом и переосмыслением гу-

---

⁴⁵ Более подробно о знакомстве японцев с Ницше см. в [Parkes 1991].

манизма в соответствии с собственной повесткой. Като тем временем обнаружил индивидуализм, заложенный в гуманизме Толстого. Эти предшественники придали Чжоу Цзожэню смелость исследовать возможность согласования различных разновидностей гуманизма, чтобы создать версию, в которую он верил.

Когда Чжоу писал такие эссе, как «Человечная литература», он все еще экспериментировал со своими идеями о гуманизме. Поэтому неудивительно, что некоторые ученые считают аргументы Чжоу Цзожэня о человечной литературе недостаточно точными и слабо обоснованными. Как замечает Лэо Оу-фань Ли, «"жэньдао", или "человеческий путь", остается болтающимся, как поплавок на водной глади, без эквивалентного культурного "означаемого"» [Lee L. O. 1995]. Действительно, Чжоу так и не удалось создать целостную теорию гуманизма. В начале этой главы мы наблюдали за изменением позиции Чжоу, отраженным в его двух вступлениях к сборнику переводов «Капли». Отказ от ницшеанских и толстовских идей в более позднем предисловии говорит о том, что его исследования индивидуализма и гуманизма закончились неудачей. Чжоу понял, что никогда не сможет стать ницшеанским сверхчеловеком, прославляющим стремление к власти; не сможет он и проявить любовь к человечеству, жертвуя при этом собой, как, по его мнению, велел поступать Толстой. Исключение трех его эссе из позднего издания «Капель» явно свидетельствует о том, что он отвернулся от гуманизма. Однако он отвернулся и от противоположности гуманизма, если рассматривать ницшеанский индивидуализм как разновидность антигуманизма, как это предлагает сделать Тони Дэвис [Davies 2008].

Позднее предисловие к «Каплям» было написано Чжоу в 1928 году, в год публикации книги «О чтении за закрытыми дверями» (Bimen dushu lun, 閉門讀書論, *Бимэнь душу лунь*). В этом эссе он объявляет своей главной целью выживание в мире смятения и по этой причине предпочитает закрывать двери и читать классическую китайскую литературу [Zhou Zuoren 2009a]. Однако его идеологический переход начался гораздо раньше. В одном из писем Сунь Фуюаню (孫伏園, 1894–1966), написанном в 1921 году, Чжоу так описывает свое душевное состояние:

Рассеянность и путаница в моих мыслях достигает крайней степени. Бескорыстная любовь Толстого, сверхчеловек Ницше, коммунизм и евгеника, учения христианства, буддизма, конфуцианства и даосизма — все они мне нравятся, и я уважаю их в равной степени, но у меня никак не получается согласовать и объединить их, чтобы проложить удобный путь [Zhou Zuoren 2009j: 339].

Он использует образ рынка, чтобы описать свое душевное смятение. В шестом письме к Сунь Фуюаню в том же году он пишет, что уже отказался от всякой возможности примирения: «Теперь я решил оставить все как есть и не соединять ничего насильно. Я читаю только для удовольствия, и этого достаточно» [Zhou Zuoren 2009i: 353]. Поскольку ему так и не удалось выработать последовательную и подходящую форму гуманизма, в 1922 году Чжоу решил последовать учению, предложенному Вольтером (1694–1778) в «Кандиде, или Оптимизме»: «...надо возделывать наш сад» (Il faut cultiver notre jardin). Свой сборник эссе, опубликованный в том же году, он назвал «Мой собственный сад» (Ziji de yuandi, 自己的園地, Цзыцзи дэ юаньди). В этом сборнике он переосмысливает свои представления об «искусстве для жизни», заявляя, что искусство не должно быть ни аксессуаром жизни, ни инструментом для ее преобразования; напротив, искусство должно быть частью жизни [Zhou Zuoren 2009r: 511]. К тому времени он полностью оставил утилитаризм и отказался от роли наставника, которую он взял на себя в Движении за новую культуру. Он отказался от пропагандистской работы и сосредоточился на литературе, которая ему нравилась, не стремясь понять ее социальный или политический подтекст.

Поздний подход Чжоу можно назвать разновидностью индивидуализма. Правда за него Ху Ши, который раньше восхищался тем, что Чжоу выступает за человечную литературу, начал презирать его. В своем эссе 1920 года «Новая жизнь без индивидуализма» (Fei geren zhuyi de xin shenghuo, 非個人主義的新生活, Фэй гэжэнь чжуи дэ синь шэнхо) Ху Ши критикует индивидуализм Чжоу как эгоизм (weiwo zhuyi, 為我主義, вэйво чжуи), который подразумевает себялюбие. Ху, в свою очередь, полагает, что истинный индивидуализм должен утверждать индивидуальность (gexing zhuyi, 個性主義, *гэсин чжуи*), которая требует от человека быть независимым мыслителем и брать на себя полную ответственность за свое поведение [Hu Shi 2003]. Как отмечает Лидия Хэ Лю, индивидуализм Ху Ши основан на двух версиях личности: смертном и несовершенном «маленьком я» (xiaowo, 小我, *сяово*) и бессмертном и совершенном «большом Я» (dawo, 大我, *даво*). Поэтому Ху требует подчинения личности своему «большому Я», предлагая таким образом органическое общество, «с которым индивид должен прийти к согласию под руководством национального государства» [Liu L. H. 1995: 95].

Индивидуализм Чжоу явно отличается от индивидуализма Ху. Не стоит забывать, что он проистекал из гуманизма, поскольку гуманизм, который Чжоу отстаивал в раннем возрасте, также предположительно поддерживал индивидуализм. Как утверждает Чарльз А. Лафлин, то, что пропагандировал Чжоу Цзожэнь, «было литературой человека, равнодушного к спасению мира и больше интересующегося "интересными", чем "важными" темами» [Laughlin 2000: 30]. Лафлин рассматривает эту тенденцию как естественный результат рецепции китайцами европейского Просвещения. Однако, как показано в этой главе, транскультурация гуманизма Толстого при посредничестве Японии также повлияла на формирование гуманизма у Чжоу. И именно из-за этого извилистого пути индивидуализм Чжоу в конечном итоге не может быть таким же, как индивидуализм Ху Ши, с его взаимосвязью между несовершенным и совершенным «я». Как анархист, Толстой отрицает ценность социальной инфраструктуры, такой как религиозные институты и правительство. Он также никогда не выступает защитником национального государства. Христианская любовь, по Толстому, должна быть посвящена всему человечеству. Японские интерпретации и искажения Мусянокодзи и Като вернули самость в общую картину, однако их практическая деятельность, осуществленная в коммунах, таких как «Новая деревня», все еще была независимой от современных социальных принципов и организаций.

Следуя анархистским наклонностям Толстого, Чжоу изначально создал версию гуманизма, в которой он почти не уделял внимания отдельным социальным сообществам и в значительной степени игнорировал дискурс национального государства. Незнание Чжоу христианства также привело его к созданию философии, которая не затрагивала конечные вопросы человеческого существования или значимости Бога в жизни человека. Его отказ от классической китайской философии означал, что ему не нужно было искать пути достижения единства между человеком и Небом. Таким образом, для Чжоу оставался лишь светский мир с человечеством в целом и личностью в частности. В период, когда Чжоу активно обращался к концепции гуманизма, он в основном рассматривал отношения между коллективным человечеством и индивидом. Этот подход нашел отражение и во взглядах Чжоу на человечную литературу: «Этот вид литературы принадлежит человечеству и каждому человеку, но он не принадлежит ни расе, ни нации, ни общине, ни семье» [Zhou Zuoren 2009n: 207]. Однако, когда он в конце концов понял, что путь к человеколюбию невозможен, т.е. когда он не смог выработать удовлетворительную версию гуманизма, ему оставалось только отступить на территорию самости, где и возник его индивидуализм. Соответственно, индивидуализм Чжоу редко затрагивал совершенное или большее «я» Ху Ши (т.е. общество, в частности китайское). Разница между гуманизмом и индивидуализмом для него заключалась в вопросе о том, что ставить во главу угла — любовь к человечеству или любовь к себе.

В конечном счете, даже будучи индивидуалистом или отшельником, живущим в духовном мире, Чжоу, несмотря на собственные индивидуалистические убеждения, вероятно, нашел бы Толстого более близким к себе, чем Ницше [Liu J. 2016: 84]. В заключение мы можем привести цитату стоического философа Марка Аврелия (121–180), из сборника «Мысли мудрых людей на каждый день» Толстого, которая напоминает подход Чжоу: «Попробуй, может быть тебе удастся прожить как человеку, довольному своей судьбой, приобретшему внутренний мир любовью и добрыми делами» [Толстой 1956: 94].

# Глава 5
# Гибридизация и трансмутация

*Параллельные транскультурные маршруты в языковой реформе Лу Синя*

В своем исследовании опыта писателей-переводчиков «Переводчик как теоретик» Кэрол Майер утверждает, что переводчик/теоретик — это «тот, кто путешествует, наблюдает, размышляет, оценивает возможности и узнает о других людях и их обычаях, но при этом рискует стать отчужденным, отвергнутым, осмеянным» [Maier 2006: 163]. Отталкиваясь от комментария Гидеона Тури о том, что перевод осуществляется в первую очередь по отношению к возможному, Майер задается вопросом, каким переводчик может быть и каким он, вероятно, является [Ibid.: 165]. Изучая перевод Лу Синя, мы можем задать похожий вопрос: отличается ли переводчик Лу Синь от автора Лу Синя? Вдохновляет ли перевод творческий потенциал Лу Синя особым образом, подразумевая иной способ творчества, отличный от используемого им тогда, когда он выступает в роли автора? Если воспользоваться метафорой Майер, процесс перевода для Лу Синя-как-теоретика становится «путешествием или паломничеством» [Ibid.: 168]. Став свидетелем представлений чужой страны, переводчик-теоретик возвращается домой с чужими помыслами и традициями. В отличие от автора Лу Синя, который демонстрирует потрясающее владение современным китайским языком, переводчик Лу Синь постоянно сталкивается с опасными моментами, когда он, кажется, теряет контроль над языком, на который он переводит. В этих случаях он переводит китайский язык экспериментальным и ненадежным способом, подвергая таким образом себя (и свою работу) сомнениям и неприятию, с которыми переводчик/теоретик, по Майер, всегда вынужден сталкиваться со стороны читателей.

Жизнь Лу Синя как трудолюбивого переводчика была тесна переплетена с русской литературой и ее переводами. Именно рассказ Гоголя «Записки сумасшедшего», переведенный на японский язык Фтабатэем Симэй, впервые вдохновил его на написание собственного одноименного рассказа. Часто упоминаемый как первый современный рассказ, написанный в просторечном китайском стиле, «Записки сумасшедшего» быстро утвердили Лу Синя в качестве образцового представителя Движения за новую культуру в Китае. Восемнадцать лет спустя, незадолго до своей смерти в 1936 году, он все еще пытался перевести вторую часть «Мертвых душ» Гоголя[1]. Брат Лу Синя Чжоу Цзожэнь утверждал, что из всех иностранных писателей, с которыми Лу Синь сталкивался в начале своей литературной карьеры, Гоголь оказал на него наибольшее влияние [Zhou Zuoren 2009d: 644–645]. На самом деле Гоголь был не единственным русским писателем, сыгравшим значительную роль в его жизни. Лу Синь собрал более шестисот книг на разных языках о русской литературе, искусстве и философии. Более того, из примерно девяноста писателей из четырнадцати стран, чьи произведения он переводил, большинство были русскими [Sun 2015: 2].

Хотя коллекция книг Лу Синя свидетельствует о том, что он особенно ценил русских писателей XIX века, таких как Пушкин, Тургенев, Гоголь, Толстой и Достоевский, в определенные периоды своей жизни он также интересовался модернистскими русскими авторами, такими как Андреев и теоретик литературы Луначарский. Это правда, что за исключением «Мертвых душ»,

---

[1] Более подробно о сравнении Лу Синя и Гоголя см. [Kowallis 2002]. Марк Гамса рассказывает об условиях, которые сделали перевод «Мертвых душ» Лу Синем возможным [Gamsa 2017]. Вероятно, имеются в виду рабочие главы второго тома (опубликованные в 1850-х гг.). — *Примеч. пер.*

переводческие усилия Лу Синя были сосредоточены на современных русских писателях и критиках. В этом отношении он отличался от многих других китайских переводчиков, которые больше стремились переводить каноническую литературу.

Среди множества направлений, в рамках которых можно было бы исследовать взаимодействие Лу Синя с русской современностью, эта глава посвящена прежде всего его попыткам модернизировать китайский язык посредством переводов русской литературы. Лоуренс Венути охарактеризовал подход Лу Синя к своим поздним переводам как «перевод посредством форенизации»:

> Вместо беглости, характерной для независимых стратегий доместикации поздних цинских переводчиков, Лу Синь и Чжоу Цзожэнь стремились к большей стилистической устойчивости, тщательно придерживаясь иностранных текстов, которые часто были немецкими или японскими посредническими версиями. Таким образом, они создали настолько неоднородный переводческий дискурс, что, несмотря на такие вспомогательные средства, как пояснения, Сборник [имеется в виду «Сборник коротких рассказов за границей»] «все равно производил на читателей впечатление чего-то иностранного» [Venuti 1998: 184].

Модель доместикации (одомашнивания или освоения) — форенизации, отчуждения (от культуры получателя перевода) Венути представляет собой дихотомию между адаптивным и буквальным переводом, которая заслуживает дальнейшего рассмотрения. В первом случае переводчик адаптирует иностранный текст в соответствии с требованиями целевого или родного языка, во втором — стремится к буквальному переводу, более близкому к иностранному языку. Учитывая изменения, которые происходят в языке с течением времени, его подверженность локальным изменениям и сложность определения национального языка, трудно выделить «родной» язык. Кроме того, также трудно определить и неродной «иностранный». Даже если предположить, что можно определить родной или целевой язык, некоторые предположительно иностранные языки неизбежно будут исторически связаны с целевым языком — например, японский и китайский имеют долгую историю обмена. Поэтому трудно провести четкую границу между родным и иностранным языком. Более того, когда в рамках эстафетного перевода используется более одного перевода для ссылки, «форенизация» становится неточным описанием сложности этого процесса.

Модель европеизации — китаизации, как и модель доместикации — форенизации Венути, является еще одной двусторонней парадигмой, предложенной учеными при анализе переводов Лу Синя [Chan 2001; Xie 2020]. Хотя Лу Синь в собственных эссе также призывал к вестернизации или европеизации китайского языка, нет нужды далеко искать, чтобы найти тяжелые следы влияния японских текстов-посредников, которые сформировали его понимание Запада. С другой стороны, модель китаизации позволяет рассматривать китайский язык как статичную систему. Как показывает наш анализ, китайские интеллектуалы времен Лу Синя сами не пришли к единому мнению о том, что есть современный китайский язык. В то время как эссенциалисты считали *вэньянь* (文言, wenyan, классический письменный китайский язык) основным источником китайской языковой ценности, левые черпали вдохновение в локальных источниках, особенно в просторечных диалектах, используемых массами[2]. Лу Синь между тем одобрял обогащение китайского языка за счет заимствования иностранных грамматик и средств выражения — процесс, который продолжался на протяжении многих веков. Привнесение иностранных синтаксических структур и лексики в тот или иной язык — процесс непрерывный, и трудно выделить какой-либо исторический момент, когда бы существовал «чистый»

---

[2] Хотя в этой главе мы продолжаем использовать слова «вернакулярный» и «вернакуляризация» для обозначения главной цели движения за модернизацию китайского языка, важно отметить, что разделение на классический и вернакулярный китайский на самом деле было идеей, появившейся в период Движения Четвертого мая, которая широко распространена и по сей день. Кроме того, вернакуляризация китайского языка предполагает не просто включение разговорного стиля в китайскую письменность, о чем мы поговорим в этой главе.

китайский язык. Следовательно, проблематично пытаться провести четкое различие между исконно китайским и европеизированным китайским языком.

Модель доместикации — форенизации Венути также подразумевает, что перевод, как правило, соответствует либо целевой, либо исходной культуре, что приводит нас к вопросу о верности. Говоря о переводе как о переговорах между переводчиком, автором и читателем, Умберто Эко замечает, что «если вы посмотрите в любой словарь, то увидите, что среди синонимов слова "верность" нет слова "точность". Зато там есть такие слова, как "честность", "порядочность", "уважение" и "преданность", "почтение"» [Eco 2004: 192; Эко 2006]. В случае с переводом Лу Синя эти переговоры порождают уникальный набор проблем. Начнем с того, что определить целевую аудиторию Лу Синя не так-то просто, поскольку его переводы часто осуждались современниками как непонятные. Поскольку его литературные достижения не вызывают сомнений, можно предположить, что китайская аудитория периода его творчества не была его идеальным читателем. Даже если Лу Синь и хотел учитывать мнение своих читателей, он не ставил во главу угла успех этого посредничества. Посредничество между Лу Синем и авторами оригинала также вызывает сложности, учитывая японские и немецкие источники, которые он использовал для своего перевода. Таким образом, хотя Лу Синь всю жизнь был преданным переводчиком, трудно определить, что именно Эко мог бы обозначить в качестве его преданности и верности. Даже если мы увидим в переводах Лу Синя перечисленные Эко качества, кому именно он был предан? Нелегко определить его переводческую этику. В некоторой степени Лу Синь не демонстрирует сильного чувства долга ни перед исходной, ни перед целевой культурой.

Мы ставим перед собой следующий вопрос: каково отношение Лу Синя к переводу? И каким образом перевод открывает перед ним возможность попробовать то, что он не мог использовать в собственном творчестве? В следующем разделе мы рассмотрим переводы Лу Синя так, чтобы усложнить биполярную модель Венути. Ученые привыкли сравнивать перевод Лу Синя либо с европейскими источниками, либо с японскими текстами-посредниками[3]. В нашем исследовании мы расширим эти научные наблюдения, проводя сравнения в нескольких различных направлениях: мы рассмотрим перевод Лу Синя по отношению к оригинальному тексту, прямым переводам на японский и немецкий языки (на которых основывался его эстафетный перевод) и переводам его коллег. Таким образом, мы попытаемся определить драматические трансформации китайского языка и отношения между китайским и другими языками, которые не могут быть просто классифицированы как «иностранные». В результате исследование переводов Лу Синя позволит нам понять не только модернизацию китайского языка, но и подход Лу Синя как переводчика/теоретика.

Переводческая стратегия Лу Синя тесно связана с Движением за вернакуляризацию китайского языка (Baihuawen yundong, 白話文運動, *Байхуавэнь юньдун*) в XX веке. Вернакуляризацию можно понимать как форму культурной натурализации, которая включает в себя политические проекты территориализации и этнизации. Шелдон Поллок характеризует это явление «трансформацией культурной практики, формирования социальной идентичности и политического порядка» [Pollock 1998b: 42]. В Китае начала XX века развернувшееся Движение за вернакуляризацию ознаменовало собой попытку культивирования и формирования новых связей на основе обновленных культурных норм. Чтобы понять исторический контекст вмешательства Лу Синя в движение языковой реформы, полезно поразмыслить в терминах парадигмы Реймонда Уильямса о «доминирующих, остаточных и возникающих» элементах современности[4]. Исполь-

---

[3] Например, Дэвид Поллард и Хайянь Се сопоставляют переводы Лу Синя с переводами на западные языки, см. [Pollard 1993; Xie 2020]. Пу Ван, наоборот, сравнивает перевод Лу Синя с текстами, переведенными на японский язык, см. [Wang P. 2013].

[4] По мнению Реймонда Уильямса, в любой социальной группе в рамках доминирующей культуры сохраняются остаточные элементы прежней культурной фазы (старой культуры), наряду с возникающими элементами, такими как заново созданные культурные идеи и практики [Williams 1977: 121].

зуя определения Уильямса, мы понимаем, что в своих переводах Лу Синь последовательно боролся с сопротивлением остаточного элемента — а именно, классического китайского языка, — который сформировался в прошлом, но оставался эффективным элементом настоящего. Будучи остаточной формой, классическая китайская письменность обладала определенной культурной значимостью, которая все еще ценилась в доминирующей культуре периода творчества Лу Синя[5]. Если его авторские произведения предлагали один из возможных путей развития зарождающейся современной китайской культуры, то его переводы предоставляли другой путь, нечто более радикально экспериментальное. Его собственная художественная литература, закрепившая за ним репутацию великого современного писателя, была более доступна широкому читателю, поскольку как автор он охотнее подчинялся существующим правилам зарождающейся современной культуры. Напротив, при переводе он был склонен игнорировать существующие правила или отказываться от них в поисках новых форм, которые в некоторых случаях включали адаптацию западных или японских языковых форм.

### Модернизация и вернакуляризация китайского языка

Шелдон Поллок напоминает нам, что вернакулярный литературный язык не просто возникает, а «создается» в социальном и политическом мире под влиянием множества социально-идеологических факторов [Pollock 1998a: 7]. В некоторых случаях вернакуляризация начинается с осознанного проекта внутри общества, как это произошло в современных Китае и Японии. У Лу Синя тоже была собственная программа, когда он проверял семантические и синтаксические возможности своих переводов. Фактически он был опоздавшим участником модернизации языка, одного из важнейших аспектов Движения за новую культуру в Китае.

---

[5] Лу Синь также получил классическое китайское образование и на протяжении всей своей жизни сочинил множество китайских стихов в традиционном стиле. См. [Kowallis 1995].

Традиционный нарратив, созданный интеллектуалами Четвертого мая о реформе китайского языка, определяет их движение в 1919 году как переломный момент, как переход от старой к новой языковой практике в Китае. Например, когда Ху Ши рассматривает Движение за распространение вернакулярного языка в книге «Последние пятьдесят лет китайской литературы» (Wushi nian lai Zhongguo zhi wenxue, 五十年來中國之文學, *Уши нянь лай чжунго чжи вэньсюэ*), впервые опубликованной в 1922 году, он настаивает на том, что реформа китайского языка вступила в новую эру после Движения Четвертого мая. Он указывает на решающую роль в этом деле журнала «Новая молодежь», где в 1917 году была опубликована его работа «Предварительные предложения по литературной реформе» (Wenxue gailiang chuyi, 文學改良芻議, *Вэнсюэ гайлян чуи*) и статья Чэнь Дусю «О литературной революции» (Wenxue geming lun, 文學革命論, *Вэнсюэ гэмин лунь*) [Hu Shi 2014a]. По сути, программа модернизации языка, предложенная Ху Ши и Чэнь Дусю, главным редактором «Новой молодежи», стала решающим знаком, после которого интеллектуалы Четвертого мая предприняли попытку порвать с китайской традицией, в которой доминировала конфуцианская этическая система. Традиционная китайская письменность того времени считалась «хранилищем конфуцианской морали и даосских предрассудков, которые должны были быть уничтожены» [Zhou G. 2016: 35]. Таким образом, введение вернакулярного китайского (просторечия) в качестве письменного языка стало предпосылкой не только для литературных реформ, но и для обновления китайской культуры в целом. Когда в 1918 году вышли «Записки сумасшедшего» Лу Синя, он стал важным литературным ориентиром движения за модернизацию языка в контексте этой пропаганды. Таким образом, можно говорить о том, что сочинение Лу Синем вернакулярных рассказов стало его первым вкладом в языковую реформу.

Однако, как отмечает Я-пэй Ко, доминирующая историография Движения за новую культуру была в значительной степени создана интеллектуалами, которые были заинтересованы в том, чтобы лишить значимости другие события, особенно относящиеся к периоду поздней Цин [Kuo 2017]. На самом деле, трансформация китайского языка — это непрерывный исторический процесс. И вернакулярный китайский (baihua, 白話, *байхуа*), или «простая, не украшенная речь», вовсе не является современным изобретением. В 1956 году Тань Биань (譚彼岸) опубликовал книгу «Движение за просторечие в период поздней Цин» (Wan Qing de baihuawen yundong, 晚清的白話文運動, *Ван Цин дэ байхуавэнь юньдун*), в которой утверждал, что своими корнями пропаганда вернакулярного языка в Движении Четвертого мая уходят по крайней мере до более раннего языкового движения в период поздней Цин [Tan 1956].

Более того, разделение на *байхуа* и *вэньянь*, которое доминировало в дискурсе Движения Четвертого мая, не так однозначно, как кажется на первый взгляд. Даже «Книга документов» (Shangshu, 尚書, *Шаншу*), предположительно составленная Конфуцием (551–479 гг. до н.э.), содержит некоторые элементы просторечного китайского языка периода своего написания [Xia 2015: 6]. Китайские лингвисты и литературоведы предприняли несколько попыток классифицировать и определить классическое вернакулярное письмо (gu baihua, 古白話, *гу байхуа*), обычно включающее записи в стиле *юйлу* (yulu, 語錄, сборники речей); такие формы поэзии, как *ши* (shi, 詩), *цы* (ci, 詞), *цюй* (qu, 曲), исторической записи — *шишу* (shishu, 史書), переводы (особенно буддийских сутр), записи рассказов — *хуабэнь* (huaben, 話本) и простонародные рассказы — *байхуа сяошо* (baihua xiaoshuo, 白話小說)[6]. Для облегчения понимания гражданскими лицами официальных документов в них также использовался просторечный стиль

---

[6] Книга Ху Ши «История китайской народной литературы» (Baihua wenxueshi, 白話文學史, *Байхуа вэньсюэши*) — одна из самых ранних и наиболее влиятельных работ, в которой представлена панорама китайской литературы, написанной на просторечии на протяжении всей истории. Согласно Ху Ши, *байхуа* должна быть написана разговорным языком, естественным и легким для понимания и воспроизведения [Hu Shi 1928: 13]. Только в 1980-х годах китайские ученые дали более систематическое определение классической просторечной литературы. См. [Liu Jian 2005; Zhang Zhongxing 2012; Jiang Lansheng 2009; Xu Shiyi 2007; Yuan Jin 2006].

[Ibid.: 5–55]. Например, Ван Юпу (王又樸, 1681–1760) использовал диалект северных регионов страны, чтобы донести смысл «Государева эдикта с обширными наставлениями» (Sheng yu guang xun, 聖諭廣訓, *Шэн юй гуан сюнь*) до местных жителей. В период правления династии Цин, когда происходил перевод между китайским, маньчжурским, монгольским, тибетским и другими языками, китайская письменность претерпела процесс последовательной трансформации. Вернакулярные диалекты предлагали наиболее эффективный способ обратиться к самой широкой аудитории. Такой подход, в свою очередь, стирал границы между разговорным *байхуа* и классическим *вэньянем*, поскольку два эти стиля взаимно проникали друг в друга.

Чтобы отличать классический вернакулярный язык от современного вернакулярного языка, продвигаемого интеллектуалами вроде Ху Ши, ученые называют современный стиль *байхуа* «европеизированным вернакулярным китайским» *оухуа байхуавэнь* (ouhua baihuawen, 歐化白話文)[7]. Фу Сынянь в своей статье 1919 года «Как писать в стиле байхуа» (Zenyang zuo baihuawen, 怎樣做白話文, *Цзэньян цзо байхуавэнь*) предложил непосредственно перенять западную грамматику, морфологию, синтаксис и стиль речи [Fu Sinian 1919c: 178]. В этой статье он приравнивает вестернизацию китайского языка к гуманизации, утверждая, что это станет первым шагом к созданию человечной литературы (ren de wenxue, 人的文學, *жэнь дэ вэньсюэ*) в Китае [Ibid.: 128]. Однако европеизация/вестернизация китайского языка началась не с Движения Четвертого мая, и не только его активисты-интеллектуалы были вовлечены в эту лингвистическую борьбу. Как отмечает Юань Цзинь (袁進), основание нового вернакулярного стиля в значительной степени можно приписать западным миссионерам, которые принимали активное участие в модернизации языка в конце династии Цин и в начале XX века в рамках Движе-

---

[7] Несмотря на то что понятие «европеизированный вернакулярный китайский» является спорным, оно по-прежнему популярно в китайских научных кругах. Более того, многие статьи, опубликованные в китайских научных журналах, и сегодня отстаивают его легитимность. См., напр., [Yuan Jin 2014].

ния Четвертого мая [Yuan Jin 2009]. Еще в XVII веке европейским алфавитным письмом был брошен вызов классическому китайскому языку и его письменности, когда миссионеры стали использовать местные диалекты для распространения христианства[8]. Письменная и переводческая деятельность миссионеров не только способствовала распространению родного языка через проповеди, образование, публикации, медицину и благотворительность; они также внесли свой вклад в стандартизацию официального языка — мандарин (guanhua, 官話, *гуаньхуа*), своим составлением грамматических справочников и словарей [Yuan Jin 2014: 136–137].

Миссионеры сыграли важную роль в модернизации китайского языка, однако мы не должны упускать из виду и ту роль, которую сыграл в реформе китайского языка — японский язык. Как утверждает Карен Торнбер, многочисленные версии *байхуа*,

---

[8] В 1605 году итальянский священник-иезуит Маттео Риччи (利瑪竇, 1552–1610) опубликовал книгу «Чудо западной письменности» (Xi zi qiji, 西字奇蹟, *Си цзы цицзи*), в которой он перевел на китайский язык три коротких библейских рассказа и привел подпись на латинице для каждого китайского иероглифа. Николя Триго (金尼閣, 1577–1628) также представил систему латинизации китайского языка в своей книге «В помощь для глаз и ушей западных литераторов» (Xiru er mu zi, 西儒耳目資, *Сижу эр му цзы*) в 1626 году. Вернакулярный китайский язык также встречается довольно рано: Жан де Роша (羅儒望, 1566–1623) писал на вернакулярном китайском при составлении «Вдохновения католицизма» (Tianzhu sheng jiao qimeng, 天主聖教啟蒙, *Тяньчжу шэн цзяо цимэн*). Как книга, призванная объяснить католицизм простым китайцам, ее вернакулярный стиль напоминал речь, которую можно было услышать на улице. Луи де Пуаро (賀清泰, 1735–1814) аналогичным образом перевел Библию на вернакулярный китайский язык и, вероятно, стал первым миссионером, который перевел Библию на пекинский диалект. См. [Li Shixue 2013]. В отличие от других миссионеров, которые перенимали вернакулярный язык из серийных, написанных на просторечии романов (zhanghuiti baihua xiaoshuo, 章回體白話小說, *чжанхуэйти байхуа сяошо*), его перевод включал уличный язык, на котором говорили жители Пекина в повседневной жизни, что можно отнести к низкому стилю китайского языка. К середине XIX века для миссионеров уже стало обычной практикой переводить Библию на местные диалекты, в том числе в Шанхае, Сучжоу, Фучжоу и Сямыне. О том, как миссионеры использовали вернакулярный китайский язык, подробно рассказывается в книге [Yuan Jin 2014].

«распространившиеся в Китае в 1920-е годы, представляли собой гибриды не только классического китайского, досовременной вернакулярной, и современной разговорной речи, но также японских и западных синтаксических структур» [Thornber 2009: 17]. Мы должны несколько подробнее рассмотреть японскую реформу *Гэмбун-итти*. Это движение, процветавшее в Японии в конце XIX — начале XX века, продвигало идею согласования устной и письменной речи и, в свою очередь, вдохновило Движение за вернакулярный язык в Китае. Китайский лозунг *яньвэнь итчжи* (yanwen yizhi, 言文一致, «объединим речь и письмо») был напрямую заимствован у японцев. В поколении, предшествовавшем интеллектуалам Четвертого мая, было несколько писателей, выступавших за вернакулярный стиль письма; эти мыслители поздней Цин, такие как Лян Цичао и Хуан Цзуньсянь (黄遵憲, 1848–1905), были в значительной степени вдохновлены японской языковой реформой. Например, в «Справочнике Японии» (Riben guo zhi, 日本國志, *Жибэнь го чжи*) Хуан Цзуньсянь опирался на японскую языковую реформу, предлагая следовать тенденции — а именно согласовать письменность с речью, которую сам он считал общей в развитии языков [Huang Zunxian 2005]. Лян Цичао в своей книге «Подробное обсуждение реформы» (Bianfa tongyi, 變法通議, *Бяньфа туни*) также использовал пример реформы японского языка, чтобы подчеркнуть важность вернакулярного языка в процессе социальной модернизации [Liang Qichao 1989]. Другие активисты реформы китайского языка в период поздней Цин, такие как Цю Тинлян (裘廷梁, 1857–1943) и Ван Чжао (王照, 1859–1933), были также в значительной степени воодушевлены преобразованиями в японском языке.

Называя современный стиль *байхуа* «европеизированным вернакулярным китайским», мы, таким образом, понимаем разнообразные источники вдохновения в движении лингвистической модернизации слишком упрощенно. Неоспоримо, однако, то, что современные китайские писатели унаследовали европейскую дихотомию классический — вернакулярный, что привело к тому, что они стали рассматривать устный и письменный вернакулярный язык как противоположность классическому/

литературному/синитскому китайскому языку [Elman 2014: 1]. Вернакуляризация, предполагающая взаимосвязь между языком, коллективной идентичностью и политическим строем, сыграла важную роль в становлении раннего европейского модерна. Замещение в Европе латинского космополитического мира институционализированными местными диалектами и языками посредством лингвистической регионализации и продвижения литературного вернакуляра широко признается как важный шаг к современному европейскому динамизму[9]. Аналогичный импульс можно обнаружить и в основе литературной вернакуляризации в Китае XX века. Развитие западных держав породило национализм, который, в свою очередь, подтолкнул китайских интеллектуалов к тому, чтобы рассматривать модернизацию, в том числе языковую, в качестве эффективной защиты от иностранного вмешательства.

Такой телеологический взгляд, в значительной степени находящийся под влиянием западной модели модернизации, соответствует аналогичному европейскому видению вернакуляризации, что побуждает его приверженцев выстраивать связь между модернизированным литературным языком и национальным сознанием. В результате создание современного национального языка во имя вернакуляризации стало важным для поддержания национальной идентичности. Лингвистическая реформа была политизирована, однако выдавалась за научный эксперимент. Рассматривая движение за модернизацию китайского языка как часть непрерывных языковых изменений, мы можем более ясно увидеть, что построение дискурса вернакуляризации было телеологически необходимо в период Четвертого мая и было направлено на создание национального нарратива. Так, модель вернакуляризации, отражающая протоисторию нации, вопло-

---

[9] Ученые продолжают спорить о том, какой период следует считать началом европейской модернизации. Часто говорят, что модернизация началась после 1800 года, однако некоторые ученые утверждают, что следует учитывать и ранний модерн (1500–1800 гг.). Тем не менее все согласны с тем, что между вернакуляризацией и национальным сознанием в современной Европе существует тесная связь. См. [Anderson 2006: 67–82; Burke 2013].

щает видение китайскими интеллектуалами модернизирующегося Китая.

Как показал Вэй Шан, приравнивание *байхуа* к вернакулярному языку, — это современная конструкция, созданная в ходе транслингвистической практики [Shang 2014: 255]. Как мы уже отмечали, современный дискурс вернакуляризации китайского языка предполагает разделение двух терминов, проведенное по образцу дихотомии между европейскими вернакулярными языками и латынью: *байхуа* (часто понимаемый как письменный вернакуляр) и *вэньянь* (букв. «письменная речь»), каждый из которых на самом деле охватывает более широкий спектр стилей письма. Однако само это разделение фактически предполагает наличие континуума между письмом и речью. Поскольку китайский язык не фоноцентричен, как большинство европейских языков, в нем заложено структурное разделение между письмом и звуком, которое делает ошибочным представление о том, что китайский язык может быть вернакуляризирован каким-либо образом, аналогичным тому, с помощью которого это было сделано в современной Европе. Для более точного воспроизведения европейской вернакуляризации потребовался бы отказ от китайского квадратно-блочного иероглифического письма, чего так и не произошло, несмотря на несколько попыток алфавитизации в западном стиле в начале XX века [Zhong Y. 2019]. Тем не менее, как отмечает Вэй, ученые Четвертого мая переупаковали «то, что называется *байхуа*, в заранее продуманный проект китайского ренессанса, наделив его заимствованным идеологическим смыслом, чуждым его исконным коннотациям и ориентациям» [Shang 2014: 260].

Подобные тенденции прослеживаются и в Японии. Языковая реформа, направленная на унификацию устной и письменной речи, задумывалась и в Японии, и в Китае как часть движения вперед по пути социального прогресса. Правда, перед движением за языковую модернизацию в двух странах стояли абсолютно разные задачи. В конце концов, мы не можем сказать, что китайский *гувэнь* (guwen, 古文 — древний стиль) идентичен японскому *камбун* (китайское письмо). Однако дискурсы вернакуляризации и в Японии, и в Китае строились на фоне развития национализма. В Китае «исконные формы были переосмыслены при помощи современных лингвистических тактик, в целях изобретения новых диалектов, которые бы отошли от официального языка больной империи под названием Цинский Китай» [Elman 2014: 22]. Аналогичное культурное движение действовало и в Японии. Такая ситуация в обеих странах напрямую привела к призывам к деазиатизации и декитаизации.

По мере развития этих тенденций и в Японии, и в Китае формировалось неоднородное языковедческое пространство, в котором сосуществовали и конкурировали между собой различные взгляды на языковую модернизацию. В Китае во время кульминации Движения за новую культуру в конце 1910-х — начале 1920-х годов Движение за вернакулярный язык одержало полную победу. В ту эпоху резко возросло количество публикаций на *байхуа*, а в начальных школах было институционализировано обучение на просторечии. Однако этот триумф не означал ликвидации *вэньяня* или стандартизации *байхуа* по всей стране. Вплоть до Второй мировой войны ряд правительственных документов, юридических статей и даже газетных публикаций в Китае по-прежнему писались на *вэньяне* [Li Chunyang 2017: 49]. Таким образом, к тому времени, когда Лу Синь в конце 1920-х — начале 1930-х годов привнес в движение за реформу китайского языка свою «отчужденческую» переводческую стратегию (форенизацию), языковая модернизация продолжалась уже несколько десятилетий, так и не принеся, однако, особых «успехов». Как заметил Лу Синь о литературной и языковой реформе в Китае в 1927 году: «Китайские статьи наименее подвержены изменениям, их тон старомодный, а заложенные в них идеи исключительно устаревшие» [Lu Xun 2005e: 322]. Таким образом, Лу Синь считал, что вмешательство по-прежнему необходимо. Однако, как мы уже отмечали ранее, сама природа китайского языка — т.е. разделение между устной и письменной речью — препятствует его полной вернакуляризации. Учитывая такое положение дел, что же на самом деле нового привнесли переводы Лу Синя, особенно его переводы русской литературы?

Прежде чем перейти к подробному анализу перевода Лу Синя, важно подчеркнуть ту роль, которую переводы русской литературы сыграли в японском движении *Гэмбун-итти*. Фтабатэй Симэй был одним из пионеров этого движения и основателем современного японского романа; как уже отмечалось, он также осуществил перевод гоголевских «Записок сумасшедшего», который непосредственно вдохновил Лу Синя на создание одноименного рассказа. Фтабатэй был специалистом по русскому языку и плодотворным переводчиком русской литературы. Его переводы, например таких произведений Тургенева, как «Свидание» — *«Айбики»* (あいびき, «Свидание») «Ася» — *«Мэгуриай»* (めぐりあい, «Неразделенная любовь»), были приняты японскими читателями с большим одобрением. Его настойчивое стремление как можно точнее следовать времени, порядку слов и даже пунктуации русского оригинала заставило его создать новый стиль письма в японском языке. Этот стиль, названный впоследствии *гэмбун-итти*, заложил основы реформы японского языка[10]. Помимо Фтабатэя Симэй, другие сторонники *гэмбун-итти*, такие как Саганоя Омуро и Одзаки Коё, также были переводчиками русской литературы и применяли этот стиль в своих переводах. Следовательно, решение Лу Синя создавать переводы русской литературы в определенной степени отражало его стремление к инновациям в китайском языке посредством перевода, как это уже ранее сделали со своим и для собственного языка японские писатели.

Хотя Фтабатэй Симэй черпал вдохновение в русских текстах, инновации, которые он ввел в процессе разработки стиля *гэмбун-итти*, имеют точки отсчета также и в японской разговорной традиции. Подобная запутанность еще более заметна в переводах русской литературы Лу Синя, которые следует рассматривать наряду с использованием им немецких и японских переводов-посредников. Действительно, его перевод был результатом многостороннего посредничества между классическим и вернакулярным китайским, модернизированным японским, русским

---

[10] Подробное обсуждение вклада Фтабатэя Симэй в реформу японского языка см. [Cockerill 2006; Cockerill 2015].

и немецким языками. Чтобы понять, какую роль переводы русской литературы сыграли в стремлении Лу Синя к реформе китайского языка, необходимо сначала изучить его собственные языковые навыки и используемые им текстовые источники.

### О выборе между немецким и японским посредничеством

Из всех иностранных языков, которые изучал Лу Синь, — английского, немецкого, японского и русского — японским он владел лучше всего, но и на немецком читал в совершенстве. Эти два языка открыли ему дорогу к литературным мирам, отсутствующим в китайском переводе. Однако Лу Синь не испытывал особого влечения к немецкой или японской литературе как таковой; эти два языка служили ему в первую очередь в качестве инструментов для чтения русской литературы.

Японский язык был ключевым посредником, на который опирался Лу Синь. В его коллекции словарей преобладали именно японские словари. Лу Синь владел несколькими русско-японскими, немецко-японскими и англо-японскими словарями, изданными на японском языке, и одним русско-японским словарем, изданным на русском [Beijing Lu Xun bowuguan 1959, 3: 4, 88]. Поэтому, даже когда он обращался к немецким переводам при переводе русских текстов, он все равно опирался в своих интерпретациях на японское посредничество — в данном случае на немецко-японский словарь.

Неудивительно, что японский язык сыграл значительную роль в интеллектуальной жизни Лу Синя. Лу Синь уехал из Китая в Японию в 1902 году и провел там более семи лет. Чтобы избежать общества китайских студентов по обмену, он отправился учиться в город Сэндай, где большинство его одноклассников были носителями японского языка. Когда его брат Чжоу Цзожэнь впервые приехал в Японию, во всех логистических вопросах он полностью положился на Лу Синя. Хотя японский язык Лу Синя не был безупречным, носители языка высоко оценивали его речь. Так, Фукуока Сэйити (福岡誠一) отметил, что в разговоре выбор японских слов и их произношение Лу Синем, даже его образ мышления были почти как у носителя языка [Fukuoka 1959]. Хотя некоторые ученые считают японские тексты Лу Синя двусмысленными и неуклюжими, другие утверждают, что эти качества были частью его стратегии повествования[11]. В любом случае его переводы с японского демонстрируют практически совершенное владение этим языком[12].

В отличие от высокого уровня владения японским языком, познания в немецком языке Лу Синя сводились в основном к навыкам чтения. Он изучал немецкий язык сначала в Школе горного дела и железных дорог при Цзяннаньской военно-морской академии (Jiangnan shuishi xuetang, 江南水師學堂, *Цзяннань шуйши сюэтан*), а затем в Медицинской академии г. Сэндай (仙台医学専門学校, *Сэндай игаку семмон гакко:*) [Zhou Zuoren 2009e: 676]. После переезда из Сэндая в Токио Лу Синь периодически посещал занятия, организованные Ассоциацией изучения немецкого языка (Duyiyuxue xiehui, 獨逸語學協會, *Дуиюйсюэ сехуэй*), которые он дополнял самостоятельным чтением немецких журналов с помощью словаря [Zhou Zuoren 2009g: 614–615]. Целью изучения немецкого языка Лу Синем было прежде всего получение доступа к литературе Восточной Европы. Он также покупал различные немецкие издания по истории мировой литературы, которые впоследствии помогли ему написать введение в литературу Болгарии и Финляндии в «Ежемесячнике коротких рассказов» [Zhou Zuoren 2009c: 640].

---

[11]  Кавамура Минато (川村湊) — один из многих японских ученых, считающих японские произведения Лу Синя неуклюжими. Противоположного мнения придерживается китайский ученый Чэнь Хун (陳紅). Она проанализировала японский Лу Синя, сравнив его собственные переводы своих произведений на японский язык с другими японскими переводами, а также изучив его скандальный рассказ «Я хочу обманывать людей» (Wo yao pianren, 我要騙人, *Во яо пяньжэнь*), который он написал на японском языке. Она пришла к выводу, что письменный японский язык Лу Синя в большинстве случаев был точным и даже иногда риторически изощренным [Chen Hong 2019: 19–100].

[12]  Хотя китайские читатели критиковали Лу Синя за его «трудный перевод», мы утверждаем, что трудности, беспокоившие их, возникали скорее из-за его переводческой стратегии, чем из-за его навыков владения японским языком, о чем мы и говорим в данном анализе.

По словам Чжоу Цзожэня, Лу Синь также пытался изучать русский язык с одной из ссыльных — Марией Кондэ — в течение нескольких месяцев, но это был слишком короткий срок, чтобы он смог овладеть чтением [Zhou Zuoren 2009o]. Хотя ему не удалось выучить русский язык, он все равно хотел изучать русскую литературу, пусть и с помощью других языков. Японский был самым удобным посредником в этом деле. Однако братья Чжоу были обеспокоены тем фактом, что в Японии гораздо меньше специалистов по русскому языку, чем в западном мире. Кроме того, японские переводы были более или менее адаптированы, чтобы походить на продукт целевой культуры. В результате Лу Синь стал опираться также и на европейские источники [Zhou Zuoren 2009p: 376–377].

На протяжении всей своей жизни Лу Синь собрал значительное количество книг по русской литературе на японском, немецком, русском и английском языках[13]. В его коллекции русских книг были оригинальные художественные произведения Чехова, Горького, Федора Гладкова (1883–1958), Константина Федина (1892–1977), Александра Серафимовича (1863–1949) и других[14].

---

[13] В анализе прочтения Лу Синем русской литературы мы опираемся, прежде всего, на его «Собрание рукописей и книг Лу Синя» (Lu Xun shouji he cangshu mulu, 魯迅手蹟和藏書目錄, *Лу Сюнь шоуцзи хэ цаншу мулу*) включающее его книжные коллекции в Пекине и Шанхае. В коллекцию не вошли книги, которые Лу Синь собирал до 1924 года, но потом не смог перевезти с собой из Бадаованя (八道灣, *Badaowan*) после разрыва отношений с братом. Эти книги считались пропавшими, пока его жена Сюй Гуанпин (許廣平, 1898–1968) не получила доступ к ним в 1946 году. Еще больше книг пропало во время социальных потрясений, предшествовавших 1949 году. В наших сведениях о читательской практике Лу Синя остаются значительные пробелы. Приведем лишь один пример: в самом современном списке книг, принадлежавших некогда Лу Синю, нет ни одного немецкого перевода Арцыбашева. Однако сам Лу Синь в постскриптуме указывает, что его перевод «Рабочего Шевырёва» был основан на немецком переводе. Таким образом, Лу Синь должен был обладать или по крайней мере иметь доступ к немецким переводам Арцыбашева в начале 1920-х годов [Lu Xun 1959c: 192]. В свете столь очевидных потерь в раннем книжном собрании Лу Синя мы должны восстановить его библиотеку на основе предположений, чтобы дополнить те неполные списки, что мы имеем.

[14] Большинство из почти тридцати произведений русской литературы, которыми владел Лу Синь, были написаны современными русскими писателями, особенно пролетарскими. Иногда он приобретал русские книги в надежде

Однако его коллекция оригинальных русских текстов не могла конкурировать с его собранием японских и немецких работ: более 90 японских и около 130 немецких книг составляли большую часть коллекции Лу Синя по русской литературе[15]. Из всех своих источников Лу Синь меньше всего полагался на английские тексты: по его данным, он владел всего пятью английскими книгами по русской литературе. Он также владел большой коллекцией китайских переводов русской литературы, но большинство из них были опубликованы позже, чем те переводы, которые тогда уже были у него на других языках. Некоторые из этих более поздних китайских переводов были выполнены непосредственно под руководством самого Лу Синя[16].

Разница между японскими и немецкими коллекциями Лу Синя заключается в том, что в его немецкой коллекции было много работ Андреева и Всеволода Гаршина (1855–1888), которые

найти китайских специалистов для их перевода. Если учесть, что он также владел русско-японскими словарями, изданными как в России, так и в Японии, можно предположить, что его никогда по-настоящему не покидало желание читать русские оригиналы.

[15] Обилие немецких книг дает некоторое основание для утверждения Чжоу Цзожэня о том, что Лу Синь предпочитал немецкие переводы. Однако, если учесть, что Лу Синь владел собранием сочинений Гоголя, Чехова, Тургенева, Достоевского и Толстого в японском переводе, тогда как его немецкая коллекция включала лишь отдельные переводы произведений этих писателей, то численное преимущество его немецкой коллекции не столь значимо, как кажется. Кроме того, в японском собрании Лу Синя в основном представлены книги, изданные после 1920 года, а особенно после 1924 года, когда Лу Синь уже рассорился с Чжоу Цзожэнем. Учитывая, что эти два брата проводили значительное количество времени вместе в Японии и жили вместе в Пекине, вполне вероятно, что у них была общая коллекция японских книг и что они владели более ранними японскими переводами русской литературы, особенно русской литературы XIX века, которые не были учтены в окончательной описи коллекции.

[16] В книге Сунь Юя «Лу Синь и Россия» (Lu Xun yu Eguo, 魯迅與俄國, *Лу Сюнь юй Эго*) приводится список китайских книг по русской литературе, собранных Лу Синем; см. [Sun 2015: 8–14]. Сунь отмечает, что эти китайские книги в основном переводились его друзьями или студентами, и замечает, что в его коллекцию не вошли некоторые известные китайские переводы русской литературы [Ibid.: 15]. Его анализ коллекции показывает, что китайский язык не был для Лу Синя важным каналом для знакомства с русской литературой.

были одними из самых первых русских авторов, которых он переводил. В отличие от этого, в его японской коллекции была только одна книга Андреева и ни одной — Гаршина. Многие из его немецких книг также были опубликованы до 1920 года и, следовательно, скорее всего, были приобретены им во время учебы в Японии[17]. Эта хронология отражена в переводческой практике Лу Синя: его ранние переводы русской литературы по большей части были основаны на немецких переводах, в то время как его более поздние переводы — за исключением «Мертвых душ» Гоголя — на японских[18]. Другое отличие заключается в том, что если японская коллекция была равномерно распределена между основными русскими писателями — в большинстве случаев по одной-две книги на каждого писателя, — то немецкая коллекция была сосредоточена на отдельных писателях, таких как Андреев, Чехов, Достоевский, Гоголь, Горький, Толстой, Тургенев и Владимир Короленко (1853–1921)[19]. Многие из них были любимыми русскими писателями Лу Синя.

Чжоу Цзожэнь вспоминал о 1900-х годах, когда Лу Синь жил в Японии: «В то время японских переводов русской литературы еще не было в избытке; тем писателем, которого представили сравнительно рано и впоследствии представляли еще многократ-

---

[17] Приобрести немецкие книги в Японии было сложно, но не невозможно. Лу Синь покупал старые немецкие журналы в киосках подержанных книг, чтобы узнать о немецких публикациях. Узнав необходимое о переводах, которые были ему интересны, он начинал их искать. Иногда он заказывал книги, которые ему присылали из Европы через книжный магазин «Марудзэн». См. [Zhou Zuoren 2009q: 615].

[18] Чэнь Хун приводит подробный список переводов Лу Синя и их источников в своей книге «Исследование переводов Лу Синя с точки зрения японского языка как языка-источника» (Riyu yuyuan shiyu xia de Lu Xun fanyi yanjiu, 日語語源視域下的魯迅翻譯研究, *Жиюй юйюань шиюй ся дэ Лу Сюнь фаньи яньцзю*). На сегодняшний день это наиболее полное исследование источников переводов Лу Синя, которое мы встречали. Подробнее см. [Chen Hong 2019: 279–308].

[19] Включение в книгу нескольких советских писателей, таких как Федор Панфёров (1896–1960), Исаак Бабель (1894–1940) и Илья Эренбург (1891–1967), свидетельствует о том, что Лу Синь старался идти в ногу со временем и в том числе читал современную литературу.

но, был Тургенев» [Zhou Zuoren 2009b: 450]. Когда Лу Синь впервые столкнулся с русской литературой, в Японии было мало переводов русских произведений и мало научных работ, посвященных современным русским писателям. Фактически его переводы работ некоторых современных писателей появились почти в то же время, когда эти писатели были впервые переведены на японский язык. В результате в 1900–1910-х годах Лу Синь был вынужден полагаться на немецкие источники в своем изучении современной русской литературы. Однако к концу 1920-х годов ситуация изменилась. Лу Синь пытался получать немецкие переводы по разным каналам — либо заказывая книги через издательства, либо прося книготорговцев или своих друзей в Европе присылать ему книги по почте, — но трудности с доставкой и задержка информации мешали ему быть в курсе последних событий. Особенно важно было оставаться актуальным при рецепции пролетарской литературы, где ситуация постоянно менялась. Учитывая связь Лу Синя с книжным магазином «Утияма» (内山) и его территориальную близость к нему, вполне логично, что он обратился бы к японским переводам как к более надежному источнику русской пролетарской литературы.

В целом собрание книг Лу Синя свидетельствует о обстоятельном знакомстве с русской литературой и широком кругозоре переводчика, который и сегодня мог бы соперничать со специалистом по русскому языку в Китае. Стоит отметить притом, что Лу Синь сам никогда не переводил русскую поэзию, он был заядлым читателем стихов, переведенных с русского. В его коллекции были сборники таких великих русских поэтов, как Пушкин, Лермонтов, Тютчев, Фет, Некрасов, а также антологии советской поэзии. Кроме того, он старался быть в курсе русских литературных тенденций конца XIX века — 1930-х годов, что объясняет, почему в его личную коллекцию, отражающую общие вкусы его времени, вошли труды писателей, которые уже не были столь известны. Например, в его коллекции было три немецких перевода произведений Игнатия Потапенко (1856–1929), русского писателя, популярного в 1890-х годах. По этой же причине Михаил Арцыбашев, чей провокационный роман «Санин» в свое время снискал ему международную славу, остается известной русской фигурой в Китае не благодаря своему вкладу в русскую литературу, а благодаря переводу Лу Синя.

### «Трудный перевод» как стратегия

Важнейший вопрос, тесно связанный с русскими переводами — и в целом с китайской практикой перевода иностранной литературы начала XX века, — касается пропаганды просторечия. Когда Лу Синь создавал свои поздние переводы, он был глубоко вовлечен в движение за вернакулярный язык. Обвинения в том, что его переводы были «тяжелыми» или «мертвыми», — выдвигаемые против него как в годы его жизни, так и в течение многих лет после, — не позволяют понять, в какой степени они оказались под влиянием его стремления к новому китайскому языку. Оригинальный рассказ Лу Синя «Записки сумасшедшего» знаменует собой его первую попытку написания произведения в вернакулярном стиле; и, напротив, в его переводах языковая реформа осуществляется совершенно по-другому.

Лу Синю потребовалось десять лет, чтобы развить свою практику использования вернакулярного китайского стиля. В своих ранних переводах, таких как перевод работы Жюля Верна (1828–1905), он следовал прецеденту, созданному стилем ранних переводчиков, таких как Линь Шу, и значительно изменял содержание. Начиная со сборника переводов «Сборник коротких рассказов за границей» Лу Синь стал более трепетно относиться к оригинальным текстам, однако его ранние переводы были выполнены в относительно традиционном стиле *гувэнь* (guwen). Оформлять свои переводы в стиле *байхуа* он начал только в 1920 году, после публикации «Записок сумасшедшего». К тому времени японский мир литературы преобразился. В 1920-х годах новый синтаксис, введенный движением *Гэмбун-итти*, установился и вошел в повседневную японскую практику письма. Лу Синь был свидетелем этого перехода и, в свою очередь, принял новый стиль; следовательно, нет оснований полагать, что он испытывал трудности с пониманием современных японских текстов. Поэтому маловероятно, что он мог допускать ошибки в переводе из-за незнания нового японского синтаксиса.

Разумеется, его трудный перевод не пришелся по вкусу китайским читателям. По мнению Лэо Так-хун Чана, несколько лингвистических особенностей сделали дословный перевод Лу Синя недоступным для понимания. Во-первых, хотя японский язык допускает как премодификаторы, так и постмодификаторы для обозначения грамматических или структурных отношений слова с другими словами в предложении, китайский допускает только премодификаторы; исходя из этих различий Лу Синь решил усложнить свои предложения премодификаторами, перегрузив таким образом текст и сделав китайский язык в нем громоздким и неудобным для чтения. Во-вторых, в то время как японские спряжения глаголов несут в себе значительную информацию, китайские глаголы печально известны своей неспособностью указывать время, модальность, вид, форму залога и наклонение, и Лу Синю не удалось устранить это различие [Chan 2001: 202]. Ранее китайские переводчики обходили эти лингвистические трудности, внося значительные синтаксические и фразеологические изменения, чтобы донести смысл на китайском языке. Однако приверженность Лу Синя языковой реформе побудила его вместо этого попытаться как можно более точно перенести синтаксис оригинального японского языка. Мы утверждаем, что эти трудности и выбор, который он сделал, не столько свидетельствуют о его некомпетентности как переводчика, сколько указывают на его готовность пойти в своем переводе на многое, чтобы добиться трансформации китайского письменного языка.

В «Заметках переводчика» (Yi hou ji, 譯後記, *И хоу цзи*) от января 1929 года Лу Синь называет свой форенизированный перевод «трудным переводом». Он опубликовал эту статью, чтобы сопроводить свой перевод эссе о Толстом литературного теоретика Луначарского, чьи работы служат примером того, как классические русские писатели были переосмыслены при социалистическом режиме. В статье Лу Синь объясняет, какие решения он принимал как переводчик: «Насколько я понимаю, кроме "полностью прекратить переводить", у меня есть только возможность такого рода "трудного перевода". Это то, что я называю "тупиком": единственная надежда, которая у меня есть, — это то, что читатели будут готовы напрячь свои умы и продолжить чтение» [Lu Xun 2005i: 338].

Оригинальное определение трудного перевода, данное Лу Синем, опирается на опыт читателя. Во-первых, [он признает] перевод трудно понять (nanjie, 難解, *наньцзе*); во-вторых, он надеется, что читатели «напрягут свои умы» и продолжат чтение [Ibid.]. Первый слой смысла указывает на ограничения и сложность перевода Лу Синя, о которых он прекрасно осведомлен. В заключение он даже называет причины несовершенства своего перевода: «…отсутствие таланта у переводчика [имея в виду самого себя] и недостатки китайского письменного языка» [Ibid.]. И если первое — обычное проявление скромности, которое не обязательно принимать за чистую монету, то второе говорит о том, с какими трудностями столкнулся Лу Синь в своей попытке изменить китайский язык. Второй слой смысла, с другой стороны, указывает на его высокие ожидания в отношении образцовых читателей. Его перевод статьи Луначарского стал своевременным ответом на растущий энтузиазм по отношению к Толстому в Китае. В «Заметках переводчика» Лу Синь дает намек на то, какую работу, по его мнению, должны проделать его образцовые читатели: он призывает их не только прочитать переведенную статью, но и сравнить ее с лекцией Луначарского от 1924 года, чтобы проследить, как «с течением времени и изменением ситуации неизбежно меняется и аргументация [Луначарского]» [Ibid.: 337].

Трудный перевод был осознанной стратегией Лу Синя и распространялся далеко не только на его перевод Луначарского. Будучи переводчиком, который постоянно сравнивал японские и немецкие переводы, Лу Синь не был пленником идеи «идеального» перевода. Скорее, он считал трудный перевод естественным, поскольку чуждость текста делала невозможной его полную доместикацию в контексте китайского языка [Lu Xun 2005k: 364–365]. В результате Лу Синь намеренно прибегал к трудному переводу и даже ожидал от своих читателей, что они «напрягут свои умы» и продолжат чтение.

## Значение эстафетного перевода

Теория перевода Лу Синя не нашла отклика среди его современников. Так, например, Лян Шицю (梁實秋, 1903–1987), получивший образование в США, выразил свое недовольство ею в статье «Обсуждение "трудного перевода" г-на Лу Синя» (Lun Lu Xun xiansheng de "yingyi", 論魯迅先生的 «硬譯», *Лунь лу сюнь сяньшэн дэ «ини»*), в которой он раскритиковал Лу Синя за его «мертвый перевод» (siyi, 死譯, *сыи*) [Liang Shiqiu 1997]. В статье Лян Шицю цитирует Чэнь Сиина (陳西瀅, 1896–1970) — получившего то же британское образование, что и оппонент Лу Синя, — который использует термин «мертвый перевод» для обозначения любой переводческой практики, механически повторяющей лексику и порядок слов оригинального предложения, тем самым обрекая перевод на смерть.

Спор Лян Шицю с Лу Синем по поводу перевода стал ключевой частью культурной войны, которая шла в период конца 1920-х — начала 1930-х годов между поэтической группой «Новолуние» (Xinyue pai, 新月派, *Синьюэ пай*) и китайскими левыми. Как утверждает Вон Ван-чи (王宏志), фундаментальное различие между двумя группами заключалось в их политических позициях [Wong 1998]. Члены «Новолуния» верили в либерализм и идеологическую независимость, в то время как китайские левые настаивали на политической обязанности литературы поддерживать революцию. Что еще более интересно отметить, так это то, что большинство членов группы «Новолуние» получили образование в западных странах, таких как Англия и США, в то время как левая фракция состояла из бывших студентов по обмену, учившихся когда-то в Японии. Как переводчик, умевший работать с западными текстами на языке оригинала, особенно на английском, Лян Шицю выражал свое недовольство эстафетными переводами, особенно с японского:

> Что касается эстафетного перевода: он имеет на один слой больше, чем оригинальный текст, и, конечно, колорит сильно меняется. <…> Первым критерием перевода должна быть

его понятность, но добиться ее нелегко. Чтобы текст понял читатель, переводчики должны сначала сами его понять, однако же они достаточно редко перепроверяют свои собственные переводы. Я слышал, что есть такие переводчики с японского, которым не нужно составлять собственный перевод, а достаточно лишь подправить японский текст и считать, что дело сделано. Я не уверен, что это правда, но я читал западную литературу [переведенную на китайский] с японского; синтаксис там более архаичный и заумный, чем в текстах, созданных при династии Хань, что вызывает у меня некоторые подозрения... [Liang Shiqiu 1984: 133].

Лян Шицю не называет конкретный перевод, вызвавший его недовольство, но то, что он пишет здесь, можно с легкостью применить к эстафетному переводу Лу Синя. Статья Ляна «Перевод» (Fanyi, 翻譯, *Фаньи*) 1928 года, которая содержит приведенный ранее отрывок, была опубликована всего за год до его эссе с критикой перевода Лу Синя. Не будет надуманным предположить, что недовольство Лян Шицю переводом Лу Синя было вызвано также использованием последнего японского перевода как посредника, который облегчил работу с тем, что Лян и без того считал невразумительным и ленивым переводом.

Лу Синь полностью осознавал проблему эстафетного перевода, но продолжал отстаивать его допустимость. В постскриптуме переводчика к сборнику переводов эссе Луначарского под названием «Литература и критика» (Wenyi yu piping, 文藝與批評, *Вэньи юй пипин*) Лу Синь повторяет свои замечания по поводу перевода, добавляя, что ему известно, что Вэй Суюань уже перевел статью Луначарского о Толстом непосредственно с русского [Lu Xun 2005m]. Хотя он признает, что перевод конкурента в некоторых местах более точен, он считает его таким же «трудным для понимания, как и свой собственный» [Ibid.: 330]. Лу Синь не считает собственный эстафетный перевод с японского языка посредственным. Напротив, он признает существование прямого китайского перевода и, похоже, желает, чтобы его читатели могли воспользоваться обоими переводами, чтобы превзойти их и постичь истинный дух Луначарского.

В 1934 году Лу Синь опубликовал две последовательные статьи «Об эстафетном переводе» (Lun chongyi, 論重譯, *Лунь чунъи*) и «И снова об эстафетном переводе» (Zai lun chongyi, 再論重譯, *Цзай лунь чунъи*), в которых он обосновывает необходимость эстафетного перевода. Он утверждает, что не считает прямой перевод всегда лучше эстафетного, и отмечает, что первым шагом в его практике переводов русских текстов является сравнение имеющихся японских и немецких переводов для более четкого понимания лингвистически недоступного оригинала. Он объясняет, что хороший перевод содержит подробные примечания, помогающие читателю понять оригинальный текст. По мнению Лу Синя, подробные примечания и множество исходных текстов позволяют ему создать более надежный вторичный перевод. Более того, он утверждает, что в тех случаях, когда в Китае не хватает специалистов по тому или иному языку, лучше иметь эстафетные переводы, чем не иметь никаких вообще [Lu Xun 2005h; Lu Xun 2005e]. Лу Синь ясно дает понять, что он приветствует более качественные и прямые переводы, которые со временем заменят его эстафетные переводы, поскольку считает этот процесс путем к созданию почти безупречных переводов [Lu Xun 2005c].

Оба, и Лу Синь, и Лян Шицю, приводят в этом споре убедительные доказательства в поддержку своих аргументов. В то время как Лян Шицю ставит во главу угла удобочитаемость, Лу Синь настаивает на сохранении иностранного колорита. Литературные критики рассматривали их спор с различных теоретических позиций. Как подытожил Пу Ван, «в то время как в существующих исследованиях "трудный перевод" часто сводится к общей идеологии перевода, отдающей предпочтение буквальности или иностранности, его особая историчность текстуальности остается не до конца изученной» [Wang P. 2013: 328]. Ван кратко сравнивает перевод Лу Синя книги Луначарского «Об искусстве» (Yishu lun, 藝術論, *Ишу лунь*) с японским переводом книги Нобори Сёму и приходит к выводу, что «перевод Лу Синя здесь точно копирует лексику и структуру предложений перевода Нобори, но неловко сочетает общественно-научные неологизмы с чрезмерно перегруженным синтаксисом» [Ibid.: 329]. Он утверждает, что приравнивание «форенизации» Лу Синя к «европеизации» проблематично, учитывая, что Лу Синь использует японские переводы для отсылок. В этом анализе мы развиваем обсуждение Пу Вана; в частности, мы считаем, что невозможно полностью осознать последствия «форенизированного подхода» Лу Синя, не сравнив азиатские переводы с оригиналами.

Как в переводе Лу Синя передается инаковость Японии или инаковость России? Чтобы лучше проиллюстрировать особенности эстафетного перевода Лу Синя, мы анализируем два примера трудного перевода, которые Лян Шицю критикует в своей статье: оба — отрывки из работы «Об искусстве» (Прил. 1, примеры 1–2). В каждом случае, помимо предложений, которые цитирует Лян Шицю, мы приводим еще по два предложения из того же абзаца. Эти более короткие предложения в переводе Лу Синя, такие как «Однако марксизм доказывает, что такой вещи не существует» (但科學底社會主義，卻證明了實際上並無那樣的事), на самом деле достаточно понятны. Перевод Лу Синя становится «мертвым», по выражению Лян Шицю, тогда, когда японские предложения становятся длиннее и содержат сложный синтаксис. Чтобы проиллюстрировать усилия Лу Синя по созданию китайского перевода, максимально приближенного к японскому, мы приводим дословный перевод первого предложения в примере 1, параллельно с японской и китайской версиями (Прил. 2, табл. 1). Такое сравнение показывает, что почти каждая морфема в японском переводе Нобори Сёму имеет соответствующую морфему в переводе Лу Синя.

В своем анализе Пу Ван утверждает, что недовольство Лян Шицю сложным переводом Лу Синя вызвано тем, что последний привнес японскую лексику и синтаксис непосредственно в китайский язык. В то время как синтаксис, безусловно, вызывал трудности и разногласия, о которых мы поговорим подробнее, препятствия, связанные с прямым заимствованием японской лексики, скорее всего, были менее примечательны для Лян Шицю и его современников. Подобные заимствования действительно постоянно происходили в литературной культуре того времени. В конце XIX — начале XX века Китай вобрал в себя большое количество неологизмов из японского языка, многие из которых представляли собой сочетания кандзи (т.е. иероглифов, заимствованных из китайской письменности), которые либо вообще не существовали в китайском языке, либо использовались в другом значении. Даже те китайские читатели, которые не знали японского языка, постепенно приняли эти заимствования. Очевидно, что эти заимствования сохранились и в других китайских переводах тех же неологизмов, включая транслитерации, созданные китайскими переводчиками[20]. Таким образом, прямое заимствование Лу Синем японских кандзи не было уникальным.

Лу Синь заимствует большинство отвлеченных понятий непосредственно из иероглифических сочетаний, встречающихся в японском переводе, например: «реальное общество» (xianshi shehui, 現實社會, *сянши шэхуэй*), «единственный, уникальный» (weiyi 唯一, *вэйи*), «материалы, данные» (cailiao, 材料, *цайляо*), «реальная, фактическая форма» (shiji xingtai, 實際形態, *шицзи синтай*), «организовать» (zuzhi, 組織, *цзучжи*), «идея, мысль» (sixiang, 思想, *сысян*), «интуиция» (zhiguan, 直觀, *чжигуань*) и «контролировать» (zhipei, 支配, *чжипэй*). Такое прямое заимствование возможно, поскольку эти японские слова состоят из китайских иероглифов; однако иногда это приводит к появлению непривычных для китайского читателя словосочетаний, таких как «идеологическая систематизация» (思想的組織化) и «социальные группы, контролирующие эти идеологии» (把持著這些觀念形態的社會底集團). Такие фразы сделали бы перевод Лу Синя раздражающим для китайских читателей, но отнюдь не нечитабельным.

Еще один аспект перевода Лу Синя, не рассмотренный Пу Ваном и Лян Шицю, но, возможно, добавлявший неудобств читателям, — это его стратегия перевода иностранных понятий с японской катаканы. Эта письменно-фонетическая система транслитерации иностранных слов предлагает готовый способ введения новых понятий в японский язык. Она отличается от кандзи, где для передачи неологизмов используются китайские

---

[20] См. [Shin 2010; Shin 2008].

иероглифы. Если кандзи позволяет китайским переводчикам без труда перенимать японские неологизмы, то катаканская система недоступна для китайского языка. В результате при переводе новых понятий с катаканы Лу Синь был вынужден полагаться на свои знания и изобретательность. Как следствие, он ввел термины, которых нет в используемых им японских переводах, например *кэсюэди шэхуэй чжуи* (科學底社會主義, kexuedi shehui zhuyi) для марксизма (マルクス主義, *марукусу-сюги*), *гуаньнянь синтай* (觀念形態, guannian xingtai) для идеологии イデオロギイ (устар. написание; совр.: イデオロギー, *идэороги:*), и *гуаньнянь чжэ* (觀念者, guannian zhe) для идеолога イデオロギスト (устар. написание (*идэорогисуто*); совр.: イデオローグ, *идэоро: гу*)[21]. Это не означает, что Лу Синь придумал эти слова. Хотя они не использовались в японских текстах, которые он переводил, в целом они уже существовали как термины в японском и китайском языках. *Кагакутэки сякайсюги* (kexuede shehui zhuyi, 科学的社会主義; кит. *кэсюэдэ шэхуэй чжуи*) — альтернативный термин для марксизма в японском, а *каннэн кэйтай* (guannian xingtai, 観念形態, кит. *гуаньнянь синтай*) — это передача «идеологии» на кандзи. Если у японских переводчиков была возможность использовать транслитерацию катаканой или перевод кандзи при передаче иностранных понятий, то выбор инструментов в случае Лу Синя был ограничен. Однако его продолжительное чтение японской литературы и переводов по марксизму помогло ему найти китайские эквиваленты.

Разница между японским и китайским синтаксисом — вот что в первую очередь является причиной того, почему перевод

---

[21] В этих случаях письменная форма слова в китайском и японском языках одинакова, хотя произношение (а соответственно — английская транслитерация) различаются. Стоит отметить, что Лу Синь использовал «научный социализм» для обозначения марксизма; это был необычный выбор, учитывая, что прямой перевод *макэсы чжуи* (makesi zhuyi, 馬克思主義) уже был популяризирован китайскими марксистами, такими как Ли Дачжао, в начале 1920-х годов. Нам не удалось найти конкретную причину, объясняющую выбор Лу Синем термина. Возможно, он хотел обозначить явление более широкое, чем теория одного человека (т.е. Маркса).

Лу Синя практически невозможно понять. За исключением некоторых минимальных и необходимых изменений, Лу Синь точно следует японскому порядку слов. Если с небольшими различиями в порядке слов читатель может справиться — в японском языке используется структура предложений SOV (где (S) — субъект, (O) — объект, (V) — глагол), а в китайском SVO (субъект — глагол — объект), — то с японскими спряжениями глаголов в китайском языке дело обстоит гораздо сложнее. В японском языке спряжения глаголов указывают не только на время и залог, но и на семантическую группу, что крайне важно для понимания длинного предложения. Китайский читатель перевода Лу Синя может спокойно разобрать короткие предложения, в которых предполагаемый китайский порядок слов помогает понять связь между предложениями; однако длинные предложения становится практически невозможно расшифровать без информации, которую могли бы предоставить японские спряжения глаголов. Ограниченные грамматические модификации китайского языка Лу Синя, включая обильное использование структурных частиц, таких как 的 (de, *дэ*) и 底 (di, *ди*), не решили фундаментальной проблемы: китайский язык не приспособлен для длинных предложений со сложной синтаксической структурой. Эта дилемма указывает на более серьезную проблему трудного перевода Лу Синя. Хотя он «преданно» искал китайский эквивалент для каждой части каждого японского предложения, Лу Синь также часто просто игнорировал важнейшие компоненты японского языка, которые не могли быть переданы на китайском. В результате его эстафетный перевод с японского был обречен стать дезориентирующим или и вовсе нечитабельным.

**Японский и немецкий: два посредника языковой реформы**

Если «трудный» эстафетный перевод с японского вызывал особые лингвистические проблемы, изменило бы как-то ситуацию привлечение немецких источников? В конце концов, сам Лу Синь высоко ценил лингвистическую европеизацию китайского языка. Как он выразился в переписке с Цюй Цюбаем, специалистом по русскому языку и первым руководителем Коммунистической партии Китая:

> Несмотря ни на что, я продолжаю отдавать предпочтение верности, а не беглости. <…> Такой [трудный] перевод привносит не только новые смыслы, но и новые выражения. Китайский письменный и устный язык недостаточно точен. <…> Я считаю, что нужно помучиться, чтобы решить эту проблему, принять специфичный синтаксис, древний или иностранный; в ход может пойти все что угодно. И это не фантазия. В японских текстах, например, часто встречается европеизированная грамматика [Lu Xun 2005d: 391].

Как отмечает Лу Синь в этом письме, в своем трудном переводе он «верно» следует японской грамматике, поскольку считает, что японская грамматика подражает европейской, которая, по его мнению, более точна, чем китайская. Его корреспондент Цюй Цюбай поддерживал стремление Лу Синя преобразовать китайский язык с помощью перевода. Как утверждает Цюй в письме от 1931 года:

> Перевод не только знакомит китайских читателей с содержанием оригинального текста, но и выполняет еще одну важную функцию: помогает нам создать новый современный китайский язык. А поскольку мы боремся за создание нового китайского языка, мы должны требовать, чтобы переводы были абсолютно корректными и в них использовался исключительно народный китайский язык, чтобы мы могли внедрить новый культурный язык в массы [Qu 2005: 380–381].

В отличие от Лу Синя, который выражал восхищение европейскими языками, но так и не предложил четкой концепции современного китайского языка, Цюй Цюбай в этом письме дает точное определение нового языка, который должен быть «живым языком» (huo de yanyu, 活的言語, *хо дэ яньюй*), таким как тот, что используют в повседневной жизни простые китайцы. В этом смысле проект Цюя был гораздо «ближе» к концепции вернакуляризации, поскольку он хотел создать язык, основанный на языке масс, перенесенном на страницы [Ibid.: 384]. Более того, Лу Синь ожидал, что все китайские переводчики внесут свой вклад в реформирование языка, Цюй Цюбай же считал, что такую миссию должен выполнять пролетариат:

> Это верно, что европеизированные китайские купцы из высшего класса, такие как Ху Шичжи, инициировали это движение [языковую реформу]. Но в конечном итоге движение должны возглавить его истинные властные лидеры. Поэтому пролетариат должен продолжить и впоследствии завершить миссию по руководству этим движением [Ibid.: 380].

В том же духе Цюй Цюбай критиковал Лян Шицю и других, осуждавших «трудный перевод» Лу Синя, за то, что они, наоборот, сохранили классический китайский язык в своих переводах. Он считал Лу Синя участником пролетарского движения и хвалил его за перевод пролетарской литературы. Однако, когда Цюй оценил перевод Лу Синя согласно собственным критериям, он пришел к выводу, что тот был «точным, но не "исключительно народным"» [Ibid.: 382]. В том же письме он предлагает девять отрывков из перевода Лу Синем произведения Александра Фадеева (1936–1993) «Разгром», чтобы наглядно проиллюстрировать свою точку зрения.

Лу Синь опирался на японский и немецкий переводы в качестве источников при выполнении своего эстафетного перевода «Разгрома», в то время как Цюй Цюбай создал собственный перевод с оригинального русского текста, который он затем использовал при исправлении перевода Лу Синя в своем письме[22]. Внимательное изучение правок, внесенных Цюй Цюбаем в перевод Лу Синя,

---

[22] Лу Синь впервые прочитал «Разгром» в японском переводе и начал публиковать собственный перевод в 1930 году в левом журнале «Ростки» (Mengya, 萌芽, Мэнъя), но проект был прерван, когда журнал оказался под запретом. Впоследствии он получил английский и немецкий переводы романа Фадеева. Он завершил перевод и пересмотрел свою ранее проделанную работу, опираясь на японский и немецкий переводы. Затем, прежде чем опубликовать перевод в виде книги, он также попросил своего брата Чжоу Цзяньжэня (周建人, 1888–1984) провести его вычитку на основе английского перевода [Yang Jianmin 2014: 65].

выявляет согласование между китайским, японским, немецким и русским языками и демонстрирует целый ряд усилий по преобразованию языка в условиях пролетарского подъема 1930-х годов (см. Прил. 1, примеры 3–5). Помимо русского оригинала и переводов Цюй Цюбая, в нашем анализе также присутствуют японские и немецкие переводы, которые Лу Синь использовал в качестве своих источников. Чтобы более наглядно проиллюстрировать контраст между трудным переводом Лу Синя и другими переводами, мы приводим дословные переводы второго предложения примера 3 из «Разгрома», рассматривая перевод Лу Синя в сравнении с другими (см. Прил. 2, табл. 2–3). В табл. 2 перевод Лу Синя сравнивается с переводом Курахары Корэхито, а в табл. 3 перевод Цюй Цюбая сравнивается с русским оригиналом и немецким переводом, который Лу Синь использовал в качестве своей отправной точки.

Мы разделили сравнение на две таблицы, потому что, хотя Лу Синь утверждал, что использовал и японский и немецкий переводы, его синтаксис больше соответствует порядку слов в японском варианте, который отличается от немецкого. На самом деле, немецкий перевод максимально приближен к русскому оригиналу. Поскольку Цюй Цюбай предлагает дословный перевод русского оригинала, эти три текста — оригинал, немецкий перевод и китайский перевод Цюй Цюбая — в целом сопоставимы по структуре предложений. Поэтому можно легко заметить разницу между подходом Цюй Цюбая и «трудным переводом» Лу Синя с его японским синтаксисом. Это не единственное предложение, в котором Лу Синь следует японскому синтаксису. Почти в каждом предложении, где японский перевод расходится с немецким, Лу Синь отдает предпочтение первому как основному помощнику в определении связей между различными предложениями. Хотя Курахара переводил непосредственно с русского, он был более смелым, чем немецкий переводчик, в части изменений структуры предложений. Важно отметить, что из-за проблемы со спряжением, которую Лу Синь не смог решить в своем переводе, именно его длинные предложения были тем, что чаще всего критиковал Цюй Цюбай в своем письме.

Перевод Цюй Цюбая, в котором была использована структура предложений русского оригинала, свидетельствует о способности китайского языка передавать русский синтаксис. Один из ключевых приемов, которым он пользуется, — повторное выделение любого существительного, которое служит темой нескольких измененных предложений. В предложении, которое мы приводим в качестве примера, слово «дорога/путь» встречается в русском тексте только один раз (мы не учитываем предложение в скобках, которое Цюй Цюбай не переводит), в то время как в японском переводе и у Лу Синя оно встречается дважды. Цюй Цюбай, однако, использует слово «путь» четыре раза, каждый раз в отдельной части предложения. В то время как Лу Синь придерживался точного перевода вплоть до таких деталей, как количество повторений слова, Цюй Цюбай не стеснялся добавлять элементы, компенсирующие отсутствие спряжения глаголов в китайском языке. В результате перевод Цюя оказался гораздо более понятным. Цюй использует ту же стратегию в примерах 4 и 5, где слова «стремление» (渴望) и «человек» (人) появляются в каждом измененном предложении.

Цюй Цюбай и Курахара, как правило, действовали в переводе русского текста более свободно, возможно потому, что у них был доступ к русскому оригиналу и они чувствовали уверенность во внесенных изменениях. Как и Курахара, Цюй иногда перестраивает предложение, чтобы улучшить синтаксическую подачу. Так, в примере 4 он дает два возможных перевода одного и того же текста. Во втором, «более точном», как указывает сам Цюй, варианте он превращает существительное «надежда» в деепричастие; подобным образом в примере 3 он перемещает словосочетание о горько-сладкой мысли Морозки в конец предложения, чтобы указать на причинно-следственную связь между предложениями. В результате этих различий перевод Цюй Цюбая кажется легким, а «трудный перевод» Лу Синя демонстрирует конфликт между языками.

То, что Лу Синь опирался на перевод Курахары, доказывает и выбор слов. Помимо прямого заимствования иероглифических сочетаний, дословная передача некоторых японских фраз также делает его перевод более непонятным, чем у Цюй Цюбая. Лу Синь постоянно использует иероглифы, взятые из японского перевода. Например, в первом предложении примера 3 он переводит «о котором не заботились» (誰に惜まれなかつた, *дарэ ни осимарэ-накацута*) непосредственно как «никто не заботился» (誰也不惜), сохраняя два китайских иероглифа из японского перевода — «кто» (誰) и «забота» (惜). Он также переводит «никому не нужно» (誰にも必要のない, *дарэ нимо хицуё: но най*) как «никому не нужно» (誰也不要), снова сохраняя большую часть иероглифов. В большинстве случаев ему удается передать оригинальный смысл, однако такой подход может привести и к путанице, поскольку японское и китайское употребления одних и тех же иероглифов часто разнится. Пример прямого и искажающего влияния японского языка в переводе Лу Синя можно увидеть в последнем предложении примера 4, в котором Лу Синь использует иероглиф «между» (之間), вместо «времени» (的時候), чтобы передать японское «время» (間). Хотя он непосредственно использует японские кандзи, расхождение между значением иероглифов в двух языках приводит к тому, что перевод Лу Синя кажется странным для китайских читателей, не знающих японского языка.

Кажется, что Лу Синь сознательно испытывает возможности китайского языка. Так, в первом предложении примера 3 Лу Синь переводит «не видит ничего хорошего» (何も良いことは見えない, *нанимо иикотовамиэнай*) как «не принесет никакой пользы» (不會遇見什麼好處). Более понятным переводом было бы выражение Цюй Цюбая «не кажется чем-то хорошим» (看來也沒有什麼好的). Хотя Лу Синь правильно перевел каждое слово, сочетание сказуемого «встречать» (遇見) и дополнения «польза» (好處) в дословном переводе с японского звучит нелепо для китайского читателя. Будучи известным автором рассказов и эссе, Лу Синь, безусловно, ценил красоту китайской литературы и риторики. Однако своим переводом он намеренно создавал остраненный опыт чтения иностранных текстов.

Сопровождающим Лу Синя языком иногда становился и немецкий. Например, в первом предложении примера 3 Лу Синь придерживается немецкого перевода «обида» (Erbitterung), а не японского «злость, злоба» (悪意, *акуй*), предпочитая переводить это слово как «досада» (苦悩). В первом предложении примера 4 Лу Синь также использует немецкий перевод «беспокойство, тревога, волнение» (Unruhe, 不安, *bu an* (*бу ань*) на китайском) вместо японского перевода «волнение, возбуждение» (昂奮, *ко: фун*). А в первом предложении примера 5 он, следуя немецкому переводу, добавляет слово «мир» (he ping, 和平, *хэ пин*), которое отсутствует в японском переводе. Однако в целом подобные отклонения в переводе Лу Синя довольно редки, в основном же в таких лингвистических сопровождениях доминирует японский перевод.

Лу Синь высоко ценил прошедший путь европеизации японский язык и представлял себе современный китайский язык, который был бы таким же европеизированным. Возможно, для его целей было бы лучше использовать немецкий перевод, который в целом был ближе к русскому оригинальному тексту. Тем не менее Лу Синь выбрал непрямой, окольный путь работы над японской версией перевода, чтобы осуществить свою реформу китайского языка. Трудно предположить, почему он сделал такой выбор. Возможно, европеизация японского языка представлялась ему привлекательной моделью для подражания. Возможно также, что японский перевод стал первым источником, доступным Лу Синю, и поэтому стал для него основным. По сравнению с переводами Курахары и Цюй Цюбая, переводы Лу Синя демонстрируют неискусность и неуверенность в родном языке. Однако эта неискусность присуща только его переводам, не прослеживается она и в его эссе на смежные темы, которые, напротив, отличаются уверенным тоном и риторической утонченностью.

Перевод Лу Синя демонстрирует шероховатости нового языка, развивающегося под давлением межъязыковых смешений. Два языка, с которыми он в основном работал, японский и немецкий, заставляли его выбирать одну из сторон при каждом расхождении, будь то вопрос лексики или синтаксиса. А без доступа к оригиналу он, увы, не мог вынести подлинно верное суждение.

Отношение Лу Синя к критике Цюй Цюбая выдает его неуверенность. В отличие от ответа Лян Шицю, чью критику он решительно отверг — как он делал это обычно, когда сталкивался с недоброжелателями, — письмо Лу Синя к Цюю было искренним, но сдержанным. Он не защищает свой перевод, а скорее благодарит Цю за исправления и признает, что в некоторых местах он действительно изменил текст и даже считал эти свои изменения остроумными [Lu Xun 2005d]. На самом деле, во многих предисловиях и постскриптумах Лу Синь выражает неудовлетворенность собственным переводом. Даже в своем защитном ответе Лян Шицю он признает, что в какой-то момент его перевод будет превзойден: «Конечно, найдутся лучшие переводчики, которые смогут перевести текст так, чтобы он не стал искаженным, "трудным" или "мертвым". Тогда мой перевод, естественно, будет отброшен. Мне просто нужно заполнить пустое пространство между "несуществующим" и "превосходящим"» [Lu Xun 2005o: 215].

### Народный язык и вернакуляризация

Основные пункты обсуждения между Лу Синем и Цюй Цюбаем можно объединить в две категории: (1) переопределение «вернакулярного китайского»; и (2) кто наделен полномочиями действовать в отношении этого переопределения. Важно отметить, что ответ на второй вопрос определяет ответ на первый. У Цюй Цюбая было четкое видение и критерии модернизации китайского языка. Он считал необходимым покончить с языковой монополией литераторов и чиновничества, и сделать это можно было посредством отказа от классического китайского и, наоборот, активного использования существующих элементов языка, на котором говорили массы, единственного по-настоящему вернакулярного языка. В то же время Лу Синь по-прежнему настаивал на исключительной роли интеллигенции в деле реформации китайского языка. Более того, он рассматривал реформу китайского языка как процесс, который не обязательно должен был закончиться достижением совершенной формы. Вот почему он задействовал голоса разных языков в своем лингвистическом эксперименте. В результате Цюй Цюбай подавил собственный голос интеллектуала в своих переводах и заменил его голосом масс, в то время как Лу Синь решил проверить возможности китайского языка, смешав японские и немецкие синтаксические конструкции. И хотя Лу Синь отдавал предпочтение японскому переводу, вероятно, из-за исторической связи между японским и традиционным китайским, он также не отвергал и другие его варианты. Он был готов признать, что перевод Цюй Цюбая в некоторых отношениях, вероятно, лучше [его собственного], и все же не смог бы назвать его единственным или даже лучшим переводом, который стоит читать.

Дискуссия между Цюй Цюбаем и Лу Синем проливает свет на позицию последнего в Движении за язык для масс (dazhongyu yundong, 大眾語運動, *Дачжунъюй юньдун*) в начале 1930-х годов. Это движение естественным образом вытекало из перехода к вернакулярному языку, который достиг кульминации во время Движения Четвертого мая. В завершение нашего анализа мы должны поместить решения Лу Синя в контекст этого реформаторского движения.

В 1934 году Цао Цзюйжэнь (曹聚仁, 1900–1972) опубликовал в ежемесячнике «Общество» (Shehui yuekan, 社會月刊, *Шэхуэй юэкань*) письмо, в котором обратился к китайским интеллектуалам с вопросом об их отношении к Движению за язык для масс. В июле, 29 числа, Лу Синь написал Цао ответ, в котором отстаивал идею многовариантного народного языка, не монополизированного каким-либо определенным классом [Lu Sun 2005a]. Он одобрял исследования, посвященные проверке степени принятия народного письменного стиля массами, не отказываясь при этом от возможности вестернизации/европеизации китайского языка. Это частное письмо демонстрирует более осторожную и гибкую позицию, чем в его официальном ответе Цао Цзюйжэню, опубликованном в ежемесячнике «Общество» чуть позже в августе, в котором он заявляет о несовместимости письменных китайских иероглифов и массовой читательской аудитории [Lu Xun 2005b]. Лу Синь поддерживал латинизацию (Lading hua, 拉丁化, *ладин хуа*) для расширения возможностей пролетариата, что является довольно радикальным подходом к вестернизации/европеизации китайского языка и, возможно, более близким к настоящей вернакуляризации в европейском стиле. Подход Лу Синя был сформирован его осознанием того факта, что «китайская иероглифическая письменность принадлежит привилегированным» и поэтому остается под завесой тайны для остальных [Lu Xun 2005i: 94]. Он считал, что сложные морфологические вариации китайских иероглифов, которые не всегда соответствуют произношению в повседневном языке, также создают большие трудности для понимания [Ibid.: 95]. Латинизация же, напротив, по его мнению, могла бы устранить эти препятствия на пути к грамотности и помочь всему населению овладеть навыками чтения и письма. Как резюмирует Юйжоу Чжун для Лу Синя: «Как фоноцентрическое исполнение, так и его грамматологическая критика возможны только после предоставления письменности всем людям» [Zhong Y. 2019].

Тем не менее Лу Синь считал важным ввести в китайский язык западную/европейскую грамматику. Эта грамматическая приверженность отличала его от других сторонников Движения за язык для масс, многие из которых предпочитали заимствования непосредственно из повседневного разговорного языка народа. В целом «трудный перевод» Лу Синя может показаться нелепым и неприятным, но он отражает его отказ от массового конформизма. Как отмечает Лу Синь в «Беседах постороннего о письменном языке» (Menwai wentan, 門外文談, Мэньвай вэньтань):

> Как показывает история, где бы ни происходили реформы, они изначально являются делом просвещенных интеллектуалов. Эти интеллектуалы должны уметь изучать, анализировать и принимать решения, а также обладать упорством. Интеллектуал может злоупотреблять властью, но он не лжет. Он руководит, но не угождает. <…> Он сам является представителем масс. Я думаю, в таком случае он может работать от имени масс [Lu Xun 2005i: 104–105].

Как переводчик/теоретик, Лу Синь использовал перевод как еще одну форму письма. Он экспериментировал с новыми синтаксическими и морфологическими возможностями, превосходящими все то, что он пытался создать в своих эссе и художественных произведениях. Цель его перевода — не межкультурное взаимопонимание и коммуникация, а лингвистическое обновление: он пытался посредством японского привнести в китайский язык европейские языковые структуры. Мы можем назвать его «трудный перевод» неудачным, но для него наиболее важна была сама возможность эксперимента. Его подход можно охарактеризовать как стратегию «миноритарного перевода» (minoritizing translation), при которой язык неизменно находится в процессе становления [Venuti 1998: 11]. Он отказался от беглости, которая создает «иллюзорный эффект откровенности» и которая «позволяет иностранному тексту привлечь массового читателя» [Ibid.: 12]. Возможно, что он просто был интеллектуалом до мозга костей и не мог допустить такой популяризации [своих работ]. Или же он надеялся, что массы поднимутся до того уровня, чтобы суметь заинтересоваться его «трудным переводом». В любом случае, внедряя различные варианты из разных языков, которые придают иностранный характер родному языку — в данном случае китайскому, — Лу Синь культивировал неоднородный дискурс и тем самым создавал пространство для «особого, автономного, неожиданного становления» [Делёз, Гваттари 2010: 179].

Перевод позволил Лу Синю выступить в роли авантюриста, который искал наилучший путь для модернизации Китая, проверяя все доступные ему варианты в современном мире. В отличие от Вальтера Беньямина, который считал, что перевод может создать конечный (чистый) язык[23], Лу Синь представлял себе китайский язык как текучий и меняющийся со временем: он не предсказывал становление «чистого» китайского языка. Он был постоянно недоволен как переводом, так и языковой реформой; он постоянно ожидал чего-то лучшего, но сам так и не сумел выработать конкретного представления о конечной или наилучшей форме, которую может принять язык. Японские и немецкие переводы вдохновляли его на эксперименты с современным китайским языком, но он надеялся, что на смену его собственным переводам придут переводы более сильные. Он выступал в роли промежуточного объекта (посредника), ведущего преходящую деятельность, которая предвещала единственно возможное будущее.

---

[23] См. [Benjamin 2012].

# Приложения к главе 5

## Приложение 1
### Конкретные примеры эстафетного перевода Лу Синя

### Пример 1
#### Текст на русском:

Марксизм доказал, что ничего подобного на самом деле нет. Он доказал, что идеологии произрастают из действительности, носят на себе черты этой действительности — и не только в том смысле, что из нее, из действительности, получают они свой единственно возможный материал и что реальные формы этой действительности в значительнейшей мере подчиняют себе организующуюся мысль или интуицию идеолога, но и еще в том смысле, что идеолог этот никогда не может оторваться от определенных общественных интересов [Луначарский 1926: 10–11].

#### Японский перевод:

然るにマルクス主義は、それなことは實際に無いと證明した。マルクス 主義に據ると、イデオロギイは現實社會から発達するもので、随つてこの現實社會の特徴を帯びてゐる。それも單にイデオロギイが現實社會からその唯一可能なる材料を受けて、そしてこの現實社會の實際形態がその中に組織されてゐる思想若くはイデオロギストの直観を支配してゐるといふ意味に於てばかりでなく、更にこのイデオロギストが一定の社會的興味から離れ去ることが出來ないといふ意味に於ても、イデオロギイは現實社會の所産である [Lunacharskii 1928: 6–7]。

Марксизм, однако, доказал, что это не так. Согласно марксизму, идеология развивается из реального общества и, следовательно, несет в себе черты этого реального общества. Это не просто означает, что идеология берет свои единственно возможные материалы из реального общества и что реальная форма этого общества доминирует над организованными в нем или интуиции идеологов идеями, но также и то, что идеология является продуктом реального общества, а потому идеолог не может отойти от определенных общественных интересов.

## Перевод Лу Синя:

但科學底社會主義，卻證明了實際上並無那樣的事。據科學底社會主義，則觀念形態是由現實社會而發達的，因此就帶著這現實社會的特徵。這意義，不僅在說，凡觀念形態，是從現實社會受了那惟一可能的材料，而這現實社會的實際形態，則支配著即被組織在它裡面的思想，或觀念者的直觀而已，在這觀念者不能離去一定的社會底興味這一層意義上，觀念形態也便是現實社會的所產 [Lunacharskii 1959: 11–12].

«Однако научный социализм доказывает, что такой вещи не существует». Согласно научному социализму, идеология вырастает из реального общества, поэтому она несет в себе черты этого общества. Мысль здесь не только в том, что каждая идеология берет свои единственно возможные материалы из реального общества, но и в том, что реальная форма этого общества контролирует идеи, организованные в нем или в интуиции идеолога, таким образом идеологи не могут отойти от определенных общественных интересов, поскольку идеология является продуктом реального общества.

## Пример 2
### Текст на русском:

Естественно, что там, где дело идет об организации мысли, провести прямо линии от идеологий к породившим их жизненным фактам, к носящим их общественным группам довольно легко. Наоборот, там, где дело касается организации чувств, которая составляет самую характерную особенность искусства, сделать это очень трудно. Вот почему история и теория искусства до сих пор так успешно обороняются от марксизма [Луначарский 1926: 12].

**Японский перевод:**

問題が思想の組織化に関してゐる場合には、直接イデオロギイと
それを生み出した生活上の事實若しくはそれ等のイデオロギイを把
持してゐる社會的集団とを結びつけることは可なり容易である。そ
れに反して、問題が芸術の最も特色的な特質をなしてゐる感情の組
織かに觸れてゐる場合には、それが極めて困難である。それ故に、
芸術の歴史と理論とは今日まで極めて巧みにマルクス主義を避けて
ゐる [Lunacharskii 1928: 15].

Проблема в том, что, когда речь идет о систематизации идей, легко
связать идеологию непосредственно с фактами жизни, которые поро-
дили эту идеологию, или с социальной группой, которая этой идеологии
придерживается. Однако, когда речь заходит о случаях организации
чувств, которая является наиболее характерной чертой искусства,
сделать это становится крайне трудно. Поэтому до сих пор история
и теория искусства очень умело обходят марксизм стороной.

**Перевод Лу Синя:**

問題是關於思想的組織化之際，則直接和觀念形態，以及產生觀念
形態的生活上的事實，或把持著這些觀念形態的社會底集團相連繫的
事，是頗為容易的。和這相反，問題倘觸到成著藝術的最為特色底的特
質的那感情的組織化，那就極其困難了。所以藝術的歷史和理論，直到
今日，都在及其巧妙地迴避著科學底社會主義 [Lunacharskii 1959: 15].

Проблема в том, что, когда речь идет об идеологической систематизации, довольно легко установить прямую связь между идеологией,
фактами, порождающими идеологии, и социальными группами, кон-
тролирующими эти идеологии. Однако стоит только коснуться вопроса эмоциональной систематизации, которая является уникальнейшей
характеристикой искусства, дело становится крайне сложным. По этой
причине вплоть до сегодняшнего дня истории и теории искусств уда-
валось весьма умело избегать научный социализм.

## Пример 3
### Текст на русском:

Он с неведомой ему — грустной, усталой, почти старческой — злобой думал о том, что ему уже двадцать семь лет, и ни одной минуты из прожитого нельзя вернуть, чтобы прожить ее по-иному, а впереди тоже не видно ничего хорошего, и он, может быть, очень скоро погибнет от пули, не нужный никому, как умер Фролов, о котором никто не пожалел. Морозке казалось теперь, что он всю жизнь всеми силами старался попасть на ту, казавшуюся ему прямой, ясной и правильной, дорогу, по которой шли такие люди, как Левинсон, Бакланов, Дубов (и даже Ефимка, казалось, ехал теперь по той же дороге), но кто-то упорно мешал ему в этом. И так как он никогда не мог подумать, что этот враг сидит в нем самом, ему особенно приятно и горько было думать о том, что он страдает из-за подлости людей — таких, как Мечик, в первую голову [Фадеев 1949: 148].

### Немецкий перевод:

Mit einer ihm fremden, wehmütigen, müden, fast greisenhaften Erbitterung dachte er an seine siebenundzwanzig Jahre und daß keine Macht auch nur eine Minute des Vergangenen wiederbringen könne, um sie nochmalsanders, zu durchleben, und daß auch die Zukunft nichts Gutes verspreche, und er bald vielleicht von einer Kugel sterben werde, von keinem vermißt, wie Frolow starb, um den es niemand leid tat.

Moroska kam es jetzt vor, als hätte er mit allen Kräften sein ganzes Leben danach gestrebt, sich auf jenen geraden, klaren Weg zu stellen, über den solche Leute schritten wie Lewinsohn, Baklanow, Dubow (und auch Jefimka, wie es schien, ging nunmehr diesen Weg), aber irgendeiner habe ihn hartnäckig daran gehindert. Und da es ihm nie eigefallen wäre, daß dieser Feind in ihm selber sitze, war es für ihn ein schmerzlich-süßer Gedanke, zu glauben, die Niedertracht der Menschen–in erster Linie solcher wie Metschik–sei die Ursache seiner Leiden [Fadeev 1928: 155].

Он думал о своих двадцати семи годах с тоской, усталостью, почти старческой горечью, которая совсем была ему не свойственна, думал он и том, что никакая сила не сможет вернуть его хотя бы на минуту в прошлое, чтобы пережить его по-другому, и что будущее тоже не сулит ему ничего хорошего, и что скоро он может умереть от пули, никем не замеченный, как Фролов, о котором никто не жалел.

Теперь Морозке казалось, что он всю свою жизнь всеми силами стремился встать на тот прямой, ясный путь, по которому шли такие люди, как Левинсон, Бакланов, Дубов (да и Ефимка, кажется, теперь шел тоже), но кто-то упрямо не давал ему этого сделать. И поскольку самому ему в голову никогда бы не пришло, что этот враг находится внутри него самого, ему было до боли приятно думать, что причиной его страданий является коварство людей, в первую очередь таких, как Мечик.

### Японский перевод:

彼は彼の知らない―悲しい、疲れた、殆んど老人のやうな―悪意をもつて、彼が既に二十七歳であるのに、彼が今まで生活して来た一瞬間でも異つた風に生活する為に還すことは出来ないのだと云ふこと、そして今後にも亦何も良いことは見えないで、恐らく彼は直きに、恰度誰に惜まれなかつたフローロフが死んだやうに、誰にも必要のないものとして、彈丸に當つて死んでしまふであらう、と云ふことを考へ續けた。

モロースカには今、彼が自分の一生の間全力を盡して、レヴィンソン、バクラノーフ、ドウーボフ（エフイーモフでさへもが現在ではその道に出たやうに思はれた）のやうな人々が通つて行つたその彼にとつて直眞くな、明るい、そして正しいものである考へられた道に出やうと努力したのであるが、誰かがこのことを彼に妨げたのであるやうに思はれた。そして彼はこの敵は彼自身の中に住んでゐるのだと云ふことを考へられなかつたので、彼が人々の―先づ第一にメーチックのやうな人々の卑屈さの為に悩んでゐるのだと云ふことと考へるのは、彼に取つて特別に快くまた傷ましいことでもあつた [Fadeev 1946: 188–189].

С неведомой ему, почти старческой злобой — грустный и уставший — он продолжал думать о том, что ему уже двадцать семь лет и что ни на одну минуту в прошлое вернуться нельзя, а в будущем он не видел ничего хорошего, и что скоро его, как и Фролова — о котором не заботились, — настигнет пуля и он так и умрет никому ненужным.

Морозка теперь чувствовал, что всю свою жизнь всеми силами он стремился идти по пути, пройденному такими людьми, как Левинсон, Бакланов и Дубов (даже Ефимка, казалось, встал на этот путь), по пути, который он считал истинным, светлым и правильным, но казалось, что кто-то мешал ему это сделать. И поскольку он и подумать не мог, что этот враг живет в нем самом, ему было особенно приятно и больно думать, что он страдает из-за подлости людей — прежде всего таких, как Мечик.

### Перевод Лу Синя:

他有懷著連自己也是生疏的—悲傷，疲乏，幾乎老人似的—苦惱，接續著想：他已經二十七歲了，但已無力能夠來度一刻和他迄今的生活不同的生活，而且此後也將不會遇見什麼好處，恐怕他就要像誰也不惜的弗洛羅夫的死掉那樣，作為誰也不要的人物，中彈而死了。

木羅式加現在是拼命盡了他一生的全力，要走到萊奮生，巴克拉諾夫，圖畹夫（連遏菲謨加仿佛也走到了這道路上），這些人們所經過的，於他是覺得平直的，光明的，正當的道路去，但好像有誰將他妨礙了。他想不到這怨敵就住在他自己裡，他設想為他正被人們的—首先是美諦克一類的人們的卑怯所懊惱，於是倒覺得特別地愉快，而且也傷心 [Fadeev 1959: 348].

Со странной для него обидой — грустной, усталой, почти стариковской — он продолжал думать, что ему уже двадцать семь лет и что он не способен жить свою жизнь иначе, чем он жил до этого момента, да и будущее не принесет для него никакой пользы. Может быть, он и вовсе умрет, как Фролов, о котором никто не заботился, — будет застрелен, как никому не нужный человек.

Изо всех сил Морозка старался теперь идти тем путем, которым прошли люди наподобие Левинсона, Бакланова, Дубова (даже Ефимка, кажется, шел по этому пути), путем, который ему казался самым прямым, светлым и правильным, но кто-то, казалось, мешал ему идти. Он не ожидал, что этот враг живет внутри него самого, он думал, что ему мешает подлость людей — прежде всего Мечика, и дума эта одновременно и радовала, и огорчала его.

### Перевод Цюй Цюбая:

他自己都從沒有知道過這種苦惱，這是憂愁的疲倦的，老年人似的苦惱，—他這樣苦惱著的想：他已經二十七歲了，過去的每一分鐘，都不能夠再回過頭來，重新換個樣子再過它一過，而以後，看來也沒

有什麼好的……（這一段，你的譯文有錯誤，也就特別來得"不順"。）現在木羅式加覺得，他一生一世，用了一切力量，都只是竭力要走上那樣的一條道路，他看起來是一直的明白的正當的道路，像萊奮生，巴克拉諾夫，圖𡊮夫那樣的人，他們所走的正是這樣的道路；然而似乎有一個什麼人在妨礙他走上這樣的道路呢。而因為他無論什麼時候也想不到這個仇敵就在他的心裡面，所以他想著他的痛苦是因為一般人的卑鄙，他就覺得特別的痛快和傷心 [Qu 2005: 385–386].

Он никогда не знал таких мук, это были муки печали и усталости, муки старика — так он мучился, и думал: ему уже 27 лет, ни одной минуты прошлого он не сможет воротить назад и прожить ее по-другому, и после этого будущее не казалось ему чем-то хорошим. <...> (Ваш перевод [Лу Синя] этого абзаца неверен, и поэтому особенно «плох».) Теперь Морозка думал, что всю жизнь, всеми силами он стремился идти только по тому пути, который казался ему путем чистым и правильным, по пути таких людей, как Левинсон, Бакланов, Дубов; и все же ему казалось, что кто-то стоит у него на пути. И поскольку он так и не осознал, что этот враг сидит в его собственном сердце, он уцепился за горько-сладкую мысль о том, что все его страдания были от подлости людей.

## Пример 4
### Текст на русском:

И Левинсон волновался, потому что все, о чем он думал, было самое глубокое и важное, о чем он только мог думать, потому что в преодолении этой скудости и бедности заключался основной смысл его собственной жизни, потому что не было бы никакого Левинсона, а был бы кто-то другой, если бы не жила в нем огромная, не сравнимая ни с каким другим желанием жажда нового, прекрасного, сильного и доброго человека. Но какой может быть разговор о новом, прекрасном человеке до тех пор, пока громадные миллионы вынуждены жить такой первобытной и жалкой, такой немыслимо скудной жизнью [Фадеев 1949: 176].

### Немецкий перевод:

Und Lewinsohn war erfüllt von Unruhe, weil all das, was er dachte, das Tiefste und Wichtigste war, worüber er nachdenken konnte, denn in der Ueberwindung dieser Kargheit und Armut lag der eigentliche Urzweck seines

Daseins, und Lewinsohn wäre ein anderer gewesen, lebte in ihm nicht jene gewaltige, mit keinem andern Wunsche zu vergleichende Gier nach einem neuen, schönen, starken und guten Menschen. Aber wie konnte man von einem neuen, schönen Menschen sprechen, solange zahllose Millionen gezwungen sind, ein derart armseliges, unausdenklich karges Leben zu fristen [Fadeev 1928: 185].

И Левинсона охватило беспокойство, потому что все, о чем он думал, было самым глубоким и важным, о чем он мог думать, ибо в преодолении этой бесполезности и нищеты заключалась изначальная цель его существования, и Левинсон был бы кем-то другим, если бы в нем не жила та огромная жажда нового, красивого, сильного и доброго человека, которая не могла сравниться ни с каким другим желанием. Но как можно говорить о новом и прекрасном человеке, пока бесчисленные миллионы людей вынуждены влачить такое жалкое, невообразимо бесполезное существование?

### Японский перевод:

そしてレヴィンソンが昂奮したのは、彼が考へたすべてのことが、彼が考へ得る最も深刻な最も重要なものであつたからである、—何故と云ふのにこのすべての缺陷と貧窮との克服の中に彼自身の生活の根本的な意義があり、そして若し彼の中に大きな、他の如何なる望みとも比較することの出來ない、新しい、美しい、強い、善良な人間への渇望がなかつたならば、何のレヴィンソンもなくて他の誰かがあつたであらうから。しかし幾百萬の人々が原始的な、哀れな、無意義に貧しい生活をすべく餘儀なくされてゐる間、新しい、美しい人間について語ることがどうして可能であらうか [Fadeev 1946: 229].

И тогда Левинсон заволновался, потому что все, о чем он думал, было самым серьезным и самым важным из того, о чем он только мог думать, — ведь в преодолении всех этих недостатков и лишений заключалось фундаментальное значение его собственной жизни, и если бы у него не было этой огромной тяги к новому, прекрасному, сильному, хорошему человеку, которую нельзя сравнить ни с каким другим его желанием, это был бы уже не Левинсон, это был бы кто-то другой. Но как можно говорить о новом и прекрасном человеке, когда миллионы людей вынуждены жить примитивной, жалкой, бессмысленной и нищенской жизнью?

## Перевод Лу Синя:

萊奮生滿心不安了，因為他的所想，是他所能想的最深刻，最重要的事，—在克服這些一切的缺陷的窮困中，就有著他自己的生活的根本底意義，倘若他那里沒有強大的，別的什麼希望也不能比擬的，那對於新的，美的，強的，善的人類的渴望，萊奮生便是一個別的人了。但當幾萬萬人被逼得只好過著這樣原始的，可憐的，無意義地窮困的生活之間，又怎樣談得到新的，美的人類呢？[Fadeev 1959: 375].

Левинсона охватило беспокойство, потому что он думал о самом глубоком и важном, о чем только мог подумать, — о том, что в преодолении всех этих пороков нищеты заключен основной смысл его собственной жизни и что он — Левинсон — был бы совсем другим человеком, если бы у него не было той мощной, необоримой надежды на новое, прекрасное, сильное и доброе человечество. Но как можно говорить о новом, прекрасном человечестве, когда десятки тысяч людей вынуждены жить в такой примитивной, жалкой, бессмысленной нищете?

## Перевод Цюй Цюбая:

結算起來，還是因為他心上有一種—對於新的極好的有力量的慈善人的渴望，這種渴望是極大的，無論什麼別的願望都比不上的。
更正確些：
渴望著一種新的極好的有力量的慈善的人，這個渴望是極大的，無論什麼別的願望都比不上的 [Qu 2005: 385].

В конечном счете в его сердце зародилось стремление к новому и прекрасному, великодушному и сильному человеку, — стремление настолько сильное, что никакое другое желание не могло с ним сравниться.

Или точнее: жажда нового и сильного человека была настолько велика, что никакое другое желание не могло с ним сравниться.

## Пример 5
### Текст на русском:

Левинсон обвел молчаливым, влажным еще взглядом это просторное небо и землю, сулившую хлеб и отдых, этих далеких людей на току, которых он должен будет сделать вскоре такими же своими, близкими людьми, какими были те восемнадцать, что молча ехали следом, — и перестал плакать; нужно было жить и исполнять свои обязанности [Фадеев 1949: 254].

### Немецкий перевод:

Lewinsohn sah mit schweigendem, noch tränenfeuchtem Blick diesen weiten Himmel, diese Brot und Ruhe versprechende Erde, diese fernen Menschen auf dem Dreschboden — er wird sie bald zu ebensolchen ihm nahestehenden Menschen machen müssen, wie es jene schweigend hinter ihm herreitenden Achtzehn sind, — er hörte auf zu weinen: man mußte leben und seinen Verpflichtungen nachkommen [Fadeev 1928: 261].

Левинсон смотрел на это бескрайнее небо, на эту землю, обещающую хлеб и отдых, на этих далеких людей на молотильном поле немым, все еще залитым слезами взглядом — скоро ему придется сделать их такими же близкими людьми, как те восемнадцать, что молча ехали позади него, — он перестал плакать: надо было жить и выполнять свои обязанности.

### Японский перевод:

レヴィンソンは沈黙して、まだ潤んだ眼差しで、この廣い空と、このバンを約束する大地と、これ等の遠い人々—やがては默然と彼の跡をついて来るこの十八人のやうに彼等の親しい近しいものと為さなければならないこれ等の遠い人々の上を見やつた、そして彼は泣くことをやめた—彼はどうにでもして生きて、自分の義務を果さなければならなかつたのである [Fadeev 1946: 324].

Глаза Левинсона были еще влажными от слез, когда он посмотрел на это широкое небо, на эту землю, обещавшую хлеб, на этих далеких людей, — людей, которые, как и те восемнадцать, что шли за ним следом, должны были стать близкими для него людьми, — и перестал плакать, он должен был жить как умел и исполнять свой долг.

## Перевод Лу Синя:

萊奮生用了沈默的，還是濕潤的眼，看著這高遠的天空，這約給面包與和平的大地，這在打麥場上遠遠的人們，—他應該很快地使他們都變成和自己一氣，正如跟在他後面的十八人一樣。於是他不哭了：他必須活著，而且來盡自己的義務 [Fadeev 1959: 445].

Спокойными, еще влажными глазами Левинсон смотрел на высокое небо, на землю, обещавшую хлеб и мир, на людей далеко на молотильном поле — скоро он должен будет сделать их всех одним целым с собой, каким был он с теми восемнадцатью людьми, что шли за ним следом. Поэтому он перестал плакать: он должен жить и исполнять свой долг.

## Перевод Цюй Цюбая:

......沈默的，還是潮濕的眼睛，看了一看那些打麥場上的疏遠的人，—這些人，他應當很快就把他們變成功自己的親近的人，像那十八個人一樣，像那不做聲的，在他後面走著的人一樣 [Qu 2005: 387].

…молча, все еще влажными глазами, он смотрел на этих людей на молотильном поле вдали, — людей, которые вскоре должны были стать близкими ему, совсем как те восемнадцать человек, что молчаливо шли за ним следом.

## Приложение 2
### Сравнение дословного перевода

Таблица 1. Сравнение переводов из примера 1, предложение 3

| Японский перевод | | Перевод Лу Синя | |
|---|---|---|---|
| それも (сорэмо) | это (имеется в виду смысл, 意味) | 這意義 | мысль здесь |
| 單に (танни) | просто | 不僅在說 | не только |
| イデオロギイが (идэорогии га) | идеология | 凡觀念形態是 | каждая идеология |
| 現實社會から (гэндзицу сякай кара) | из реального общества | 從現實社會 | из реального общества |
| ??? | | 受了 | берет |
| その唯一 (соно юйицу) | единственно | 那惟一 | единственно |
| 可能なる (кано: нару) | возможные | 可能的 | возможные |
| 材料 (дзайрё:) | материалы | 材料 | материалы |
| を受けて (о укэтэ) | берёт | | |
| そして (соситэ) | и | 而 | но и |
| この現實社會の (коно гэндзицу сякай но) | этого (реального) общества | 這現實社會的 | этого (реального) общества |
| 實際形態が (дзиссай кэйтай га) | реальная форма | 實際形態 | реальная форма |
| その中に (соно нака ни) | в (нем — обществе) | | |
| ??? | | 則支配著 | контролирует |
| 組織されてゐる (сосикисарэтэвиру) | организованными | 被組織 | организованные |
| 思想 | идея(ми) | 思想 | идея |

| Японский перевод | | Перевод Лу Синя | |
|---|---|---|---|
| 若くは (*моси-кухха*) | или | 或 | или |
| イデオロギストの (*идэорогисуто но*) | идеолог(а) | 觀念者的 | идеолог(а) |
| 直観 | интуиция | 直觀 | интуиция |
| を支配してゐる (*о сихайси-тэвиру*) | доминировать | | |
| といふ意味 (*тоифу ими*) | означать | | |
| に於いてばかりで なく (*ни ойтэ-бакаридэнаку*) | не только | 而已 | не только |
| 更に (*сарани*) | кроме того; но также | | |
| このイデオロギスト が | (этот) идеолог | 這觀念者 | идеологи |
| 一定の社會的興味 から (*иттэй но сякайтэки кё: ми кара*) | от определенных общественных интересов | | |
| 離れ去ることが出来ない (*ханарэ-сару кото га дэкинай*) | не может отойти | 不能離去 | не могут отойти |
| ??? | | 一定的社會興味 | определенных общественных интересов |

| Японский перевод | | Перевод Лу Синя | |
|---|---|---|---|
| といふ意味に於いても (*тоифу ими ни ойтэмо*) | в том смысле | 在…這一層意義上 | (мысль) в том, что |
| イデオロギイは (*идэорогии ва*) | идеология | 觀念形態 | идеология |
| ??? | | 也便是 | но и в том, что |
| 現實社會の所産である (*гэндзицу сякай но сэсан дэ ару*) | продукт реального общества | 現實社會的所産 | продуктом реального общества |

Источники: японский перевод [Lunacharskii 1928: 7], перевод Лу Синя [Lunacharskii 1959: 12].

**Таблица 2. Сравнение переводов из примера 3, абзац 2, предложение 1**

| Японский перевод | | Перевод Лу Синя | |
|---|---|---|---|
| モロースカには (*моро: сука нива*) | Морозка | 木羅式加 | Морозка |
| 今 (*има*) | теперь | 現在 | теперь |
| | | 是拼命盡了 | старался |
| 彼が (*карэ га*) | он | 他 | ему |
| 自分の一生の間 (*дзибун но иссё: но кан*) | всю свою жизнь | 一生的 | всю жизнь |
| 全力 (*дзэнрёку*) | всеми силами | 全力 | изо всех сил |
| を盡して (*о цуку-ситэ*) | стремился | | |
| | | 要走到 | идти |
| レヴインソン、バクラノーフ、ドウーボフ (*рэбуинсон, бакурано: фу, доу: бофу*) | Левинсон, Бакланов, Дубов | 萊奮生，巴克拉諾夫，圖皤夫 | Левинсон, Бакланов, Дубов |
| エフイーモフでさへもが (*Эфуи: мофу дэ саэ мо га*) | даже Ефимов (Ефимка) | 連遏菲謨加 | даже Ефимка |
| 現在では (*гэндзай дэва*) | | | |
| その道に (*соно мити ни*) | этот путь | | |
| 出たやうに思はれた (*дэтаяу ни омоварэта*) | | 仿佛也走到了 | кажется шел |
| | | 這道路上 | этому пути |
| のやうな人々が (*нояуна хитоби-то га*) | такими люди как | 這些人們 | люди наподо-бие |

| Японский перевод | | Перевод Лу Синя | |
|---|---|---|---|
| 通つて行つた (*тоцутэ ицута*) | пройденном | 所經過的 | прошли |
| その (*соно*) | этот/который | | |
| 彼にとつて (*карэ ни тоцутэ*) | он | 於他是覺得 | ему |
| 直眞くな、明るい、そして正しい (*тёкусинкуна, акаруй, соситэ тадасии*) | истинным, светлым и правильным | 平直的，光明的，正當的 | прямым, светлым и правильным |
| ものである考へられた道に (*моно дэ ару кангаэрарэта мити ни*) | по пути, который он считал | 道路 | путем |
| 出やう(*дэяу*) | встал | 去 | шел |
| と努力したのであるが (*то дорёкусита нодэ ару га*) | | | |
| | | 但好像 | казался |
| 誰かが (*дарэка га*) | кто-то | 有誰 | кто-то |
| このことを (*коно кото о*) | (сделать) это | | |
| 彼に (*карэ ни*) | ему | 將他 | ему |
| 妨げたのであるやうに思はれた (*саматагэта нодэ аруяу ни омоварэта*) | казалось... мешал | 妨礙了 | казалось, мешал |

Источники: японский перевод [Fadeev 1946: 189], перевод Лу Синя [Fadeev 1959: 348].

**Таблица 3. Сравнение переводов из примера 3, предложение 1**

| Текст на русском | Немецкий перевод | | Перевод Цюй Цюбая | |
|---|---|---|---|---|
| | | | 現在 | теперь |
| Морозке казалось | Moroska kames. . . vor | Морозке казалось | 木羅式加覺得 | Морозка думал |
| теперь | Jetzt | теперь | | |
| Что | | | | |
| | Als | что | | |
| Он | | | 他 | он |
| | Hätte | — | | |
| | Er | он | | |
| всю жизнь | | | 一生一世 | всю жизнь |
| всеми силами | mit allen Kräften | всеми силами | 用了一切力量 | всеми силами (он) |
| | sein ganzes Leben | всю свою жизнь | | |
| | danach | на | | |
| | | | 都只是 | только |
| старался | gestrebt | стремился | 竭力要 | стремился |
| попасть | | | 走上那樣的 | идти |
| на ту | sich auf jenen | на тот | | |
| казавшуюся ему | | | 他看起來是 | казался ему |
| прямой, ясной и правильной дорогу | geraden, klaren Weg | прямой, ясный путь | 一直的明白的正當的道路 | путем чистым и правильным |
| | zu stellen | встать | | |
| по которой | über den | по которому | | |
| шли такие люди | solche Leute schritten | шли такие люди | | |

| Текст на русском | Немецкий перевод | | Перевод Цюй Цюбая | |
|---|---|---|---|---|
| как Левин-сон, Бакла-нов, Дубов | wie Lewin-sohn, Bakla- now, Dubow | как Левин-сон, Бакла-нов, Дубов | 像萊奮生，巴克拉諾夫，圖旛夫 | как Левин-сон, Бакла-нов, Дубов |
| | | | 那樣的人，他們所走的正是這樣的道路 | по пути таких людей |
| и | Und | и | | |
| даже | Auch | да | | |
| Ефимка | Jefimka | Ефимка | | |
| казалось | wie es schien | кажется | | |
| ехал теперь по той же дороге | ging nun-mehr diesen Weg | теперь шел тоже | | |
| но | Aber | но | 然而 | но |
| | | | 似乎有 | казалось |

# Послесловие

В статье «Эпилог на могиле» (Xie zai Fen houmian, 寫在 墳 後 面, *Се цзай фэнь хоумянь*), в некоторых источниках просто «Могила» (墳, *Фэнь*), Лу Синь размышляет об идее «промежуточного объекта» (zhong jian wu, 中間物, *чжун цзянь у*). Он пишет:

> Все, что находится на переходном этапе, должно иметь сразу несколько промежуточных объектов. От растений до животных, от беспозвоночных до позвоночных — все имеет промежуточные объекты; или можно сказать, что в цепи эволюции все и является промежуточным объектом [Lu Xun 2005n: 301–302].

Бань Ван подробно останавливается на понимании Лу Синем этой промежуточности:

> Настоящая трудность, с которой столкнулись Лу Синь и его современники, заключалась в том, что на самом деле они не могли претендовать на критику и объяснение прошлого, так как они сами были продуктом этого прошлого. <…> Лу Синь и его единомышленники разрывались между двумя культурными формациями, присягая на верность современным идеям и в то же время живя в традиционном мире, которого едва коснулись ветры перемен [Wang B. 2005: 32–34].

Для Вана промежуточность между западной современностью и китайской традицией — последнюю он рассматривает как своего рода исторический тупик — важна для понимания современного китайского сознания. Такое применение Лу Синем понятия «промежуточности» действительно может означать, что он сам и его товарищи занимали неудачное положение с исторической точки зрения. Однако мы утверждаем, что это не обязательно был тупик. Напротив, мы предположим, что промежуточность заложена в условии современности, поскольку сознание времени, имеющее решающее значение для современности, может возникнуть только в связи с осмысленным пониманием прошлого.

В книге «Современность: незавершенный проект» Юрген Хабермас (р. 1929) определяет современность как сознание новой эпохи, развивающееся «через отношение к классической древности». Другими словами, это «то, что помогло спонтанно самообновляющейся исторической современности в духе времени найти свое объективное выражение» [Habermas 1997: 39]. Современность напоминает нам о новизне каждого нового мгновения, поскольку предыдущее становится уже неактуальным и отходит в прошлое. В этой книге описано несколько случаев современности, ставших возможными благодаря эстафетной транскультурации, однако важно также подчеркнуть ориентацию на будущее — ожидание неопределенного и условного будущего, — заложенную в изучаемых нами случаях. Например, настроения, перенесенные из России в Китай в период поздней Цин и проанализированные в Главе 2, демонстрируют глубокое сплетение современного и традиционного; однако это сплетение также поспособствовало современному развитию настроений, которые в полной мере развернутся в рамках школы «Утки-мандаринки и бабочки» в республиканский период. Аналогичным образом, китайское восхищение русскими нигилистами, описанное в Главе 3, предшествовало всплеску анархизма в Китае, который был напрямую связан с восприятием марксизма в 1920-е и последующие годы. Чжоу Цзожэнь, писатель, которому была посвящена Глава 4, в 1920-х годах отказался от гуманизма Толстого в пользу индивидуализма, однако его статья «Человечная литература» и пропаганда гуманизма вдохновляла еще многие последующие поколения китайских литераторов — даже тех из них, кто прославлял социалистический реализм. И последнее, но не менее важное: языковая реформа, рассмотренная в Главе 5, в которую

Лу Синь внес вклад в виде своего «трудного перевода», продолжалась в Китае до тех пор, пока вернакулярный язык наконец не стал доминирующим в китайском литературном мире.

Результаты изученных здесь нами случаев не являются чистым «успехом»: так или иначе, смысл и нюансы неизменно «теряются» в процессе транскультурации. В Главе 2 мы увидели, как русская сентиментальная художественная литература трансформировалась в шаблонную китайскую романтику с персонажами, придерживающимися конфуцианской этики. В Главе 3 мы рассказали о том, как серьезные философские дискуссии о нигилизме в России были заслонены кровавыми и сенсационными историями о покушениях и терроризме. В Главе 4 мы выяснили, что Чжоу Цзожэнь так и не смог до конца понять значение религиозных исканий Толстого и, осознав собственную ограниченность, в конечном итоге отказался от толстовской этики. Наконец, в Главе 5 мы подробно изучили вопрос о том, почему новаторский стиль переводов Лу Синя (и сами они) никогда не пользовался такой популярностью, как его художественная литература, и был признан полным провалом не только его современниками, но признается критиками таковым и в наши дни. Результаты каждого эксперимента или процесса не вполне «удовлетворительны». Однако если рассматривать эти выражения современности как недолговечные и преходящие, то история меняется. Как торжество динамичности и стремления к подлинному присутствию, несовершенство этих современных мгновений коренится в многогранности и неопределенности: признаках сущности бытия.

Фактически «промежуточность», которую выделяет Лу Синь, может быть применена ко всем четырем случаям. В этом смысле данные примеры обозначают открытую зону контакта, которая сопротивляется завершенности или прекращению. Ни одна из культур, рассмотренных в этой книге, не достигла «заполненности». Они продолжают развиваться, в том числе взаимодействуя друг с другом. Хотя Россия, Япония и Китай являются основными участниками рассматриваемых транскультурных процессов, другие культуры Западной Европы и Азии также участвовали и становились частью сети взаимосвязей. Комбинация России,

Японии и Китая может быть изменена; более того, включение других культур позволит создать расширенное представление о транспространственной современности.

Хотя мы описали транскультурные перемещения, начинающиеся в России, мы не пытались определить абсолютную точку отсчета ни в одном из этих случаев. Прежде чем русская культура приняла ту форму, в которой она была обнаружена и заимствована Восточной Азией в современную эпоху, она претерпела собственные значительные трансформации в результате взаимодействия с другими культурами, особенно культурами Западной Европы. Сентименталистский дискурс в русских художественных произведениях эпохи романтизма, равно как и понятия нигилизма и гуманизма, возникли не в России. Точно так же и китайское заимствование русской культуры, анализируемое в этой книге, не является конечной точкой: напротив, оно продолжает вдохновлять на новые формы обсуждения и концептуализации и в наши дни. Каждый случай, представленный в этой книге, фиксирует переходный момент в непрерывном транскультурном процессе, который приглашает к созданию и внедрению дальнейших инноваций. Продукты, появившиеся в ходе этого процесса, и есть промежуточные объекты.

Несомненно, одной из характерных черт китайской современности является ее транспространственность. Как корневище содержит в себе «линии сегментарности», так и передаваемый элемент культуры — будь то книга, троп, чувство или идея — может быть «стратифицирован, территоризован, организован, означен, атрибутирован». Он также может быть детерриториализован, но в конечном итоге он так или иначе возвращается к форме ретерриториализации [Делёз, Гваттари 2010: 16–19]. Тематические исследования подчеркивают, что эти культурные элементы закрепились в Восточной Азии, где, несмотря на искажения, вызванные неправильной интерпретацией и непониманием, мы наблюдаем «новые круги сходимости с новыми точками, расположенными вне пределов и в других направлениях» [Там же: 20]. Трансформация нигилизма и гуманизма, показанная в Главах 3 и 4, а также разностороннее выражение романтизма и вернакуляризации, раскрытое в Главах 2 и 5 соответственно, являются наглядными тому примерами.

Промежуточность также предполагает продолжение эстафетной транскультурации за рамками данной книги. В данном исследовании основное внимание было уделено транскультурации до 1930 года, однако процесс русско-японско-китайской транскультурации продолжался как в 1930-е годы, так и после. Как было показано в последнем разделе Главы 1, интеллектуалы, получившие образование в Японии, стали доминировать в китайских левых литературных движениях той эпохи. Помимо прямого перевода новейших работ японских критиков, таких как Нобори Сёму, Окадзава Хидэтора (岡沢秀虎, 1902–1973), Курахара Корэхито, Сотомура Сиро, Осе Кейси (尾瀬敬止, 1889–1952) и Морияма Кэй (森山啓, 1904–1991), китайские писатели также переводили русскую литературную критику Плеханова, Фриче, Луначарского, Горького и других в 1930-х годах — и все с японского языка. Даже для того чтобы просто объяснить собственное более левое понимание советской литературы, китайские писатели вынуждены были обращаться к японским ученым. Ху Цююань, например, признавался, что при написании книги «Исторический материализм и теория искусства: Плеханов и его литературная теория» (Weiwu shiguan yishu lun: Puliehannuofu jiqi yishu lilun, 唯物史觀藝術論: 樸列汗諾夫及其藝術理論, *Вэйу шигуань ишу лунь: пулеханьнофу цзици ишу лилунь*), опубликованной в 1932 году, ему пришлось консультироваться с такими японскими специалистами, как Курахара Корэхито и Сотомура Сиро [Hu Qiuyuan 1990].

Кроме того, японский перевод продолжал оказывать влияние на китайское использование неологизмов. Одним из важных примеров является «социалистический реализм», преобладающая литературная форма, которую Иван Гронский (1894–1985) впервые публично представил в «Литературной газете» в 1932 году и которую Сталин решительно поддержал в качестве официального художественного метода советской литературы. Термин «социалистический реализм» был введен в Китае через Японию. В 1933 году Линь Ци (林琪) опубликовал переведенную с японского языка статью «Новый лозунг советской литературы» (Su E wenxue de xin kouhao, 蘇俄文學的新口號, *Су Э вэнсюэ дэ синь коухао*), в рамках которой впервые в китайской публикации был использован термин социалистический реализм [Chen Guo'en et al. 2009: 198].

Хотя приобщение китайцев к советской литературе и литературной теории происходило в основном за счет интеллектуалов, обучавшихся в Японии по обмену, это совсем не означает, что у китайцев не было доступа к другим источникам. Специалисты по русскому языку, появившиеся в Китае в 1920–1930-е годы, такие как Цюй Цюбай и Гэ Баоцюань, также участвовали в переводе советской литературы и литературной критики. В то же время китайские интеллектуалы, владеющие несколькими языками, также переводили классическую русскую литературу в надежде предложить ее более качественные переводы. В 1935 году Ба Цзинь, Лу Ли (陸蠡, 1908–1942) и Ли Ни (麗尼, 1909–1968) начали переводить романы Тургенева «Рудин», «Дым», «Накануне», «Дворянское гнездо», «Новь», «Отцы и дети». В процессе работы они обращались к многочисленным переводам на разных языках. Хотя в основном они опирались на английские переводы, в качестве дополнительных источников они также использовали японские переводы, например переводы Фтабатэя Симэй [Li Jin 2009: 255–286]. Таким образом, даже в столь позднее время и при наличии более широкого спектра специалистов и материалов японские источники все еще оставались актуальными.

В 1937 году началась Вторая китайско-японская война (1937–1945), которая ослабила напряженность между Китайской национальной партией (Гоминьдан) и Коммунистической партией Китая, что, в свою очередь, способствовало распространению советской литературы в Китае[1]. Во время войны переводы

---

[1] Начиная с 1937 года китайское правительство поддерживало относительно дружеские отношения с Советским Союзом, в основном в ответ на японскую агрессию. Поэтому Китайская национальная партия ослабила цензуру на советскую революционную литературу. В 1935 году Китайская национальная партия создала Китайско-советскую культурную ассоциацию (Zhong Su wenhua xiehui, 中蘇文化協會, *Чжун су вэньхуа сехуэй*), журнал которой

русской литературы продолжали издаваться по всему Китаю, независимо от того, кто контролировал тот или иной регион — Китайская национальная партия или Коммунистическая партия Китая. И хотя сторонние источники оставались актуальными, произошел очевидный сдвиг в сторону прямых контактов с Советским Союзом. В местах, находившихся под японской оккупацией, некоторые издания также знакомили своих читателей с новейшей советской литературой. Например, советское правительство создавало информационные агентства для публикации таких периодических изданий, как «Литература и искусство СССР» (Sulian wenyi, 蘇聯文藝, *Сулянь вэньи*) на территории советской концессии в Шанхае при содействии Телеграфного агентства Советского Союза. Многие сотрудники этих информационных агентств были подпольными членами Китайской коммунистической партии, которые использовали советскую периодику для распространения коммунистических идей. Хотя эти журналы были созданы на оккупированной Японией территории, агентства получали прямую помощь от советского правительства и поэтому обычно опирались на источники, получаемые непосредственно из Советского Союза [Li Jin 2006: 24–31].

С другой стороны, после подавления пролетарского движения в Японии правительством в 1934 году, китайцы постепенно перестали обращаться к японским СМИ за информацией о последних достижениях и новинках советской литературы. Хотя увлечение китайцев русской литературой не пострадало ни от Гражданской войны в Китае (1945–1949), ни от Японо-китайской войны, к концу 1930-х годов сами японцы в значительной степени отказались от роли главного посредника в китайской транс-

---

«Культура Китая и СССР» (Zhong Su wenhua, 中蘇文化, *Чжун су вэньхуа*), основанный в 1936 году, выходил в течение тринадцати лет. По сути, это был единственный полноценный журнал о Советском Союзе в Китае [Li Jin 2006: 21–24]. Известные китайские интеллектуалы, такие как Го Можо, и специалисты по русскому языку и культуре, такие как Гэ Баоцюань и Цао Цзинхуа, вошли в комитет ассоциации и участвовали в издании журнала, а также книг, посвященных советской истории, обществу и экономике.

культурации русской литературы². В конечном итоге «Беседы на Яньаньском форуме« (Zai Yan'an wenyi zuotanhui shang de jianghua, 在延安文藝座談會上的講話, *Цзай Янь'ань вэньи цзотаньхуэй шан дэ цзяньхуа*) Мао отразили амбиции Коммунистической партии Китая на литературной арене и послужили сигналом к началу китайских действий по развитию независимого дискурса о пролетарской литературе в соответствии с советскими рекомендациями.

Китайцы сохраняли свою любовь к русской литературе на протяжении почти всего XX века, за исключением периода «культурной революции» (1966–1976), когда вся иностранная литература была запрещена³. Произведения Гоголя, Тургенева, Толстого, Достоевского, Чехова, Горького и т.д. пользовались неизменной популярностью у китайских читателей. Новые пролетарские писатели также широко читались в Китае. В те годы, когда в Китае осуждали зарубежную литературу за пропаганду «ядовитой» капиталистической идеологии, советская литература стала любимой для многих читателей, потому что в ней они находили уроки познания красоты повседневной жизни и человеческих чувств. Например, молодежь с увлечением читала «Как

---

²  Иная ситуация сложилась в Маньчжурии, где во время японской оккупации большую часть информации поставляли японоязычные источники. Там японские СМИ стали доминирующим каналом, по которому даже носители китайского языка получали доступ к русской литературе. Например, Гу Дин (古丁, 1916–1964), родившийся в Чанчуне и один из самых активных писателей в Маньчжоу-Го, переводил русскую литературу с японского на китайский, таким образом, например, в 1938 году он перевел «Записки сумасшедшего» Гоголя.

³  За десять лет «культурной революции» было переведено очень мало советских книг, и они распространялись только внутри Коммунистической партии Китая в качестве «отрицательных примеров», из которых китайцы могли узнать о советской ревизионистской литературе. Доступ к этим книгам имели только высокопоставленные чиновники и в течение ограниченного времени. Эти переводы никогда не распространялись широко среди китайской общественности, даже после «культурной революции». Однако есть свидетельства того, что некоторые читатели, получившие к ним доступ, очень дорожили ими и даже переписывали книги от руки для повторного чтения, а затем возвращали их обратно в библиотеку; см. [Yin 2009].

закалялась сталь», автобиографический роман Николая Островского (1904–1936), охватывающий историю со времен Гражданской войны в России (1917–1922) до периода социалистического строительства, эта книга стала популярной не только за счет революционного духа, в котором она была написана, но и за счет романтического изображения первой любви главного героя Павла Корчагина.

В 1930-е и последующие годы интерес к русской литературе побуждала многих китайцев учить русский язык и углубленно изучать русскую литературу. Это стало особенно актуально после создания КНР в 1949 году, когда русский язык стал первым иностранным языком, заменившим английский в школах. В результате во второй половине XX века доступ китайцев к русской литературе в гораздо меньшей степени зависел от иностранных посредников. Начиная с середины 1950-х годов 90 % китайских переводов русской литературы были прямыми [Chen Jianhua 1998: 184]. По мере того как происходили эти изменения, многие эстафетные переводы, созданные до 1930-х годов, были заменены прямыми, которые представляли как более аутентичные.

Как мы уже видели, китайская рецепция русской литературы и культуры в XX веке проходила различные этапы. В начале XX века китайские читатели знакомились с русской литературой в основном через посредника в лице Японии. Начиная с 1910-х годов они постепенно переключились с предпочитаемых для них ранее японских источников на другие, в частности европейские, такие как английские, французские и немецкие источники. В конце 1920-х — начале 1930-х годов Япония вновь заняла видное место в качестве посредника благодаря активной работе с пролетарской литературой, которая пользовалась большой популярностью в Китае. Однако в середине и конце 1930-х годов зависимость от японских источников вновь ослабла — на первое место вышли специалисты по русскому языку, которые с тех пор занимают доминирующее положение в изучении русской литературы и культуры в Китае.

И хотя в этой книге речь идет в первую очередь о заимствовании русской литературы и культуры в Китае при посредничестве

Японии, мы не говорим о том, что китайские читатели могли получить исчерпывающие или даже исключительные знания о русской литературе, изучая ее непосредственно в Советском Союзе. Под решающим влиянием социалистического реализма они приняли официальное советское изложение истории русской литературы, которое изобиловало созданными самим СССР искажениями. Даже после советско-китайского раскола в 1960-х годах советские интерпретации по-прежнему в значительной степени определяли китайское прочтение и критику русской литературы, что привело к восхвалению русского реализма XIX века, а также к активному распространению советской пролетарской литературы. Эта тенденция также привела к тому, что китайские читатели долгое время игнорировали религиозные взгляды, заложенные в досоветской русской литературе; точно так же читателями были проигнорированы русский Серебряный век и модернизм, не обращали они внимания и на русских писателей-эмигрантов, высланных из страны после Русской революции. Русские модернистские литературные теории, такие как формализм, и вовсе привлекли внимание китайских ученых только к концу XX века.

Только в 1980-е годы, когда Китай вновь открыл двери для западного мира, недостающие элементы стали привлекать внимание китайских читателей и исследователей, которые, в свою очередь, начали переосмысливать сложившееся представление о русской литературе[4]. Помимо сдвигов в русской литературной критике после распада Советского Союза, знакомство с западной литературной критикой также заставило китайцев обратить внимание на ранее игнорируемые компоненты русской литературы. Например, популярность Михаила Бахтина (1895–1975)

---

[4]  Линь Цзинхуа (林精華) в книге «Ложное восприятие России: Россия как фактор в вопросе о современности Китая» (сокр. Wudu Eluosi, 誤讀俄羅斯, *Уду Элоси*) рассуждает о сложности понятия «русскость» и о восприятии китайцами «идеализированной» русской литературы и культуры в XX веке [Lin Jinghua 2005]. Многие другие китайские ученые также начали исследовать забытые темы, такие как русские православные убеждения и русская поэзия Серебряного века.

в Китае была обусловлена широким распространением его теории в англоязычном мире. Что еще более удивительно — многие китайские читатели впервые познакомились с Владимиром Набоковым (1899–1977) и Иосифом Бродским (1940–1996), прочитав их книги на английском языке. В определенной степени англоязычные СМИ заменили японские источники, долгое время выступавшие в качестве важнейших посредников в культурной передаче между Россией и Китаем. Если рассматривать этих деятелей, не так давно представленных в Китае в качестве иной грани русской современности — той, что противостоит доктрине социалистического реализма, — то история транспространственной современности и триангулированного транскультурного обмена между Россией и Китаем продолжается и по сей день, хотя и с изменениями в содержании, участниках и посредниках.

В этой книге мы постарались сделать ясной и проанализировать карту глобальной эстафетной транскультурации, в которую вовлечены три или более культурных субъекта, один из которых в основном исполняет роль посредника. Мы видим это исследование как «промежуточный объект», — объект, который свидетельствует о невозможности исчерпать все возможности полиморфного процесса эстафетной транскультурации. Мы надеемся, что эта работа привлечет внимание ученых к эстафетной транскультурации и вдохновит их на дальнейшие исследования и освещение динамики и сложности транспространственной современности среди различных культур в более широкой хронотопической контактной зоне.

# Библиография

*Источники на русском языке*

Белая 2004 — Белая Г. А. Дон Кихоты революции — опыт побед и поражений. М.: Российский гос. гуманитарный ун-т, 2004.

Булгаков 1910 — Булгаков С. Н. Л. Н. Толстой // Русская мысль. 1910. № 12. С. 151–156. URL: http://dugward.ru/library/bulgakov_s_n/bulgakov_s_n_l_n_tolstoy.html.

Возилов 2011 — Возилов В. В. Интеллигенция, государство, революция: нигилизм и антинигилизм в идеологии и практике российской интеллигенции. XVIII — начало XX века. Шуя: Изд-во ГОУ ВПО «ШГПУ», 2011.

Гельфонд 2018 — Гельфонд М. Л. Гуманист ли Л. Н. Толстой? // Гуманитарные ведомости ТГПУ им. Л. Н. Толстого. 2018. № 3 (27). URL: https://cyberleninka.ru/article/n/gumanist-li-l-n-tolstoy (дата обращения: 15.09.2024).

Головин 2013 — Головин С. А. Российская духовная миссия в Китае: ист. очерк. Благовещенск, 2013.

Головнин 2004 — Головнин В. М. Записки флота капитана Головнина о приключениях его в плену у японцев в 1811, 1812 и 1813 годах. С приобщением Замечаний его о Японском государстве и народе. М.: Захаров, 2004.

Григорьева 1989 — Григорьева Г. Б. О чем вопиют демоны? Народовольческое движение в России и японский политический роман // Громковская Л. Л., Гришелева Л. Д., Ермакова Л. Д., Сараскина Л. И. Сто лет русской культуры в Японии: сб. ст. М.: Наука, 1989. С. 61–71.

Громковская и др. 1989 — Громковская Л. Л., Гришелева Л. Д., Ермакова Л. Д., Сараскина Л. И. Сто лет русской культуры в Японии: сб. ст. М.: Наука, 1989.

Дацышен 2010 — Дацышен В. Г. История Российской духовной миссии в Китае. Гонконг: Православное Братство святых Первоверховных апостолов Петра и Павла, 2010.

Делёз, Гваттари 2010 — Делёз Ж., Гваттари Ф. Тысяча плато. Капитализм и шизофрения / пер. с фр. и послесл. Я. И. Свирского, науч. ред. В. Ю. Кузнецов. Екатеринбург: У-Фактория; М.: Астрель, 2010.

Зверев 2009 — Зверев В. В. Русское народничество: учебное пособие. М.: Российская академия гос. службы, 2009.

Козлов 1985 — Козлов Н. С. Лев Толстой как мыслитель и гуманист. М.: Изд-во Московского ун-та, 1985.

Лермонтов 1957 — Лермонтов М. Ю. Герой нашего времени // М. Ю. Лермонтов. Сочинения в 6 томах. Т. 6. М.: Изд-во АН СССР, 1957. С. 202–347.

Литература... 1977 — Литература стран зарубежного Востока и советская литература: сб. ст. М.: Наука, 1977.

Луначарский 1926 — Луначарский А. В. Очерки марксистской теории искусств. М.: Изд-во художников революционной России (А.Х.Р.Р), 1926.

Мережковский 2000 — Д. С. Мережковский. Л. Толстой и Достоевский. М.: Наука, 2000.

Молодяков 2005 — Молодяков В. Э. Россия и Япония: поверх барьеров. Неизвестные и забытые страницы российско-японских отношений (1899–1929). М.: АСТ; Астрель, 2005.

Нечаев 1997 — Нечаев С. Катехизис революционера. Революционный радикализм в России: век девятнадцатый. Документальная публикация / ред. Е. Л. Рудницкая. М.: Археографический центр, 1997. URL: http://www.hist.msu.ru/ER/Etext/nechaev.htm.

Ницше 1990 — Фридрих Ницше. Так говорил Заратустра / пер. Ю. М. Антоновского; под ред. К. А. Свасьяна // Фридрих Ницше. Соч.: в 2 т. Т. 2. М.: Мысль, 1990.

Новик 2008 — Игумен Вениамин (Новик). Особенности просветительского проекта Л. Н. Толстого // Нева. 2008. № 2. С. 239–248. URL: http://magazines.russ.ru/neva/2008/2/no21.html.

Новиков 1972 — Новиков А. И. Нигилизм и нигилисты. Опыт критической характеристики. Л.: Лениздат, 1972.

Овсянико-Куликовский 1911 — Овсянико-Куликовский Д. Н. Лев Николаевич Толстой. Очерк его художественной деятельности и оценка его религиозных и моральных идей. СПб.: Изд-во И. Л. Овсянико-Куликовской, 1911.

Ортис 2015 — Ортис Ф. Кубинский контрапункт табака и сахара / пер. с исп. Юрия Гирина // Иностранная литература: ежемесячный литературно-художественный журнал. 2015. № 1. С. 267–273.

Плеханов 1958 — Плеханов Г. В. Н. Г. Чернышевский. Книга вторая. М., 1958.

Православие на Дальнем Востоке 1993 — Православие на Дальнем Востоке. Санкт-Петербургский гос. ун-т, Санкт-Петербургская православная духовная академия. СПб.: Изд-во СПбГУ, 1993.

Пушкин 1954 — Пушкин А. С. Капитанская дочка // А. С. Пушкин. Собр. соч. в 9 т. Т. 4. М.: Гос. изд-во худ. лит., 1954. С. 218–308.

Рехо 1987 — Рехо К. Русская классика и японская литература. М.: Худ. лит., 1987.

Роллан 1933 — Роллан Р. Ответ Азии Толстому // Роллан Р. Собр. соч. в 14 т. Т. 14. Л.: Время, 1933.

Самойлов 1996 — Самойлов Н. А. Православие на Дальнем Востоке // Православие на Дальнем Востоке. Вып. 2. Памяти Святителя Николая, апостола Японии, 1836–1912. СПб.: Изд-во СПбГУ, 1996.

Соколов 1968 — Соколов Н. И. Русская литература и народничество. Литературное направление 70-х гг. XIX в. Л.: Изд-во Ленинградского ун-та, 1968.

Степняк-Кравчинский 1987 — Степняк-Кравчинский С. М. Подпольная Россия // Степняк-Кравчинский С. М. Сочинения в 2 т. Т. 1. М.: Худ. лит., 1987. С. 338–519.

Тихвинский 1997 — Тихвинский С. Л. История российской духовной миссии в Китае: сб. ст. М.: Изд-во Свято-Владимирского братства, 1997.

Толстой 1955 — Толстой Л. Н. Царство Божие внутри нас // Л. Н. Толстой. Полн. собр. соч. в 90 т. Т. 28. М.: Гос. изд-во худож. лит., 1955.

Толстой 1956 — Толстой Л. Н. Мысли мудрых людей на каждый день // Л. Н. Толстой. Полн. собр. соч. в 90 т. Т. 40. М.: Гос. изд-во худож. лит., 1956. С. 67–216.

Троцкий 2018 — Троцкий Л. История Русской революции: в 2 т. М.: T8RUGRAM, 2018.

Тургенев 1948 — Тургенев И. С. Отцы и дети. М.: Гос. изд-во худож. лит., 1948.

Тургенев 1982 — Тургенев И. С. Новь // И. С. Тургенев. Полн. собр. соч. и писем: в 30 т. Т. 9. М.: Наука, 1982. С. 133–389.

Фадеев 1949 — Фадеев А. А. Разгром. М.: Детгиз, 1949.

Хлебников 1928–1933 — Хлебников В. В. На приезд Маринетти в Россию // Собр. произведений Велимира Хлебникова: в 5 т. Л.: Изд-во писателей в Ленинграде, 1928–1933. URL: https://bibra.ru/composition/v-hlebnikov-b-livshits-na-priezd—marinetti-v-rossiyu/.

Чернышевский 1949 — Чернышевский Н. Г. Эстетические отношения искусства к действительности // Чернышевский Н. Г. Полн. собр. соч.: в 15 т. Т. 2. М.: Гослитиздат, 1949. С. 5–92.

Чернышевский 1975 — Чернышевский Н. Г. Что делать? (Из рассказов о новых людях). Л.: Наука, Ленингр. отд-ние, 1975.

Шифман 1971 — Шифман А. И. Лев Толстой и Восток / АН СССР. Ин-т востоковедения. 2-е изд., перераб. и доп. М.: Наука, 1971.

Шнейдер 1977 — Шнейдер М. Е. Русская классика в Китае: переводы, оценки, творческое освоение. М.: Наука, 1977.

Эйхенбаум 1969 — Эйхенбаум Б. О противоречиях Льва Толстого // Б. Эйхенбаум. О прозе: сб. ст. / сост. и подгот. текста И. Ямпольского; вступ. ст. Г. Бялого. Л.: Худож. лит. Ленингр. отд-ние, 1969. С. 25–60.

Эко 2006 — Эко У. Сказать почти то же самое. Опыты о переводе / пер. с итал. А. Н. Коваля. СПб.: Симпозиум, 2006.

### Источники на остальных языках

A 1981a — A Ying 阿英. Fanyi shi hua 翻譯史話 [A brief history of translation in China] // A Ying quanji 阿英全集 [A complete collection of A Ying's work]. Vol. 5. Anhui: Anhui jiaoyu chubanshe, 1981. P. 781–796.

A 1981b — A Ying 阿英. Guonan shuhua 國難書話 [Stories of national crisis] // A Ying quanji 阿英全集 [A complete collection of A Ying's work]. Vol. 6. Anhui: Anhui jiaoyu chubanshe, 1981. P. 393–408.

Abe Gunji 2008 — Abe Gunji 阿部軍治. Shirakaba-ha to Torusutoi: Mushanokōji Saneatsu, Arishima Takeo, Shiga Naoya o chūshin ni 白樺派とトルストイ: 武者小路実篤・有島武郎・志賀直哉を中心に [The Shirakaba school and Tolstoy: Spotlight on Mushanokōji Saneatsu, Arishima Takeo, and Shiga Naoya]. Tokyo: Sairyūsha, 2008.

Abe Isoo 1912 — Abe Isoo 安部磯雄. Tettei seru jindōshugi-sha Reo Torusutoi haku 徹底せる人道主義者レオ・トルストイ伯 [Count Tolstoy as a thoroughgoing humanist] // Daisan teikoku. 1912. № 80. P. 33–35.

Adorno 2004 — Adorno T. W. Negative Dialectics / Transl. by E. B. Ashton. London: Routledge, 2004.

Ahmed 2004 — Ahmed S. Affective Economies // Social Text. 2004. Vol. 22. № 2. P. 117–139.

Ai 1991 — Ai Xiaoming 艾曉明. Zhongguo zuoyi wenxue sichao tanyuan 中國左翼文學思潮探源 [The origin of Chinese left-wing literary thoughts]. Changsha: Hunan wenyi chubanshe, 1991.

Aiguozhe 1901 — Aiguozhe 愛國者. Benguan lunshuo: Lixian fayi 本館論說: 立憲法議 [Comments from our publishing house: On forming a constitutional government] // Qing yi bao. 1901. № 81. P. 5089–5098.

Anderson 2006 — Anderson B. R. Imagined Communities: Reflections on the Origin and Spread of Nationalism. Rev. ed. London: Verso, 2006.

Anemone 2010 — Anemone A., ed. Just Assassins: The Culture of Terrorism in Russia. Evanston, IL: Northwestern University Press, 2010.

Aono 1926 — Aono Suekichi 青野季吉. Shizen seichō to mokuteki ishiki 自然生長と目的意識 [Natural growth and purposeful consciousness] // Bungei sensen. 1926. Vol. 3. № 9. P. 3–5.

Aono 1927 — Aono Suekichi 青野季吉. Shizen seichō to mokuteki ishiki sairon 自然生長と目的意識再論 [Another discussion on natural growth and purposeful consciousness] // Bungei sensen. 1927. Vol. 4. № 1. P. 102–105.

Arano 2003 — Arano Yasunori 荒野泰典. "Sakoku" o minaosu 「鎖国」を見直す [A reevaluation of "national seclusion policy"]. Kawasaki: Kawasaki shimin akademī shuppanbu, 2003.

Araya 1976 — Araya Keizaburō 新谷敬三郎. Nihon ni okeru Roshia bungaku 日本におけるロシア文学 [Russian literature in Japan] // Roshia, Hokuō, Nanō hen ロシア・北欧・南欧篇 [Russia, Northern Europe, Southern Europe]. Ōbei sakka to nihon kindai bungaku 欧米作家と日本近代文学 [European and American writers and modern Japanese literature]. Vol. 3 / Ed. by Fukuda Mitsuharu 福田光治, Kenmochi Takehiko 劍持武彦, and Kodama Kōichi 小玉晃一. Tokyo: Kyōiku shuppan sentā, 1976. P. 9–45.

Ayakawa, Kanzaburō 1920 — Ayakawa Takeji 綾川武治, Kanzaburō Kubo 久保勘三郎. Kinsei tetsugaku shichō taikan 近世哲学思潮大観 [A survey of modern philosophical ideas]. Tokyo: Tōkyō kankōsha, 1920.

Bakuning zhuan 1907 — Bakuning zhuan 巴枯寧傳 [A biography of Bakunin] // Min bao. 1907. № 16. P. 109–122.

Bassin et al. 2015 — Bassin M., Glebov S., Laruelle M. Between Europe and Asia: The Origins, Theories, and Legacies of Russian Eurasianism. Pittsburgh, PA: University of Pittsburgh Press, 2015.

Bassnett 2011 — Bassnett S. The Translator as Cross-Cultural Mediator // The Oxford Handbook of Translation Studies / Ed. by Kirsten Malmkjær and Kevin Windle. Oxford: Oxford University Press, 2011. P. 94–107.

Bayly 2004 — Bayly C. A. The Birth of the Modern World, 1780–1914: Global Connections and Comparisons. Malden, MA: Blackwell, 2004.

Beijing Lu Xun bowuguan 1959 — Beijing Lu Xun bowuguan 北京魯迅博物館. Lu Xun shouji he cangshu mulu 魯迅手蹟和藏書目錄 [Lu Xun's manuscript and book collections]. 3 vols. Beijing: Lu Xun bowuguan, 1959.

Bell 2000 — Bell M. Sentimentalism, Ethics and the Culture of Feeling. Basingstoke, UK: Macmillan, 2000.

Ben bao 1904 — Ben bao te bai 本報特白 [A special announcement of this journal] // Xinxin xiaoshuo. 1904. Vol. 1. № 3. P. 2.

Benjamin 2012 — Benjamin W. The Translator's Task / transl. by Steven Rendall // The Translation Studies Reader / Ed. by Lawrence Venuti. London: Routledge, 2012. P. 75–83.

Berlin 1960 — Berlin I. Russian Populism // Encounter. 1960. Vol. 15. № 1. P. 13.

Berlin 1975 — Berlin I. Fathers and Children: Turgenev and the Liberal Predicament // Fathers and Sons / Ed. by Rosemary Edmonds and Isaiah Berlin. Harmondsworth, UK: Penguin, 1975. P. 7–61.

Bernal 1968 — Bernal M. The Triumph of Anarchism over Marxism, 1906–1907 // China in Revolution: The First Phase, 1900–1913 / Ed. by Mary Clabaugh Wright. New Haven: Yale University Press, 1968. P. 97–142.

Bhabha 1994 — Bhabha H. K. The Location of Culture. London: Routledge, 1994.

Bianco 2018 — Bianco L. Stalin and Mao: A Comparison of the Russian and Chinese Revolutions / Ed. by Krystyna Horko. Hong Kong: Chinese University Press, 2018.

Birkle 2009 — Birkle C. Between the Island and the City: Cultural Brokerage in Caribbean-Canadian Short Fiction // Diasporic Subjectivity and Cultural Brokering in Contemporary Post-colonial Literatures / Ed. by Igor Maver. Lanham, MD: Lexington Books, 2009. P. 59–90.

Bloch 1991 — Bloch E. Heritage of Our Times. Berkeley: University of California Press, 1991.

Bodde 1950 — Bodde D. Tolstoy and China. Princeton, NJ: Princeton University Press, 1950.

Bojanowska 2018 — Bojanowska E. M. A World of Empires: The Russian Voyage of the Frigate Pallada. Cambridge, MA: Harvard University Press, 2018.

Bowlt 1996 — Bowlt J. E., Matich O., eds. Laboratory of Dreams: The Russian Avant-Garde and Cultural Experiment. Stanford, CA: Stanford University Press, 1996.

Brower 1975 — Brower D. R. Training the Nihilists: Education and Radicalism in Tsarist Russia. Ithaca, NY: Cornell University Press, 1975.

Burke 2013 — Burke P. Nationalisms and Vernaculars, 1500–1800 // The Oxford Hand-book of the History of Nationalism / Ed. by John Breuilly. Oxford: Oxford University Press, 2013. P. 21–35.

Calichman 2008 — Calichman R. Overcoming Modernity: Cultural Identity in Wartime Japan. New York: Columbia University Press, 2008.

Casanova 2007 — Casanova P. The World Republic of Letters / Transl. by M. B. Debevoise. Cambridge, MA: Harvard University Press, 2007.

Chan 2001 — Chan L. T. What's Modern in Chinese Translation Theory? Lu Xun and the Debates on Literalism and Foreignization in the May Fourth Period // TTR. 2001. Vol. 14. № 2. P. 195–223.

Chang 1971 — Chang H. Liang Ch'i-ch'ao and Intellectual Transition in China, 1890–1907. Cambridge, MA: Harvard University Press, 1971.

Chang 2009 — Chang S. Y. Modernism and the Nativist Resistance: Contemporary Chinese Fiction from Taiwan. Durham, NC: Duke University Press Books, 2009.

Chen Guo'en et al. 2009 — Chen Guo'en 陳國恩, Zhuang Guicheng 莊桂成, Yong Qing 雍青. E Suwenxue zai Zhongguo de chuanbo yu jieshou 俄蘇文學在中國的傳播與接受 [The transmission and reception of Russian-Soviet literature in China]. Beijing: Zhongguo shehui kexue chubanshe, 2009.

Chen Hong 2019 — Chen Hong 陳紅. Riyu yuyuan shiyu xia de Lu Xun fanyi yanjiu 日語語源視域下的魯迅翻譯研究 [A study of Lu Xun's translation in the context of Japanese sources]. Hangzhou: Zhejiang gongshang daxue chubanshe, 2019.

Chen Jianhua 1998 — Chen Jianhua 陳建華. 20 shiji Zhong E wenxue guanxi 20 世紀中俄文學關係 [Sino-Russian literary relations in the twentieth century]. Shanghai: Xuelin chubanshe, 1998.

Chen Jianhua 2007 — Chen Jianhua 陳建華, ed. Zhongguo E Su wenxue yanjiu shilun 中國俄蘇文學研究史論 [A critical history of Russian-Soviet literary studies in China]. 4 vols. Chongqing: Chongqing chubanshe, 2007.

Chen Jianhua 2011 — Chen Jianhua 陳建華, ed. Eluosi renwen sixiang yu Zhongguo 俄羅斯人文思想與中國 [Russian humanist ideas and China]. Chongqing: Chongqing chubanshe, 2011.

Chen Nanxian 2011 — Chen Nanxian 陳南先. Shicheng yu tansuo: E Su wenxue yu Zhongguo shiqinian wenxue 師承與探索: 俄蘇文學與中國十七年文學 [The succession of teachings and exploration: Russian-Soviet literature and Chinese literature of the seventeen years]. Wuhan: Huazhong shifan daxue chubanshe, 2011.

Chen Shuyu 1995 — Chen Shuyu 陳漱渝. Riben jindai wenhua dui Zhongguo xiandai wenxue de yingxiang 日本近代文化對中國現代文學的影響 [The influence of modern Japanese culture on modern Chinese literature] // Zhongguo wenhua yanjiu. 1995. № 2. P. 130–140.

Chen X. 1995 — Chen X.-m. Occidentalism: A Theory of Counter-Discourse in Post-Mao China. New York: Oxford University Press, 1995.

Cheng 2005 — Cheng Xinguo 程新國. Geng kuan liuxue bainian 庚款留學百年 [A century of Boxer indemnity funds for studying abroad]. Shanghai: Dongfang chuban zhongxin, 2005.

Cho H. 2016 — Cho H. Translation's Forgotten History: Russian Literature, Japanese Mediation, and the Formation of Modern Korean Literature. Cambridge, MA: Harvard University Asia Center, 2016.

Cho H. 2018 — Cho H. Rethinking World Literature through the Relations between Russian and East Asian Literatures // Cross-Currents: East Asian History and Culture Review. 2018. № 28. P. 7–26. URL: https://cross-currents.berkeley.edu/e-journal/issue-28/cho.

Chō Kyō 1995 — Chō Kyō 張競. Kindai Chūgoku to "ren-ai" no hakken: Seiyō no shōgeki to nitchū bungaku kōryū 近代中国と「恋愛」の発見: 西洋の衝撃と日中文学交流 [The discovery of "love" in modern China: Western influence and Japanese-Sino literary exchange]. Tokyo: Iwanami shoten, 1995.

Chō Kyō 2008 — Chō Kyō 張競. "Jō" no bunkashi: Chūgokujin no mentaritī 「情」の文化史: 中国人のメンタリティー [The cultural history of jō: The Chinese mentality]. Tokyo: Kadokawa gakugei shuppan, 2008.

Chow K.-W. et al. 2008a — Chow K.-W., Hon T., Ip H., Price D. C., eds. Beyond the May Fourth Paradigm: In Search of Chinese Modernity. Lanham, MD: Lexington Books, 2008.

Chow K.-W. et al. 2008b — Chow K.-W., Hon T., Ip H., Price D. C. Introduction // Beyond the May Fourth Paradigm: In Search of Chinese Modernity / Ed. by Kai-Wing Chow, Tze-ki Hon, Hung-yok Ip, and Don C. Price. Lanham, MD: Lexington Books/Rowman & Littlefield, 2008. P. 1–26.

Chow R. 1991 — Chow R. Woman and Chinese Modernity: The Politics of Reading Between West and East. Minneapolis: University of Minnesota Press, 1991.

Chu 2021 — Chu J. The Aphoristic Way: Lev Tolstoy's Translations of the Dao de jing // Comparative literature studies. 2021. Vol. 58. № 1. P. 146–175.

Clark 1981 — Clark K. The Soviet Novel: History as Ritual. Chicago: University of Chicago Press, 1981.

Clark 2021 — Clark K. Eurasia without Borders: The Dream of a Leftist Literary Commons, 1919–1943. Cambridge, MA: Belknap Press of Harvard University Press, 2021.

Cockerill 2006 — Cockerill Hiroko コックリル浩子. Style and Narrative in Translations: The Contribution of Futabatei Shimei. Manchester, UK: Kinderhook, 2006.

Cockerill 2015 — Cockerill Hiroko コックリル浩子. Futabatei Shimei no Roshiago hon'yaku: Chikugoyaku no naijitsu to bunmatsushi no sōshutsu 二葉亭四迷のロシア語翻訳: 逐語訳の内実と文末詞の創出 [Futabatei Shimei's translations from Russian: The reality of verbatim translation and the creation of sentence endings]. Tokyo: Hōsei daigaku shuppankyoku, 2015.

Craufurd 1912 — Craufurd A. H. The Religion and Ethics of Tolstoy. London: T. F. Unwin, 1912.

Cui 2013 — Cui Qi 崔琦. Wu Tao de fanyi huodong yu Riben Taiyang zazhi 吳燾的翻譯活動與日本《太陽》雜誌 [Wu Tao's Translation and the Japanese journal Taiyō] // Qinghua daxue xuebao (zhexue shehui kexue ban). 2013. Vol. 28. № S1. P. 91–97.

Dagnino 2013 — Dagnino A. Global Mobility, Transcultural Literature, and Multiple Modes of Modernity // Transcultural Studies (Heidelberg). 2013. Vol. 4. № 2. P. 130–160.

Dagnino 2015 — Dagnino A. Transcultural Writers and Novels in the Age of Global Mobility. West Lafayette, IN: Purdue University Press, 2015.

Daigakurin kōshūbu 1925 — Daigakurin kōshūbu 大学林講習部. Kōshūroku 講習録 [Lecture record]. Tokyo: Daigakurin kōshūbu, 1925.

Daisan teikoku 1912 — Torusutoi kyōkai トルストイ協会. Shin no jindōshugi o kenkyū seyo: Torusutoi no shakai hihyō hon'yaku saru 真の人道主義を研究せよ:トルストイの社会批評翻訳さる [Let's study the real humanism: Tolstoy's social criticism has been translated] // Daisan teikoku. 1912. № 78. P. 15–17.

Daruvala 2000 — Daruvala S. Zhou Zuoren and an Alternative Chinese Response to Modernity. Cambridge, MA: Harvard University Asia Center, 2000.

David-Fox 2015 — David-Fox M. Crossing Borders: Modernity, Ideology, and Culture in Russia and the Soviet Union. Pittsburgh, PA: University of Pittsburgh Press, 2015.

Davies 2008 — Davies T. Humanism. London: Routledge, 2008.

Dirlik 2005 — Dirlik A. Marxism in the Chinese Revolution. Lanham, MD: Rowman & Littlefield, 2005.

Dirlik 2013 — Dirlik A. Thinking Modernity Historically: Is 'Alternative Modernity' the Answer? // The Asian Review of World Histories. 2013. Vol. 1. № 1. P. 5–44.

Dirlik 2016 — Dirlik A. Global Modernity: Modernity in the Age of Global Capitalism. London: Routledge, 2016.

Dollerup 2000 — Dollerup C. 'Relay' and 'Support' Translation // Translation in Context: Selected Contributions from the EST Congress, Granada,

1998 / Ed. by Andrew Chesterman, Natividad Gallardo San Salvador, and Yves Gambier. Amsterdam: J. Benjamins, 2000. P. 17–26.

Dong 2006 — Dong Bingyue 董炳月. "Guomin zuojia" de lichang: Zhong Ri xiandai wenxue guanxi yanjiu 國民作家 的立場: 中日現代文學關係研 究 [The stand-point of "national writers": A study of the modern Chinese-Japanese literary relationship]. Beijing: Shenghuo, dushu, xinzhi san lian shudian, 2006.

Drozd 2001 — Drozd A. M. Chernyshevskii's "What Is to be Done?": A Reevaluation. Evanston, IL: Northwestern University Press, 2001.

E zeng bu fei 1884 — E zeng bu fei 俄增捕費 [Increased Russian police fees] // Shen bao (Shanghai). 1884. Dec. 21. P. 2.

Eco 2004 — Eco U. Mouse or Rat? / Transl. as Negotiation. London: Phoenix, 2004.

Eguo gemingdang zhi ribao 1906 — Eguo gemingdang zhi ribao 俄國革 命黨之日報 [Daily report on the Russian revolutionary party] // Min bao. 1906. № 4. P. 93–95.

Eisenstadt 2000 — Eisenstadt S. N. Multiple Modernities. Cambridge, MA: American Academy of Arts and Sciences, 2000.

Elman 2014 — Elman B. A. Introduction: Languages in East and South Asia, 1000–1919 // Elman B. A., ed. Rethinking East Asian Languages, Vernaculars, and Literacies, 1000–1919. Leiden: Brill, 2014. P. 1–28.

En 2003 — En Shioumai 閻小妹. Nihon ni okeru saishi kajin shōsetsu no juyō nitsuite: Torai saishi kajin shōsetsu mokuroku 日本における才子佳人 小説の受容について: 渡来才子佳人小説目録 [On the reception of the scholar-beauty romance in Japan: A catologue of translated scholar-beauty romances] // Yomihon kenkyū shinshū 読本研究新集 [New research on yomihon]. Vol. 4. Tokyo: Kanrin shobō, 2003. P. 124–144.

Erlich 1994 — Erlich V. Modernism and Revolution: Russian Literature in Transition. Cambridge, MA: Harvard University Press, 1994.

Eroshenko 1922 — Eroshenko V. Ia. Eguo wenxue zai shijie shang de weizhi 俄國文學在世界上的位置 [The position of Russian literature in the world] // Chen bao fukan. 1922. Dec. 9–10. P. 1.

Fadeev 1928 — Fadeev A. A. Die Neunzehn: Roman [The rout: A novel]. Vienna: Verlag für Literatur und Politik, 1928.

Fadeev 1946 — Fadeev A. A. Kaimetsu 壊滅 [The rout] / Transl. by Kurahara Korehito 蔵原惟人. Tokyo: Gatsuyō shobō, 1946.

Fadeev 1959 — Fadeev A. A. Huimie 毀滅 [The rout] / Transl. by Lu Xun // Lu Xun 魯迅. Lu Xun yiwen ji 魯迅譯文集 [A collection of Lu Xun's translation]. Vol. 7. Beijing: Renmin wenxue chubanshe, 1959. P. 209–445.

Fan 2014 — Fan Ye 范曄. Hou Han shu 後漢書 [The book of the later Han]. Hong Kong: Zhonghua shuju Xianggang youxian gongsi, 2014.

Fokkema 1965 — Fokkema D. W. Literary Doctrine in China and Soviet Influence, 1956–1960. London: Mouton, 1965.

Foucault, Miskowiec 1986 — Foucault M., Miskowiec J. Of Other Spaces // Diacritics. 1986. Vol. 16. № 1. P. 22–27.

Frank 1990 — Frank J. Nikolay Chernyshevsky: A Russian Utopia // Through the Russian Prism: Essays on Literature and Culture. Princeton, NJ: Princeton University Press, 1990. P. 188–200.

Fu Jianzhou 2015 — Fu Jianzhou 付建舟. Qing mo Min chu xiaoshuo banben jingyan lu: Eyu xiaoshuo juan 清末民初小說版本經眼錄: 俄語小說卷 [Books I read in the late Qing dynasty and early Republican Era. Russian novels]. Beijing: Zhongguo zhi gong chubanshe, 2015.

Fu Sinian 1919a — Fu Sinian 傅斯年. Baihua wenxue yu xinli de gaige 白話文學與心理的改革 [Vernacular literature and psychological reform] // Xinchao. 1919. Vol. 1. № 5. P. 192–198.

Fu Sinian 1919b — Fu Sinian 傅斯年. Sui gan lu 隨感錄 [Selection of random thoughts] // Xinchao. 1919. Vol. 1. № 5. P. 200–207.

Fu Sinian 1919c — Fu Sinian 傅斯年. Zenyang zuo baihuawen 怎樣做白話文 [How to write in vernacular language] // Xinchao. 1919. Vol. 1. № 2. P. 171–184.

Fukuda et al. 1976 — Fukuda Mitsuharu 福田光治, Kenmochi Takehiko 劍持武彦, Kodama Kōichi 小玉晃一, eds. Roshia, Hokuō, Nanō hen ロシア・北欧・南欧篇 [Russia, Northern Europe, Southern Europe]. Ōbei sakka to nihon kindai bungaku 欧米作家と日本近代文学 [European and American writers and modern Japanese literature]. Vol. 3. Tokyo: Kyōiku shuppan sentā, 1976.

Fukuoka 1959 — Fukuoka Seiichi 福岡誠一. Pekin no Eroshenko 北京のエロシェンコ [Eroshenko in Beijing] // Eroshenko zenshū エロシェンコ全集 [A complete collection of Eroshenko's work]. Vol. 2 / Ed. by Takasugi Ichirō 高杉一郎. Tokyo: Misuzu shobō, 1959. P. 2.

Fukuyasu 2014 — Fukuyasu Y. The History of Russian-to-Japanese Translators from the Edo Period Onwards. PhD diss., University of California, Los Angeles, 2014.

Fukuzawa 1879 — Fukuzawa Yukichi 福澤諭吉. Minjō isshin 民情一新 [Transition of people's way of thinking]. Tokyo: Chosha zōhan, 1879.

Fung 2010 — Fung E. S. K. The Intellectual Foundations of Chinese Modernity: Cultural and Political Thought in the Republican Era. New York: Cambridge University Press, 2010.

Furuya 1948 — Furuya Eiichi 古谷栄一. Kyomushisō to naihirizumu 虚無思想とナイヒリズム [Nothingness thought and nihilism] // Kyomushisō kenkyū 虚無思想研究 [Research on nihilism] / Ed. by Arakawa Hanson 荒川畔村. Tokyo: Seikō shoin, 1948. P. 132–157.

Gamsa 2008 — Gamsa M. The Chinese Translation of Russian Literature: Three Studies. Leiden: Brill, 2008.

Gamsa 2010 — Gamsa M. The Reading of Russian Literature in China: A Moral Example and Manual of Practice. New York: Palgrave Macmillan, 2010.

Gamsa 2017 — Gamsa M. A Lu Xun Publishing Project: Translation as History // Modern Chinese Literature and Culture. 2017. Vol. 29. № 1. P. 204–238.

Gao 2009 — Gao Yuandong 高遠東. Xiandai ruhe "nalai": Lu Xun de sixiang yu wenxue lunji 現代如何 拿來: 魯迅的思想與文學論集 [How to "grab" in the modern era: Edited volume on Lu Xun's ideas and literature]. Shanghai: Fudan daxue chubanshe, 2009.

Gaonkar 2001 — Gaonkar D. P. Alternative Modernities. Durham, NC: Duke University Press, 2001.

Gasparov et al. 1992 — Gasparov B., Hughes R. P., Paperno I., eds. Cultural Mythologies of Russian Modernism: From the Golden Age to the Silver Age. Berkeley: University of California Press, 1992.

Ge 1992 — Ge Baoquan戈寶權. Zhongwai wenxue yinyuan 中外文學姻緣 [The marriage between Chinese and foreign literature]. Beijing: Beijing chubanshe, 1992.

Gen 1991 — Gen Ansei 厳安生. Nihon ryūgaku seishinshi: Kindai Chūgoku chishikijin no kiseki 日本留学精神史: 近代中国知識人の軌跡 [A history of the psychology of exchange students in Japan: The trajectory of modern Chinese intellectuals]. Tokyo: Iwanami shoten, 1991.

Geng 1920 — Geng Jizhi 耿濟之. "Xu" 序 [Introduction] // Hei'an zhi shili 黑暗之勢力 [The dark force]. Shanghai: Shangwu yinshu guan, 1920. P. 1–5.

Gillespie 1995 — Gillespie M. A. Nihilism before Nietzsche. Chicago: University of Chicago Press, 1995.

Girard 1965 — Girard R. Deceit, Desire, and the Novel: Self and Other in Literary Structure / Transl. by Yvonne Freccero. Baltimore: Johns Hopkins University Press, 1965.

Golovnin 1985 — Golovnin V. M. Sōyaku Nihon kiji 遭厄日本紀事 [A memoir of adversity in Japan] / Transl. by Baba Sajūrō 馬場佐十郎, ed. by Takahashi Kageyasu 高橋景保. Tokyo: Kyōiku shuppan sentā, 1985.

Goody 2004 — Goody J. Capitalism and Modernity: The Great Debate. Cambridge, UK: Polity, 2004.

Goudsblom 1980 — Goudsblom J. Nihilism and Culture. Oxford: Blackwell, 1980.

Graham 1990 — Graham A. C. Studies in Chinese Philosophy and Philosophical Literature. Albany: State University of New York Press, 1990.

Gu, Liu 2006 — Gu Hongliang 顧紅亮, Liu Xiaohong 劉曉虹. Xiangxiang geren: Zhongguo gerenguan de xiandai zhuanxing 想像個人: 中國個人觀 的現代轉型 [Imagining the individual: The modern transformation of Chinese individualism]. Shanghai: Shanghai guji chubanshe, 2006.

Guo Moruo 1979 — Guo Moruo 郭沫若. Shaonian shidai 少年時代 [The era of my youth]. Beijing: Renmin wenxue chubanshe, 1979.

Guo Moruo 1989 — Guo Moruo 郭沫若. Chuangzao shinian 創造十年 [Ten years of the Creation Society] // Guo Moruo quanji 郭沫若全集 [A complete collection of Guo Moruo's works]. Vol. 12. Beijing: Renming wenxue chubanshe, 1989. P. 19–187.

Guo Yaogen 1919 — Guo Yaogen 過耀根. Jindai sixiang 近代思想 [Modern ideas]. Shanghai: Shangwu yinshu guan, 1919.

Gustafson 1986 — Gustafson R. F. Leo Tolstoy, Resident and Stranger: A Study in Fiction and Theology. Princeton, NJ: Princeton University Press, 1986.

Habermas 1997 — Habermas J. Modernity: An Unfinished Project // Habermas and the Unfinished Project of Modernity: Critical Essays on The Philosophical Discourse of Modernity / Ed. by Maurizio Passerin d'Entrèves and Seyla Benhabib. Cambridge, MA: MIT Press, 1997. P. 38–58.

Haishima 2012a — Haishima Wataru 蓜島亙. Roshia bungaku hon'yaku nenpyō ロシア文学翻訳年表 [Chronology of translations of Russian literature] // Roshia bungaku hon'yakusha retsuden ロシア文学翻訳者列伝. Tokyo: Tōyō shoten, 2012. P. 320–389.

Haishima 2012b — Haishima Wataru 蓜島亙. Roshia bungaku hon'yakusha retsuden ロシア文学翻訳者列伝 [A series of biographies of translators of Russian literature]. Tokyo: Tōyō shoten, 2012.

Hansen 1992 — Hansen C. A Daoist Theory of Chinese Thought a Philosophical Interpretation. New York: Oxford University Press, 1992.

Hansen 1995 — Hansen C. Qing (Emotions) in Pre-Buddhist Chinese Thought // Emotions in Asian Thought: A Dialogue in Comparative Philosophy, With a Discussion by Robert C. Solomon / Ed. by Joel Marks, Roger T. Ames and Robert C. Solomon. Albany: State University of New York Press, 1995. P. 181–211.

Hara 1969 — Hara Ichirō 原一郎, ed. Ajia to hyūmanizumu アジアとヒューマニズム [Asia and humanism]. Gendai hyūmanizumu kōza 現代ヒューマニズム講座 [Lectures on modern humanism]. Vol. 3. 2nd ed. Tokyo: Hōbunkan, 1969.

Hara, Nishinaga 2000 — Hara Takuya 原卓也, Nishinaga Yoshinari 西永良成. Hon'yaku hyakunen: Gaikoku bungaku to Nihon no kindai 翻訳百年: 外国文学と日本の近代 [One hundred years of translation: Foreign literature and modern Japan]. Tokyo: Taishūkan Shoten, 2000.

Hazama 2001 — Hazama Naoki 狭間直樹. Xinmin congbao Liang Qichao wenzhang yilan biao 《新民叢報》梁啓超文章一覧表 [A list of articles by Liang Qichao in New People] // Liang Qichao, Mingzhi Riben, xifang: Riben jingdu daxue renwen yanjiusuo gongtong yanjiu baogao 梁啓超・明治日本・西方: 日本京都大學人文科學研究所共同研究報告 [Liang Qichao, Meiji Japan, the West: Joint research report by institute for research in the humanities, Kyoto University, Japan]. Beijing: Shehui kexue wenxian chubanshe, 2001. P. 458–471.

He 1995 — He Degong 何德功. Zhong Ri qimeng wenxue lun 中日啟蒙文學論 [A study on enlightenment literature in China and Japan]. Beijing: Dongfang chubanshe, 1995.

He 1998 — He Qiutao 何秋濤. Eluosi jincheng shuji ji 俄羅斯進呈書籍記 [A record of gifts of books from Russia] // Zhonghua chuanshi wenxuan: Wan Qing wenxuan 中華傳世文選: 晚清文選 [An anthology of extant Chinese works: An anthology of works in the late Qing dynasty] / Ed. by Zheng Zhenduo 鄭振鐸. Changchun: Jilin renmin chubanshe, 1998. P. 334–340.

Heidegger 1958 — Heidegger M. The Question of Being / Transl. by William Kluback and Jean T. Wild. New York: Twayne Publishers, 1958.

Heidegger 1991 — Heidegger M. Nietzsche / Transl. by Frank A. Capuzzi, ed. by David Farrell Krell. San Francisco: HarperSanFrancisco, 1991.

Henshūsha yori 1916 — Henshūsha yori 編輯者より [From the editor] // Torusutoi kenkyū. 1916. № 1. P. 71.

Hessney 1979 — Hessney R. C. Beautiful, Talented, and Brave: Seventeenth Century Chinese Scholar-beauty Romances. PhD diss., Columbia University, 1979.

Higashiyama 2009 — Higashiyama Takushi 東山拓志. Nihon no kindai bungaku to Chūgoku no shin bungaku: Hikaku kōsatsu no ichisokumen 日本の近代文学と中国の新文学: 比較考察の一側面 [Modern Japanese literature and new Chinese literature: One side of a comparative analysis]. Tokyo: Hōdōsha, 2009.

Hill 2013 — Hill M. G. Lin Shu, Inc.: Translation and the Making of Modern Chinese Culture. Oxford: Oxford University Press, 2013.

Hillyar 2000 — Hillyar A. Revolutionary Women in Russia, 1870–1917: A Study in Collective Biography / Ed. by Jane McDermid. New York: Manchester University Press, 2000.

Hingley 1967 — Hingley R. Nihilists: Russian Radicals and Revolutionaries in the Reign of Alexander II, 1855–1881. London: Weidenfeld and Nicolson, 1967.

Hockx 2003 — Hockx M. Questions of Style: Literary Societies and Literary Journals in Modern China 1911–1937. Leiden: Brill, 2003.

Hogan 2003 — Hogan P. C. The Mind and Its Stories: Narrative Universals and Human Emotion. Cambridge: Cambridge University Press, 2003.

Hoogenboom 2015 — Hoogenboom H. Sentimental Novels and Pushkin: European Literary Markets and Russian Readers // Slavic Review. 2015. Vol. 74. № 3. P. 553–574.

Hoshina et al. 2012 — Hoshina Hironobu 星名宏修, Wu Ruiren 吳叡人, Li Wenru 李文茹. Nuhouba! Zhongguo zai Zhongguo yu Taiwan de shangyanshi: Fan diguo zhuyi de jiyi jiqi bianxing《怒吼吧！中國》在中國與臺灣的上演史: 反帝國主義的記憶及其變形 [A History of the Staging of Roar, China! in China and Taiwan: Anti-imperialist Memory and its Transformation] // Zhongxin dao bianchui de chonggui yu fengui: Riben diguo yu Taiwan wenxue wenhua yanjiu 中心到邊陲的重軌與分軌：日本帝國與臺灣文學文化 研究 [The Convergence and divergence from Center to Periphery: Japanese Empire and Taiwan's Literary and Cultural Studies]. Taibei: Guoli Taiwan daxue chuban zhongxin, 2012. P. 59–111.

Hu Mengxi 1981 — Hu Mengxi 胡孟璽. Lin Qinnan yishi 林琴南軼事 [Lin Qinnan's anecdotes] // Fujian wenshi ziliao xuanji 福建文史資料選輯 [Selected materials on literature and history in Fujian] / Ed. by Fuzhou shi weiyuanhui wenshi ziliao gongzuozu 福州市委員會文史資料工作組. Fuzhou: Fujian renmin chubanshe, 1981. P. 104–107.

Hu Qiuyuan 1990 — Hu Qiuyuan 胡秋原. Weiwu shiguan yishu lun 唯物史觀藝術論 [A theory of art of historical materialism]. Shanghai: Shanghai shudian, 1990.

Hu Shi 1928 — Hu Shi 胡適. Baihua wenxueshi 白話文學史 [A history of vernacular literature]. Shanghai: Xinyue shudian, 1928.

Hu Shi 2003 — Hu Shi 胡適. Fei geren zhuyi de xin shenghuo 非個人主義的新生活 [The anti-individualistic new life] // Hu Shi quanji 胡適全集 [A complete collection of works by Hu Shi]. Vol. 1 / Ed. by Ji Xianlin 季羨林. Hefei: Anhui jiaoyu chubanshe, 2003. P. 707–717.

Hu Shi 2014a — Hu Shi 胡適. Wushi nian lai Zhongguo zhi wenxue 五十年來中國之文學 [Chinese literature in the past fifty years]. Shanghai: Shanghai kexue jizhu wenxian chubanshe, 2014.

Hu Shi 2014b — Hu Shi 胡適. Zhongguo xin wenxue daxi: Jianshe lilun ji daoyan《中國新文學大系・建設理論集》導言 [An introduction to The Compendium of Chinese New Literature: Constructive Theory Collection] // Zhongguo xin wenxue daxi daoyan ji《中國新文學大系》導言集 [A collection of introductions to The Compendium of Chinese New Literature] / Ed. by Chen Pingyuan 陳平原. Guiyang: Guizhou jiaoyu chubanshe, 2014. P. 43–68.

Hu Y. 2000 — Hu Y. Tales of Translation: Composing the New Woman in China, 1899–1918. Stanford, CA: Stanford University Press, 2000.

Huang Aihua 1995 — Huang Aihua 黃愛華. Lun jindai Riben xiju dui wo guo zaoqi huaju chuangzuo de yingxiang 論近代日本戲劇對我國早期話劇創作的影響 [A study on the impact of modern Japanese drama on the creation of early Chinese drama] // Zhongguo xiandai wenxue yanjiu congkan. 1995. № 4. P. 63–80.

Huang Aihua 2006 — Huang Aihua 黃愛華. Zhonghua muduo xinju zai Riben de gongyan 中華木鐸新劇在日本的公演 [The performance of Chinese muduo new drama in Japan] // Zhejiang yishu zhiye xueyuan xuebao. 2006. Vol. 4. № 1. P. 49–56.

Huang Dingtian 2011 — Huang Dingtian 黃定天. Zhong E wenhua guanxi shigao: 17 shiji–1937 nian 中俄文化關係史稿: 17世紀–1937年 [A history of Sino-Russian cultural relations: 17th century — 1937]. Changchun: Changchun chubanshe, 2011.

Huang Dingtian 2013 — Huang Dingtian 黃定天. Zhong E guanxi tongshi 中俄關係通史 [A history of Sino-Russian relations]. Beijing: Renmin chubanshe, 2013.

Huang Fuqing 1975 — Huang Fuqing 黃福慶. Qing mo liu Ri xuesheng 清末留日學生 [Exchange students in Japan at the end of Qing dynasty]. Taibei: Zhongyang yanjiuyuan jindaishi yanjiusuo, 1975.

Huang M. W. 1998 — Huang M. W. Sentiments of Desire: Thoughts on the Cult of Qing in Ming-Qing Literature // Chinese Literature: Essays, Articles, Reviews. 1998. № 20. P. 153–184.

Huang M. W. 2001 — Huang M. W. Desire and Fictional Narrative in Late Imperial China. Cambridge, MA: Harvard University Asia Center, 2001.

Huang Zunxian 2005 — Huang Zunxian 黃遵憲. Riben guozhi 日本國志 [Treatises on Japan]. Tianjin: Tianjin renmin chubanshe, 2005.

Hubscher-Davidson 2018 — Hubscher-Davidson S. Translation and Emotion: A Psychological Perspective. New York: Routledge, 2018.

Hung 2005 — Hung E. Translation in China: An Analytical Survey; First Century B.C.E to Early Twentieth Century // Asian Translation Traditions / Ed. by Eva Hung and Judy Wakabayashi. Northampton, MA: St. Jerome Publishers, 2005. P. 67–108.

Hutchings 1997 — Hutchings S. C. Russian Modernism: The Transfiguration of the Everyday. Cambridge: Cambridge University Press, 1997.

Huters 2022 — Huters T. Taking China to the World: The Cultural Production of Modernity. Amherst, NY: Cambria Press, 2022.

Ioffe, White 2012 — Ioffe D. G., White F., eds. Russian Avant-Garde and Radical Modernism: An Introductory Reader. Boston: Academic Studies Press, 2012.

Israel 2006 — Israel J. Enlightenment! Which Enlightenment? // Journal of the History of Ideas. 2006. Vol. 67. № 3. P. 523–545.

Iwai 2000 — Iwai Noriyuki 岩井憲幸. Senkusha tachi 先駆者たち [The pioneers] // Nihon Roshia bungakukai日本ロシア文学会, ed. Nihonjin to Roshiago: Roshiago kyōiku no rekishi 日本人とロシア語: ロシア語教育の歴史 [The Japanese people and the Russian language: The history of Russian language education]. Tokyo: Nauka, 2000. P. 3–25.

Iwai 2009 — Iwai Noriyuki 岩井憲幸. Roshiagorui honbun rowa sakuin 『魯西亜語類』本文露和索引 [Russo-Japanese index of Russian Words] // Meiji daigaku kyōyō ronshū. 2009. № 1. P. 1–55.

Ji 1903 — Ji Yihui 戢翼翬. Eguo qingshi: Simishi Mali zhuan 俄國情史: 斯密士瑪利傳 [A Russian love story: The biography of Smith and Mary]. Shanghai: Daxuan shuju, 1903.

Jiang Fang 2016 — Jiang Fang 蔣防. Huo Xiaoyu zhuan 霍小玉傳 [The tale of Huo Xiaoyu] // Tangren xiaoshuo 唐人小說 [The novels of the Tang dynasty] / Ed. by Wang Bijiang 汪辟疆. Beijing: Beijing lianhe chuban gongsi, 2016. P. 91–98.

Jiang Lansheng 2009 — Jiang Lansheng 江藍生. Gudai baihua shuolüe 古代白話說略 [A brief discussion of vernacular language in ancient times]. Beijing: Yuwen chubanshe, 2009.

Jiang Xiaseng 1924 — Jiang Xiaseng 蔣俠僧. Wuchan jieji geming yu wenhua 無產階級革命與文化 [Proletarian revolution and culture] // Xin qingnian. 1924. № 3. P. 19–25.

Jin Mingquan 2004 — Jin Mingquan 靳明全. Zhongguo xiandai wenxue xingqi fazhan zhong de Riben yingxiang yinsu 中國現代文學興起發展中的日本影響因素 [Japanese influence on the development of modern Chinese literature]. Beijing: Zhongguo shehui kexue chubanshe, 2004.

Jin 1993 — Zhongguo xiandai zuojia yu Riben 中國現代作家與日本 [Chinese modern writers and Japan]. Jinan: Shandong wenyi chubanshe, 1993.

Jin W. 2014 — Jin W. Sentimentalism and the 'Cult of Qing': Writing Romantic Love in 18th Century England and Late Ming China // Fudan Journal of the Humanities and Social Sciences. 2014. Vol. 7. № 4. P. 551–562.

Jin Yi 1904 — Jin Yi 金一. Ziyou xue 自由血 [Freedom's blood]. Shanghai: Jing jin shuju, 1904.

Juergensmeyer 2013 — Juergensmeyer M. Religious Terrorism as Performance Violence // The Oxford Handbook of Religion and Violence / Ed. by Michael Jerryson, Mark Juergensmeyer, and Margo Kitts. Oxford: Oxford University Press, 2013. P. 280–292.

Kane, Park 2009 — Kane D., Park J. M. The Puzzle of Korean Christianity: Geopolitical Networks and Religious Conversion in Early Twentieth Century East Asia // American Journal of Sociology. 2009. Vol. 115. № 2. P. 365–404.

Kang 1981 — Kang Youwei 康有為. Kang Youwei zhenglun ji 康有為政論集 [A collection of Kang Youwei's political commentary] / Ed. by Tang Zhijun 湯志鈞. 2 vols. Beijing: Zhonghua shuju, 1981.

Karlsson 2016 — Karlsson M. Literature and Politics. The Proletarian Literature Movement: Experiment and Experience // Routledge Handbook of Modern Japanese Literature / Ed. by Rachael Hutchinson and Leith Morton. Abingdon, UK: Routledge, 2016. P. 111–124.

Katō Kazuo 1915 — Katō Kazuo 加藤一夫. Torusutoi jindōshugi トルストイ人道主義 [Tolstoy's humanism]. Tokyo: Tengendō shobō, 1915.

Katō S. 1997 — Katō S. History of Japanese Literature: From the Man'yōshū to Modern Times. Richmond, UK: Japan Library, 1997.

Katō Yoshimichi 1923 — Katō Yoshimichi 加藤美侖. Shisō jōshiki: Koi to ai no tetsugaku 思想常識: 恋と愛の哲学 [Common ideas: The philosophy of affection and love]. Tokyo: Asakaya shoten, 1923.

Katsuragawa 1943 — Katsuragawa Hoshū 桂川甫周. Hokusa bunryaku: Kōdayū Roshiya kenbunki 北槎聞略: 光太夫ロシヤ見聞記 [Abbreviated account of life in the north: A record of what Kōdayū saw and heard in Russia] / Transl. by Takeo Hajime 竹尾弌. Tokyo: Musashino shobō, 1943.

Kawakami 1943 — Kawakami Tetsutarō 河上徹太郎. Kindai no chōkoku: Chiteki kyōryoku kaigi 近代の超克: 知的協力會議 [Overcoming modernity: A conference of the intellectual collaboration]. Tokyo: Sōgensha, 1943.

Kawamoto, Kamigaito 2010 — Kawamoto Kōji 川本皓嗣, Kamigaito Ken'ichi 上垣外憲一. Sen-kyūhyaku-nijū nendai higashi Ajia no bunka kōryū 一九二〇年代東アジアの文化交流 [East Asian cultural exchange in the 1920s]. Kyoto: Shibunkaku, 2010.

Kawamoto, Kamigaito 2011 — Kawamoto Kōji 川本皓嗣, Kamigaito Ken'ichi 上垣外憲一. Sen-kyūhyaku-nijū nendai higashi Ajia no bunka kōryū: II 一九二〇年代東アジアの文化交流: II [East Asian cultural exchange in the 1920s: II]. Kyoto: Shibunkaku, 2011.

Keaveney 2009 — Keaveney C. T. Beyond Bushtalk: Sino-Japanese Literary Exchange in the Interwar Period. Hong Kong: Hong Kong University Press, 2009.

Kemuyama 1965 — Kemuyama Sentarō 煙山専太郎. Kinsei museifushugi 近世無政府主義 [Anarchism in modern times]. Tokyo: Meiji bunken, 1965.

King et al. 2012 — King R., Poulton C., Endo K., eds. Sino-Japanese Transculturation: From the Late Nineteenth Century to the end of the Pacific War. Lanham, MD: Lexington Books, 2012.

Kingston-Mann 1998 — Kingston-Mann E. In Search of the True West: Culture, Economics, and Problems of Russian Development. Princeton, NJ: Princeton University Press, 1998.

Kline 1985 — Kline G. L. Russian Religious Thought // Nineteenth Century Religious Thought in the West. Vol. 2 / Ed. by Ninian Smart, John Clayton, Patrick Sherry, and Steven T. Katz. Cambridge: Cambridge University Press, 1985. P. 179–229.

Kobayashi 2010 — Kobayashi Minoru 小林実. Meiji Taishō robunka juyōshi: Futabatei Shimei, Sōma Kokkō o chūshin ni 明治大正露文化受容史: 二葉亭四迷・相馬黒光を中心に [A history of the reception of Russian culture in the Meiji and Taishō periods: Spotlight on Futabatei Shimei and Soma Kokko]. Yokohama: Shunpūsha, 2010.

Komatsu 1972 — Komatsu Ryūji 小松隆二. Nihon anakizumu undōshi 日本アナキズム運動史 [The Japanese anarchist movement]. Tokyo: Aoki shoten, 1972.

Komatsu 1985 — Komatsu Ryūji 小松隆二. Tsuchi no sakebi chi no sasayaki: Katō Kazuo no shōgai to shisō 土の叫び地の囁き: 加藤一夫の生涯と思想 [The scream of soil and the whispering of the land: The life and thought of Katō Kazuo] // Mita gakkai zasshi. 1985. Vol. 78. № 4. P. 100 (416)–118 (434).

Konishi 1894 — Konishi Masutarō 小西増太郎. Rokoku shisōkai no kinkyō 露国思想界の近況 [The recent state ideology in Russia] // Rikugō zasshi. 1894. Apr. 15. P. 160.

Konishi 2013 — Konishi S. Anarchist Modernity: Cooperatism and Japanese-Russian Intellectual Relations in Modern Japan. Cambridge, MA: Harvard University Asia Center, 2013.

Kotsonis 2000 — Kotsonis Y. Introduction: A Modern Paradox; Subject and Citizen in Nineteenth and Twentieth Century Russia // Russian Modernity: Politics, Knowledge and Practices, 1800–1950 / Ed. by David L. Hoffmann and Yanni Kotsonis. Basingstoke, UK: Palgrave Macmillan, 2000. P. 1–18.

Kowallis 1995 — Kowallis J. E. von. The Lyrical Lu Xun: A Study of His Classical-Style Verse. Honolulu: University of Hawai'i Press, 1995.

Kowallis 2002 — Kowallis J. E. von. Lu Xun and Gogol // The Soviet and Post-Soviet Review. 2002. Vol. 28. № 1–2. P. 101.

Koyasu 2008 — Koyasu Nobukuni 子安宣邦. "Kindai no chōkoku" to wa nani ka 「近代の超克」とは何か [What is "overcoming modernity?"]. Tokyo: Seidosha, 2008.

Krebs 1998 — Krebs E. S. Shifu: Soul of Chinese Anarchism. Lanham, MD: Rowman & Littlefield, 1998.

Kropotkin 1905 — Kropotkin P. Russian Literature. New York: McClure, Phillips & Co., 1905.

Kumar et al. 2019 — Kumar S., Mohanty S. P., Kumar A., Kumar R., eds. China, India and Alternative Asian Modernities. Abingdon, UK: Routledge, 2019.

Kuo 2017 — Kuo Y.-P. The Making of The New Culture Movement: A Discursive History // Twentieth Century China. 2017. Vol. 42. № 1. P. 52–71.

Lam 2018 — Lam L. H. The Spatiality of Emotion in Early Modern China: From Dreamscapes to Theatricality. New York: Columbia University Press, 2018.

Laughlin 2000 — Laughlin C. A. Narrative Subjectivity and the Production of Social Space in Chinese Reportage // Modern Chinese Literary and Cultural Studies in the Age of Theory: Reimagining a Field / Ed. by Rey Chow. Durham, NC: Duke University Press, 2000. P. 26–47.

Laughlin 2005 — Laughlin C. A., ed. Contested Modernities in Chinese Literature. New York: Palgrave Macmillan, 2005.

Laughlin 2008 — Laughlin C. A. The Literature of Leisure and Chinese Modernity. Honolulu: University of Hawai'i Press, 2008.

Lavrin 1925 — Lavrin J. Tolstoy and Nietzsche // The Slavonic Review. 1925. Vol. 4. № 10. P. 67–82.

Le 2005 — Le Feng 樂峰. Dongzhengjiao shi 東正教史 [A history of the orthodox religion]. Beijing: Zhongguo shehui kexue chubanshe, 2005.

Lee H. 2007 — Lee H. Revolution of the Heart: A Genealogy of Love in China, 1900–1950. Stanford, CA: Stanford University Press, 2007.

Lee L. O. 1995 — Lee L. O. Some Notes on 'Culture,' 'Humanism,' and 'the Humanities' in Modern Chinese Cultural Discourses // Surfaces. 1995. № 5. URL: https://id.erudit.org/iderudit/1065002ar.

Lee L. O. 1999 — Lee L. O. Shanghai Modern: The Flowering of A New Urban Culture in China, 1930–1945. Cambridge, MA: Harvard University Press, 1999.

Leier 2006 — Leier J. M. Bakunin: The Creative Passion. New York: Thomas Dunne Books, 2006.

Lengchuan 2009 — Lengchuan 冷川. Wanxian an yu Nuhouba, Zhongguo! yiyi suyuan 萬縣案與《怒吼吧, 中國!》意義溯源 [The connection between the case of Wanxian and Roar, China!] // Changjiang shifan xueyuan xuebao. 2009. Vol. 25. № 6. P. 68–75.

Lensen 1971 — Lensen G. A. The Russian Push toward Japan: Russo-Japanese Relations, 1697–1875. New York: Octagon Books, 1971.

Li Chuli 1928 — Li Chuli 李初梨. Ziran shengzhang xing yu mudi yishi xing 自然生長性與目的意識性 [Natural growth and purposeful consciousness] // Sixiang. 1928. № 2. P. 1–20.

Li Chunyang 2017 — Li Chunyang 李春陽. Baihuawen yundong de weiji 白話文運動的危機 [The crisis of the vernacular movement]. Beijing: Shenghuo dushu xinzhi sanlian shudian, 2017.

Li Cunguang 2009 — Li Cunguang 李存光. Houji 後記 [Postscript] // Wuzhengfuzhuyi pipan: Kelupaotejin zai Zhongguo 無政府主義批判: 克魯泡特金在中國 [Criticism on nihilism: Kropotkin in China]. Nanchang: Jiangxi gaoxiao chubanshe, 2009. P. 264–269.

Li Dazhao 2006 — Li Dazhao 李大釗. Eluosi wenxue yu geming 俄羅斯文學與革命 [Russian literature and revolution] // Li Dazhao quanji 李大釗全集 [A complete collection of the works of Li Dazhao]. Vol. 3 / Ed. by Zhongguo Li Dazhao yanjiuhui 中國李大釗研究會. Beijing: Renmin chubanshe, 2006. P. 118–126.

Li Dongmu 2012 — Li Dongmu 李冬木. Mingzhi shidai 'shiren' yanshuo yu Lu Xun de 'Kuangren riji' 明治時代 食人 言說與魯迅的《狂人日記》 [The discourse of "cannibalism" in the Meiji period and Lu Xun's "Diary of a Madman"] // Wenxue pinglun. 2012. № 1. P. 116–128.

Li Dongmu 2013 — Li Dongmu 李冬木. Liuxuesheng Zhou Shuren zhoubian de 'Nicai' jiqi zhoubian 留學生周樹人周邊的 尼采 及其周邊 [The relevance of Nietzsche to the exchange student Zhou Shuren and other related issues] // Nicai yu huawen wenxue lunwen ji 尼采與華文文學論文集 [An edited volume on Nietzsche and Chinese literature] / Ed. by Zhang Zhaoyi 張釗貽. Singapore: Bafang wenhua chuangzuo shi, 2013. P. 87–126.

Li Fengbao 1936 — Li Fengbao 李鳳苞. Shi De riji 使德日記 [Diary of my visit to Germany]. Shanghai: Shangwu yinshu guan, 1936.

Li Jin 2006 — Li Jin 李今. San si shi niandai Su E hanyi wenxue lun 三四十年代蘇俄漢譯文學論 [A discussion of Soviet-Russian translation of Chinese literature in the 1930s and 1940s]. Beijing: Renmin wenxue chubanshe, 2006.

Li Jin 2009 — Li Jin 李今. Ershi shiji Zhongguo fanyi wenxue shi (San si shi niandai: E Su juan) 二十世紀中國翻譯文學史 (三四十年代・俄蘇卷) [Chinese translation history in the twentieth century (Soviet Russia in the 1930s and 1940s)]. Tianjin: Baihua wenyi chubanshe, 2009.

Li Shixue 2013 — Li Shixue 李奭學. Jindai baihuawen, zongjiao qimeng, yesuhui chuantong: Shikui He Qingtai jiqi suoyi Gu xin shengjing de yuyan wenti 近代白話文・宗教啟蒙・耶穌會傳統: 試窺賀清泰及其所譯《古新聖經》的語言問題 [Modern vernacular language, religious enlightenment, the tradition of the society of Jesus: An attempted examination of Louis Antoine de Poirot and the language issues in his Chinese translation of the Bible] // Zhongguo wenzhe yanjiu jikan. 2013. № 42. P. 51–108.

Li W.-Y. 1993 — Li W.-Y. Enchantment and Disenchantment. Princeton, NJ: Princeton University Pres, 1993.

Li Wei 2016 — Li Wei 李瑋. Eluosiren yanzhong de Zhongguo xingxiang 俄羅斯人眼中的中國形象 [The image of China through Russian eyes]. Beijing: Beijing daxue chubanshe, 2016.

Li Xisuo 1996 — Li Xisuo 李喜所. Jindai Zhongguo de liuxuesheng 近代中國的留學生 [Modern Chinese exchange students]. Beijing: Zhongguo shaonian ertong chubanshe, 1996.

Li Yanli 2011 — Li Yanli 李艷麗. Wan Qing Eguo xiaoshuo yijie lujing ji diben kao: Jianxi 'xuwudang xiaoshuo' 晚清俄國小說譯介路徑及底本考: 兼析 虛無黨小說 [A research on the translation trajectory and origin of Russian fiction in the late Qing dynasty: Additional analysis on "nihilist fiction"] // Waiguo wenxue pinglun. 2011. № 1. P. 210–222.

Li Yanli 2014 — Li Yanli 李艷麗. Wan Qing Riyu xiaoshuo yijie yanjiu 晚清日語小說譯介研究 (1898–1911) [The translation of novels from Japanese in the late Qing dynasty (1898–1911)]. Shanghai: Shanghai shehui kexueyuan chubanshe, 2014.

Li Yi 2009 — Li Yi 李怡. Riben tiyan yu Zhongguo xiandai wenxue de fasheng 日本體驗與中國現代文學的發生 [Japanese experience and the origin of modern Chinese literature]. Beijing: Beijing daxue chubanshe, 2009.

Li Zehou 1998 — Li Zehou 李澤厚. Qimeng yu jiuwang de shuangchong bianzou 啟蒙與救亡的雙重變奏 [The dual variation of enlightenment and nationalism] // Li Zehou xueshu wenhua suibi 李澤厚學術文化隨筆 [Li

Zehou's writings on academic culture]. Beijing: Zhongguo qingnian chu-banshe, 1998. P. 135–157.

Li Zhihong 2008 — Li Zhihong 李志宏. Ming mo Qing chu caizi jiaren xiaoshuo xushi yanjiu明末清初才子佳人小說敘事研究 [A study on the narrotology of the scholar-beauty romance in the late Ming dynasty and the early Qing dynasty]. Taibei: Da'an chubanshe, 2008.

Liang Qichao 1903 — Liang Qichao 梁啓超. Lun Eluosi xuwudang 論俄羅斯虛無黨 [On the Russian nihilist party] // Xinmin congbao. 1903. № 40–41. P. 59–75.

Liang Qichao 1989 — Liang Qichao 梁啓超. Lun youxue 論幼學 [On the education of the young] // Yinbingshi he ji 飲冰室合集 [The collected works of Yinbingshi]. Vol. 1. Beijing: Zhonghua shu ju, 1989. P. 44–60.

Liang Qichao 1999 — Liang Qichao 梁啓超. Lun xiaoshuo yu qunzhi zhi guanxi 論小說與群治之關係 [On the relationship between fiction and the government of the people] // Liang Qichao quanji 梁啓超全集 [A complete collection of Liang Qichao's works]. Vol. 4 / Ed. by Yang Gang 楊鋼 and Wang Xiangyi 王相宜. Beijing: Beijing chubanshe, 1999. P. 884–886.

Liang Shiqiu 1984 — Liang Shiqiu 梁實秋. "Fanyi" 翻譯 [Translation] // Fanyi yanjiu lunwen ji: 1894–1948 翻譯研究論文集: 1894–1948 [A collection of essays about translation studies: 1894–1948] / Ed. by Zhongguo fanyi gongzuozhe xiehui fanyi tongxun bianji bu中國翻譯工作者協會翻譯通訊編輯部. Beijing: Waiyu jiaoxue yu yanjiu chubanshe, 1984. P. 133–134.

Liang Shiqiu 1997 — Liang Shiqiu 梁實秋. Lun Lu Xun xiansheng de 'yingyi' 論魯迅先生的 硬譯 [On Lu Xun's "hard translation"] // Lu Xun Liang Shiqiu lunzhan shilu 魯迅梁實秋論戰實錄 [The records of Lu Xun and Liang Shiqiu's debate] / Ed. by Li Zhao黎照. Beijing: Hualing chubanshe, 1997. P. 190–193.

Lim 2013 — Lim S. S. China and Japan in the Russian Imagination, 1685–1922: To the Ends of the Orient. Abingdon, UK: Routledge, 2013.

Lin Jinghua 2005 — Lin Jinghua 林精華. Wudu Eluosi: Zhongguo xian-daixing wenti zhong de Eguo yinsu 誤讀俄羅斯: 中國現代性問題中的俄國因素 [Misreading Russia: The Russia factor in the problem of China's modernity]. Beijing: Shangwu yin shu guan, 2005.

Lin Shu 1960 — Lin Shu 林紓. Lushu gelan xiaozhuan xu 《露漱格蘭小傳》序 [Introduction to Lady Audley's Secret] // Wan Qing wenxue congchao 晚清文學叢抄 [A collection of late Qing literature]. Vol. 2 / Ed. by A Ying. Beijing Zhonghua shuju 1960. P. 198.

Lin Y. 1979 — Lin Y. The Crisis of Chinese Consciousness: Radical Antitradi-tionalism in the May Fourth Era. Madison: University of Wisconsin Press, 1979.

Lingnan yuyi nüshi 1902a — Lingnan yuyi nüshi 嶺南羽衣女士. Lishi xiaoshuo: Dong Ou nü haojie: Di er hui: Pei'emi tingshen gui Luguo, Sufeiya goumian ru tianlao 歷史小說: 東歐女豪傑: 第二回: 裴我彌挺身歸露國蘇菲亞垢面入天牢 [A historical novel: Heroines of Eastern Europe: Chapter 2: Pei'emi heroically returns to Russia, Sufeiya goes to jail with a dirty face] // Xin xiaoshuo. 1902. Vol. 1. № 2. P. 20–46.

Lingnan yuyi nüshi 1902b — Lingnan yuyi nüshi 嶺南羽衣女士. Lishi xiaoshuo: Dong Ou nü haojie: Di san hui: Yansheng fang Mei gongyi siqing, genü zeng jin bingxin rexue 歷史小說: 東歐女豪傑: 第三回: 晏生訪美公義私情 葛女贈金冰心熱血 [A historical novel: Heroines of Eastern Europe: Chapter 3: Mr. Yan visits the United States for both public and private reasons, Ms. Ge with a crystal heart and hot blood gives gold as a present] // Xin xiaoshuo. 1902. Vol. 1. № 3. P. 47–86.

Liu An 2016 — Liu An 劉安. Huainanzi 淮南子 [Master Huainan]. Shanghai: Shanghai guji chubanshe, 2016.

Liu Jian 2005 — Liu Jian 劉堅. Jindai hanyu duben 近代漢語讀本 [Readings of Chinese literature of the recent dynasties]. Shanghai: Shanghai jiaoyu chubanshe, 2005.

Liu J. 2003 — Liu J. Revolution Plus Love: Literary History, Women's Bodies, and Thematic Repetition in Twentieth Century Chinese Fiction. Honolulu: University of Hawai'i Press, 2003.

Liu J. 2016 — Liu J. Zhuangzi and Modern Chinese Literature. New York: Oxford University Press, 2016.

Liu Jun 2010 — Liu Jun 劉軍. Riben wenhua shiyu zhong de Zhou Zuoren 日本文化視域中的周作人 [Zhou Zuoren in the context of Japanese culture]. Shanghai: Shanghai wenyi chubanshe, 2010.

Liu L. H. 1995 — Liu L. H. Translingual Practice: Literature, National Culture, and Translated Modernity-China, 1900–1937. Stanford, CA: Stanford University Press, 1995.

Liu Q. 2017 — Liu Q. Transcultural Lyricism: Translation, Intertextuality, and the Rise of Emotion in Modern Chinese Love Fiction, 1899–1925. Leiden: Brill, 2017.

Livak 2018 — Livak L. In Search of Russian Modernism. Baltimore: Johns Hopkins University Press, 2018.

Lu Faqin, Rui 2018 — Lu Faqin 魯法芹, Jiang Rui 蔣銳. Eguo mincui zhuyi zai Zhongguo de chushi chuanbo jiqi tedian 俄國民粹主義在中國的初始傳播及其特點 [The dissemination and features of Russian populism in China] // Dangdai shijie shehui zhuyi wenti. 2018. Vol. 135. № 1. P. 29–36.

Lu S. 2007 — Lu S. H. Chinese Modernity and Global Biopolitics: Studies in Literature and Visual Culture. Honolulu: University of Hawai'i Press, 2007.

Lu Xun 1959a — Lu Xun 魯迅. Chalatusitela de xuyan 查拉圖斯忒拉的序言 [An introduction to Thus Spake Zarathustra] // Lu Xun 魯迅. Lu Xun yiwen ji 魯迅譯文集 [A collection of Lu Xun's translation]. Vol. 10. Beijing: Renmin wenxue chubanshe, 1959. P. 439–458.

Lu Xun 1959b — Lu Xun 魯迅. Lu Xun yiwen ji 魯迅譯文集 [A collection of Lu Xun's translation]. 10 vols. Beijing: Renmin wenxue chubanshe, 1959.

Lu Xun 1959c — Lu Xun 魯迅. Yile Gongren Suihuiluefu zhihou 譯了《工人綏惠略夫》之後 [After translating The Worker Shevyrev] // Lu Xun 魯迅. Lu Xun yiwen ji 魯迅譯文集 [A collection of Lu Xun's translation]. Vol. 1. Beijing: Renmin wenxue chubanshe, 1959. P. 187–192.

Lu Xun 1959d — Lu Xun 魯迅. Yishu lun xiaoxu《藝術論》小序 [Introduction to On Art] // Lu Xun 魯迅. Lu Xun yiwen ji 魯迅譯文集 [A collection of Lu Xun's translation]. Vol. 6. Beijing: Renmin wenxue chubanshe, 1959. P. 3–5.

Lu Xun 1959e — Lu Xun 魯迅. Zai lun chongyi 再論重譯 [On relay translation again] // Lu Xun 魯迅. Lu Xun yiwen ji 魯迅譯文集 [A collection of Lu Xun's translation]. Vol. 6. Beijing: Renmin wenxue chubanshe, 1959. P. 3–5.

Lu Xun 1959f — Lu Xun 魯迅. Zhu Zhong E wenzi zhijiao 祝中俄文字之交 [A celebration of Sino-Russian literary ties] // Lu Xun 魯迅. Lu Xun yiwen ji 魯迅譯文集 [A collection of Lu Xun's translation]. Vol. 4. Beijing: Renmin wenxue chubanshe, 1959. P. 472–479.

Lu Xun 2005a — Lu Xun 魯迅. 340729 Zhi Cao Juren 致曹聚仁 [A letter to Cao Juren. 1934. Jul. 29] // Lu Xun 魯迅. Lu Xun quanji 魯迅全集 [A complete collection of Lu Xun's works]. Vol. 13. Beijing: Renmin wenxue chubanshe, 2005. P. 187–190.

Lu Xun 2005b — Lu Xun 魯迅. Da Cao Juren xiansheng xin 答曹聚仁先生信 [A response to Cao Juren] // Lu Xun 魯迅. Lu Xun quanji 魯迅全集 [A complete collection of Lu Xun's works]. Vol. 6. Beijing: Renmin wenxue chubanshe, 2005. P. 78–81.

Lu Xun 2005c — Lu Xun 魯迅. Feiyou fuyi buke 非有復譯不可 [Retranslation is necessary] // Lu Xun 魯迅. Lu Xun quanji 魯迅全集 [A complete collection of Lu Xun's works]. Vol. 6. Beijing: Renmin wenxue chubanshe, 2005. P. 284–286.

Lu Xun 2005d — Lu Xun 魯迅. Guanyu fanyi de tongxin (huixin) 關於翻譯的通信 (回信) [Letters on translation (response)] // Lu Xun 魯迅. Lu Xun quanji 魯迅全集 [A complete collection of Lu Xun's works]. Vol. 4. Beijing: Renmin wenxue chubanshe, 2005. P. 388–398.

Lu Xun 2005e — Lu Xun 魯迅. Lao diaozi yijing changwan 老調子已經唱完 [Already finished singing the old tune] // Lu Xun 魯迅. Lu Xun quanji 魯迅全集 [A complete collection of Lu Xun's works]. Vol. 7. Beijing: Renmin wenxue chubanshe, 2005. P. 321–329.

Lu Xun 2005f — Lu Xun 魯迅. Liang di shu (ershisi) 兩地書 二十四 [Letters from two places (24)] // Lu Xun 魯迅. Lu Xun quanji 魯迅全集 [A complete collection of Lu Xun's works]. Vol. 11. Beijing: Renmin wenxue chubanshe, 2005. P. 79–82.

Lu Xun 2005g — Lu Xun 魯迅. Lu Xun quanji 魯迅全集 [A complete collection of Lu Xun's works]. 18 vols. Beijing: Renmin wenxue chubanshe, 2005.

Lu Xun 2005h — Lu Xun 魯迅. Lun chongyi 論重譯 [On relay translation] // Lu Xun 魯迅. Lu Xun quanji 魯迅全集 [A complete collection of Lu Xun's works]. Vol. 5. Beijing: Renmin wenxue chubanshe, 2005. P. 531–533.

Lu Xun 2005i — Lu Xun 魯迅. Menwai wentan 門外文談 [An outsider's conversations on written language] // Lu Xun 魯迅. Lu Xun quanji 魯迅全集 [A complete collection of Lu Xun's works]. Vol. 6. Beijing: Renmin wenxue chubanshe, 2005. P. 86–114.

Lu Xun 2005j — Lu Xun 魯迅. Shuqin qian ji 《豎琴》前記 [Preface to Harps] // Lu Xun 魯迅. Lu Xun quanji 魯迅全集 [A complete collection of Lu Xun's works]. Vol. 4. Beijing: Renmin wenxue chubanshe, 2005. P. 443–449.

Lu Xun 2005k — Lu Xun 魯迅. 'Ti wei ding' cao 題未定 草 [Drafts with undecided titles] // Lu Xun 魯迅. Lu Xun quanji 魯迅全集 [A complete collection of Lu Xun's works]. Vol. 6. Beijing: Renmin wenxue chubanshe, 2005. P. 362–372.

Lu Xun 2005l — Lu Xun 魯迅. 'Tuo'ersitai zhi si yu shaonian Ouluoba' yi hou ji 《托爾斯泰之死 與少年歐羅巴》譯後記 [Translator's note on "The Death of Tolstoy and Young Europe"] // Lu Xun 魯迅. Lu Xun quanji 魯迅全集 [A complete collection of Lu Xun's works]. Vol. 10. Beijing: Renmin wenxue chubanshe, 2005. P. 337–338.

Lu Xun 2005m — Lu Xun 魯迅. Wenyi yu piping yizhe fuji 《文藝與批評》譯者附記 [Translator's postscript to Literature and Criticism] // Lu Xun 魯迅. Lu Xun quanji 魯迅全集 [A complete collection of Lu Xun's works]. Vol. 10. Beijing: Renmin wenxue chubanshe, 2005. P. 328–336.

Lu Xun 2005n— Lu Xun 魯迅. Xiezai Fen houmian 寫在《墳》後面 [Postscript to The Grave] // Lu Xun 魯迅. Lu Xun quanji 魯迅全集 [A complete collection of Lu Xun's works]. Vol. 1. Beijing: Renmin wenxue chubanshe, 2005. P. 298–304.

Lu Xun 2005o — Lu Xun 魯迅. 'Yingyi' yu 'wenxue de jiejixing' 硬譯 與文學的階級性 ["Hard translation" and "the class-based nature of literature"] //

Lu Xun 魯迅. Lu Xun quanji 魯迅全集 [A complete collection of Lu Xun's works]. Vol. 4. Beijing: Renmin wenxue chubanshe, 2005. P. 388–398.

Lü Yuanming 1992 — Lü Yuanming 呂元明. Riben wenxue lun shi: Jianji Zhong Ri bijiao wenxue 日本 文學論釋: 兼及中日比較文學 [An analysis and explanation of Japanese literature: Also on Sino-Japanese comparative literature]. Changchun: Dongbei shifan daxue chubanshe, 1992.

Lunacharskii 1928 — Lunacharskii A. V. Marukusu-shugi geijutsu ron マ ルクス主義芸術論 [Marxist art theory] / Transl. by Nobori Shomu 昇曙夢. Tokyo: Hakuyōsha 白揚社, 1928.

Lunacharskii 1959 — Lunacharskii A. V. Yishu lun 藝術論 [On art] / transl. by Lu Xun // Lu Xun 魯迅. Lu Xun yiwen ji 魯迅譯文集 [A collection of Lu Xun's translation]. Vol. 6. Vol. 10. Beijing: Renmin wenxue chubanshe, 1959. P. 3–142.

Luo 1983 — Luo Jialun 羅家倫, ed. Biji lei: Lixiang xuwudang xuyan 筆記類: 理想虛無黨緒言 [Random jottings: An introduction to An Ideal Nihilist Party] // Guomin ri ribao huibian 國民日日報匯編 [Collection of The China National Gazette]. Vol. 4 / Ed. by Zhongguo guomindang dangshi shiliao bianzuan weiyuanhui 中國國民黨黨史史料編纂委員會. Taibei: Zhongyang wenwu gongying she, 1983. P. 53–54.

Ma 2014 — Ma X. The Missing Link: Japan as an Intermediary in the Transculturation of the 'Diary of A Madman' // Frontiers of Literary Studies in China. 2014. Vol. 8. № 2. P. 331–346.

Ma 2019 — Ma X. An Interstitial Space: Cross-Cultural Negotiation and Concession in Early Fiction Translations in New Youth // Twentieth Century China. 2019. Vol. 44. № 2. P. 223–236.

Maeda 1989 — Maeda Ai 前田愛. Genkei no Meiji 幻景の明治 [The phantom landscape of Meiji]. Maeda Ai chosakushū 前田愛著作集 [A collection of Maeda Ai's works]. Vol. 4. Tokyo: Chikuma shobō, 1989.

Maier 2006 — Maier C. The Translator as Theorôs // Translating Others / Ed. by Theo Hermans. Manchester, NH: St. Jerome Publishers, 2006. P. 164–180.

Mao et al. 1923 — Mao Dun 茅盾, Hu Yuzhi 胡愈之, Deng Zemin 鄧澤民, eds. Jindai Eguo wenxuejia lun 近代俄國文學家論 [On modern Russian writers]. Shanghai: Shangwu yinshu guan, 1923.

Martin, Nakayama 2010 — Martin J. N., Nakayama T. K. Intercultural Communication in Contexts. 5th ed. New York: McGraw-Hill Higher Education, 2010.

Mason 2012 — Mason M. Dominant Narratives of Colonial Hokkaido and Imperial Japan: Envisioning the Periphery and the Modern Nation-State. New York: Palgrave Macmillan, 2012.

Massumi 2015 — Massumi B. The Politics of Affect. Cambridge, UK: Polity Press, 2015.

Mathewson 2000 — Mathewson R. W. The Positive Hero in Russian Literature. Evanston, IL: Northwestern University Press, 2000.

Medzhibovskaya 2008 — Medzhibovskaya I. Tolstoy and the Religious Culture of his Time: A Biography of a Long Conversion, 1845–1887. Lanham, MD: Lexington Books, 2008.

Meinert 2010 — Meinert C. Introduction: In Search of Humaness in China // Traces of Humanism in China: Tradition and Modernity / Ed. by Carmen Meinert. Bielefeld, Germany: Transcript, 2010. P. 9–18.

Míček 1961 — Míček E. Tolstoy, the Artist and Humanist: Impressions and Evaluation. Austin, TX: Czech Literary Society, 1961.

Michie 2014 — Michie M. Working Cross-Culturally: Identity Learning, Border Crossing and Culture Brokering. Rotterdam: Sense Publishers, 2014.

Mihara 1990 — Mihara Yōko 三原容子. Katō Kazuo no shisō: Anakizumu kara tennō shinkō e no kiseki 加藤一夫の思想: アナキズムから天皇信仰への軌跡 [Katō Kazuo's ideas: The trajectory from anarchism to emperor worship] // Shakai shisōshi kenkyū. 1990. № 14. P. 105–117.

Miller 2001 — Miller J. S. Adaptations of Western Literature in Meiji Japan. New York: Palgrave, 2001.

Min bao 1907a — Xuwudang xiaoshi 虛無黨小史 [A brief history of the nihilist party] // Min bao. 1907. № 11. P. 89–90.

Min bao 1907b — Xuwudang xiaoshi (Xu shiyi hao) 虛無黨小史（續十一號）[A brief history of the nihilist party (A continuation from no. 11)] // Min bao. 1907. № 17. P. 121–148.

Miner et al. 1985 — Miner E. R, Odagiri H., Morrell R. E. The Princeton Companion to Classical Japanese Literature. Princeton, NJ: Princeton University Press, 1985.

Minzhonghanquanzi 2009 —Minzhonghanquanzi 閩中寒泉子. Tuo'ersitai lüe zhuan jiqi sixiang 托爾斯泰略傳及其思想 [On the life and ideas of Tolstoy] // Wenxue de yingxiangli: Tuo'ersitai zai Zhongguo / Ed. by Chen Jianhua. Nanchang: Jiangxi gaoxiao chubanshe, 2009. P. 3–8.

Miyazaki 2007 — Miyazaki Muryū 宮崎夢柳. Kishūshū: Komutō jitsudenki 鬼啾啾: 虛無党実伝記 [A truthful record of the anarchist party: Wailing spirits]. Tokyo: Heibonsha, 2007.

Morita 1983 — Morita Shiken 森田思軒. Jo 叙 [Introduction] // Yoru to asa 夜と朝 [Night and morning]. Tokyo: Hakubunkan, 1893. P. 1–2.

Morris 1993 — Morris M. A. Saints and Revolutionaries: The Ascetic Hero in Russian Literature. Albany: State University of New York Press, 1993.

Moser 1964 — Moser C. A. Antinihilism in the Russian Novel of the 1860's. The Hague: Mouton, 1964.

Mushanokōji 1916 — Mushanokōji Saneatsu 武者小路実篤. Torusutoi ni tsuite トルストイに就て [On Tolstoy] // Torusutoi kenkyū. 1916. № 3. P. 2–7.

Mushanokōji 1936 — Mushanokōji Saneatsu 武者小路実篤. Torusutoi トルストイ [Tolstoy]. Tokyo: Dai Nihon yūbenkai kōdansha, 1936.

Mushanokōji 1969 — Mushanokōji Saneatsu 武者小路実篤. Atarashiki mura no seikatsu 新しき村の生活 [Life of the New Village]. Tokyo: Nihon kindai bungakukan 日本近代文学館, 1969.

Mushanokōji 1987a — Mushanokōji Saneatsu 武者小路実篤. Jibun no fude de suru shigoto 自分の筆でする仕事 [The work of my own pen] // Mushanokōji Saneatsu zenshū 武者小路實篤全集 [A complete collection of Mushanokōji Saneatsu's works]. Vol. 1. Tokyo: Shōgakukan, 1987. P. 346–348.

Mushanokōji 1987b — Mushanokōji Saneatsu 武者小路実篤. 'Jiko no tame' oyobi sonota ni tsuite 「自己の為」及び其他について [On "For Myself" and others] // Mushanokōji Saneatsu zenshū 武者小路實篤全集 [A complete collection of Mushanokōji Saneatsu's works]. Vol. 1. Tokyo: Shōgakukan, 1987. P. 427–430.

Mushanokōji 1987c — Mushanokōji Saneatsu 武者小路実篤. Kojinshugi no dōtoku 個人主義の道徳 [The morality of the individualism] // Mushanokōji Saneatsu zenshū 武者小路實篤全集 [A complete collection of Mushanokōji Saneatsu's works]. Vol. 1. Tokyo: Shōgakukan, 1987. P. 345–346.

Mushanokōji 1987d — Yami ni kagayaku hikari o yonde 「闇に輝く光」を読んで [Reading The Light Shines in Darkness] // Mushanokōji Saneatsu zenshū 武者小路實篤全集 [A complete collection of Mushanokōji Saneatsu's works]. Vol. 1. Tokyo: Shōgakukan, 1987. P. 587–588.

Mushanokōji 1987–1991a — Mushanokōji Saneatsu zenshū 武者小路實篤全集 [A complete collection of Mushanokōji Saneatsu's works]. 18 vols. Tokyo: Shōgakukan, 1987–1991.

Mushanokōji 1987–1991b — Rokugō zakki [9· Taishō gonen hachigatsugō] 六号雑記 [9・大正五年八月号] [Random jottings in vol. 6 [9· Taishō 5 August] // Mushanokōji Saneatsu zenshū 武者小路實篤全集 [A complete collection of Mushanokōji Saneatsu's works]. Vol. 3. Tokyo: Shōgakukan, 1987–1991. P. 720–723.

Mushanokōji 1987–1991c — Mushanokōji Saneatsu 武者小路実篤. Rinjin'ai ni tsuite 隣人愛に就て [On loving your neighbor] // Mushanokōji Saneatsu zenshū 武者小路實篤全集 [A complete collection of Mushanokōji Saneatsu's works]. Vol. 4. Tokyo: Shōgakukan, 1987–1991. P. 167–180.

Nagahori 2011 — Nagahori Yūzō 長堀祐造. Ro Jin to Torotsukī: Chūgoku ni okeru "bungaku to kakumei" 魯迅とトロツキー:中国における「文学と革命」 [Lu Xun and Trotsky: "Literature and Revolution" in China]. Tokyo: Heibonsha, 2011.

Naganawa 2000 — Naganawa Mitsuo 長縄光男. Senkyōshi Nikorai 宣教師ニコライ [Missionary Nicholas] // Nihon Roshia bungakukai日本ロシア文学会, ed. Nihonjin to Roshiago: Roshiago kyōiku no rekishi 日本人とロシア語: ロシア語教育の歴史 [The Japanese people and the Russian language: The history of Russian language education]. Tokyo: Nauka, 2000. P. 31–38.

Naganawa 2001 — Naganawa Mitsuo 長縄光男. Nikoraidō shōshi: Roshia seikyō juyō 150-nen o tadoru ニコライ堂小史:ロシア正教受容150年をたどる [A short history of the church of St. Nicholas: Following 150 years of the acceptance of Russian Othodox Christianity]. Tokyo: Toyō shoten, 2011.

Naganawa 2007 — Naganawa Mitsuo 長縄光男. Nikoraidō ibun ニコライ堂遺聞 [Anecdotes of the church of St. Nicholas]. Yokohama: Seibunsha, 2007.

Nakajima 1921 — Nakajima Hanjirō 中島半次郎. Kyōiku shichō taikan 教育思潮大観 [A survey of thoughts on education]. Tokyo: Tōkyōdō shoten, 1921.

Nakajima 1922 — Nakajima Hanjirō 中島半次郎. Jiaoyu sichao daguan 教育思潮大観 [A survey of thoughts on education] / Transl. by Zheng Cichuan 鄭次川. Shanghai: Shangwu yinshu guan, 1922.

Nakamura, Rimer 1995 — Nakamura Yoshikazu 中村喜和, Rimer J. T., eds. Kokusai tōron Roshia bunka to Nihon: Meiji taishōki no bunka kōryū 国際討論ロシア文化と日本: 明治・大正期の文化交流 [An international discussion on Russian culture and Japan: Cultural exchange during the Meiji and Taishō eras]. Tokyo: Sairyūsha, 1995.

Nakamura et al. 1977 — Nakamura Yoshikazu 中村喜和, Haiya Keizō 灰谷慶三, Shimada Yō 島田陽. Roshia bungaku annai ロシア文学案内 [Information on Russian literature]. Tokyo: Asahi shuppansha, 1977.

Nakazatomi 2014 — Nakazatomi Satoshi 中里見敬. Tongguo Riben Mingzhi shiqi Chahuanü de fanyi chonggu Lin Shu Bali chahuanü yishi 通過日本明治時期《茶花女》的翻譯重估林紓《巴黎茶花女遺事》[Reassessing Lin Shu's past stories of the Camellia woman of Paris through the translation of La dame aux camélias in Meiji Japan] // Zhongguo gudai xiaoshuo xiju yanjiu 中國古代小說戲劇研究 [Research on ancient Chinese novels and dramas] / Ed. by Wang Ping 王萍. Gansu: Gansu renmin chubanshe, 2014. P. 53–63.

Nakazawa, Ikuta 1916 — Nakazawa Rinsen 中澤臨川, Ikuta Chōkō 生田 長江. Kindai shisō jūrokkō 近代思想十六講 [Sixteen lectures on modern thought]. Tokyo: Shinchōsha, 1916.

Neiwai shibao 1914 — Neiwai shibao: Tuosidaoshi zhi rendao zhuyi 內外 時報: 托斯道氏之人道主義 [National and international reports: Tolstoy's humanism] // Dongfang zazhi. 1914. Vol. 10. № 12. P. 10–11.

Ng J. 2010 — Ng J. The Experience of Modernity: Chinese Autobiography of the Early Twentieth Century. Ann Arbor: University of Michigan Press, 2010.

Ng M. 1988 — Ng M. The Russian Hero in Modern Chinese Fiction. Hong Kong: Chinese University Press, 1988.

Nida 1964 — Nida E. A. Toward a Science of Translating: With Special Reference to Principles and Procedures Involved in Bible Translating. Leiden: Brill, 1964.

Nihon Roshia bungakukai 2000 — Nihon Roshia bungakukai日本ロシ ア文学会, ed. Nihonjin to Roshiago: Roshiago kyōiku no rekishi 日本人と ロシア語: ロシア語教育の歴史 [The Japanese people and the Russian language: The history of Russian language education]. Tokyo: Nauka, 2000.

Nobori et al. 1981 — Nobori Shomu, Katsumaro Akamatsu, Berton P., Langer P. F., Totten G. O. The Russian Impact on Japan: Literature and Social Thought: Two Essays. Los Angeles, CA: University of Southern California Press, 1981.

Nozaki, Serikawa 1982 — Nozaki Yoshio 野崎韶夫, Serikawa Kakuko 芹 川嘉久子, eds. Roshiagaku kotohajime 露西亜学事始 [Early Russian study]. Tokyo: Nihon editāsukūru shuppanbu, 1982.

O'Bell 2007 — O'Bell L. Pushkin's Novel The Captain's Daughter as Fictional Family Memoir // Pushkin Review. 2007. № 10. P. 47–57.

Ó Donghaile 2011 — Ó Donghaile D. Blasted Literature: Victorian Political Fiction and the Shock of Modernism. Edinburgh: Edinburgh University Press, 2011.

Oda 1883 — Oda Jun'ichirō 織田純一郎. Tsūzoku karyū shunwa jo 通俗 花柳春話叙 [Introduction to A Spring Tale of Blossoms and Willows] // Tsūzoku karyūshunwa: Shohen 通俗花柳春話 初編 [A spring tale of blossoms and willows: First edition]. Tokyo: Sakagamihanshichi, 1883.

Ogawa 2019 — Ogawa Toshiyasu 小川利康. Hanto to inshi: Shū Sakujin no sen-kyūhyaku-nijūnendai 叛徒と隠士: 周作人の一九二〇年代 [Rebel and hermit: Zhou Zuoren's 1920s]. Tokyo: Heibonsha, 2019.

Ōkubo 1881 — Ōkubo Tsunekichi 大久保常吉. Rotei shigyaku ki 魯帝 弑逆記 [The assassination of the Russian emperor]. Tokyo: Zenshindō, 1881.

Okumura, Sakon 1998 — Okumura Katsuzō 奥村剋三, Sakon Takeshi 左近毅, eds. Roshia bunka to kindai Nihon ロシア文化と近代日本 [Russian culture and modern Japan]. Kyoto: Sekai shisōsha, 1998.

Orita 2008 — Orita Hiroharu 折田洋晴. Nihon kankei yō kosho no waga kuni de no juyō ni tsuite 日本関係洋古書の我が国での受容について [On the acceptance of Japanese-related Western books in Japan] // Sankō shoshi kenkyū. 2008. Vol. 68. № 3. P. 1–8.

Ortiz 1995 — Ortiz F. Cuban Counterpoint, Tobacco and Sugar / Transl. by Harriet de Onís. Durham, NC: Duke University Press, 1995.

Ōtsuyama 1974 — Ōtsuyama Kunio 大津山国夫. Mushanokōji Saneatsu ron: Atarashiki mura made 武者小路実篤論: 「新しき村」まで [The life of Mushanokōji Saneatsu: Until "New Village"]. Tokyo: Tokyo daigaku shuppankai, 1974.

Pan 2016 — Pan L. When True Love Came to China. Hong Kong: Hong Kong University Press, 2016.

Paperno 1988 — Paperno I. Chernyshevsky and the Age of Realism: A Study in the Semiotics of Behavior. Stanford, CA: Stanford University Press, 1988.

Paperno, Grossman 1994 — Paperno I., Grossman J. D., eds. Creating Life: The Aesthetic Utopia of Russian Modernism. Stanford, CA: Stanford University Press, 1994.

Parkes 1991 — Parkes G. The Early Reception of Nietzsche's Philosophy in Japan // Nietzsche and Asian Thought. Chicago: University of Chicago Press, 1991. P. 177–199.

Peihengzi 1986 — Peihengzi 佩蘅子. Wu jiang xue 吳江雪 [Wu river snow]. Shenyang: Chunfeng wenyi chubanshe, 1986.

Pickowicz 1981 — Pickowicz P. Marxist Literary Thought in China: The Influence of Ch'ü Ch'iu-pai. Berkeley: University of California Press, 1981.

Ping 2013 — Ping Baoxing 平保興. Zhongguo zuizao fanyi de Puxijin he Laimengtuofu de shi 中國最早翻譯的普希金和萊蒙托夫的詩 [The earliest Chinese translations of Pushkin's and Lermontov's poems] // Xungen. 2013. № 4. P. 31–35.

Poch 2019 — Poch D. Licentious Fictions: Ninjō and the Nineteenth Century Japanese Novel. New York: Columbia University Press, 2019.

Podolny 2001 — Podolny J. Networks as the Pipes and Prisms of the Market // American Journal of Sociology. 2001. Vol. 107. № 1. P. 33–60.

Pollack 1986 — Pollack D. The Fracture of Meaning: Japan's Synthesis of China from the Eighth through the Eighteenth Centuries. Princeton, NJ: Princeton University Press, 1986.

Pollard 1993 — Pollard D. Translation and Lu Xun: The Discipline and the Writer // Journal of Macrolinguistics. 1993. № 4. P. 1–13.

Pollock 1998a — Pollock S. The Cosmopolitan Vernacular // The Journal of Asian Studies. 1998. Vol. 57. № 1. P. 6–37.

Pollock 1998b — Pollock S. India in the Vernacular Millennium: Literary Culture and Polity, 1000–1500 // Daedalus. 1998. Vol. 127. № 3. P. 41–74.

Pozefsky 2003 — Pozefsky P. C. The Nihilist Imagination: Dmitrii Pisarev and the Cultural Origins of Russian Radicalism (1860–1868). New York: Peter Lang, 2003.

Pratt 2008 — Pratt M. L. Imperial Eyes: Travel Writing and Transculturation. 2nd ed. London: Routledge, 2008.

Price 1974 — Price D. C. Russia and the Roots of the Chinese Revolution, 1896–1911. Cambridge, MA: Harvard University Press, 1974.

Puett 2004 — Puett M. The Ethics of Responding Properly: The Notion of Qing in Early Chinese Thought // Love and Emotions in Traditional Chinese Literature / Ed. by Halvor Eifring. Leiden: Brill, 2004. P. 37–68.

Qiu 2005 — Qiu Jiangning 邱江寧. Qing chu caizi jiaren xiaoshuo xushi moshi yanjiu 清初才子佳人小說敘事模式研究 [A study of the narrative pattern of the scholar-beauty romance in the early Qing dynasty]. Shanghai: Shanghai sanlian shudian, 2005.

Qu 2005 — Qu Qiubai 瞿秋白. Guanyu fanyi de tongxin 關於翻譯的通信 [Letters about translation] // Lu Xun 魯迅. Lu Xun quanji 魯迅全集 [A complete collection of Lu Xun's works]. Vol. 4. Beijing: Renmin wenxue chubanshe, 2005. P. 379–388.

Reiss 2014 — Reiss K. Translation Criticism, the Potentials and Limitations: Categories and Criteria for Translation Quality Assessment / Transl. by Erroll F. Rhodes. London: Routledge, 2014.

Ren 1925 — Ren Guozhen 任國楨. Su E de wenyi lunzhan 蘇俄的文藝論戰 [Literary and artistic debates in Soviet Russia]. Beijing: Beixin shuju, 1925.

Riasanovsky 1952 — Riasanovsky N. Russia and the West in the Teaching of the Slavophiles: A Study of Romantic Ideology. Cambridge, MA: Harvard University Press, 1952.

Rimer 1995 — Rimer J. T, ed. A Hidden Fire: Russian and Japanese Cultural Encounters, 1868–1926. Stanford, CA: Stanford University Press, 1995.

Ringmar 2010 — Ringmar M. Relay Translation // Handbook of Translation Studies / Ed. by Yves Gambier and Luc van Doorslaer. Amsterdam: John Benjamins, 2010. P. 141–144.

Robinson 1909 — Robinson V. Name Your Ten Favorite Humanitarians of the 19th Century: A Symposium on Humanitarians. New York Alturians, 1909.

Rogers 2006 — Rogers R. A. From Cultural Exchange to Transculturation: A Review and Reconceptualization of Cultural Appropriation // Commun Theory. 2006. Vol. 16. № 4. P. 474–503.

Rojas 2008 — Rojas C. The Naked Gaze: Reflections on Chinese Modernity. Cambridge, MA: Harvard University Asia Center, 2008.

Rothman 2012 — Rothman E. Natalie. Brokering Empire: Trans-Imperial Subjects between Venice and Istanbul. Ithaca, NY: Cornell University Press, 2012.

Ryū 1991 — Ryū Gan'i 劉岸偉. Tōyōjin no hiai: Shū Sakujin to Nihon 東洋人の悲哀: 周作人と日本 [The sorrow of Eastern people: Zhou Zuoren and Japan]. Tokyo: Kawade shobō shinsha, 1991.

Saganoya 1904 — Saganoya Omuro 嵯峨の屋お室. Tōdai no Roshiajin 当代の露西亜人 [A contemporary Russian] // Taiyō. 1994. Vol. 10. № 5. P. 97–122.

Said 1983 — Said E. W. Traveling Theory // The World, the Text, and the Critic. Cambridge, MA: Harvard University Press, 1983. P. 226–247.

Said 2003 — Said E. W. Orientalism. New York: Vintage Books, 2003.

Saitō 1983 — Saitō Toshiyasu 斎藤敏康. Fuben zhuyi dui Li Chuli de yingxiang: Chuangzaoshe 'geming wenxue' lilun de fazhan 福本主義對李初梨的影響: 創造社 "革命文學" 理論的發展 [The influence of Fukumotoism on Li Chuli:The development of the «revolutionary literature» theory by the Creation Society] // Zhongguo xiandai wenxue yanjiu congkan. 1983. № 3. P. 339–360.

Saitō 2005 — Saitō Toshiyasu 斎藤敏康. Rī Chūri ni okeru Fukumotoizumu no eikyō: 'Sōzō-sha' kakumei bungaku-ron no tenkai 李初梨における福本イズムの影響: 「創造社」革命文学論の展開 [The influence of Fukumotoism on Li Chuli: The development of the «revolutionary literature» theory by the Creation Society] // Fukumoto Kazuo no shisō: Kenkyū ronbun shūsei 福本和夫の思想: 研究論文集成 [Fukumoto Kazuo's thought: A collection of research papers] / Ed. by Kojima Ryō 小島亮. Tokyo: Kobushi shobō, 2005. P. 303–324.

Sakaki 2005 — Sakaki A. Obsessions with the Sino-Japanese Polarity in Japanese Literature. Honolulu: University of Hawai'i Press, 2005.

Sanetō 1940 — Sanetō Keishū 実藤恵秀. Nihon bunka no Shina e no eikyō 日本文化の支那への影響 [The influence of Japanese culture on China]. Tokyo: Keisetsu Shoin, 1940.

Sanetō 1970 — Sanetō Keishū 実藤恵秀. Chūgokujin Nihon ryūgakushi 中国人日本留学史 [The history of Chinese exchange students in Japan]. 2nd ed. Tokyo: Kuroshio shuppan, 1970.

Sanetō 1973 — Sanetō Keishū 実藤恵秀. Kindai Nitchū kōshō shiwa 近代日中交渉史話 [The history of modern Japanese-Sino interactions]. Tokyo: Shunjūsha, 1973.

Santangelo, Middendorf 2006 — Santangelo P., Middendorf U., ed. From Skin to Heart: Perceptions of Emotions and Bodily Sensations in Traditional Chinese Culture. Wiesbaden, Germany: Harrassowitz, 2006.

Schwarcz 1986 — Schwarcz V. The Chinese Enlightenment: Intellectuals and the Legacy of the May Fourth Movement of 1919. Berkeley: University of California Press, 1986.

Scotto 2010 — Scotto P. The Terrorist as Novelist: Sergei Stepniak-Kravchinsky // Just Assassins: The Culture of Terrorism in Russia / Ed. by Anthony Anemone. Evanston, IL: Northwestern University Press, 2010. P. 97–126.

Senuma 1969 — Senuma Shigeki 瀬沼茂樹. Shirakabaha no jindōshugi 白樺派の人道主義 [Shirakabaha's humanism] // Nihon kindai bungaku to gaikoku bungaku 日本近代文学と外国文学 [Modern Japanese literature and foreign literature] / Ed. by Nihon kindai bungakukan. Tokyo: Yomiuri shinbunsha, 1969. P. 103–121.

Shang 2014 — Shang W. Writing and Speech: Rethinking the Issue of Vernaculars in Early Modern China // Rethinking East Asian Languages, Vernaculars, and Literacies, 1000–1919 / Ed. by Benjamin A. Elman. Leiden: Brill, 2014. P. 254–301.

Shankar 2017 — Shankar S. The Languages of Love: An Essay on Translation and Affect // Comparative literature. 2017. Vol. 69. № 1. P. 54–73.

Shao 1999 — Shao L. Nietzsche in China. New York: P. Lang, 1999.

Shen Weiwei 2015 — Shen Weiwei 沈衛威. Xueheng pai puxi: Lishi yu xushi 學衡派譜系: 歷史與敘事 [The geneology of the school of Xueheng: History and narration]. Nanjing: Nanjing daxue chubanshe, 2015.

Shen Yanbing 1920 — Shen Yanbing 沈雁冰. Eguo jindai wenxue zatan 俄國近代文學雜譚 [A causerie on modern Russian literature] // Xiaoshuo yuebao (Shanghai 1910). 1920. Vol. 11. № 1–2. P. 1–6.

Shen Yanbing 1921a — Shen Yanbing 沈雁冰. Haiwai wentan xiaoxi: (Qishiwu) Deguo de wuchan jieji shi yu juben 海外文壇消息:（七十五）德國的無產階級詩與劇本 [Report on the literary field overseas: (75) German proletarian poetry and drama] // Xiaoshuo yuebao. 1921. Vol. 12. № 6. P. 129–130.

Shen Yanbing 1921b — Shen Yanbing 沈雁冰. Jindai Eguo wenxuejia sanshiren hezhuan 近代俄國文學家三十人合傳 [A compilation of biographies on thirty modern Russian writers] // Xiaoshuo yuebao (haowai). 1912. № 12. P. 83–110.

Shen Yanbing 1925 — Shen Yanbing 沈雁冰. Lun wuchan jieji yishu 論無產階級藝術 [On proletarian art] // Wenxue zhoubao. 1925. № 172. P. 7–9; № 173. P. 0–3; № 175. P. 2–4; № 196. P. 3–5.

Shevelenko 2018 — Shevelenko I., ed. Reframing Russian Modernism. Madison, Wisconsin: The University of Wisconsin Press, 2018.

Shi 1968 — Shi Jin 石錦. Zhongguo xiandaihua yundong yu Qing mo liu Ri xuesheng 中國現 代化運動與清末留日學生 [Chinese modernization and exchange students in Japan at the end of the Qing dynasty]. Taibei: Jiaxin shuini gongsi wenhua jijinhui, 1968.

Shih 2001 — Shih S. The Lure of the Modern: Writing Modernism in Semicolonial China, 1917–1937. Berkeley: University of California Press, 2001.

Shimamura 1948 — Shimamura Hōgetsu 島村抱月. Torawaretaru bungei 囚はれたる文芸 [Captive literature] // Hōgetsu zenshū 抱月全集 [A complete collection of Shimamura Hōgetsu's works]. Vol. 1. Tokyo: Ten'yūsha, 1948. P. 176–210.

Shin 2008 — Shin Kokui 沈國威. Kindai Nitchū goi kōryūshi: Shinkango no seisei to juyō 近代日中語彙交流史: 新漢語の生成と受容 [A history of exchange in modern Sino-Japanese vocabularies: The birth and appropriation of new Chinese]. Tokyo: Kasama shoin, 2008.

Shin 2010 — Shin Kokui 沈國威. Jindai Zhong Ri cihui jiaoliu yanjiu: Hanzi xinci de chuang-zhi, rongshou yu gongxiang 近代中日詞匯交流研究: 漢字新詞的創制, 容受與共享 [A history of exchange in modern Sino-Japanese vocabularies: The birth and appropriation of new Chinese]. Beijing: Zhonghua shuju, 2010.

Shinkai 1893 — Ōshū ni okeru tokugi shisō no ni daihyō-sha Furiterihi Nisshe-shi to Reo Tousutoi haku to no iken hikaku 欧州に於ける 徳義思想の二代表者フリテリヒ・ニッシェ氏とレオ・トウストイ伯との意見比較 [A comparison of the opinions of two representatives of virtuous thought in Europe: Mr. Friedrich Nietzsche and Count Leo Tolstoy] // Shinkai. 1893. № 4. P. 56–61.

Shinkai 1894 — Nisshe-shi to Tousutoi haku tokugi shisō o hyōsu ニッシェ氏とトウストイ伯徳義思想を評す [A critical appraisal of the moral thinking of Herr Nietzsche and Count Tolstoy] // Shinkai. 1894. № 5. P. 30–33.

Shoujuan 1914 — Shoujuan 瘦鵑. Duantoutai shang 斷頭台上 [On the scaffold] // Youxi zazhi. 1914. № 5. P. 87–101.

Singh 2005 — Singh N. India and the Soviet Union: 1917 to 1947. New Delhi: APH, 2005.

Solovieva, Konishi 2020 — Solovieva O. V., Konishi S., eds. Japan's Russia: Challenging the East-West Paradigm. Amherst, New York: Cambria Press, 2020.

Song Binghui 2002 — Song Binghui 宋炳輝. Ruoxiao minzu wenxue de yijie yu Zhongguo wenxue de xiandaixing 弱小民族文學的譯介與中國文學的現代性 [Translation of the literature of the weak and small nations and Chinese literature's modernity] // Zhongguo bijiao wenxue. 2002. № 47. P. 54–70.

Song Binghui 2017 — Song Binghui 宋炳輝. Ruoshi minzu wenxue zai xiandai Zhongguo: Yi Dong Ou wenxue wei zhongxin 弱勢民族文學在現代中國: 以東歐文學為中心 [The literature of weak nations in modern China: Focus on Eastern European literature]. Beijing: Beijing daxue chubanshe, 2017.

Song Huichang 2008 — Song Huichang 宋惠昌. Ren de faxian yu ren de jiefang: Jindai Zhongguo jiazhiguan de shanbian 人的發現與人的解放: 近代中國價值觀的嬗變 [The discovery of human beings and the emancipation of human beings: The transformation of modern Chinese values]. Chengdu: Sichuan renmin chubanshe, 2008.

St. André 2009 — St. André J. Relay Translation // Routledge Encyclopedia of Translation Studies / Ed. by Mona Baker and Gabriela Saldanha. London, New York: Routledge, 2009. P. 230–232.

St. André, Peng 2012 — St. André J., Peng H. Introduction: Setting the Terms // China and its Others: Knowledge Transfer through Translation, 1829–2010 / Ed. by James St. André and Hsiao-yen Peng. Amsterdam, New York: Rodopi, 2012. P. 11–26.

Stone 2017 — Stone J. The Institutions of Russian Modernism: Conceptualizing, Publishing, and Reading Symbolism. Evanston, IL: Northwestern University Press, 2017.

Su 2006 — Su Jianxin 蘇建新. Zhongguo caizi jiaren xiaoshuo yanbian shi 中國才子佳人小說演變史 [The transformation of Chinese scholar-beauty romance]. Beijing: Shehui kexue wenxian chubanshe, 2006.

Sugino 2000 — Sugino Yōkichi 杉野要吉. Rinkanka Pekin 1937–1945: Kōsōsuru Chūgoku bungaku to Nihon bungaku 淪陥下北京 1937–1945: 交争する中国文学と日本文学 [The fall of Beijing 1937–1945: The mingling and debates of Chinese and Japanese literatures]. Tokyo: Sangensha, 2000.

Sun 2015 — Sun Yu 孫郁. Lu Xun yu Eguo 魯迅與俄國 [Lu Xun and Russia]. Bejing: Renmin wenxue chubanshe, 2015.

Szasz 1994 — Szasz M. C. Introduction // Between Indian and White Worlds: The Cultural Broker / Ed. by Margaret Szasz. Norman: University of Oklahoma Press, 1994. P. 3–20.

Takahashi 2010 — Takahashi J. The Beginning of the Orthodox Church in Japan: The Long-Lasting Legacy of Saint Nicholai // Studies in World Christianity. 2010. Vol. 16. № 3. P. 268–285.

Takasu 2002 — Takasu Jisuke 高須治助. Rokoku kibun: Kashin chōshiroku 露国奇聞: 花心蝶思録 [A Russian anecdote: The story of the flower's heart and the butterfly's thoughts] // Honyaku shōsetsushū 翻訳小説集 [A collected volume of translated stories] / Ed. by Nakamaru Nobuaki 中丸宣明. Shin Nihon koten bungaku taikei: Meiji hen 新日本古典文学大系: 明治編. [New compendium of classical Japanese literature: Meiji section]. Tokyo: Iwanami shoten, 2002.

Takeuchi 1959 — Takeuchi Yoshimi 竹内好. Kindai no chōkoku 近代の超克 [Overcoming modernity] // Kindai Nihon shisōshi kōza 近代日本思想史講座 [Lectures on the history of modern Japanese thought] / Ed. by Itō Sei 伊藤. Tokyo: Chikuma shobō, 1959. P. 225–281.

Takeuchi 1980 — Takeuchi Yoshimi 竹内好. Kindai towa nanika (Nihon to Chūgoku no baai) 近代とは何か（日本と中国の場合）[What is modern (The perspective of Japan and China)] // Takeuchi Yoshimi zenshū 竹内好全集 [A complete collection of Takeuchi Yoshimi's works]. Vol. 4. Tokyo: Chikuma shobō, 1980.

Takizawa 2003–2004 — Takizawa Bakin 滝沢馬琴. Daikyūshū kan no sanjūsan kantan furoku sakusha sōjihyō 第九輯巻之三十三簡端附録作者総自評 [Volume 9 no. 33 appendix: The author's overall self-assessment] // Nansō Satomi hakkenden 南総里見八犬伝 [The tale of the eight dogs of Nansō's Satomi clan]. Shinchō Nihon koten shūsei: Bekkan 新潮日本古典集成: 別巻. Vol. 9. Tokyo: Shinchōsha, 2003–2004. P. 255–263.

Tan 1956 — Tan Bi'an 譚彼岸. Wan Qing de baihuawen yundong 晚清的白話文運動 [The vernacular movement in the late Qing dynasty]. Wuhan: Hubei renmin chubanshe, 1956.

Tan 1988 — Tan Ruqian 譚汝謙. Jindai Zhong Ri wenhua guanxi yanjiu 近代中日文化關係研究 [A study of modern Sino-Japanese cultural relations]. Hong Kong: Xianggang riben yanjiusuo, 1988.

Tanaka 1993 — Tanaka S. Japan's Orient: Rendering Pasts into History. Berkeley: University of California Press, 1993.

Tang 1996 — Tang X. Global Space and the Nationalist Discourse of Modernity: The Historical Thinking of Liang Qichao. Stanford, CA: Stanford University Press, 1996.

Tang 2000 — Tang X. Chinese Modern: The Heroic and Quotidian. Durham, NC: Duke University Press, 2000.

Tarumoto 2004 — Tarumoto Teruo 樽本照雄. Shoki Shōmu inshokan kenkyū 初期商務印書館研究 [A study of the Commercial Press in its early stages]. Ōtsu: Shinmatsu shōsetsu kenkyūkai, 2004.

Tarumoto 2006 — Tarumoto Teruo 樽本照雄. Shōmu inshokan no nihonjin tōshisha 商務印書館の日本人投資者 [Japanese investors in the Commercial Press] // Shinmatsu shōsetsu. 2006. № 29. P. 107–134.

Tarumoto 2015 — Tarumoto Teruo 樽本照雄. Ikutabi ka no A Ei mokuroku 11 いくたびかの阿英目録11 [Revisiting A Ying's book list 11] // Shinmatsu shōsetsu kara. 2015. № 119. P. 1–13.

Tarumoto 2021 — Tarumoto Teruo 樽本照雄. Shinmatsu Minsho shōsetsu mokuroku 清末民初小說目録 [A newly-edited catalogue of late Qing and early Republican novels]. Ōtsu: Shinmatsu shōsetsu kenkyūkai, 2021.

Taylor 2012 — Taylor A. London's Burning: Pulp Fiction, the Politics of Terrorism and the Destruction of the Capital in British Popular Culture, 1840–2005. London: Continuum, 2012.

Thornber 2009 — Thornber K. L. Empire of Texts in Motion: Chinese, Korean, and Taiwanese Transculturations of Japanese Literature. Cambridge, MA: Harvard University Press, 2009.

Tian 2009 — Tian Quanjin 田全金. Qimeng, geming, zhanzheng: Zhong E wenxue jiaowang de san ge jingxiang 啟蒙・革命・戰爭: 中俄文學交往的三個鏡像 [Enlightenment, revolution, war: Three images of Sino-Russian literary exchanges]. Jinan: Qilu shushe, 2009.

Tokutomi 1897 — Tokutomi Roka 徳富蘆花. Torusutoi トルストイ [Tolstoy]. Tokyo: Min'yūsha, 1897.

Tolstoy 1907 — Tolstoy L. N. Jindōshugi 人道主義 [Humanism] / Transl. by Oda Raizō 小田頼造. Tokyo: Ryūbunkan, 1907.

Trites 1915 — Trites W. B. Dostoievsky // The North American Review. 1915. Vol. 202. № 717. P. 264.

Trites 1918 — Tuosituofusiqi zhi xiaoshuo 陀思妥夫斯奇之小說 [Dostoevsky's fiction] // Xin qingnian. 1918. Vol. 4. № 1. P. 45–55.

Tsu 2008 — Tsu J. Female Assassins, Civilization, and Technology in Late Qing Literature and Culture // Different Worlds of Discourse: Transformations of Gender and Genre in Late Qing and Early Republican China / Ed. by Nanxiu Qian, Grace S. Fong, and Richard J. Smith. Leiden: Brill, 2008. P. 167–196.

Tsubōchi 1988 — Tsubōchi Shōyō 坪内逍遥. Shōsetsu shinzui 小說神髓 [The essence of the novel]. 17th ed. Tokyo: Iwanami shoten, 1988.

Tsuguo 1995 — Tsuguo Togawa. The Japanese View of Russia before and after the Meiji Restoration // A Hidden Fire: Russian and Japanese Cultural Encounters, 1868–1926 / Ed. by J. Thomas Rimer. Stanford, CA: Stanford University Press, 1995. P. 214–227.

Tyerman 2022 — Tyerman E. Internationalist Aesthetics: China and Early Soviet Culture. New York: Columbia University Press, 2022.

Venturi 1983 — Venturi F. Roots of Revolution: A History of the Populist and Socialist Movements in Nineteenth Century Russia. Chicago: University of Chicago Press,1983.

Venuti 1998 — Venuti L. The Scandals of Translation: Towards an Ethics of Difference. London: Routledge, 1998.

Verhoeven 2009 — Verhoeven C. The Odd Man Karakozov: Imperial Russia, Modernity, and the Birth of Terrorism. Ithaca: Cornell University Press, 2009.

Walicki 1975 — Walicki A. The Slavophile Controversy: History of a Conservative Utopia in Nineteenth Century Russian Thought. Oxford: Oxford University Press, 1975.

Walicki 1979 — Walicki A. A History of Russian Thought from the Enlightenment to Marxism. Stanford, CA: Stanford University Press, 1979.

Wang B. 2005 — Wang B. Illuminations from the Past: Trauma, Memory, and History in Modern China. Stanford, CA: Stanford University Press, 2005.

Wang B. 2022 — Wang B. China in the World: Culture, Politics, and World Vision. Durham, NC: Duke University Press, 2022.

Wang D. D. 1997 — Wang D. D. Fin-de-siècle Splendor: Repressed Modernities of Late Qing Fiction, 1849–1911. Stanford, CA: Stanford University Press, 1997.

Wang D. D. 2010 — Wang D. D. Chinese Literature from 1841 to 1937 // The Cambridge History of Chinese Literature (From 1375) / Ed. by Kang-i Sun Chang. Cambridge: Cambridge University Press, 2010. P. 413–564.

Wang D. D. 2015 — Wang D. D. The Lyrical in Epic Time: Modern Chinese Intellectuals and Artists Through the 1949 Crisis. New York: Columbia University Press, 2015.

Wang D. D. 2018 — Wang D. D. Introduction: Worlding Literary China // A New Literary History of Modern China / Ed. by David Der-wei Wang. Cambridge, MA: Harvard University Press, 2018. P. 1–28.

Wang Hong 2008 — Wang Hong 王虹. Zhong Ri bijiao wenxue yanjiu: Zhong Ri wen duizhao 中日比較文學研究: 中日文對照 [A comparative study of Chinese and Japanese literatures: Comparing Chinese and Japanese texts]. Xiamen: Xiamen daxue chubanshe, 2008.

Wang Hui 1995 — Wang Hui 汪暉. Humanism as the Theme of Chinese Modernity // Surfaces. 1995. № 5. URL: https://doi.org/10.7202/1064992ar.

Wang Hui 1998 — Wang Hui 汪暉. Dangdai Zhongguo de sixiang zhuang-kuang yu xiandaixing wenti 當代中國的思想狀況與現代性問題 [Contemporary Chinese thought and the question of modernity] // Wenyi zhengming. 1998. № 6. P. 7–22.

Wang Jianzhao 1999 — Wang Jianzhao 汪劍釗. Zhong E wenzi zhi jiao: E Su wenxue yu ershi shiji Zhongguo xin wenxue 中俄文字之交: 俄蘇文學與二十世紀中國新文學 [Chinese-Russian literary exchange: Soviet Russian literature and twentieth century Chinese new literature]. Guilin: Lijiang chubanshe, 1999.

Wang Jiezhi 2005 — Wang Jiezhi 汪介之. Huiwang yu chensi: E Su wenlun zai 20 shiji Zhongguo wentan 回望與沉思: 俄蘇文論在20世紀中國文壇 [Retrospection and contemplation: Soviet Russian literary theory in the twentieth century Chinese literary field]. Beijing: Beijing daxue chubanshe, 2005.

Wang Jiezhi 2012 — Wang Jiezhi 汪介之. Xuanze yu shiluo: Zhong E wenxue guanxi de wenhua guanzhao 選擇與失落: 中俄文學關係的文化觀照 [Selection and omission: A cultural perspective on the Sino-Russian literary relationship]. Beijing: Renmin wenxue chubanshe, 2012.

Wang Jiezhi, Chen 2002 — Wang Jiezhi 汪介之, Chen Jianhua 陳建華. Youyuan de huixiang: Eluosi zuojia yu Zhongguo wenhua 悠遠的回響: 俄羅斯作家與中國文化 [Long echoes: Russian writers and Chinese culture]. Yinchuan: Ningxia renmin chubanshe, 2002.

Wang P. 2013 — Wang P. The Promethean Translator and Cannibalistic Pains: Lu Xun's 'Hard Translation' as a Political Allegory // Translation Studies. 2013. Vol. 6. № 3. P. 324–338.

Wang Wenjing 2001 — Wang Wenjing 王文錦. Liji yijie 禮記譯解 [Translation and explanation of the Book of Rites]. Beijing: Zhonghua shuju, 2001.

Wang Xiangyuan 1998 — Wang Xiangyuan 王向遠. Zhong Ri xiandai wenxue bijiao lun 中日現代文學比較論 [A discussion comparing Chinese and Japanese modern literatures]. Changsha: Hunan jiaoyu chubanshe, 1998.

Wang Xiangyuan 2007 — Wang Xiangyuan. Zhongguo ticai Riben wenxueshi 中國題材日本文學史 [Japanese literary history on Chinese topics]. Shanghai: Shanghai guji chubanshe, 2007.

Wang X. 2019 — Wang X. Contending for the "Chinese Modern": The Writing of Fiction in the Great Transformative Epoch of Modern China 1937–1949. Leiden: Brill, 2019.

Wang Xirong 2005 — Wang Xirong 王錫榮. Zhou Zuoren shengping yi'an 周作人生平疑案[Disputed aspects of Zhou Zuoren's life]. Guilin: Guangxi shifan daxue chubanshe, 2005.

Wang Yuzhuo 1996 — Wang Yuzhuo 王玉琢. Yiguo chenfu: Zhongguo liu Ri xuesheng da texie 異國沉浮: 中國留日學生大特寫 [Ups and downs in foreign countries: Details of Chinese exchange students in Japan]. Beijing: Zhongguo guoji guangbo chubanshe, 1996.

Washbourne 2013 — Washbourne K. Nonlinear Narratives: Paths of Indirect and Relay Translation // Meta: Journal des Traducteurs. 2013. Vol. 58. № 3. P. 607–625.

Watanabe 2000 — Watanabe Masaji 渡辺雅司. Kyū T ōkyō gaikokugo gakkō 旧東京外国語学校 [The Old Tokyo School of Foreign Languages] // Nihon Roshia bungakukai日本ロシア文学会, ed. Nihonjin to Roshiago: Roshiago kyōiku no rekishi 日本人とロシア語: ロシア語教育の歴史 [The Japanese people and the Russian language: The history of Russian language education]. Tokyo: Nauka, 2000. P. 39–49.

Weller 2011 — Weller S. Modernism and Nihilism. Basingstoke, UK: Palgrave Macmillan, 2011.

Wen Juan 2018 — Wen Juan 文娟. Shilun Wu Tao zai Zhongguo jindai xiaoshuo fanyi shi zhong de diwei: Yi shangwu yinshuguan suo kan danxingben wei yanjiu shijiao 試論吳檮在中國近代小說翻譯史中的地位: 以商務印書館所刊單行本為研究視角 [A discussion of Wu Tao's status in modern Chinese translation history: A study of the distinct editions of the Commercial Press] // Mingqing xiaoshuo yanjiu. 2018. № 4. P. 210–223.

Wen Tingshi 1995 — Wen Tingshi 文廷式. Chunchangzi zhiyu 純常子枝語 [Miscellanies of Chunchangzi]. Shanghai: Shanghai guji chubanshe, 1995.

White 2011 — White R. The Middle Ground: Indians, Empires, and Republics in the Great Lakes Region, 1650–1815. 2nd ed. Cambridge: Cambridge University Press, 2011.

Williams 1977 — Williams R. Dominant, Residual and Emergent // Marxism and Literature. Oxford: Oxford University Press, 1977. P. 121–127.

Winstanley 1914 — Winstanley L. Tolstoy. London: T. C. & E. C. Jack, 1914.

Wong 1998 — Wong Wang-chi 王宏志. Fanyi yu jieji douzheng: Lun 1929 nian Lu Xun yu Liang Shiqiu de lunzheng 翻譯與階級鬥爭: 論1929年魯迅與梁實秋的論爭 [Translation and class struggle: On the 1929 debate between Lu Xun and Liang Shiqiu] // Zhongguo wenhua yanjiu suo xuebao. 1998. № 7. P. 291–312.

Wortman 1967 — Wortman R. The Crisis of Russian Populism. London: Cambridge University Press, 1967.

Wu 1907 — Wu Tao 吳檮. Yin niu bei 銀鈕碑 [The silver button grave-stone]. Shanghai: Shangwu yinshu guan, 1907.

Wu 1991 — Wu Yujiang 吳毓江. Mozi jiaozhu 墨子校註 [The Mozi with collated commentaries]. Chengdu: Xinan shifan daxue chubanshe, 1991.

Wu 2017 — Wu Zelin 吳澤霖. Tuo'ersitai he Zhongguo gudian wenhua sixiang 托爾斯泰和中國古典文化思想 [Tolstoy and classical Chinese cultural ideas]. Beijing: Shenghuo, dushu, xinzhi sanlian shudian, 2017.

Wushou 1907 — Wushou 無首. Sufeiya zhuan 蘇菲亞傳 [Biography of Sophia] // Minbao. 1907. № 15. P. 119–125.

Xia 2015 — Xia Xiaohong 夏曉虹. Wan Qing baihuawen yu qimeng duwu 晚清白話文與啟蒙讀物 [Late Qing vernacular writings and reading materials for enlightenment]. Hong Kong: Sanlian shudian Xianggang youxian gongsi, 2015.

Xie 2020 — Xie H. 'Grabbism' and Untranslatability: Reinterpreting Lu Xun's Position as a Translator // Comparative Literature Studies. 2020. Vol. 57. № 1. P. 126–147.

Xu Shiyi 2007 — Xu Shiyi 徐時儀. Hanyu baihua fazhan shi 漢語白話發展史 [The history of the development of the Chinese vernacular language]. Beijing: Beijing daxue chubanshe, 2007.

Xu Zhen'e 1924 — Xu Zhen'e 徐震塄. Baibide shi renwen zhuyi 白璧德釋人文主義 [Babbitt explains humanism] // Xue heng. 1924. № 34. P. 5–24.

Yanagi 1998 — Yanagi Tomiko 柳富子 Torusutoi to Nihon トルストイと日本 [Tolstoy and Japan]. Tokyo: Waseda Daigaku shuppanbu, 1998.

Yanagi 2001 — Yanagi Tomiko 柳富子, ed. Roshia bunka no mori e: Hikaku bunka no sōgō kenkyū ロシア文化の森へ: 比較文化の総合研究 [The forest of Russian culture: A comprehensive study of comparative culture]. Tokyo: Nada shuppan sentā, 2001.

Yanagida 1961 — Yanagida Izumi 柳田泉. Meiji shoki hon'yaku bungaku no kenkyū 明治初期翻訳文学の研究 [A study of translated literature in the early Meiji period]. Tokyo: Shunjūsha, 1961.

Yang Jianmin 2014 — Yang Jianmin 楊建民. Lu Xun yu Fajieyefu de wenxue zhi yuan 魯迅與法捷耶夫的文學之緣 [The affinities of Lu Xun and Fadeev] // Wen shi tian di. 2014. № 11. P. 65–69.

Yang Junjie 2015 — Yang Junjie 楊俊杰. Tuo'ersitai he Di Yihua: Ye tan Tuo'ersitai wenxue zuopin de zuizao Zhong yi 托爾斯泰和狄益華: 也談托爾斯泰文學作品的最早中譯 [Tolstoy and Di Yihua: Including a discussion of the earliest Chinese translation of Tolstoy's literary works] // Eluosi wenyi. 2015. № 4. P. 147–154.

Yang Yulin 2008 — Yang Yulin 楊毓麟. Xin Hunan 新湖南 [New Hunan] // Yang Yulin ji 楊毓麟集 [A collection of Yang Yulin's works] / Ed. by Rao Huaimin 饒懷民. Changsha: Yuelu shu she, 2008. P. 29–68.

Yang Zhende 2012 — Yang Zhende 楊貞德. Zhuanxiang ziwo: Jindai Zhongguo zhengzhi sixiang shang de geren 轉向自我: 近代中國政治思想上的個人 [Turning to the self: The individual in modern Chinese political thought]. Beijing: Shenghuo, dushu, xinzhi sanlian shudian, 2012.

Yasui 2002 — Yasui Ryōhei 安井亮平. Rokoku kibun: Kashin chōshiroku kaisetsu 『露国奇聞: 花心蝶思録』解説 [An analysis of A Russian Anecdote: The Story of the Flower's Heart and the Butterfly's Thoughts] // Honyaku shōsetsushū / Ed. by Nakamaru Nobuaki. Shin Nihon koten bungaku taikei: Meiji hen. Tokyo: Iwanami shoten, 2002. P. 523–537.

Yeh C. V. 2015 — Yeh C. V. The Chinese Political Novel: Migration of a World Genre. Cambridge, MA: Harvard University Asia Center, 2015.

Yeh W.-H. 2000 — Yeh W.-H., ed. Becoming Chinese: Passages to Modernity and Beyond. Berkeley: University of California Press, 2000.

Yin 2009 — Yin Hongbiao 印紅標. Shizong zhe de zuji: Wenhua dageming qijian de qingnian sichao 失蹤者的足跡: 文化大革命期間的青年思潮 [Turning to the self: The individual in modern Chinese political thought]. Hong Kong: Zhongwen daxue chubanshe, 2009.

Yin 2019 — Yin Hui 尹輝. Wusi qianhou 'ruoxiao minzu wenxue' yijie yanjiu 五四前後 弱小民族文學 譯介研究 [A study of the literature of the weak and small nations around the period of May Fourth]. PhD diss., Shandong daxue, 2019.

Yingxin lu deng 1884 — Yingxin lu deng 英信錄登 [Records of letters from the UK] // Shen bao (Shanghai). 1884. Nov. 14. P. 2.

Yoshida 1991 — Yoshida Toshiko 吉田登志子. 'Chūka bokutaku shingeki' no rainichi kōen ni tsuite: Kindai ni okeru nitchū engeki kōryū no ichi danmen 「中華木鐸新劇」の来日公演について: 近代における日中演劇交流の一断面 [On the public performance of the Chinese wooden bell new drama: A facet of the exchange between Japanese and Chinese dramas in modern times] // Nihon engeki gakkai kiyō. 1991. № 29. P. 13–29.

Yu Yaoming 2001 — Yu Yaoming 于耀明. Shū Sakujin to Nihon kindai bungaku 周作人と日本近代文学 [Zhou Zuoren and modern Japanese literature]. Tokyo: Kanrin shobō, 2001.

Yü Ying-shih 2014 — Yü Ying-shih 余英時. Lun tian ren zhi ji: Zhongguo gudai sixiang qiyuan shitan 論天人之際: 中國古代思想起源試探 [Between heaven and man: An inquiry into the origins of ancient Chinese thought]. Taibei: Lianjing chuban shiye gufen youxian gongsi, 2014.

Yu A. C. 2018 — Yu A. C. Rereading the Stone: Desire and the Making of Fiction in Dream of the Red Chamber. Princeton, NJ: Princeton University Press, 2018.

Yuan Hongliang 2006 — Yuan Hongliang 袁洪亮. Zhongguo jindai renxue sixiangshi 中國近代人學思想史 [A history of modern Chinese thought on human beings]. Beijing: Renmin chubanshe, 2006.

Yuan Jin 2006 — Yuan Jin 袁進. Zhongguo wenxue de jindai biange 中國文學的近代變革 [The revolution of Chinese literature in the modern era]. Guilin: Guangxi shifan daxue chubanshe, 2006.

Yuan Jin 2009 — Yuan Jin 袁進. The Origin of the Westernized Vernacular Chinese Baihuawen: A Re-evaluation of the Influence of Western Missionaries on Chinese Literature // Frontier of Literary Studies in China. 2009. Vol. 3. № 2. P. 247–269.

Yuan Jin 2014 — Yuan Jin 袁進. Xin wenxue de xianqu: Ouhua baihuawen zai jindai de fasheng, yanbian he yingxiang 新文學的先驅: 歐化白話文在近代的發生、演變和影響 [The pioneers of new literature: The birth, transformation and influence of Europeanized vernacular language in modern times]. Shanghai: Fudan daxue chubanshe, 2014.

Zarrow 1990 — Zarrow P. Anarchism and Chinese Political Culture. New York: Columbia University Press, 1990.

Zarrow 2006 — Zarrow P., ed. Creating Chinese Modernity: Knowledge and Everyday Life, 1900–1940. New York: Peter Lang, 2006.

Zarrow 2012 — Zarrow P. After Empire: The Conceptual Transformation of the Chinese State, 1885–1924. Stanford, CA: Stanford University Press, 2012.

Zeng 2005 — Zeng Pu 曾樸. Nie hai hua 孽海花 [Flower in a sea of sin]. Tianjin: Tianjin guji chubanshe, 2005.

Zeng 2011 — Zeng Siyi 曾思藝. E Su wenxue ji fanyi yanjiu 俄蘇文學及翻譯研究 [Soviet-Russian literature and translation study]. Beijing: Zhongguo shehui kexue chubanshe, 2011.

Zhang C. 2019 — Zhang C., ed. Composing Modernist Connections in China and Europe. New York, London: Routledge, Taylor & Francis Group, 2019.

Zhang Fugui, Jin 1999 — Zhang Fugui 張福貴, Jin Conglin 靳叢林. Zhong Ri jinxiandai wenxue guanxi bijiao yanjiu 中日近現代文學關係比較研究 [A comparative study of modern Sino-Japanese literary relations]. Changchun: Jilin daxue chubanshe, 1999.

Zhang Jinglu 1920 — Zhang Jinglu 張靜廬. Zhongguo xiaoshuoshi dagang. Di 1 bian. Zonglun 中國小說史大綱 第1編 總論 [An outline of Chinese fiction history: Vol. 1: An overview]. Shanghai: Taidong tushu ju, 1920.

Zhang Ke 2015 — Zhang Ke 章可. Zhongguo "renwen zhuyi" de gainian shi (1901–1932) 中國 "人文主義" 的概念史 (1901–1932) [A conceptual history of Chinese humanism (1901–1932)]. Shanghai: Fudan daxue chubanshe, 2015.

Zhang Pengyuan 1999 — Zhang Pengyuan 張朋園. Liang Qichao yu Qing ji geming 梁啓超與清季革命 [Liang Qichao and revolution during the late Qing dynasty]. Nangang: Zhongyang yanjiuyuan jindaishi yanjiusuo, 1999.

Zhang Xianfei 2016 — Zhang Xianfei 張先飛. Chanshi yu yanzhan: 'Wusi' qianqi wenxue yanjiu hui 'ren de wenxue' wenyiguan zonglun 闡釋與延展: "五四" 前期文學研究會 "人的文學" 文藝觀綜論 [Interpretation and extension: A comprehensive review of the artistic view of "humane literature" of the literary association in the early stages of the May Fourth movement] // Lu Xun yanjiu yuekan. 2016. № 9. P. 67–78.

Zhang X. 1997 — Zhang X. Chinese Modernism in the Era of Reforms: Cultural Fever, Avant-garde Fiction, and the New Chinese Cinema. Durham, NC: Duke University Press, 1997.

Zhang Yan 2012 — Zhang Yan 張艷. Chen Lengxue liangpian fanyi xiaoshuo de Riyu diben: Jianxi Mingzhi wenxue de yingxiang 陳冷血兩篇翻譯小說的日語底本: 兼析明治文學的影響 [The Japanese sources of two stories / Transl. by Chen Lengxue: Additional analysis of the influence of Meiji literature] // Shinmatsu shōsetsu. 2012. № 35. P. 143–157.

Zhang Zhaoyi 2011 — Zhang Zhaoyi 張釗貽. Lu Xun: Zhongguo "wenhe" de Nicai 魯迅: 中國 "溫和" 的尼采 [Lu Xun: A "mild" Chinese Nietzsche]. Beijing: Beijing daxue chubanshe, 2011.

Zhang Zhidong 2014 — Zhang Zhidong 張之洞. Quan xue pian · You xuan yu 勸學篇 · 輶軒語[Exhortation to learning: The commissioner's words]. Beijing: Zhongguo mangwen chubanshe, 2014.

Zhang Zhongxing 2012 — Zhang Zhongxing 張中行. Wenyan he baihua 文言和白話 [Classical and vernacular language]. Beijing: Zhonghua shuju, 2012.

Zheng Kuangmin 2008 — Zheng Kuangmin 鄭匡民. Xixue de zhongjie: Qing mo Min chu de Zhong Ri wenhua jiaoliu 西學的中介: 清末民初的中日文化交流 [The mediation of western knowledge: Sino-Japanese cultural exhange in the late Qing dynasty and early Republican Era]. Chengdu: Sichaun renmin chubanshe, 2008.

Zheng Zhenduo 1920 — Zheng Zhenduo 鄭振鐸. Gaizao (Shanghai 1919) 改造 (上海1919) [Reform (Shanghai 1919)] // Eguo wenxue fada de yuanyin yu yingxiang. 1920. Vol. 3. № 4. P. 83–94.

Zheng Zhenduo 1923 — Zheng Zhenduo 鄭振鐸. Eguo wenxue shilüe 俄國文學史略 [A concise history of Russian literature] // Xiaoshuo yuebao.

1923. Vol. 14. № 5. P. 7–24; № 6. P. 16–26; № 7. P. 42–52; № 8. P. 115–118; № 9. P. 221–245.

Zheng Zhenduo 1936 — Zheng Zhenduo 鄭振鐸. Qingmo fanyi xiaoshuo dui xin wenxue de yingxiang 清末翻譯小說對新文學的影響 [The influence of translated novels on new literature in the late Qing dynasty] // Jindai wenyi. 1936. № 1. Jul. 20. P. 112–118.

Zheng Zhenduo 1998 — Zheng Zhenduo 鄭振鐸. Eguo wenxue shilüe 俄國文學史略 [A concise history of Russian literature] // Zheng Zhenduo quanji 鄭振鐸全集 [A complete collection of Zheng Zhenduo's Works]. Vol. 15. Shijiazhuang: Huashan wenyi chubanshe, 1998. P. 415–547.

Zhi 1991 — Zhi Liang 智量. Eguo wenxue yu Zhongguo 俄國文學與中國 [Russian literature and China]. Shanghai: Huadong shifan daxue chubanshe, 1991.

Zhi'an 2019 — Zhi'an 止庵. Ben juan shuoming 本卷說明 [An explanation of this volume] // Zhou Zuoren yiwen quanji 周作人譯文全集 [A full collection of Zhou Zuoren's translations]. Vol. 9 / Ed. by Zhi'an. Shanghai: Shanghai renmin chubanshe, 2019. P. 1–2.

Zhong Shaohua 1996 — Zhong Shaohua 鍾少華. Zaonian liu Ri zhe tan Riben 早年留日者談日本 [A discussion of Japan among early exchange students in China]. Jinan: Shandong huabao chubanshe, 1996.

Zhong Y. 2019 — Zhong Y. Chinese Grammatology: Script Revolution and Literary Modernity, 1916–1958. New York: Columbia University Press, 2019.

Zhou G. 2016 — Zhou G. Placing the Modern Chinese Vernacular in Transnational Literature. New York: Palgrave Macmillan, 2016.

Zhou Zuoren 1920 — Zhou Zuoren 周作人. Diandi: Jindai mingjia duanpian xiaoshuo 點滴: 近代名家短篇小說 [Drops: Short stories by eminent modern writers]. Beijing: Guoli Beijing daxue chubanbu, 1920.

Zhou Zuoren 1998 — Zhou Zuoren 周作人. Zhou Zuoren riji (yingyinben) 周作人日記 (影印本) [Zhou Zuoren's diary (A copy)] / Ed. by Changchun 長春. 3 vols. Zhengzhou: Daxiang chubanshe, 1998.

Zhou Zuoren 2009a — Zhou Zuoren 周作人. Bimen dushu lun 閉門讀書論 [On reading behind closed doors] // Zhou Zuoren 周作人. Zhou Zuoren sanwen quanji 周作人散文全集 [A complete collection of Zhou Zuoren's essays] / Ed. by Zhong Shuhe 鍾叔河. Vol. 5. Guangxi: Guangxi shifan daxue chubanshe, 2009. P. 509–511.

Zhou Zuoren 2009b — Zhou Zuoren 周作人. Guanyu Lu Xun zhi er 關於魯迅之二 [On Lu Xun 2] // Zhou Zuoren 周作人. Zhou Zuoren sanwen quanji 周作人散文全集 [A complete collection of Zhou Zuoren's essays] /

Ed. by Zhong Shuhe 鍾叔河. Vol. 2. Guangxi: Guangxi shifan daxue chubanshe, 2009. P. 446–454.

Zhou Zuoren 2009c — Zhou Zuoren 周作人. Lu Xun de guoxue yu xixue 魯迅的國學與西學 [Lu Xun's knowledge of Chinese culture and western culture] // Zhou Zuoren 周作人. Zhou Zuoren sanwen quanji 周作人散文全集 [A complete collection of Zhou Zuoren's essays] / Ed. by Zhong Shuhe 鍾叔河. Vol. 12. Guangxi: Guangxi shifan daxue chubanshe, 2009. P. 635–640.

Zhou Zuoren 2009d — Zhou Zuoren 周作人. Lu Xun de wenxue xiuyang 魯迅的文學修養 [Lu Xun's literary accomplishments] // Zhou Zuoren 周作人. Zhou Zuoren sanwen quanji 周作人散文全集 [A complete collection of Zhou Zuoren's essays] / Ed. by Zhong Shuhe 鍾叔河. Vol. 12. Guangxi: Guangxi shifan daxue chubanshe, 2009. P. 641–645.

Zhou Zuoren 2009e — Zhou Zuoren 周作人. Lu Xun yu zhongxue zhishi 魯迅與中學知識 [Lu Xun's knowledge of Chinese culture] // Zhou Zuoren 周作人. Zhou Zuoren sanwen quanji 周作人散文全集 [A complete collection of Zhou Zuoren's essays] / Ed. by Zhong Shuhe 鍾叔河. Vol. 12. Guangxi: Guangxi shifan daxue chubanshe, 2009. P. 673–676.

Zhou Zuoren 2009f — Zhou Zuoren 周作人. Lun Eguo geming yu xuwu zhuyi zhi bie 論俄國革命與虛無主義之別 [On the difference between Russian Revolution and nihilism] // Zhou Zuoren 周作人. Zhou Zuoren sanwen quanji 周作人散文全集 [A complete collection of Zhou Zuoren's essays] / Ed. by Zhong Shuhe 鍾叔河. Vol. 1. Guangxi: Guangxi shifan daxue chubanshe, 2009. P. 80–84.

Zhou Zuoren 2009g — Zhou Zuoren 周作人. Pingmin de wenxue 平民的文學 [The commoner's literature] // Zhou Zuoren 周作人. Zhou Zuoren sanwen quanji 周作人散文全集 [A complete collection of Zhou Zuoren's essays] / Ed. by Zhong Shuhe 鍾叔河. Vol. 2. Guangxi: Guangxi shifan daxue chubanshe, 2009. P. 102–105.

Zhou Zuoren 2009h — Zhou Zuoren 周作人. Ren de wenxue 人的文學 [Humane literature] // Zhou Zuoren 周作人. Zhou Zuoren sanwen quanji 周作人散文全集 [A complete collection of Zhou Zuoren's essays] / Ed. by Zhong Shuhe 鍾叔河. Vol. 2. Guangxi: Guangxi shifan daxue chubanshe, 2009. P. 85–93.

Zhou Zuoren 2009i — Zhou Zuoren 周作人. Shanzhong zaxin liu 山中雜信 六 [Assorted letters from the mountain 6] // Zhou Zuoren 周作人. Zhou Zuoren sanwen quanji 周作人散文全集 [A complete collection of Zhou Zuoren's essays] / Ed. by Zhong Shuhe 鍾叔河. Vol. 2. Guangxi: Guangxi shifan daxue chubanshe, 2009. P. 353–355.

Zhou Zuoren 2009j — Zhou Zuoren 周作人. Shanzhong zaxin yi 山中雜信 一 [Assorted letters from the mountain 1] // Zhou Zuoren 周作人. Zhou

Zuoren sanwen quanji 周作人散文全集 [A complete collection of Zhou Zuoren's essays] / Ed. by Zhong Shuhe 鍾叔河. Vol. 2. Guangxi: Guangxi shifan daxue chubanshe, 2009. P. 338–340.

Zhou Zuoren 2009k — Zhou Zuoren 周作人. Shengshu yu Zhongguo wenxue 聖書與中國文學 [The Bible and Chinese literature] // Zhou Zuoren 周作人. Zhou Zuoren sanwen quanji 周作人散文全集 [A complete collection of Zhou Zuoren's essays] / Ed. by Zhong Shuhe 鍾叔河. Vol. 2. Guangxi: Guangxi shifan daxue chubanshe, 2009. P. 298–308.

Zhou Zuoren 2009l — Zhou Zuoren 周作人. Tanhua yu Huangqiangwei《炭畫》與《黃薔薇》[Charcoal Painting and Yellow Rose] // Zhou Zuoren 周作人. Zhou Zuoren sanwen quanji 周作人散文全集 [A complete collection of Zhou Zuoren's essays] / Ed. by Zhong Shuhe 鍾叔河. Vol. 13. Guangxi: Guangxi shifan daxue chubanshe, 2009. P. 405–408.

Zhou Zuoren 2009m — Zhou Zuoren 周作人. Wenxue shang de Eguo yu Zhongguo 文學上的俄國與中國 [Russia and China in literature] // Zhou Zuoren 周作人. Zhou Zuoren sanwen quanji 周作人散文全集 [A complete collection of Zhou Zuoren's essays] / Ed. by Zhong Shuhe 鍾叔河. Vol. 2. Guangxi: Guangxi shifan daxue chubanshe, 2009. P. 259–266.

Zhou Zuoren 2009n — Zhou Zuoren 周作人. Xin wenxue de yaoqiu 新文學的要求 [The demand for new literature] // Zhou Zuoren 周作人. Zhou Zuoren sanwen quanji 周作人散文全集 [A complete collection of Zhou Zuoren's essays] / Ed. by Zhong Shuhe 鍾叔河. Vol. 2. Guangxi: Guangxi shifan daxue chubanshe, 2009. P. 206–209.

Zhou Zuoren 2009o — Zhou Zuoren 周作人. Xue Erwen (Lu Xun zai Dongjing ba) 學俄文 (魯迅在東京 八) [Studying Russian (Lu Xun in Tokyo 8)] // Zhou Zuoren 周作人. Zhou Zuoren sanwen quanji 周作人散文全集 [A complete collection of Zhou Zuoren's essays] / Ed. by Zhong Shuhe 鍾叔河. Vol. 11. Guangxi: Guangxi shifan daxue chubanshe, 2009. P. 520–521.

Zhou Zuoren 2009p — Zhou Zuoren 周作人. Xue Erwen (Zhitang huiyi lu qishijiu) 學俄文 (知堂回憶錄 七十九) [Study Russian (Memoirs of Zhitang 79)] // Zhou Zuoren 周作人. Zhou Zuoren sanwen quanji 周作人散文全集 [A complete collection of Zhou Zuoren's essays] / Ed. by Zhong Shuhe 鍾叔河. Vol. 13. Guangxi: Guangxi shifan daxue chubanshe, 2009. P. 375–377.

Zhou Zuoren 2009q — Zhou Zuoren 周作人. Zai shi Dongjing (Lu Xun de qingnian shidai shi'er) 再是東京(魯迅的青年時代十二) [Another account on Tokyo (Lu Xun's Youth 12)] // Zhou Zuoren 周作人. Zhou Zuoren sanwen quanji 周作人散文全集 [A complete collection of Zhou Zuoren's essays] / Ed. by Zhong Shuhe 鍾叔河. Vol. 12. Guangxi: Guangxi shifan daxue chubanshe, 2009. P. 614–618.

Zhou Zuoren 2009r — Zhou Zuoren 周作人. Ziji de yuandi 自己的園地 [My own garden] // Zhou Zuoren 周作人. Zhou Zuoren sanwen quanji 周作人散文全集 [A complete collection of Zhou Zuoren's essays] / Ed. by Zhong Shuhe 鍾叔河. Vol. 2. Guangxi: Guangxi shifan daxue chubanshe, 2009. P. 509–511.

Zhou Zuoren 2009s — Zhou Zuoren 周作人. Zhou Zuoren sanwen quanji 周作人散文全集 [A complete collection of Zhou Zuoren's essays] / Ed. by Zhong Shuhe 鍾叔河. 14 vols. Guangxi: Guangxi shifan daxue chubanshe, 2009.

Zhou Zuoren 2019a — Zhou Zuoren 周作人. Jiu xu 舊序 [Old introduction] // Zhou Zuoren yiwen quanji. Vol. 9. Shanghai: Shanghai renmin chubanshe, 2019. P. 251–252.

Zhou Zuoren 2019b — Zhou Zuoren 周作人. Xu 序 [Introduction] // Zhou Zuoren yiwen quanji. Vol. 9. Shanghai: Shanghai renmin chubanshe, 2019. P. 249–250.

Zhu 1921 — Zhu Pu 朱樸. Wu huo feng wu 誤火焚屋 [A spark neglected burns the house] // Tuo'ersitai xiaoshuo ji 托爾斯泰小說集. Shanghai: Taidong tushu ju, 1921. P. 1–24.

Zhu 2009 — Zhu Shoutong 朱壽桐. Xin renwen zhuyi de Zhongguo yingji 新人文主義的中國影跡 [The Chinese trajectory of new humanism]. Beijing: Zhongguo shehui kexue chubanshe, 2009.

Zohar, Miller 2022 — Zohar A., Miller A. J. In-Between Temporality and Spatiality: Visual Convergences and Meiji Hybridity // The Visual Culture of Meiji Japan: Negotiating the Transition to Modernity / Ed. by Ayelet Zohar and Alison J. Miller. New York: Routledge, 2022. P. 1–13.

Zwicker 2006 — Zwicker J. Practices of the Sentimental Imagination: Melodrama, the Novel, and the Social Imaginary in Nineteenth Century Japan. Cambridge, MA: Harvard University Asia Center, 2006.

# Предметно-именной указатель

жанровая литература 142; см.
детективная литература;
романтические рассказы
Желябов Андрей Иванович 181
женщины в нигилистическом
движении 165, 166, 168, 169,
199, 201, 207, 209, 210
Жирар Рене 160
Жэнь Гочжэнь 93
Жэнь Тинсюй 65
*жэньцин* 107, 110, 111, 113–
115, 137

Западная Европа 22, 24–26,
28–30, 57, 70, 76, 77, 161, 181,
185, 189, 193, 197, 202, 215, 233,
230, 231
западная литература 7, 36, 54, 90,
100, 105, 106, 107, 111, 112, 121,
141, 184, 211, 294, 337
Засулич Вера Ивановна 181, 188,
191, 193, 200
Зоар Айелет 39

Ибсен Генрик 218
Игумен Вениамин (Новик) 226
иезуитские миссионеры 62, 268
Икута Тёко 223, 231
переводы Ницше 223
*Шестнадцать лекций о совре-
менной мысли/Kindai shisō
jūrokkō* 231
империализм 27, 40, 42, 43, 52,
190, 208; см. колониализм
индивидуализм 23, 30, 56–58,
196, 216, 219, 227, 250, 251,
253–255, 258–267, 329
в Китае 23, 30, 56–58, 196, 216,
250, 262, 266, 267, 329

в европейском Возрожде-
нии 261
гуманизм и 56–58, 196, 216,
219, 227, 250, 251, 253, 255, 258,
259, 261–264, 266, 267, 329
Ху Ши 265–267
Лу Синь 262
Чжоу Цзожэнь 56, 219, 250,
262, 264, 266, 329
*Исследования Толстого/ Торусу-
той кэнкю:*, журнал 229
*Исторические записки*, труд Ши
цзи 206
Итагаки Тайскэ 190
Итикава Бункити 68

Йе Кэтрин Ванс 163, 202

Кавасима Тюноскэ 194
Кадэнокодзи Сукэкото 256
Казанова Паскаль 19, 36
*Каймин*, книжный магазин 186
Кан Ювэй 78, 245
Канси, император 63, 77
*Капитанская дочка*, роман
А. С. Пушкина 55, 73, 74, 79,
106, 107, 115–122, 125, 138, 145,
147, 151–155
китайские переводы 55, 79,
106, 116–119, 120, 125, 138, 147,
152, 155
персонажи 107, 117, 138
рассказ от первого лица 118
сюжет 117, 118, 120, 122, 125,
145, 151
сентиментализм 138, 155
эпиграфы 127, 128
японские переводы 55, 73, 79,
106, 107, 116, 125, 138, 148, 155

78–80, 83, 84, 91, 92, 97–99, 102, 140, 155, 160, 183, 231, 248, 271, 273, 283, 284, 286, 294, 299, 309, 334, 336, 338; см. культурные агенты
посредническая роль 18, 48, 52, 56, 91, 92, 217
Потапенко Игнатий Николаевич 289
поэзия 82, 83, 125, 127, 144, 148, 276, 289, 337
Православие 25, 56, 62, 63, 69, 70, 164, 204, 206, 208, 226, 233–235, 237, 239, 240, 242, 243, 247, 249, 258, 337
Прайс Дон К. 159, 202
Пратт Мэри Луиза 49
Прево Антуан-Франсуа (аббат Прево) 71
*Преодоление современности*, симпозиум 40
Приложение к *Утренним новостям* (Chen bao fukan) 82
пролетарская литература 54, 92–96, 98, 286, 289, 301, 334–337
промежуточность 25, 38, 48, 328–330, 332
промежуточный объект/zhong jian wu 309, 328, 331, 338; см. также промежуточность/ серединность
*Пропись, показывающая красоту русского письма* 67
просторечная литература 84, 112, 150, 269, 276; см. детективную литературу; любовные романы; романы об ученом и красавице

псевдоперевод 82, 198
Пуаро Луи де 278
Пугачев Емельян 117, 120
Пуи Цзайфэн, император 185
*Путешествие на Запад/Xi you ji* 125
Пушкин Александр Сергеевич 32, 55, 65, 73, 74, 79, 81, 82, 85, 87, 106, 197, 117–119, 121, 123, 127–129, 132, 135, 138, 139, 153, 269, 289; см. также *Капитанская дочка*
знакомство китайских читателей с 65
китайские переводы 79, 81, 82, 85, 87, 106, 117–120
поэзия 82, 127, 289
японские переводы 55, 73, 74, 79, 81, 106, 107, 123, 128, 138, 139
Пьюэтт Майкл 108

Райсс Катарина 103
революционеры 30, 79, 157–160, 164, 165, 170, 177, 180, 181, 184, 185, 203–210, 212, 224, 226, 241: китайские; герои. См. также русское нигилистическое движение
революционная литература 15, 56, 92, 159, 164, 333
религиозный гуманизм 56, 219, 225, 226, 232, 233, 236, 250; см. также гуманизм Толстого
республиканский период 329
реформа китайского языка 57, 275, 278, 279, 282, 284, 305, 306
Реформа ста дней/Сто дней реформ 79, 158, 183

Риччи Маттео 278
Робинсон Виктор 224
Роллан Ромен 218, 236
романтизм 94, 101, 171, 204,
  252, 332
романы об *ученом и красавице/*
  *caizi jiaren xiaoshuo* 55, 101,
  104–107, 109, 111–114, 119, 120,
  122–127, 129, 131, 135–138, 142,
  153, 154
Россия 7, *passim*; см. также
  нигилистическое движение;
  русско-японская война;
  Советский Союз
  восстание Пугачева 117
  народники 180, 181
  Просвещение 30
  промежуточное положение 25,
  38, 330, 331
  реформы Александра II
  174–177
  революционная история 14, 30,
  31, 52, 92, 157, 159, 160, 164, 177,
  180, 181, 184, 189, 193, 199, 336
  современность 16, 19–21, 24,
  26, 28–30, 34, 41, 42, 51–54, 157,
  329–331, 337
  славянофилы 25, 26
Ротман Э. Натали 49
Роша Жан де 278
русская литература 7, *passim*
  английские переводы 64, 71,
  81, 84, 85, 89, 123, 223, 243, 333
  басни 64
  в китайском театре и кинема-
  тографе 91, 97, 98
  герои-аскеты 164, 205
  гуманизм в 27, 56, 57, 214–217,
  219, 223, 231, 233, 262, 329

китайские переводы 7, 33, 47,
  55, 64, 78–84, 86, 89, 97,
  100–102, 106, 115, 117–123, 129,
  131, 136–139, 141, 147, 149, 150,
  152, 154, 155, 187, 188, 197–199,
  201, 202, 210, 220, 243, 246, 270,
  284, 287, 291, 294, 296–298, 301,
  302, 336
классика 31–34, 76, 106, 135,
  215, 291, 333
культурные адаптации 7, 56,
  60, 98
Лу Синь и 27, 56, 57, 84, 85, 89,
  96, 115, 216, 262, 269, 270,
  282–284, 286–291, 330
любовные романы 55, 102,
  121, 154
модернизм 32–34, 56, 337
немецкие переводы 57, 89, 270,
  272, 273, 283, 284, 286–289, 292,
  295, 301, 302, 304, 305, 307, 309
опубликованные в японском
  журнале *Солнце* 141, 142, 238
поэзия 82, 83, 289, 337
реализм 33, 82, 164, 329, 337
революционный характер 14,
  15, 56, 79, 159, 162, 164, 165,
  179, 181, 184, 198, 199, 206
религиозные темы 56, 62, 72,
  164, 233, 238, 239, 243, 256,
  330, 337
сентиментализм 115, 118, 121,
  138, 154, 330
футуризм 33
японские переводы 19, 47, 55,
  56, 67–69, 71–73, 75, 76, 78–81,
  83–86, 88, 96, 98, 106, 111–113,
  116, 121–129, 131, 133, 135, 136,
  139–141, 143–145, 148, 150–155,

Шан Вэй 281
Шанхай 46, 64, 184, 198, 215, 243, 278, 286, 334
*Шанхайские новости/Shen bao,* газета 182, 183
Шварц Вера 30
Шекспир Уильям 127
*Ромео и Джульетта* 127
Шестов Лев Исаакович 262
Школа русского языка/Euosi wen guan 63
Шоу Джордж Бернард 193
Шэнь Яньбин (Мао Дунь) 87

Эйхенбаум Борис Михайлович 234
Эко Умберто 272
эмоции 55, 101–103, 106–114, 118, 129, 137, 138, 151, 153, 154, 173, 176, 201, 211, 257, 312
Это Симпэй 190
эстафетная транскультурация 41–51, 54, 57, 60, 61, 329, 338
эстафетный перевод 45–49, 55, 57, 58, 78, 93, 102, 106, 116, 121, 123, 131, 138–140, 145, 152, 186, 271, 273, 293–296, 299, 301, 310, 336

Юань Цзинь 277
Юй Дафу 94
Юй Ин-ши 247
Ю Энтони С. 108

Якоби Фридрих Генрих 172
Ян Душэн 203
Янаги Томико 237

Янагида Идзуми 113
Япония 8, 10, 16–20, 37–44, 50–57, 60, 61, 64–72, 76–84, 86, 88–92, 94–98, 102, 106, 107, 112, 113, 115, 116, 120, 121, 123–125, 139, 141, 142, 150, 151, 154, 156, 158, 160, 161, 183–185, 189–191, 193, 194, 196–198, 201, 211, 215, 217–219, 227–232, 236–240, 242–244, 262, 266, 274, 279, 281, 282, 284, 286–289, 293, 296, 330–334, 336, 337
японская литература 16, 56, 81, 88, 89, 91, 110, 111, 113, 115, 137, 148, 152, 218, 243, 250, 284, 298
японские переводы 19, 47, 55, 56, 67–69, 71–73, 78–81, 83–86, 88, 96, 98, 106, 111–113, 115, 121–129, 131, 133, 135, 136, 139–141, 143–145, 148, 151–155, 186, 192, 200, 211, 215, 223, 252, 283, 285–289, 294–298, 301–305, 307, 310, 312, 314, 317, 319, 321–325, 332, 333
японский язык 14, 46, 50, 57, 67, 68, 71–75, 78, 86, 91, 92, 97, 98, 107, 112–114, 116, 124, 139, 141, 142, 148, 192, 195, 199, 218, 227, 229, 237, 238, 245, 250, 252, 259, 269, 273, 274, 278, 279, 283–286, 288, 289, 291, 294, 297–299, 304, 305, 309, 332, 333
Ясуи Рёхэй 122

# Оглавление

*Научное издание*


**Сяолу Ма**

**ТРАНСПРОСТРАНСТВЕННАЯ МОДЕРНОСТЬ.**
**Культурные контакты Китая и России**
**при участии Японии (1880–1930)**


Директор издательства *И. В. Немировский*
Ответственный редактор *И. Белецкий*
Куратор серии *Е. Яндуганова*
Заведующая редакцией *И. Емельянова*


Дизайн *И. Граве*
Редактор *П. Матвеева*
Корректоры *Е. Гайдель, А. Филимонова*
Верстка *Е. Падалки*


Подписано в печать 31.07.2024.
Формат издания 60 × 90 $^1/_{16}$. Усл. печ. л. 25,8.
Тираж 200 экз.


Academic Studies Press
1577 Beacon Street, Brookline, MA 02446 USA
https://www.academicstudiespress.com


ООО «Библироссика».
198207, г. Санкт-Петербург, а/я № 8


Эксклюзивные дистрибьюторы:
ООО «Караван»
ООО «КНИЖНЫЙ КЛУБ 36.6»
http://www.club366.ru
Тел./факс: 8(495)9264544
e-mail: club366@club366.ru


Книги издательства можно купить
в интернет-магазине: www.bibliorossicapress.com
e-mail: sales@bibliorossicapress.ru

12+

www.ingramcontent.com/pod-product-compliance
Lightning Source LLC
Chambersburg PA
CBHW070405100426
42812CB00005B/1636